/ 深度投资分析丛书 /

可转债投资笔记

市场策略、行业比较和个券分析

胡宇辰　著

清华大学出版社

北　京

内 容 简 介

本书是作者近年来实盘管理可转债投资组合的经验总结。作者从机构投资者的专业角度，深度分享了其在转债投资领域的独到见解与感悟，通过跨资产比较的方式，全面剖析了可转债策略的应用，细致复盘了市场行情的变化，并对可转债涉及的相关行业及部分个券进行了系统梳理。本书内容逻辑清晰，语言简洁，对投资者深入了解可转债投资具有极高的参考价值。

本书可作为可转债投资者的参考资料，对纯债投资者、股票投资者和PIPE投资人有借鉴意义，也是泛财富管理从业者和财经媒体人提升专业能力的好帮手。

图书在版编目(CIP)数据

可转债投资笔记：市场策略、行业比较和个券分析 /
胡宇辰著 . -- 北京：清华大学出版社，2024.10.
（深度投资分析丛书）. -- ISBN 978-7-302-67471-9

Ⅰ. F830.91

中国国家版本馆 CIP 数据核字第 2024AC4864 号

责任编辑：陈　莉
封面设计：李　昂
版式设计：方加青
责任校对：成凤进
责任印制：杨　艳

出版发行：清华大学出版社
　　　　　网　　　址：https://www.tup.com.cn，https://www.wqxuetang.com
　　　　　地　　　址：北京清华大学学研大厦 A 座　　　　邮　　编：100084
　　　　　社 总 机：010-83470000　　　　　　　　　邮　　购：010-62786544
　　　　　投稿与读者服务：010-62776969，c-service@tup.tsinghua.edu.cn
　　　　　质 量 反 馈：010-62772015，zhiliang@tup.tsinghua.edu.cn
印 装 者：定州启航印刷有限公司
经　　销：全国新华书店
开　　本：185mm×260mm　　印　　张：21.75　　字　　数：490 千字
版　　次：2024 年 10 月第 1 版　　印　　次：2024 年 10 月第 1 次印刷
定　　价：108.00 元

——

产品编号：107389-01

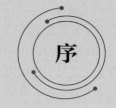

　　过去几十年的投资生涯中，我接触过很多投资经理，他们都有各自的优点和令我敬佩的地方，但宇辰是其中为数不多，既有思想又很勤奋的投资经理之一。他的第二本著作，《可转债投资笔记：市场策略、行业比较和个券分析》孕育了新的观点和思想。无论是从资产规模、交易总量角度还是从参与者角度来讲，可转债都是既专业又小众的品种。但机遇总是偏爱有准备的头脑，小众的产品可能蕴含大机会，当然这需要投资者建立完整的知识框架体系。可转债有很多不同的研究方法，包括量化主导的技术分析、基本面驱动的个券分析，以及通过估值定价构建的组合投资分析。可转债是一个很复杂的品种，受股票市场走势、债券市场走势、公司基本面、信用风险和各种条款等多种因素的影响，并且在评级和流动性上也有诸多投资限制。宇辰的著作剥丝抽茧，从宏观到中观，从中观到微观，涵盖了市场策略、行业比较和个券挖掘等内容，可谓"秀色难为名，苍翠日在眼"。

　　传统的金融市场研究指出，证券投资组合80%～90%的收益来源于资产配置。无论是机构投资人还是个人财富管理者，都非常关注资产配置相关的方法、策略及工具。具体到国内证券金融市场的投资实践而言，成功的资产配置主要基于：①对宏观经济、通胀、供需周期的中长期研判；②对股票和债券等大类资产相对价值的判断，以及相关风险因子和行业配置的权衡；③理解"市场先生"对资产的定价逻辑，并根据市场变化对投资组合进行动态调整。资产配置策略在资产管理市场产品化的具体形态便是"固收+"产品。2020年，中国公募基金市场率先出现了持有期的"固收+"品种，可谓天时、地利、人和兼具，股票市场的上涨一度在2020年和2021年带来了"固收+"产品的历史性空前繁荣和爆发性增长。但"成也萧何，败也萧何"，2021年后随着权益市场的波动，大部分"固收+"产品未能取得超过同期限理财的正收益，从"固收+"的神坛跌落为"固收-"。2024年，在全市场资产配置较为稀缺的情况下，一级债券基金规模从2023年底的5536亿元逆势增长到2024年半年末的6495亿元，这为可转债市场提供了大量新增需求，但给投资带来了更高的挑战，一般规模快速增长喜忧参半，也许本书的市场策略就能从新的视角引发读者新的思考，带给读者新的启发。

典型的"固收+"组合一般以固定收益类资产作为底仓(占比80%～90%)，以权益类资产博取收益弹性(占比10%～20%)，这一比例也与经典的资产配置模型——风险平价所对应股债配比类似，使"固收+"产品成为定位介于偏股型基金和纯债型基金之间的绝对收益类产品。作为风险收益特征介于股票和债券之间的资产，可转债与资产配置、"固收+"产品有着天然的内在联系。从定价逻辑的角度来看，转债的价格波动主要来源于纯债价值、转股价值和期权价值的变化，这需要投资者具备股债资产配置的全面视野，对转债发行人信用资质、对应正股的内在价值、宏观利率和流动性等因素进行综合考虑。从投资实战的角度来看，可转债是"固收+"组合最重要的策略增强工具之一，转债期权特征带来的"进可攻、退可守"的绝对收益特性，与"固收+"产品的定位非常契合。

随着"固收+"产品的规模增长，转债市场也在持续扩容，时至今日，全市场存量可转债和可交换债的规模已逾万亿元，逐渐成为主流的大类资产。从行业分类来看，除了房地产和保险行业，转债已经覆盖了几乎所有主流行业。转债投资者有着充分的行业配置和择券空间，在此背景下，转债策略也变得日渐丰富和多元化，近年来各种基于量化期权定价模型、纯债信用价值重估和跨资产套利类的投资策略"百花齐放"，大类资产策略的有效前沿得以完善和拓宽，在我看来，这就是转债投资的"天时"。

转债投资的"地利"则来源于国内转债市场特殊的条款和制度红利。一是在转债新券发行时，大股东一般会参与转债配售，普通投资者和大股东在转债促转股的问题上有着天然一致的利益诉求，这意味着中小投资者面临的潜在信息不对称会更少；二是近年来转债发行人开始"流行"阶段性放弃强制赎回权利，这也让转债的潜在回报空间进一步打开，在保留债底保下限的同时，打开了向上的弹性；三是转债下修条款的存在，使其化解信用风险的能力更强，投资中遇到"本金永久性损失"的概率也更低。

转债投资的"人和"指该领域的人才。二十多年前，我刚入行从事债券投资时，尚没有转债这类资产，如今转债投资领域已经汇聚了大量专业人士，他们有的是行业研究员或股票策略研究员出身，对正股基本面和行业比较有着深刻认知；有的是信用研究员出身，以排除信用风险作为投资的前提；还有的是交易员出身，对市场情绪和定价有比较敏锐的判断。

本书作者胡宇辰，便是长期从事转债投资研究的专业人士之一。从职业生涯早期至今，他一直笔耕不辍，专注"固收+"资产及策略领域的相关研究。宇辰出版的第一本书《固收+策略投资》在业内也颇有影响力。作为他的业界导师，看到青年人的成长与进步，我感到由衷的高兴。近来他的第二本书也即将付梓，看过样书，我便欣然应允为其作序。《可转债投资笔记：市场策略、行业比较和个券分析》基本延续了他之前的写作风格，将投资理论与实际案例相结合，深入浅出，娓娓道来。其中最让我印象深刻的，一是他基于跨资产视角对转债相对价值独特的观察与思考，二是他对转债行业和个券的分析框架的总结和应用。相信广大投资者和读者朋友一定会在相关内容中获得启发。

李刚

副研究员、博士

国家金融与发展实验室特聘高级研究员

原中国农业银行金融市场部副总裁

　　可转债曾经是大类资产市场的小众品种，近年来随着资本市场扩容和政策导向的影响，全市场可转债产品的存续规模已从2017年的不足1000亿元增长到目前的近万亿元，可转债产品的数量从不到50只增长到500多只，可转债堪称规模和数量增速最快的证券资产类别。

　　作为融资工具，可转债是上市公司重要的再融资手段，与传统的信用债融资相比，可转债发行门槛更低，财务成本更集约，具有转股特性等优点；与定向增发等再融资工具相比，可转债对股权的摊薄效应也更低，更不需要折价发行。独特的融资优势使得越来越多的企业选择通过发行可转债进行融资，甚至阶段性放弃强制赎回权利，让公司发行的可转债存续更长时间，以满足提升自身资本市场"曝光度"的诉求。确切地说，可转债本身已经不仅仅是单纯的融资手段，还是上市公司开展资本运作、市值管理、投资者认知引导的综合金融工具。

　　作为投资工具，可转债一直以其"进可攻，退可守"的特性吸引投资者，"上涨时能跟上正股，下跌时有纯债托底"是对其风险收益特征的经典描述。更专业的说法是"上涨时可转债与正股的相关性变强，下跌时两者的相关性走弱"，这意味着可转债作为资产本身内嵌了一套"追涨杀跌"的CPPI类保本机制，是天然的绝对收益资产，也因此具有比股债等传统大类资产更高的盈亏比。可转债也是"固收+"产品最重要的策略增强工具，是公募一级债基和二级债基产品业绩排名的"胜负手"。除了公募基金，可转债主要的机构投资来源还包括企业年金、职业年金、社保资金、保险资管、银行理财、券商自营和券商资管等，可转债是境内固定收益投资者重点关注的证券类属资产之一。

随着可转债市场的不断发展和成熟，投资者对这一资产类别的认识和理解也在不断深化。市场参与者开始注重对可转债市场策略的研究，以及在不同行业和个券之间进行比较与选择。这不仅要求投资者具备对宏观经济和行业趋势的敏锐洞察力，还需要对个别可转债条款和公司基本面有深入的了解。

在市场策略方面，投资者越来越关注如何利用可转债的特性构建多元化的投资组合，用可转债替代其他大类资产和风险收益特征重构也逐渐成为前沿的研究方向。在投资实战中，通过配置不同行业、不同市值、不同溢价率和隐含波动率的可转债，投资者可以在追求稳定收益的同时，有效分散风险。历史上来看，可转债的回报表现受到投资者微观结构、市场情绪和宏观政策的影响，因此对过往行情进行复盘也是理解可转债策略的必要功课。

在行业比较方面，可转债投资者的分析范式逐步向传统股票策略的研究思路靠拢。不同行业的可转债因其背后的公司业务模式、行业周期和市场前景的不同而具有不同的风险收益特征。投资者需要对行业发展趋势进行深入分析，识别那些具有成长潜力或正在经历变革的行业，从而选择具有较高投资价值的可转债。同时，对行业内公司的财务状况、竞争优势和市场地位的比较与分析也是投资决策的关键。

个券分析则在行业比较的基础上进一步要求投资者对可转债发行公司的基本面和条款细节进行精细化研究，包括对公司盈利能力、现金流状况、债务结构和管理层能力的评估，以及对可转债的转股价格、赎回和回售条款、利率水平和剩余期限等因素的考量。通过对个券的深入分析，投资者可以识别被市场低估的投资机会，或者规避可能存在信用风险的可转债。

本书的副标题——市场策略、行业比较和个券分析，反映了作者对可转债投资分析的基本认识，即结合市场策略建立投资框架，并基于扎实、深入的行业比较和个券分析指导具体的投资决策。

毋庸讳言，本书尚有一些不足之处：一是本书的主要内容提炼自作者日常的投资笔记，体系性可能不够强，完整性有待提高；二是对市场、行业和个券的分析并非基于最新的宏观或财务数据，结论可能缺乏时效性；三是受篇幅限制，省略了可转债内容的基础介绍，对市场新手可能不够友好。凡此种种，还望读者给予更多批评指正，以便日后修订时能有更多改进。

在写作本书的过程中，我得到了家人和朋友的大力支持。特别感谢我的伴侣李昂女士，她不但为书稿的总体结构和具体内容提供了专业意见，还为本书设计了封面；感谢我的同事顾一格和刘玉，以及我的校友周冠南师姐，他们都为本书贡献了非常有价值的内容和见解；还要感谢单文清同学，她全程参与了书稿的数据整理和图表绘制工作。

最后，我想以此书献给我的父母、舅舅和兄长们，他们都是我生活中的英雄。感恩一切无私的爱。

胡宇辰

2024年3月

目录

第一章

初识可转债，从条款到策略

可转债(简称转债)及可交换债(exchangeable bonds，EB，简称可交债)均为嵌入股票看涨期权的公司债，因此在投资组合中表现出有弹性、票息递增、可质押、嵌入条款、价格由股债双重驱动等特性，而不同的个券表现出不同的优势特性。作为广义上的债券衍生品，转债与国债期货和内嵌期权信用债一样，能够为投资组合提供更多的优化方案和风险收益结构的可能性。

转债具有Gamma特征，类似于纯债(纯债指利率信用等无权益属性的债券)中凸性的概念，即"跌时比正股少，涨时比纯债多"，同时由于发行人天然的促转股意愿和受回售条款约束，转债的安全边际往往非常明确，除了部分隐含信用风险的个券，实践中跌穿债底(即转债绝对价格低于其纯债价值)的品种总体较少，虽然上涨空间也受赎回条款的约束，但比纯债的上涨空间大。

本章首先简要介绍转债的基础策略，然后对独具转债特色的部分策略进行历史应用场景的梳理，并基于债券衍生品的特征对转债定价方法进行讨论。

第一节　转债的基础策略概览

从大类资产配置的视角看(见图1-1)，转债对投资组合的重要意义在于拓宽了固收类资产的有效前沿，以2019年度的数据为例，其中上证转债波动率8.7%，收益率12.3%；中证转债波动率11.9%，收益率15.7%。近年来，与信用债相比，转债的超额收益明显，如果按照风险平价估算，波动率是同等级信用债的3~4倍，对于传统二级债基组合，基准持仓20%已经成为比较主流的配置比例。

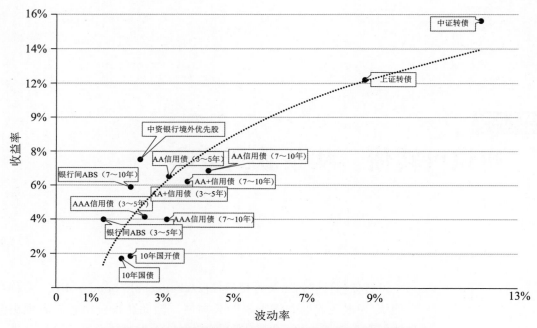

图1-1　固定收益类资产有效前沿示意(2019年度的数据)

一、绝对价格策略：简单、有效

历史上来看，转债尚未出现到期无法兑付的情况，因而长期投资者最终主要面临三种情况：达到条款赎回价转股、碰触回售条款提前兑付、到期兑付。

从退市转债的收盘价分布来看(见图1-2)，最终价位集中于100~190元，部分个券退市前甚至接近300元，退市日期相对集中于2007年与2015年两次股票大牛市期间，但也有大量转债在震荡市甚至熊市中高价退市(部分为发行人的下修动作)。正是基于无信用风险和发行人促转股意愿的假设，转债市场的绝对价格策略基本有效，即100元以下买入，等待赎回或回售获利。该策略最大的优点是简单、有效，没有个券研究成本，对个人投资者来说性价比较高。但随着投资者投资能力的提升，市场上优质且绝对价格低的转债品种越来越少，截至2022年初，二级市场100元以下的转债品种已经消失殆尽，这也意味着该类策略的盈利空间也在持续压缩。

二、低估值策略：构建相对价值体系

图1-3中，横轴为平价溢价率[1]，纵轴为转债的平均平价[2]。平价溢价率是目前主流机构参考的标准指标。与上市股票相比，转债市场存量证券相对上市股票的数量偏少，往往每个行业只有少数公司发行转债，价格位于不同的平价区间，传统的PE(price to

---

① 转债交易价格相对平价的溢价水平。
② 转债立刻转换成股票对应的股票价值。

earnings ratio，市盈率)、EPS(earning per share，每股收益)等估值方法适用性较差。而溢价率提供了一种跨行业的比较方法，通过对相似波动率标的和平价区间的个券期权价值进行估算，追求"模糊的正确"。

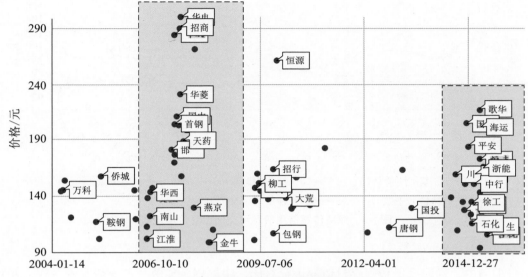

图1-2　历史上部分退市转债价格一览

(资料来源：Wind数据库)

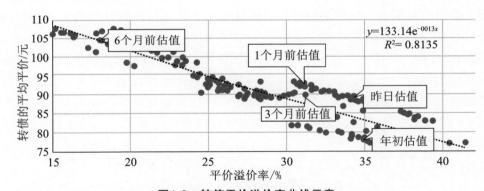

图1-3　转债平价溢价率曲线示意

其他常用的估值指标还包括到期收益率(回售收益率)、债底/纯债价值(提供明确的安全边际)、纯债溢价率、正股隐含波动率等。

低估值策略的本质是寻找安全边际更明确的投资标的，进而在控制回撤空间和波动率的前提下获得超额收益。

三、纯债替代策略：更具吸引力的票息和虚值期权

一直以来，转债的主要投资者为偏好固定收益产品的投资者，因而市场更注重个券的"弹性"，转债票息和到期收益率(yield to maturity，YTM)被视为辅助指标。高

YTM往往对应低转股价值，偏债型品种比较容易被边缘化，但如果信用风险可控且YTM与纯债接近(见图1-4)，意味着内嵌期权几乎免费(深度虚值)，则作为纯债替代品依然有价值。

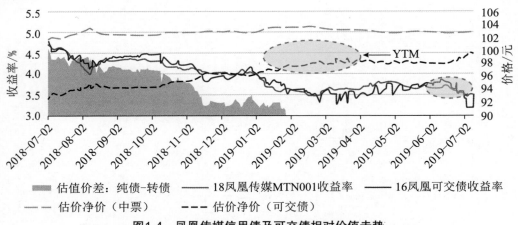

图1-4　凤凰传媒信用债及可交债相对价值走势

(资料来源：Wind数据库)

图1-5中，选取凤凰传媒存量债券进行对比，中票剩余期限与可交债基本一致。2018年以来大类资产走势表现为债强股弱，中票收益率不断压缩，可交债收益率同步向下，但受正股波动影响，两者YTM波动节奏并不完全对应，特定区间内可交债收益率甚至高于中票，配置价值明显。虽然2023年权益市场表现不佳，但凤凰EB净价走势仍然跑赢中票，可以算是较为优质的纯债替代品。

由图1-5可知，即使是存在信用风险的债性转债，如果YTM明显高于对应等级曲线，仍然有可能为组合带来超额收益，考虑到转债市场尚未出现过实质违约，虽然期权同样为深度虚值，但在企业偿债压力较大的情况下，相比高收益纯债，额外给发行人和投资者提供了一个债转股的下修，化解风险的渠道比传统债务更多元。

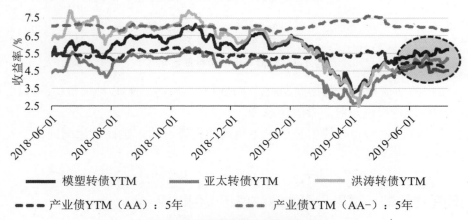

图1-5　偏债型转债与信用债的比较

(资料来源：Wind数据库)

四、条款博弈及套利策略：复杂的多方博弈

条款博弈及套利策略主要聚焦于转股价下修时机及下修空间的博弈，博弈转债下修动机和阻力如表1-1所示。

表 1-1　博弈转债下修动机和阻力

下修动机	下修阻力
大股东参与配售后因转债长期破面而浮亏，同时存在资金压力	对正股和控制权的摊薄效应
发行人规避回售压力，求生欲强	小股东的否决权
补充资本金的刚性需求，银行转债	银行转债下修的硬性指标约束
转债利息摊销对公司利润的影响	

博弈策略对投资者的基本面研究能力和对公司长期、紧密的跟踪要求较高，需要结合发行人在资本市场上的其他融资计划和财务安排综合判断，同时考虑下修存在的现实和潜在约束，以判断下修成功的概率及空间(往往未到位)。

套利策略则多见于正股价格位于转债条款触发条件附近的个券。正股价格位于赎回条款触发条件附近，发行人有动力借机促转股；正股价格位于回售和下修条款触发条件附近，发行人有动力规避相应触发条件，以上两条为套利策略的基本假设。目前二级市场主流的转债低风险套利类策略主要包括以下几种。

(1) 正股价格接近回售/下修/赎回条件时，买入正股或转债。

(2) 溢价率为负或转债价格跌幅大于正股(考虑跌停板)时，存在套利机会。

(3) 确认回售时，短期收益率可能高于资金成本；到期赎回临近，可能促转股。

(4) 一级转债打新或通过提前买入正股获取配售权利，高等级转债上市首日价格跌破面值的概率小，但网上中签率普遍偏低。

(5) 与大股东合作，为股东参与一级发行配售提供资金(优先或劣后均可)，并通过远期代持或回购协议规避限制转股期，并以此获取固定或浮动的收益。

五、量化高频类策略：交易期权的尝试

量化高频类策略多被量化对冲团队采用，通过交易转债的内嵌期权，同时通过个股或股指期货进行对冲，更接近欧美发达金融市场的波动率交易，主流工具为B-S模型、二叉树、蒙特卡罗模拟等，因此部分券商把转债研究交由金融工程团队完成。

这里简单介绍两类理论上较为主流的交易策略：Delta策略和Gamma策略。Delta类似纯债里的"久期"概念，即正股价格每变化1元时，转债内嵌期权变化的幅度；Gamma则更接近纯债的"凸性"概念，即期权价格对正股价格的二阶导数。

Delta策略实例：在正股和转债上持有方向相反的头寸，通过调整比例使得组合的Delta为0。如果忽略转债债底价值和溢价率的波动，此时组合的股票价格敞口被近似对

冲，净值波动的主要来源切换为正股波动率变化导致的期权价格变化，从而近似持有做多/空波动率头寸。

Gamma策略实例：类似纯债的凸性增强策略，寻找正股涨时上涨更多，正股跌时下跌更少的标的。即正股上涨时，期权Delta递增；正股下跌时，期权Delta下降。注意，该策略虽然理论性价比高，但准确计算与期权相关的影响因子比较困难，仅有参考价值。

六、指数替代策略：配置大盘转债

大盘转债与上证综指走势相关性较强(见图1-6)，对精力有限、无法跟踪行业个股的投资者来说，不失为一种跟踪指数的便利选择。同时，大盘转债具备流动性好、质押融资便利等优势，无论是配置还是交易，都有明显价值。

图1-6　大盘转债与上证综指相对走势

近年来，出于补充资本金的诉求，各家银行转债密集上市，一方面为投资者提供了更多选择，另一方面也加剧了市场供给压力。作为补充商业银行核心一级资本的重要工具，银行转债已经成为宽信用路径约束的重要影响因素，值得投资者进一步关注。本书第三章将对银行转债进行详细介绍。

第二节　转债的下修博弈解析

一、转债下修转股价的多方视角分析

转债的下修条款是一种重要的保护性条款，它赋予了发行人在一定条件下向下修正转股价的权利。下修条款的触发条件通常会根据具体的转债条款而有所不同，但一般都会包括一些关键要素，如连续交易日的数量、收盘价低于当期转股价格的比例等。

下修条款的目的是在正股价格低迷时，通过降低转股价格提升转债的转股价值，从而保护投资者的利益。当正股价格持续下跌时，转债的转股价值也会随之下降，这可能导致投资者无法按照预期的转股价格将转债转换为股票。此时，发行人可以根据下修条款的规定，提出向下修正转股价格的方案，并提交公司股东大会进行表决。

如果下修方案通过表决，转股价格将被调低，投资者能够在相同的条件下转换更多的股票，从而提高转债的转股溢价率和投资价值。这对投资者来说是一种有利的保护措施，特别是在市场环境不佳、正股价格低迷的情况下。

作为一种混合型的金融工具，转债的独特转股机制使其在资本市场上拥有特殊的地位。当可转债的正股价格低迷时，下修转股价成为一个备受关注的话题。下修转股价指的是发行人根据一定的条件和程序降低可转债的转股价格，从而增加其转股价值。

(一) 下修的4个重要时间点

一只转债要成功通过下修，需要经过4个重要时间点，分别是下修条款触发日、董事会下修议案公告日、股东大会决议通过日及转股价格变动日。蓝盾转债下修的4个重要时间点如图1-7所示。

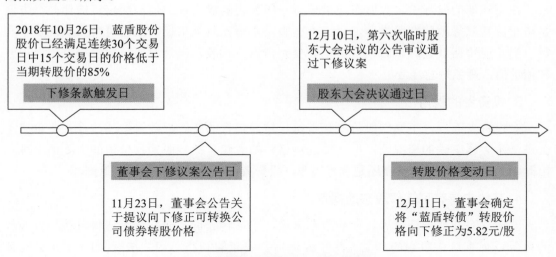

图1-7 蓝盾转债下修的4个重要时间点

2006年《上市公司证券发行管理办法》颁布之前，只需要关注董事会下修议案公告日和下修日，但该办法把原来董事会拥有的决定转股价修正权利修改为"转股价格修正方案须提交公司股东大会表决，且须经出席会议的股东所持表决权的三分之二以上通过方可实施"。也就是说在2006年之前，董事会对可转债能否成功下修具有决定性作用，但在该办法出台之后，股东大会成了决定可转债能否成功下修的关键因素。《上市公司证券发行管理办法》对下修条款的相关规定及影响如表1-2所示。

表 1-2　《上市公司证券发行管理办法》对下修条款的相关规定及影响

相关规定	影响
转股价格修正方案须提交公司股东大会表决，且须经出席会议的股东所持表决权的三分之二以上通过方可实施	董事会决定权移交股东大会，存在下修失败风险
股东大会进行表决时，持有公司可转换债券的股东应当回避	一定程度上增加了博弈难度
修正后的转股价格不低于前项规定的股东大会召开日前二十个交易日该公司股票交易均价和前一交易日的均价	防止下修幅度过大

(二) 不同角色视角的下修

1. 发行人的视角

对发行人来说，可转债的初衷往往是通过转股实现股权融资。当正股价格持续下跌，触发回售条款时，发行人可能面临巨大的财务压力。因此，发行人倾向于在临近回售期时下修转股价，以促进转股，避免回售。这样不仅可以调整资本结构，还能降低财务费用，缓解公司的资金压力。

2. 大股东的视角

在可转债的发行中，大股东通常享有一级配售的优先权。他们配售可转债，一方面是防止因转股导致的持股摊薄，另一方面则是希望在二级市场上出售可转债实现资本利得。当正股价格低迷时，转债价格也会受到拖累，大股东自然希望转股价下修，以提升转债价值，避免持仓浮亏。

3. 投资者的视角

对投资者而言，下修转股价意味着每只转债包含的转股权数量增加。在正股价格不会进一步大幅下跌的情况下，可转债的价格将随着包含的转股期权价值的上涨而上涨。因此，无论是选择持有转债还是选择转股，投资者都倾向于看到转股价下修。

4. 其他未持有可转债股东的视角

然而，对其他未持有可转债的股东来说，下修转股价并非好事，它将直接导致股权的稀释，损害这些股东的利益。为了保护这些股东的利益，相关法规(如《上市公司证券发行管理办法》)规定了在表决下修转股价时，持有可转债的股东应当回避。这一规定在一定程度上限制了大股东利用控制权左右转股价下修的行为，增加了条款博弈的复杂性。

综合来看，下修转股价是一个涉及多方利益的复杂决策。在转债价格和正股价格长期低迷且触发下修条款后，发行人、持债大股东及投资者往往希望公司采取下修行为以提升转债价值和促进转股；而未持有可转债的其他股东则出于保护自身利益的考虑不期望下修转股价。因此，在实际操作中需要平衡各方的利益诉求，确保决策的公正性和合理性。

二、下修背后的发行人诉求

下修是规则赋予发行人的权利。下修条款触发后，是否下修由发行人决定，发行人往往由于各种原因而选择被动下修和主动下修。被动下修包括为避免可转债回售进行的下修，主动下修则包括为可转债减持、促进转股调整财务结构、补充核心一级资本金等进行的下修。

(一) 避免回售而选择的下修

从下修条款与回售条款的关系看，可转债的下修条款允许发行人在一定条件下向下修正转股价格。这通常发生在正股价格持续低迷时，为了保护投资者的权益并促进转股，公司会考虑下修转股价。回售条款则赋予可转债持有人在特定条件下将转债回售给发行人的权利。这通常发生在正股价格大幅下跌，远低于转股价格时，以保护投资者免受更大的损失。对比两者，回售条款的设计通常更为严格，体现在回售期、触发时间、满足时间和触发价格等方面。这意味着在正股价格下跌到触发回售条款之前，很可能已经先触及了下修条款。因此，临近回售期的可转债下修意愿更强。当可转债临近回售期时，如果正股价格持续低迷，投资者有权选择回售转债，这将对发行人造成现金流压力，因为需要筹集资金来支付回售款项。为了避免这种压力，发行人通常倾向于在触及回售条款之前下修转股价格。这可以降低回售的可能性，因为下修后的转股价格更接近市场价格，使得转债更具吸引力并增加转股的可能性。因此，临近回售期的可转债下修意愿更强，这是发行人为了减轻潜在现金流压力而采取的一种策略。

综上所述，可转债的下修条款和回售条款在保护投资者权益与平衡发行人利益方面起着重要作用。而临近回售期的可转债下修意愿更强则反映了发行人在面临潜在现金流压力时倾向于采取预防性措施。

以通威转债为例，具体的下修条款和回售条款设置如表1-3所示。

表 1-3　具体的下修条款和回售条款设置（以通威转债为例）

项目	下修条款	回售条款
时间	可转债整个存续期	最后两个计息年度
触发条件	任意连续30个交易日中有15个交易日的收盘价低于当期转股价格的80%	任何连续30个交易日的收盘价格低于当期转股价的70%

(二) 与大股东有关的主动下修案例

大股东持债比例过高的转债下修意愿更强。在统计下修案例时，发现有一部分可转债下修时尚未进入转股，并无回售压力，也无促转股需求，此时的下修多与大股东诉求有关。例如2018年转债正股走弱，多只转债价格低于面值，大股东持债浮亏严重，为减少浮亏或兑现减持，一般会考虑下修转股价。

在2018年的下修案例中，共有6只转债下修公告前大股东持债比例超过25%(见表1-4)，其中迪龙转债大股东持债比例高达62.86%。这些转债在下修议案董事会公告日前均长期保持面值以下价格，大股东持债浮亏严重，促使公司考虑下修。

表 1-4　大股东持债比例超过 25% 的下修案例

转债代码	转债名称	转债上市日	下修议案董事会公告日	转股价格变动日期	转股起始日	董事会公告日大股东持债人	持债比例 /%
128033.SZ	迪龙转债	2018-01-29	2018-06-09	2018-06-27	2018-07-03	敖小强	62.86
113504.SH	艾华转债	2018-03-23	2018-07-26	2018-08-11	2018-09-10	湖南艾华投资有限公司	48.84
128043.SZ	东音转债	2018-08-27	2018-11-05	2018-11-21	2019-02-11	方秀宝	39.22
123007.SZ	道氏转债	2018-01-26	2018-12-06	2018-12-24	2018-07-04	荣继华	37.03
128025.SZ	特一转债	2017-12-28	2018-07-12	2018-07-30	2018-06-12	许丹青	31.05
113012.SH	骆驼转债	2017-04-13	2018-03-10	2018-03-22	2017-10-09	刘国本	26.69

(三) 主动下修降低财务费用

可转债转换为股票确实有利于公司降低财务费用和优化资本结构，这是因为可转债在转换前，其大部分价值体现在负债成分中，公司需要按期计提财务费用。然而，一旦可转债转换成股票，这部分负债就转变为权益，公司日后便不再对这部分计提财务费用，从而降低了财务费用。

同时，可转债的转换降低了负债在总资产中的权重，优化了公司的资本结构，有助于提高公司的偿债能力和抵御风险的能力。

以蓝思转债为例，其发行面值为48亿元的可转债在第一期产生了约2.07亿元的财务费用，其中包括1440万元的票息和约1.92亿元的利息摊销。这对蓝思科技的归母净利润产生了较大影响。因此，对蓝思科技来说，可转债的转换将有助于降低其财务费用，提高其盈利能力。

此外，多只转债在下修议案董事会公告中明确指出为降低财务费用、优化公司资本结构，提议下修转股价格。这进一步说明可转债转换对公司财务的积极影响，并且公司也在积极寻求通过下修转股价格等方式来促进可转债的转换。

综上所述，可转债转换为股票有利于公司降低财务费用和优化资本结构，这是公司通过可转债融资的重要优势之一。与此同时，公司也需要积极采取措施促进可转债的转换，以实现更好的财务效果。

(四) 银行转债下修逻辑

上市银行发行转债是补充核心一级资本的重要方式，且相对于优先股、二级资本债来说，补充的资本质量更高。转股之前，其面值扣除债务的部分可以计入银行资本公积科目下的其他权益工具，以此来补充核心一级资本，转股之后全额计入普通股。因此，上市银行一般希望通过下修促成转股，以补充核心一级资本。历史上，无锡转债、常熟转债、江银转债、杭银转债都进行了下修，其中部分银行转债还下修了两次。

三、下修条款博弈价值小结

转债的下修条款博弈在投资策略中占据重要地位。当转债的转股价经过下修后，其平价会随之回升，这使得回售条款的触发难度增加，进而降低了回售的压力。从历史数据来看，下修操作往往伴随转债价格的上涨，这为持债股东提供了减持兑现的有利时机。对机构投资者而言，参与下修博弈的目的也在于捕捉下修后转债价格的涨幅所带来的收益。然而，近年来主动下修的时间不确定性有所增加，使得预测变得更加困难。同时，从过往案例来看，许多发行人在下修力度上可能未达到市场预期，这种预期差给投资者下修条款博弈带来了一定的风险。此外，下修后的转债表现仍然与正股走势紧密相关，因此，投资者在参与可转债下修博弈时，必须关注正股的基本面情况，尤其应对尾部信用风险保持持续跟踪。

第三节 转债强制赎回情况概述

一、赎回条款面面观

(一) 提前赎回是可转债的主流退出方式

可转债强制赎回条款一般包括到期赎回条款和有条件赎回条款，触发有条件赎回条款促转股是可转债的主流退出方式。有条件赎回条款分为基于价格的赎回条款和基于转债余额的赎回条款，在退市可转债中，多数可转债通过触发基于价格的赎回条款而实现退市。

发行人发布赎回公告后，投资者必须在赎回登记日前完成卖出或转股，否则将被发行人赎回，而往往此时转债价格及转股价值高于公告的赎回价格，投资者会在赎回登记日前陆续转股或卖出，所以赎回条款起到促转股作用。2010年之后退市的可转债中，超过90%的可转债触发基于价格的赎回条款而实现退市，因此本节重点介绍基于价格的有条件赎回条款。

(二) 更关注有条件赎回条款

1. 到期赎回条款

到期赎回条款一般表述为在可转债期满后五个交易日内，公司将赎回未转股的可转债，具体赎回价格由股东大会授权董事会根据发行时市场情况与联席主承销商协商确定。历史上到期赎回占比较高的有新钢转债、唐钢转债、澄星转债等。其中，新钢转债到期赎回占比99.91%；唐钢转债到期赎回占比100%；澄星转债在触发到期赎回条款之前触发回售条款，回售占比21.93%，到期赎回占比23.65%。

2. 有条件赎回条款

有条件赎回条款是可转债研究时应重点关注的条款之一。有条件赎回条款的条件包括两类，第一类涉及正股股价和转股价，简称价格触发赎回；第二类涉及转债余额，简称余额触发赎回。已退市的隆基转债的募集说明书中对赎回条款表述如下：在本次发行的可转债转股期内，如果公司A股股票连续三十个交易日中至少有二十个交易日的收盘价不低于当期转股价格的130%(含130%)，或本次发行的可转债未转股余额不足人民币3 000万元时，公司有权按照债券面值加当期应计利息的价格赎回全部或部分未转股的可转债。

隆基转债的赎回条款如图1-8所示。

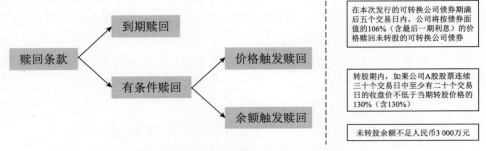

图1-8　以隆基转债为例看赎回条款

(三) 价格触发的赎回条款设置

不同可转债的有条件赎回条款的价格触发赎回设置范式基本相同，区别在于"满足时间"和"触发价格"。2004年之后发行的转债中，【15/30,130%】的赎回条款设置比例达到72.46%，且近期发行的可转债有条件赎回条款基本设置为【15/30,130%】。

2004年之前，有条件赎回条款设置更为多样，如云化转债未设置赎回条款；铜都转债、国电转债赎回价格为阶梯式；阳光转债、山鹰转债、首钢转债触发价格为阶梯式。2004年之后，仅柳工转债触发价格为阶梯式。

2014年之前，多数可转债在赎回条款中规定：在任一计息年度内，公司在赎回条件首次满足后可以进行赎回，首次不实施赎回的，该计息年度不应再行使赎回权。2014年之后发行的转债中，"久立转2"的赎回条款中强调"任一计息年度满足赎回条款首次不实施赎回的，该计息年度不应再行使赎回权"。

此外，触发有条件赎回条款之后，上海证券交易所(简称上交所)要求在满足赎回条件的下一个交易日披露是否赎回，而深圳证券交易所(简称深交所)则规定发行人决定行使赎回权应在满足条件后的五个交易日内至少发布三次赎回公告。具体来看，上交所在《上海证券交易所可交换公司债券业务实施细则》中指出，"发行人应当在满足可交换债券赎回条件的下一交易日，披露是否行使赎回权相关事项。若决定行使赎回权的，发行人应当在赎回登记日前至少进行3次赎回提示性公告"。深交所在《深圳证券交易所可转换公司债券业务实施细则(2018年12月修订)》中指出，"在可转换公司债券存续期内募集说明书约定的赎回条件满足时，发行人可以行使赎回权，按约定的价格赎回全部或者部分未转股的可转换公司债券。……发行人决定行使赎回权的，应当在满足赎回条件后的五个交易日内至少发布三次赎回公告"。

可转债赎回流程如图1-9所示。

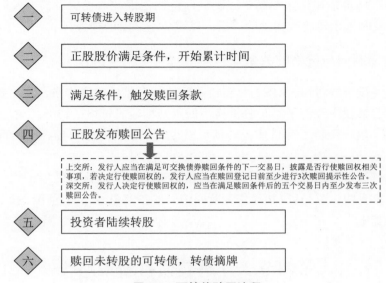

一　可转债进入转股期

二　正股股价满足条件，开始累计时间

三　满足条件，触发赎回条款

四　正股发布赎回公告

> 上交所：发行人应当在满足可交换债券赎回条件的下一交易日，披露是否行使赎回权相关事项，若决定行使赎回权的，发行人应当在赎回登记日前至少进行3次赎回提示性公告。
> 深交所：发行人决定行使赎回权的，应当在满足赎回条件后的五个交易日内至少发布三次赎回公告。

五　投资者陆续转股

六　赎回未转股的可转债，转债摘牌

图1-9　可转债赎回流程

2009年之后上市的可转债可赎回期一般设定为转股期内即发行6个月之后，而2009年之前上市的部分可转债规定，可转债发行之后12个月之内或24个月之内禁止赎回，如首钢转债的赎回条款中规定，"赎回期自本次首钢转债发行之日起24个月后至首钢转债到期日止为首钢转债的赎回期"；华西转债的赎回条款中规定，"在本公司可转债发行后12个月内，公司不得赎回可转债"。

另外，可转债的赎回条款中对到期赎回价格和提前赎回价格都进行了相关规定。提前赎回价格多设定为"票面面值加当期应计利息"。2015年之后上市的可转债的到期赎回价格都在票面和当期利息基础上有一定的上浮。可转债的发行信用等级越高，其到期赎回价格相对越低。

二、可转债赎回的规律总结

(一) 可转债赎回与市场、时间的关系

牛市中的赎回现象：在牛市期间，由于正股价格的上涨动力强劲，可转债的价格赎回条款容易被触发。历史数据显示，多数可转债的赎回都发生在牛市期间，如2006年至2007年，以及2014年底至2015年。在这些时期，上证指数涨幅显著，转债的正股价格也随之走强，从而触发了强制赎回条款。

赎回的时间分布：统计数据显示，大部分可转债在上市后的三年内实现赎回。具体而言，约30%的可转债在上市后一年内公告赎回，第二年赎回的占比26%，前三年合计赎回占比高达76%。这表明，在可转债投资中，采取左侧低位布局策略，并等待触发强制赎回，是一种相对可行的投资逻辑。

可转债的提前赎回公告对投资者而言至关重要。由于可转债的票面利率通常较低，赎回时转债的市场价格往往大幅高于强制赎回价格。因此，投资者需要及时关注赎回公告和日期，并及时做出转股或卖出的决策，以避免不必要的损失。

(二) 可转债赎回与价格的关系

过去，许多投资者将130元作为可转债赎回的一个重要参考价格，这主要是因为多数转债的强制赎回条款中设定了"正股价格不低于当期转股价格的130%"的触发条件。然而，在牛市中，由于股价上涨迅速，转债价格也随之飙升，很可能在短时间内显著超过130元。

近年来，越来越多的发行人选择阶段性放弃赎回权利，这也催生了"千元转债"的出现。这一现象表明，单纯以130元作为赎回信号的策略已经不再适用，投资者需要更灵活地应对市场变化。

第四节　详解转债打新策略

一、发行规则几经变化，可转债打新愈加规范

近年来，可转债市场的发行规则经历了一系列的变革，使得可转债打新更加规范化，也为投资者提供了更多的机会。

特别是在2017年，可转债市场经历了重大的调整。这一年，定增新规的实施使得可转债成为上市公司融资的重要渠道。证监会明确鼓励可转债的发行，使得可转债市场迅速扩容，转债余额大幅增长。

同时，2017年9月后，可转债申购规则发生重大改革：网上申购由资金申购改为信用申购。这一改革降低了投资者的参与门槛，使得更多的投资者能够参与可转债打新。由于申购时无须预缴申购资金，投资者可以实现零成本参与，因此可转债打新逐渐变得火热。这也使得可转债打新成为市场投资者进行低风险套利的一种常规手段。

这些变化不仅促进了可转债市场的发展，也为投资者提供了更多的投资机会和选择。

(一) 可转债发行规则概览

随着中国资本市场的发展，可转债的发行规则也在不断地完善。2006年，中国证券监督管理委员会(简称证监会)颁布的《上市公司证券发行管理办法》成为可转债发行的主要法规依据。该办法在1997年的《可转换公司债券管理暂行办法》和2001年的《上市公司发行可转换公司债券实施办法》的基础上进行了重大修订，涵盖了净资产收益率、期限、担保、转股价格及可转债的各项条款等多方面的内容。

《上市公司证券发行管理办法》不仅明确规定了可转债的发行要求和条款设置规则，还为可转债市场的健康发展奠定了坚实的基础。此外，上海证券交易所和深圳证券

交易所也各自发布了关于可转债发行、上市和交易的实施细则，这些细则为可转债的具体操作提供了详尽的监管指导。

具体来说，上海证券交易所的可转债发行主要由《上海证券交易所上市公司可转换公司债券发行实施细则》和《上海证券交易所交易规则》所规范，最近一次的修订发生在2018年。而深圳证券交易所的相关规定则包括2018年11月修订的《深圳证券交易所股票上市规则》，以及同年12月修订的《深圳证券交易所可转换公司债券业务实施细则》和《深圳证券交易所上市公司可转换公司债券发行上市业务办理指南》。

(二) 主流发行方式梳理

可转债的发行方式主要有三种：原股东优先配售、网上发行和网下发行。原股东优先配售是一种保护中小股东利益的方式，允许在股权登记日之前登记在册的所有股东按一定比例参与可转债的配售。上市公司发行可转债时，可以选择全部或部分向原股东优先配售，配售比例应在发行公告中明确披露。

网上申购是社会公众投资者参与可转债发行的主要途径。自2017年9月证监会修订《证券发行与承销管理办法》后，网上申购由之前的资金申购改为信用申购。这一变化意味着投资者在申购可转债时无须预先缴付申购资金或持有股票，实现了真正的零成本参与。这一改革极大地降低了投资者的参与门槛，吸引了更多投资者参与可转债的网上申购。

网下申购则是机构投资者参与可转债发行的重要方式。在修订后的规则下，网下申购不再根据申购金额按比例收取保证金，而是基于管理承销风险的考虑向单一账户直接收取不超过50万元的保证金。这一变化显著降低了机构投资者参与网下申购的资金占用成本。网上申购和网下申购的规模上限通常在募集说明书中明确规定，而参与网下申购的投资者需要提供相应的资产证明。

在过去的实践中，网下机构投资者凭借资金规模优势和多账户申购策略，一度使得可转债的打新中签率降至极低水平。为了规范网下申购市场，证监会在2019年3月召开了座谈会并发布了相关问答，对可转债的网下申购操作进行了正式规范。根据新规定，每个参与网下申购的配售对象只能使用一个证券账户，并且不得超出其资产规模进行申购。这一举措有效遏制了同一主体使用多个账户进行申购的"拖拉机账户"现象，以及网下机构投资者的顶格申购行为。

2019年3月后，网下申购市场得到了进一步规范。例如，在现代制药发布的可转债发行公告中，要求参与网下申购的机构投资者自有资金或管理的每个产品都需要提交申购金额不超过其资产规模或资金规模的证明文件扫描件；符合规范的公募基金、基金公司及其子公司资产管理计划、证券公司及其子公司资产管理计划，以及期货公司及其子公司资产管理计划则无须提交相关证明文件。这些措施有助于确保网下申购的公平性和透明度，促进可转债市场的健康发展。

截至2019年3月30日，可转债打新规则如表1-5所示。

表1-5　可转债打新规则

网上打新	网下打新
申购时无须预缴纳申购资金	申购时无须缴纳申购资金，主承销商可向网下单一申购账户收取不超过50万元的申购保证金
主承销商根据发行规模合理设置单个账户网上申购上限	结合行业监管要求及相应资产规模，合理确定申购金额，不得超过资产规模申购。申购时应出具申购金额不超过资产规模的承诺。承销商对申购金额应保持必要关注，并有权认定超资产规模的申购为无效申购
投资者参与可转债网上申购只能使用一个证券账户。同一投资者使用多个证券账户参与同一只可转债申购的，或投资者使用同一证券账户多次参与同一只可转债申购的，以该投资者的第一笔申购为有效申购，其余申购均为无效申购。确认多个证券账户为同一投资者持有的原则为证券账户注册资料中的"账户持有人名称""有效身份证明文件号码"均相同。证券账户注册资料以T-1日日终为准	每个配售对象参与网下申购可转债只能使用一个证券账户。投资者管理多个证券投资产品的，每个产品可视作一个配售对象。其他投资者，每个投资者视作一个配售对象
投资者网上申购新股、可转换公司债券、可交换公司债券获得配售后，应当按时足额缴付认购资金。网上投资者连续12个月内累计出现3次中签后未足额缴款的情形时，6个月内不得参与新股、可转换公司债券、可交换公司债券申购	投资者网下申购新股、可转换公司债券、可交换公司债券获得配售后，应当按时足额缴付认购资金

(资料来源：中国证券监督管理委员会官网)

(三) 可转债打新和股票打新的异同

重启IPO后，证监会发布《关于修改〈证券发行与承销管理办法〉的决定》，同时股票打新规则发生了部分变化，股票打新也进入新规时代。

1. 可转债打新和股票打新的相同之处

可转债打新和股票打新的相同之处主要体现在：①信用申购，申购前都不需要缴纳资金，只需要在中签后按时足额缴款即可；②不可以重复申购；③中签投资者足额缴纳资金的截止时间为T+2日16：00，不足部分视为放弃申购；④连续12个月累计三次中签但放弃申购会被列入"打新黑名单"。

2. 可转债打新和股票打新的不同之处

新股网上申购要求市值持有沪市或深市非限售A股市值超过1万元(含)，网下申购要求基准日前20个交易日(含基准日)所持有上海市场非限售A股股份市值的日均市值1000万元(含)以上，且不低于发行人和主承销商事先确定并公告的市值要求。而可转债打新则无底仓市值要求。

打新债和打新股规则对比如表1-6所示。

表1-6　打新债和打新股规则对比

指标	打新债	打新股
底仓市值	无要求	【网上】持有沪/深市非限售A股市值超过1万元(含) 【网下】基准日前20个交易日(含基准日)所持有上海市场非限售A股股份市值的日均市值1000万元(含)以上，且不低于发行人和主承销商事先确定并公告的市值要求
面值	100元	发行价
申购代码	股东、非股东2个代码	股东代码
申购上限	【网上】承销商统一规定 【网下】不得超过资产规模申购	【网上】沪市：Min(9999.9万股，网上初始发行股数的千分之一)，深市：Min(99 999.95万股，网上初始发行股数的千分之一) 【网下】不得超过网下发行总量，不得超过拟申购数量
机构与散户申购成功概率	网上申购无差异	机构>散户
申购时间	T日9：15—11：30、13：00—15：00	沪市T日9：30—11：30、13：00—15：00 深市T日9：15—11：30、13：00—15：00
申购结束	T+2	最早T+1晚，最迟T+2
申购前是否需要预缴资金	否	否
中签后缴纳资金时间	T+2日16：00截止	T+2日16：00截止
是否可重复申购	否	否
申购限制	连续12个月累计3次中签但放弃申购将被列入"打新黑名单"	连续12个月累计3次中签但放弃申购将被列入"打新黑名单"

(资料来源：中国证券监督管理委员会官网、证券交易所官网)

二、市场转好，中签率走低，打新破发概率低

信用申购环境下，难以定量测算出打新收益率。假设中签一手资金占用，且上市首日以均价卖出，则预期收益率等于中签率乘以上市首日均价/100，故转债上市首日表现和中签率决定了打新收益。

$$可转债打新预期收益率=中签率×上市首日均价/100$$

(一) 打新火热，中签率低，规范监管提升中签率

中签率主要由发行金额和申购金额共同决定。发行方式可以设置原股东有限配售、网下配售、网上发行，从发行安排看，中签率受原股东配售占比，以及网上、网下申购规模影响。而原股东配售意愿、网上申购规模、网下申购规模除了与可转债基本面有

关，更大程度上受市场风险偏好、行情走势、可转债市场稀缺程度等影响。

申购规则上，因可转债申购采用信用申购，且此前网下申购可转债存在"拖拉机账户"顶格申购问题，导致中签率一度降低至万分之一以下。证监会及时召开座谈会，并于2019年3月25日发布相关文件，网下申购规则漏洞弥补，中签率有所回升。

中签率极低的情况下，多数投资者把目光投向抢权策略，然而通过测算，抢权收益受正股涨跌幅影响较大，当A股市场低迷时，抢权须谨慎。以下对历史上转债打新策略的一些规律进行总结。

1. 原股东配售降低股本摊薄风险，配售意愿与市场走势相关

可转债在发行方式上设置原股东配售，降低了原始股东股本摊薄风险。原股东配售包括有限售条件股东配售和无限售条件股东配售，配售意愿受各方面因素影响，包括市场风险偏好、A股走势、大股东持股比例、债项评级等因素。可转债信用评级高，原股东配售意愿较强；当股票市场趋势向上时，原股东配售意愿回升。

2. 中签率与市场热情反向变动，监管趋严提升中签率

网上中签和网下配售比例由发行规模及申购规模确定。网上、网下发行规模为原股东配售后的余额，申购规模则与发行时的申购热情及申购规定相关。

中签率=优先配售余额/有效申购金额

其中，优先配售余额=发行规模−原股东优先配售金额；有效申购金额=网上有效申购金额+网下有效申购金额。有效申购金额由申购户数和单户申购金额决定。

打新中签率与市场热情反向变动，当申购热情高时，申购规模较大，中签率相对降低。2019年初，在A股小牛市带动下，申购规模不断走高，中信转债网下申购规模达到56.96万亿元，中签率为0.018 19%，绝味转债、中鼎转2的中签率不足万一。网下打新往往存在顶格申购的情况，证监会于2019年3月23日召开座谈会，强调杜绝"拖拉机账户"，并要求申购规模符合资产规模，此后中签率有所回升。

3. 抢权策略不一定是"馅饼"，有可能是"陷阱"

抢权指在股权登记日及以前买入正股股票从而获得可转债配售资格，提升可转债获配率的行为。在中签率极低的情况下，抢权逐渐进入投资者视野，但是通过分析，抢权胜率并不高，抢权收益受正股涨跌幅影响较大。

抢权收益和风险取决于期间正股涨跌幅、转债上市涨跌幅。我们对抢权流程简单化，假设在股权登记日(T−1日)以当天均价买入，申购日(T日)以当天均价卖出测算正股收益，在转债上市当日以均价卖出测算转债收益。以抢权获配一手可转债进行测算，中信转债抢权收益率为4.24%。

$$抢权收益率=\dfrac{\dfrac{(正股出价-正股入价)\times1000}{每股配债}+一手可转债上市收益}{\dfrac{正股入价\times1000}{每股配债}+1000}$$

$$= \frac{\dfrac{(6.94-6.69)\times1000}{1.17}+10\times7.82}{\dfrac{6.69\times1000}{1.17}+1000}$$

$$= 4.24\%$$

简化抢权收益率公式，抢权收益率取决于正股涨跌幅与"转债收益率×转债发行规模/正股市值"的和。2016年后发行且上市的可转债的转债发行规模/正股市值的波动区间为1.84%~34.3%，中位数为9.39%，平均数为10.84%，在转债上市均价涨跌幅为20%的较好情况下，转债收益率×转债发行规模/正股市值的波动区间为0.37%~6.86%，但这个波动区间相对正股涨跌幅来说并不算大，所以事实上正股涨跌幅对抢权收益率的影响更大。

此外，抢权胜率并不高。2016年1月已发行且上市的144只转债中，共有76只抢权收益率为正，胜率为52.78%。而且抢权收益率受正股涨跌幅影响较大，投资者在参与抢权时，更多博取的是正股收益率，在A股整体行情好的时候，抢权收益率为正的概率高。在使用抢权这一策略时仍然需要根据具体情况进行具体分析。

2016—2019年抢权收益率如表1-7所示。

表 1-7　抢权收益率统计

年份	上市转债数 / 只	抢权收益率波动区间	抢权收益率为正的转债数 / 只	正收益比例
2019年	32	−1.77%~7.55%	24	75.00%
2018年	77	−5.20%~5.84%	36	46.75%
2017年	23	−4.90%~4.06%	13	56.52%
2016年	12	−7.65%~7.37%	3	25.00%
合计	144	−7.65%~7.75%	76	52.78%

(二) 上市后转债表现的影响因素

中签之后，转债上市首日涨跌幅是决定打新收益率的关键。转债上市首日涨跌幅与市场行情、债底支撑、转债基本面等相关。整体来看，信用评级高的转债破发的可能性较低，熊市中平价支撑较弱的个券存在破发的可能性。

1. 平价和溢价率是影响转债上市首日表现的两个重要因素

估算转债上市首日价格时，一般参考发行规模相近，评级相同的转债的上市首日转股溢价率，再根据转债平价来估算。

$$转债价格=转债平价\times(1+转股溢价率)$$

式中，转债平价和转股溢价率是影响转债上市首日表现的两个重要因素。转债平价即转股价值，根据正股价格及转股价计算得出，100/转股价表示一张可转债可以换股的股数，一般来说，这一项为系数项，转债平价更多地由正股价格确定。平价对转债价格有支撑，平价太低的转债在熊市易破发。转股溢价率与转债平价成反比。

2. 债项评级高的转债，开盘破发的概率更低

2016—2019年上市的可转债中，14只AAA级的债券未出现破发，上市开盘价破发的

可转债多集中在AA、AA-评级中，其中AA-评级以下的可转债破发比例较高(见表1-8)。

表 1-8 债项评级高，破发概率低

债项评级	上市可转债教 / 只	首日开盘价破发的可转债数 / 只	占比
AAA	14	0	0
AA+	28	9	32.14%
AA	68	14	20.59%
AA-	29	14	48.28%
A+	5	2	40.00%
合计	144	39	27.08%

3. 上市后价格走势仍然取决于正股

虽然有溢价率的存在，但拉长时间来看，在触碰到各类转债条款边界之前，转债价格与正股的价格走势相关性最强。对投资者而言，转债打新中签远远不是投资工作的结束，反而是需要深入研究正股基本面的开始。

第五节　转债定价模型

可转债作为一种可以在特定条件下转换为公司股票的债券，同时具有债券和股票的特性，还因为各类条款的存在而受到特殊价格约束。为了确定可转债的合理价格，投资者和分析师通常会使用各种定价模型。本节主要介绍一些经典的转债定价模型，以及它们的优势和局限性。

一、Black-Scholes模型

Black-Scholes(B-S)模型最初是为欧式期权定价而设计的。可以将可转债看作一个普通债券加上一个股票买入期权，因此可以使用B-S模型公式来估算期权的价值，再加上债券的价值，从而得到可转债的理论价格。

优势：该模型提供了闭式解，计算相对简单且快速；在参数(如股票价格、波动率、利率等)已知的情况下，可以迅速得到期权的价值；简单、易实现，且能在许多情况下得出相当精确的结果。它假设股票价格服从几何布朗运动规律，并通过解析公式给出欧式期权的价格。对于可转债这类带有期权属性的金融产品，B-S模型提供了一个相对直接且数学上易处理的定价框架。

局限性：该模型假设股票价格是连续变化的，且股票价格服从对数正态分布，利率和波动率为常数，没有考虑实际市场中可能出现的跳跃(如重大新闻事件导致的价格突变)。该模型假设利率和波动率都是常数，这在实际金融市场中并不总是成立。此外，对可转债而言，该模型忽略了债券的违约风险、回售和提前赎回等条款的影响。

二、二叉树模型

与B-S模型类似，二叉树模型是一种离散时间模型，它假设在每个时间节点上，股票价格只有两种可能的变化：上涨或下跌，进而通过构建一个二叉树表示股票价格的可能路径，并结合可转债的条款计算其价值。

优势：二叉树模型直观地描述了资产价格的可能变化路径，更容易处理多种复杂的期权条款(如美式期权和亚洲期权等)。该模型能够灵活地考虑不同的股票价格路径和对应的转换价值，易于纳入早期赎回、回售和转换等特性，弥补B-S模型在条款定价上的缺陷，从而更好地反映可转债的特性。

局限性：构建精确的二叉树需要占用一定的计算资源和时间，对长期可转债来说更是如此。当可转债的期限变长时，二叉树的节点数量会呈指数级增长，导致计算量大幅增加。如何确定合适的上涨和下跌概率，以及合适的步长(每个时间点的价格变化量)都是难点，步长太大则可能导致定价不准确，步长太小则会增加计算负担。另外，该模型和B-S模型一样难以刻画赎回权、回售权和向下修正条款的路径依赖特征。该模型通过取模拟轨迹得到现值的平均值，最终只能得到一个接近正确答案的解。

三、蒙特卡罗模拟

蒙特卡罗模拟是一种基于随机抽样的数值方法。它通过模拟股票价格的大量随机路径计算可转债的预期收益，并据此确定其价格。这种方法特别适用于处理具有复杂路径依赖特性的金融产品。

优势：蒙特卡罗模拟能够处理任何形式的股票价格路径和可转债条款。它提供了对可转债价值分布的全面分析，有助于评估风险和制定投资策略。它是一种基于随机抽样的统计方法，能够处理复杂的资产价格路径和多种期权条款的先进模型。特别适合处理那些难以用解析公式表达的复杂问题，如可转债的提前赎回和转换条款等。通过模拟大量的股票价格路径，蒙特卡罗模拟可以得出可转债的预期价值和风险特征。

局限性：蒙特卡罗模拟需要大量的计算资源和时间，尤其是当模拟的次数很多或者可转债的期限很长时。此外，该方法的准确性取决于模拟的次数和随机抽样的质量，可能存在收敛速度慢或结果不稳定的问题。

注意，以上定价模型都是基于一定的假设和简化来处理实际金融问题的，因此在实际应用中需要谨慎选择和调整模型参数以符合特定情况的需求。同时，对于可转债这类复杂的金融产品来说，单一模型可能无法完全准确地描述其价格行为，因此有时需要综合使用多种模型和方法进行全面分析。

四、有限差分模型

有限差分模型是一种偏微分方程数值解法，用于求解可转债满足的偏微分方程。该模型通过离散化时间和空间，将偏微分方程转化为一系列差分方程进行求解。

优势：有限差分模型能够处理各种边界条件和复杂条款，如赎回条款、回售条款等，它可以对可转债价值进行较为准确的估计。

局限性：有限差分模型的计算量较大，需要选择合适的离散化参数以确保结果的准确性。此外，对于高维问题(如多个风险因素)，有限差分模型的计算成本会显著增加。

注意，以上每种定价模型都有其特定的适用范围和限制条件。在实际应用中，应根据可转债的具体条款和市场环境选择合适的定价模型进行评估。从业内机构投资者实践的情况来看，前三种模型的应用范围更广，B-S模型由于具有运算方式简单、处理大批量数据的效率高等特点，被追求"模糊正确"的基本面趋势投资者所青睐；蒙塔卡罗模拟可以精确地输出结果和对复杂条款路径进行全面评估，更适合进行短期套利和高频交易的投资者；而二叉树模型则介于两者之间，兼顾了效率和准确性，能对剩余期限较短的可转债做出相对准确的价值评估。

作者认为，比定价模型方法更重要的是其隐含假设和参数变量所反映的思想，即以期权特征来看待转债这类资产时，哪些因素变化对其价格趋势的阶段性影响更大，需要转债投资人自上而下地进行判断和把握。

第二章

大类资产视角下的可转债

可转债与大类资产有很多相通之处。从风险因子的角度看，转债同时具有信用风险因子、权益风险因子和利率风险因子。如果要对可转债价格进行精准的预判，意味着要同时预测主流大类资产的价格走势。从业内研究人员的关注领域来看，转债分析师可能需要同时具备传统固收分析师、大类资产分析师、金融工程分析师和股票策略分析师的部分技能并站在其视角，才能更好地完成研究工作。

另外，转债虽然属于小众资产，但其风险收益特征的实际方差却是大类资产中最大的：偏债型转债具有信用债的特征；偏股型转债具有股票的特征；平衡型转债的期权特征显著；即将到期的转债大多以货币市场工具进行定价……因此，掌握转债类资产的定价规模基本就有了跨资产比较的基准，进而能够以此为基准权衡其他资产的相对价值，这也是转债作为大类资产独有的特点。

本章内容系作者对历史上转债风险收益特征的思考，主要包括自上而下站在组合投资视角对转债策略应用的总结，以及自下而上对转债与传统股债资产的观察。

第一节　从组合投资视角看转债配置策略[①]

2019年是近十年来可转债回报的大年(回报率仅次于2014年)，从资产供给的角度看，决策层定调"提高直接融资比例，促进资本市场服务实体经济"，转债和定增等再融资市场在2020年有望扩容。转债对申万28个一级行业几乎实现了全覆盖，投资者有充足的标的可以

---

① 本节内容由笔者根据 2020 年初的转债投资笔记整理而成。

选择，从而丰富组合投资策略，拓展大类资产配置的有效前沿。虽然短期疫情扰动会压制权益类资产价格，但也给了投资者相对低位布局的机会，转债的结构性行情依然值得关注。

一、转债估值偏贵的伪命题

由于2019年转债积累的回报较多，主流券商对该类资产的回报预测均有所下调，在2020年度策略展望时普遍认为"转债估值偏贵"。

如图2-1所示，观察平均隐含波动率指标，转债估值确实位于过去一年相对较高的水平，从这个角度看，"转债估值偏贵"的判断似乎无可厚非，但笔者认为"估值偏贵"的结论并不精确且对投资缺乏指导意义。

图2-1　转债估值指标走势

为何不精确？因为2019年权益市场呈现典型的抱团行情，以至于"拿掉核心资产，就是熊市"。这种风格特征在转债市场同样存在，高等级、大市值转债被高估(特别是正股有卖方报告跟踪或公募基金重仓的标的)，仍有较多无人覆盖、正股中小市值及信用上有瑕疵的个券位于低估值区间。显然，前者比后者的市值权重大得多(如银行转债占全市场市值的34%)，自然会给投资者"高估"的印象。

为何对投资缺乏指导意义？因为在投资中，不仅要考虑资产估值的历史分位，还要考虑各类资产间的替代关系和相对价值。或许更合理的思考方式是：①纯债相对转债估值更贵，那么高YTM的中高等级品种(可交债)是否有价值？②转债相对股票偏贵，那么哪些可以用正股替代(银行)，哪些并不适合(TMT①)？③转债稳定的非对称性损益结构是传统大类资产难以复制的，对于特定风险偏好的资金，是否存在更优的选择？

二、转债在组合中的差异化应用

转债是一类功能性较强的资产，如何在组合投资中具体运用，取决于来自纯债或正

---

①TMT 即 telecommunication、meadia、technology，电信、媒体、科技。

股市场的机会成本，同时要考虑组合投资具体的目标与约束。转债在不同组合投资中的应用如图2-2所示。

纯债类组合	混合偏债组合	混合偏股组合
· 相对排名的"胜负手" · 纯债替代类转债，不拖累组合静态，缓慢增加权益暴露 · 避开低等级品种后，转债打新贡献稳定的低风险套利收益	· 动态调整组合股债比和杠杆等参数的工具 · 以转债为原料构建的多元化策略（抢权、条款、套利、量化）降低组合策略相关性 · 周期性绝对低位机会	· 风险管理工具，支付溢价率锁定下行空间 · 正股替代类转债，用于替代把握度有限但弹性较好的个股标的 · 与股票衍生品构建多元化策略并形成替代

图2-2　转债在不同组合投资中的应用

其实从因子投资的角度看，转债属于精细化管理难度较大的资产，一是该类证券在利率因子、信用因子、权益因子上都有部分程度的暴露，二是在市场的不同阶段呈现出的因子相关性并不稳定，个券间的差异也较大。例如在转债跟随正股上涨时，隐含期权的Delta(转债对正股的Beta)同时上行，正股下跌时Delta同时下行，因此对组合中的转债仓位做再平衡时，不仅要考虑市值权重，还要考虑因子权重变化。

这种特殊的风险收益特征(高Gamma特性)虽然给组合管理者的因子敞口计算带来了挑战，但也为组合内嵌了"追涨杀跌"的自动交易机制：股票表现好，自动增加权益Beta；股票下跌，自动降低权益Beta。

如图2-3所示，转债价格一般表现为上涨时跟住正股，下跌时锚定债底。从价格驱动因素角度看，就能够理解为何转债会出现周期性的绝对低位机会，该类情形通常是大盘已在低位但仍在寻底过程中(正股低估)，信用收缩明显(债底低估)，债券投资者比股票投资者对经济更悲观(估值低估)。

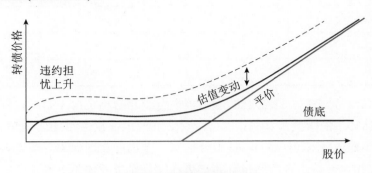

图2-3　转债价格驱动力

三、基于转债和ABS的组合策略

笔者认为，当前主流的股债类属资产中，以可转债和资产支持证券(ABS)构建组合能获得较好的互补效果(见图2-4)。

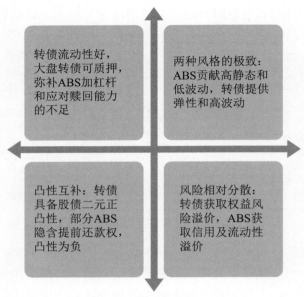

转债流动性好，大盘转债可质押，弥补ABS加杠杆和应对赎回能力的不足	两种风格的极致：ABS贡献高静态和低波动，转债提供弹性和高波动
凸性互补：转债具备股债二元正凸性，部分ABS隐含提前还款权，凸性为负	风险相对分散：转债获取权益风险溢价，ABS获取信用及流动性溢价

图2-4　组合特性的互补

ABS和转债代表了固收类资产中两类风格的极致，两者结合可以构建各参数都相对均衡的组合，如表2-1所示。

表 2-1　ABS 和转债的组合

证券类型	配置比例	票息收益率	收益贡献
偏债型转债(含EB)	30%	3%	0.9%
平衡型转债	30%	1%	0.3%
高收益ABS	40%	6%	2.4%
过手摊还ABS	40%	5%	2%
融资(场内及协议)	40%	−3%	−1.2%
综合静态收益预估	—	—	4.4%

由表2-1所示结果来看，该组合的静态表现至少是合格的(4.4%)，在权益市场乐观假设下(偏债型涨5%，平衡型涨10%)，组合年化近9%；在权益市场悲观假设下(偏债型亏5%，平衡型亏10%，无信用风险)，该组合持有一年也能实现保本。与直接挂钩期权产品(类结构性存款)相比，该组合的回报分布也更连续，投资者体验更好。

另外，该组合还有以下两个可优化的方向。

(1) 缺少久期敞口暴露，结合ABS隐含的可赎回债券属性，在出现长端利率债趋势性机会时将明显跑输市场。可考虑增加国债期货多头以跟住市场，同时多头移仓换季时能获得稳定的展期收益。

(2) 品种溢价持续被压缩，ABS可考虑用更高静态的资产进行替代，特别是对银行理财等具备资产创设能力的机构而言，可以纳入非标资产，如员工持股计划配资、私募可交换债等。

四、转债投研体系的迭代与展望

长期以来，转债一直属于固收资产市场的小众品种，截至2020年初，存量规模4000亿元(而同期城投债近10万亿元，ABS约3万亿元)，很多投资者只是将其当作股票或债券替代的工具。的确，对于权益投资者而言，存量转债的好标的不多，选择范围远不如股票；对于纯债投资者而言，发行人资质偏差，且存在持有期的机会成本。因此许多机构并没有基于自身特征匹配足够精细的投研体系。笔者认为，未来转债投研体系的精细化运作可能存在两个方向：①以期权特征为基础、结合基本面的量化投资；②结合资本运作的私募股权及夹层投资。

转债隐含的期权特征为开展量化投资提供了天然的土壤，特别是在目前全市场衍生品逐渐扩容的进程中，信用缓释工具、沪深ETF期权、LPR利率互换期权相继上市，为构建相应的量化策略提供了原料。

$$期权盈亏=Delta×标的涨跌+\frac{1}{2}Gamma×标的涨跌^2+Vega×波动率涨跌+$$

$$Theta×时间衰减+Rho×无风险利率涨跌\cdots$$

期权希腊字母对应的影响因子与含义如表2-2所示。

表 2-2　期权希腊字母对应的影响因子与含义

希腊字母	对应的影响因子	含义
Δ (Delta)	标的资产价格	衡量期权价格对标的价格变动的敏感度
θ (Theta)	到期剩余时间	衡量期权价格对时间变化的敏感度
Γ (Gamma)	Delta	衡量期权的Delta值对标的价格变动的敏感度
ν (Vega)	波动率	衡量期权价格对标的价格波动率的敏感度
Ρ (Rho)	利率	衡量期权价格对利率变化的敏感度

事实上，由于个性化条款的存在，转债隐含期权的定价更复杂，需要使用蒙特卡罗模型和决策树等工具拟合路径，这也为量化投研能力出色的机构提供了稳定创造超额收益的机会。而擅长资本运作，特别是对再融资企业把握程度较高的机构，则可以通过夹层投资的方式创造超额收益。

如图2-5所示，夹层投资位于中风险、中回报的区域，除了可转债，夹层投资常用的工具还包括含认股权次级债、可赎回优先股等。投资模式类似于二级市场的私募可交换债，该模式可以灵活设置融资条款和产品结构，并对企业的经营行为进行约束和管控，同时获得更高的现金利息。

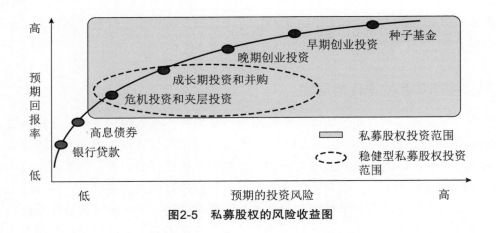

图2-5　私募股权的风险收益图

第二节　"固收+"组合中转债的应用

作为同时兼具利率风险、信用风险和权益市场风险的组合型证券，可转债在投资组合中的应用也具有多元化特征，在不同场景下展现出差异化的功能。本节将结合转债的策略型因子、择券的具体方法和投资实战案例展开论述。

一、转债策略型因子的回测结果讨论

此处基于市场主流研究机构对转债策略型因子(参考Smart Beta策略的概念)的回测结果，结合笔者个人经验对转债策略型因子的底层逻辑和有效性进行讨论。

从平价因子角度看(见图2-6)，高平价转债近年来表现优于低平价转债，这意味着正股绝对价格的高低会影响转债表现，但逻辑上的依据较弱，毕竟股票的长期表现是看PE、PB、ROE而不是看绝对价格。另外，高平价、低平价的表现分野实际出现在2019年后，2016—2019年两者并没有明显的差异。合理的解释是高平价转债意味着更高的权益风险暴露/溢价，由于2019年至2021年A股表现为慢牛行情，权益Beta更高的资产自然表现更好。但如果不在这样的市场环境下则未必如此，因为低平价转债对应低绝对价格，因此盈利空间反而比较大，同时股价长期徘徊在低位叠加发行人促转股的诉求，可能还会让投资者获得转股价格下修的"条款红包"。

从估值因子角度看(图2-7)，有效程度同样存在时间上的局限性，即低估值组相对高估值组的超额收益全部集中于2018年以前，2018—2020年两者并没有明显的收益差距，2021年以后高估值组表现更好。这可能意味着早期投资者对转债的认知不足，选择低估值标的会有显著的超额，而随着投资者学习效应的增强，市场越来越有效，低估值转债隐含的看似便宜的个股期权可能并非被市场错杀，而是"便宜有便宜的道理"。正股存在明显瑕疵或信用风险，所处行业或赛道不符合市场风格等因素导致低估值，但同时也难有估值修复的机会，因此未来单纯靠估值择券可能成效有限。

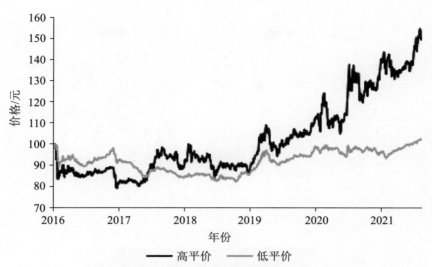

图2-6 不同平价转债的历史表现

(资料来源：华泰证券)

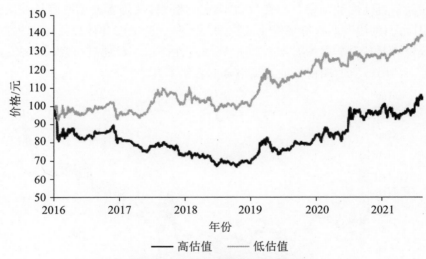

图2-7 不同估值转债的历史表现

(资料来源：华泰证券)

绝对价格因子同样存在类似的阶段性特征(见图2-8)，2018年以前低绝对价格组显著跑赢，毕竟转债诞生初期，"100元以下买入，130元卖出"几乎是最有效的策略。而2020年以来，高绝对价格组持续跑赢，原因应该和高平价的超额收益类似，均来源于A股牛市让偏股型转债更受益。注意，许多因子和绝对价格并不是独立的，例如低绝对价格同时对应低平价、高YTM、低流动性等特征，因此对于具有超额收益的因子，其有效性可能只是因为它们恰好和另一类因子交集比较多而已，又或者两个看上去有效的因子只是同一个底层逻辑呈现出的两个不同层次的特征罢了。

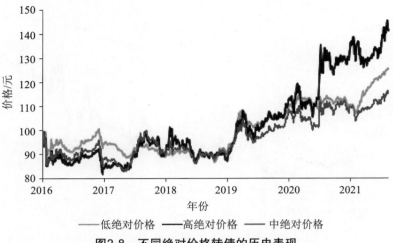

图2-8 不同绝对价格转债的历史表现

(资料来源：华泰证券)

规模因子有效性较强(见图2-9)，中小盘转债明显跑赢大盘。这可能是由于小盘转债的正股往往具备更高的波动率，但在权益市场低迷时转债隐含波动率容易被低估(如2019年以前)，因此小盘转债期权价格修正的空间更大时，向上的弹性也更足。从实践经验来看，如果投资者看好某一类高成长空间但低确定性行业，可通过小盘转债表达"低置信度"的观点，利用转债的期权特征提高组合的容错率。

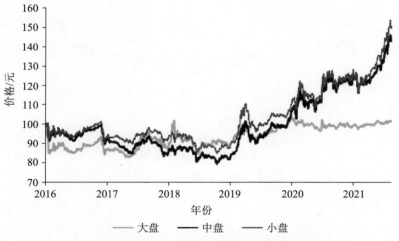

图2-9 不同正股规模转债的历史表现

(资料来源：华泰证券)

从股债型因子角度看(见图2-10)，2019年以前平衡型转债小幅胜出，此后则是偏股型转债大幅跑赢。后期偏股型转债胜出的原因与平价因子和高低价格因子基本一致，而早期平衡型转债胜出的合理解释是，平衡型转债内嵌的平值期权的Gamma值最大(凸性最强)，因而在长期投资维度上面对高波动行情时能够更充分地发挥可转债"进可攻，退可守"的风险收益特征。

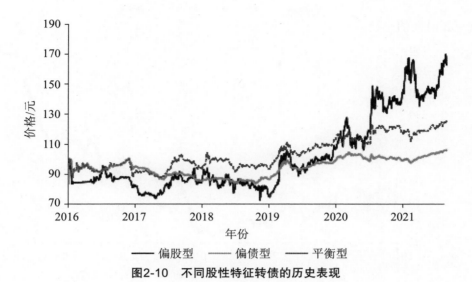

图2-10 不同股性特征转债的历史表现

(资料来源：华泰证券)

2016—2021年，高流动性组长期跑赢低流动性组(见图2-11)。高流动性一般意味着转债的正股关注度较高，各家主流投资机构均可纳入投资范围，因此二级市场交易表现更为活跃。同时，高流动性对应更高的"股性含量"，毕竟低流动性因子和绝对价格有一定相关，偏债型转债的交易量和换手率同样更"偏债"。

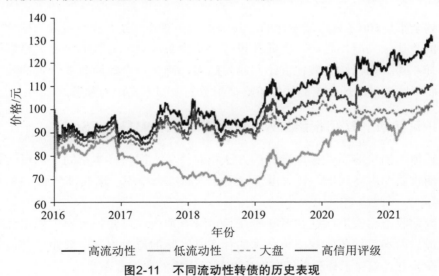

图2-11 不同流动性转债的历史表现

(资料来源：华泰证券)

信用评级因子的情况相对复杂(见图2-12)，低信用评级转债，往往意味着风格偏小盘、流动性较弱，同等价格下YTM水平较高。从高信用评级和低信用评级两者的相对表现来看，与大、小盘特征的超额收益分布类似。注意，历史上转债并没有出现实质违约，而信用溢价由于其回报负偏和厚尾的特征往往会延迟风险暴露，因此这类因子还需要经过更长时间的检验。

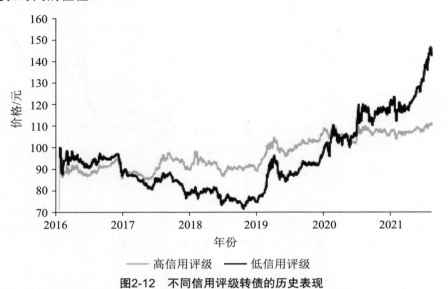

图2-12　不同信用评级转债的历史表现

(资料来源：华泰证券)

二、高效择券与组合管理方法探讨

考虑到全市场500多只可转债标的，其中相当一部分并没有被主流券商研究覆盖，投资者面对的"认知风险"较高，因此在投资实践中采取充分分散的"摊大饼"策略便成了自然选择，那么如何结合转债因子回测的结果，确定一个风险收益合理的转债备选范围呢？我们不妨先以市场主流的转债策略型指数的编制方式作为参考。

(一) 中证转债平衡策略指数(Wind数据库代码：931340.CSI)

中证转债平衡策略指数样本选择的方法相对简单，即将样本空间中的可转换公司债按纯债到期收益率由高到低、转股溢价率由低到高综合排序，选取排名前1/3的转债作为指数样本券。

纯债到期收益率较高，往往意味着在特定持有期内，可转债可实现确定性的本息回报，由于最后两年可转债常规回售条款的存在，实际的持有周期一般短于转债的剩余期限。这种择券方式确保了择券标的在一定时间范围内的底线收益率。

转股溢价率较低，意味着转债具备较好的股性和弹性，当正股上涨时，转债不需要消化较多的转股溢价率便可以跟上涨幅。这样择券的好处还在于，假如正股价格不变，因转债估值压缩，溢价率压缩带来的下跌空间小；反之，因转债估值扩张，溢价率抬升带来的上涨空间也更大。

历史回测表明，中证转债平衡策略指数显著优于中证转债指数(见图2-13)。同时在此基础之上，华泰证券还编制了增强版的高性价比择券策略——中证华泰证券转债价值指数。

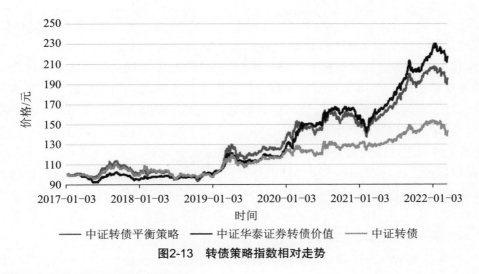

图2-13 转债策略指数相对走势

(资料来源：Wind数据库，笔者整理)

(二) 中证华泰证券转债价值指数(Wind数据库代码：931411.CSI)

中证华泰证券转债价值指数基于高性价比择券策略，主要的样本选择方法如下：将样本空间中的债券按过去10个交易日纯债到期收益率的均值由高到低排序，选取排名前1/3的债券；在剩余的债券中，剔除转股溢价率小于−5%或大于30%的债券；在经过前两项筛选后的剩余债券中，剔除上月成交量排名后20%的债券，再选取剩余债券作为样本券。

可以看出和中证转债平衡策略指数类似的是，中证华泰证券转债价值指数同样把到期收益率作为重要的择券指标。笔者的理解是，投资实战中控制风险比获取超额回报更重要也更必要，出色的投资业绩可遇而不可求，但坚持纪律的风险管理措施却可以首先让投资者"不会犯大错"，因此两个策略指数都不约而同地把反映回报底线和有确定性的到期收益率作为核心筛选指标。

不同的是，中证华泰证券转债价值指数剔除转股溢价率脱离中枢范围的转债，大于30%意味着偏债型品种和估值较高的平衡型品种都不在可选范围内；到期收益率较高同时溢价率小于−5%的情况较少，一般为公司公告强制赎回后，转债溢价率迅速归零导致的结果，而处于这种情况的转债确实也不适合持续投资。最后则是将流动性较弱的个券剔除，原因之一是根据历史回测，高流动性因子表现更好；原因之二是可以增强指数实战落地的可行性与策略容量。

(三) 其他择券方法与指标补充

除了转债平衡策略指数样本选择方法，笔者根据个人经验再补充一些择券的方法与指标，供读者参考。

(1) 根据平价区间择券。考虑到平值期权的Gamma值最高，具备更好的损益结构，因此优先选择平价水平位于80～90元这一区间的转债品种(意味着正股价格略低于行权价)，同时通过到期收益率较高这一指标进一步筛选个券。

(2) 根据波动率定价偏差择券。根据B-S模型计算结果模糊估计可转债当前价格对应的隐含波动率水平，与历史回测的正股波动率水平进行对比，当正股波动率显著高于隐含波动率时，表明转债的期权价值可能被低估；反之，若隐含波动率显著高于正股历史波动率，则转债期权价值可能被高估。当然，这种方式并未充分考虑B-S模型在刻画其他转债条款上的局限性，还需要结合发行人实际情况综合判断。

(3) 根据盈亏比择券。基于以转债的纯债价值和正股价格预期下限对应的转股价值孰高原则确定转债潜在的最大回撤空间，同时把正股盈利预测对应目标价格的转股价值作为上涨空间，优先选择上涨空间为最大回撤2～3倍的标的进行投资，盈亏比较高的资产投资者对胜率/确定性的要求可适当放松。

(4) 根据正股基本面择券。与量化选股的方式类似，基于传统的财务指标进行择券，如PE、PB、ROE、ROIC、利润率、自由现金流、股息率、收入和利润增速、一致预期调整等，这部分内容将在后文展开具体讨论。值得一提的是，对于正股股息率较高的转债而言，每次分红除权时，转股价也会随之调整进而提升转股价值，消化溢价率。因此，具有高股息正股和低转股溢价率特征的资产，同样值得投资者关注。

三、组合动态管理的要点拾遗

转债资产动态特征较强，如某偏债型转债因正股上涨变为偏股型，从组合层面看相当于卖出了债券而买入了股票，因此对持有转债的组合进行细致的动态管理是十分必要的。转债组合的管理要点如图2-14所示。

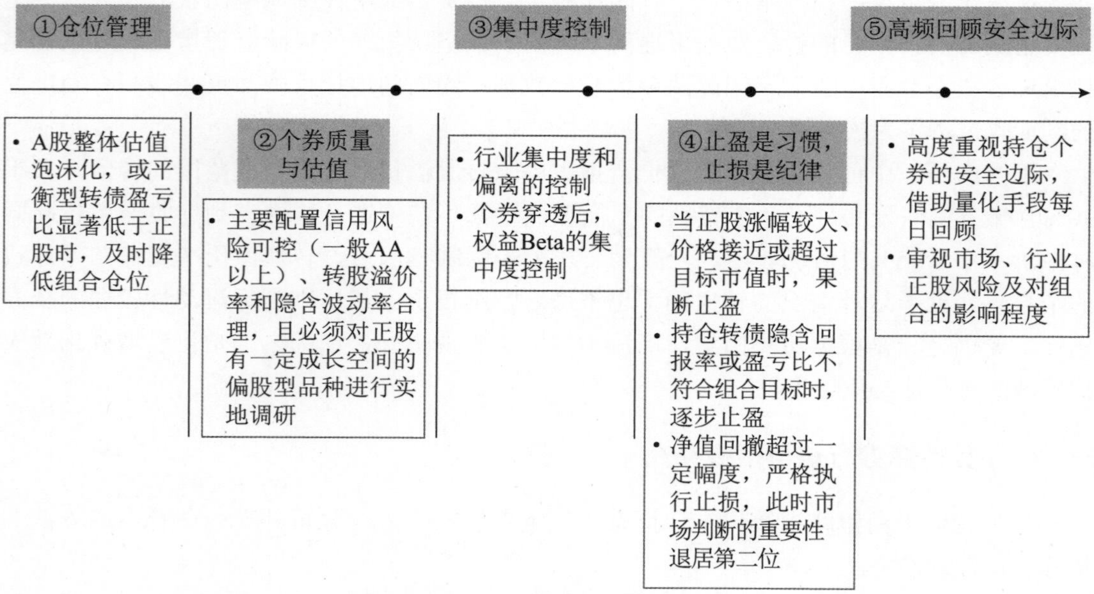

①仓位管理		③集中度控制		⑤高频回顾安全边际
• A股整体估值泡沫化，或平衡型转债盈亏比显著低于正股时，及时降低组合仓位	②个券质量与估值 • 主要配置信用风险可控(一般AA以上)、转股溢价率和隐含波动率合理，且必须对正股有一定成长空间的偏股型品种进行实地调研	• 行业集中度和偏离的控制 • 个券穿透后，权益Beta的集中度控制	④止盈是习惯，止损是纪律 • 当正股涨幅较大、价格接近或超过目标市值时，果断止盈 • 持仓转债隐含回报率或盈亏比不符合组合目标时，逐步止盈 • 净值回撤超过一定幅度，严格执行止损，此时市场判断的重要性退居第二位	• 高度重视持仓个券的安全边际，借助量化手段每日回顾 • 审视市场、行业、正股风险及对组合的影响程度

图2-14　转债组合的管理要点

　　转债组合与绝对收益股票组合的管理方式有一定的相似之处，区别在于转债需要控制信用风险，并对更动态的权益风险暴露进行再平衡，在杠杆化和分散化投资上做法也会更极致。

　　从目前业内的实践来看，纯转债的组合形态并非主流，一般固定收益组合会在信用债的基础上增加10%～20%比例的转债，以提升组合弹性。下面以这种主流组合形态为例进行风险收益测算(见图2-15)。

转债及信用债组合风险收益测算（费前）			
组合久期: 2.65		权益暴露: 4%	
投资周期: 0.49		票息贡献: 4.3%	
业绩比较基准: 3.60%		加权期望年化收益: 4.31%	
利率变化/bp	权益涨跌幅	绝对收益率	年化收益率
40	−20%	0.4%	0.7%
30	−15%	0.8%	1.6%
20	−10%	1.2%	2.5%
10	−5%	1.7%	3.4%
0	0	2.1%	4.3%
−10	5%	2.6%	5.2%
−20	10%	3.0%	6.1%
−30	15%	3.4%	7.0%
−40	20%	3.9%	7.9%

信用债:	AAA信用	AA+信用	高等级ABS
加权久期	2	1	3
估值方式	市值	市值	摊余成本
票息贡献	3.6%	4.0%	4.5%
持仓比例	50%	15%	50%
可转债:	偏债型	平衡型	偏股型
权益暴露	20%	40%	70%
票息贡献	3%	1%	0
持仓比例	4%	5%	1%
现金及回购			
杠杆比例	130%		
现金比例	5%	现金收益	1.85%

图2-15　转债+信用债组合的风险收益测算示例

　　图2-15所示为测算选择10%仓位的可转债作为固定收益组合增强的示例，同时增加了对股债市场未来表现的期望分布，进而估计不同情境下组合的实际表现。对市场走势有主观判断的投资者还可以对不同的情境假设施加一定的概率分布预测，以提高组合整体测算的准确性。

第三节　偏债型转债与信用债相对价值探讨

　　随着A股的反弹，转债市场整体的股性也开始修复。在信用债利差保护特别低的情况下，希望转债提高静态收益，去替代一部分纯债是无可厚非的。下面简单讨论大类资产视角下对两者的理解。

一、偏债型转债的标准和分类

　　从转债对应的主要估值指标来看，对偏债型转债的界定一般有以下几个主流的标准。

　　(1) 按YTM对应的价格带界定(见图2-16)，0对应持有到期的盈亏平衡线，该线也是偏债型转债与平衡型转债的边界；2%对应融资成本，意味着杠杆头寸至少不亏的情况；4%对应大概率有一定的信用瑕疵，投资时需要甄别。

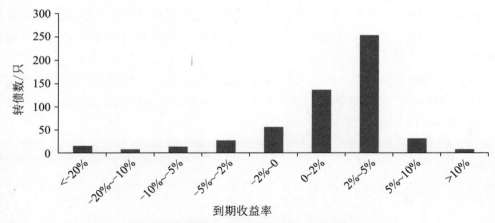

图2-16 转债YTM分布图(2024年2月6日)

(2) 按转股价值和纯债价值界定，其相对高低反映转债交易价格的支撑来源，债底高于平价时，转股溢价率容易失真。

(3) 按绝对价格界定，绝对价格越低则越偏债。

如果再结合正股基本面的情况看，当前偏债型转债又可以分为以下几种风格。

第一种，大盘大市值标的，具有红利低波和高股息属性，以金融类和公用类转债为主，基本面较为稳定，市场认知分歧也较小。

第二种，逆风白马股，这类公司质地好，中长期有一定成长性，奈何转债发行在行业景气度高点套牢了一大批投资者，如风光电、新半军的龙头企业。虽然逆风发行，但上述原因导致转债估值并不低，往往"YTM偏股，价格偏债"。

第三种，有瑕疵的黑马，这里面有的是某些细分行业的二线玩家，有的是业绩爆雷的昔日明星，有的是高信用风险资产，共同特征是水都比较深，赚钱主要靠下修，其次靠正股"困境反转"。

二、转债对信用债的替代效应

在上述分类的组合里，与信用债相对最有可比性的，一是收益率为2%左右的大盘转债，二是收益率为4%左右的黑马转债。这两类资产分别对应纯债市场的高等级和低等级信用债。

其中大盘转债和高等级信用债的平替关系比较明显，多数这类转债发行人同时拥有大量存续信用债，YTM本身有一定的可比性，且转债的流动性和质押属性可能反而更好。根据笔者观察，银行转债和二永债的相对YTM具有一定均值回归的属性，理论上前者作为优先级债务，其收益率不会长期高于后者，但由于市场分割的存在，收益率长期高于后者的现象时有发生。

而黑马转债和低等级信用债之间的投资替代关系则比较复杂，多数投资者的初心仍然是博弈下修，且两者之间发行人主体层面的重叠度很低，并不具备太多个券层面的可比性。从总体的风险收益特征对比来看：

（1）黑马转债比低等级信用债的极端尾部风险更低，价格波动风险更高，表现为其正股退市的概率小于信用违约概率，但债底进一步重估造成的潜在损失也显著大于低等级信用债隐含评级向下迁移所造成的损失；

（2）黑马转债的赔率更高，在很难完全损失本金的情况下，获取高收益的路径和方式都更多；

（3）低等级信用债的流动性和策略容量更高，但随着纯债市场利率下行，4%以上的高收益债已经基本"消失殆尽"。

三、转债信用评价的潜在谬误

如果以信用债估值作为转债纯债部分的参考基准，则市场对转债信用价值部分的研究和认知总体是比较粗糙的，其原因既包括债底对价格驱动的贡献度偏低，也包括高YTM转债和高收益债获取收益路径的不一致(导致研究落脚点的差异)，但随着转债信用风险逐渐开始暴露，传统的范式可能会发生变化。根据笔者观察，转债信用评价存在以下主要潜在谬误。

（1）转债的评级信息因时效性问题可能会误导投资者。评级公司一般按照发行时的信用资质给出符号，但在存续期内较少进行跟踪和调整，导致不同发行年份和不同主体间的评级可比性较弱。特别是很多投资机构对外评采取"一刀切"的入库处理办法，导致出现基本面改善的低评级债券无法参与，虚高评级的债券反而可以投资的"荒诞"情况。

（2）债底价值没有充分考虑条款作用。由于回售条款的普遍存在，多数转债实质是剩余期限为4+2年的含权债，但投资者和数据终端往往基于到期剩余期限进行纯债部分的估值，进而导致债底评估出现误差。

（3）隐含波动率"失真"。由于前两个原因的存在，低等级偏债型品种的纯债价值并不准确，因此在"固收+期权"的拆分中，两边都存在错误定价的情况，以此作为基础推导出的隐含波动率可能无法反映真实的情况。

第四节　平衡型转债与高股息股票相对价值探讨

作为重要的混合金融工具，可转债除了与次级资本工具有可比性，作为部分纯债投资者风险资产仓位的替代，与传统权益类资产(特别是类债券股票)也有一定的可比性，比较典型的便是红利低波类股票。

2018年以来，随着资管新规征求意见稿的出台、落地，传统预期收益型理财被动"让出"了市场份额，作为其替代的"固收+"产品和相关策略迎来快速发展。而转债与股票作为最主流的两类固收增强资产，也得到传统债券投资者广泛关注。本节选取这两类资产中比较有代表性的策略——红利低波和转债平衡进行讨论，分析其风险收益来源及差异，并基于绝对收益目标构建组合策略，进而为多资产管理人提供决策依据和参考。

一、资产策略的历史情况概览

(一) 策略情况简析

股票红利低波策略主要在传统主动选股框架中对股息率、分红水平、估值保护、波动率等指标进行一定的偏离，进而构建股票组合，使其具备深度价值和防御属性等特征。目前，该策略以保险资管和银行理财等配置为主，绝对收益目标的机构应用较多。

以东证红利低波全收益指数为例(见图2-17)，2020—2022年绝对收益率为18.26%，年化波动率为17.4%，夏普比率为1.05，累计跑赢沪深300指数3%。

图2-17　东证红利低波全收益与沪深300的相对走势

(资料来源：Wind数据库)

区别于传统的纯债替代和正股替代策略，转债平衡策略主要选取到期收益率为正且转股溢价率较低的品种，以确保在A股牛市中可以较快跟上正股的涨幅，同时熊市中基于债底提供的支撑和到期收益率可以在较大程度上确保投资本金安全，以充分发挥可转债"进可攻，退可守"的优势。

以中证转债平衡策略指数为例，2020—2022年绝对收益率为26%，年化波动率为14.03%，夏普比率为1.84，同时跑赢了沪深300指数和东证红利低波全收益指数。

从策略三年维度的业绩表现来看，无论是东证红利低波还是中证转债平衡，都表现出了比沪深300更优的风险收益特征，是比较有效的Smart Beta。但两者实际的风险和收益来源并不相同，特别是转债平衡策略，其成分券对应正股以中小盘标的为主，与沪深300的风格差异较大，因此历史超额收益的可参考价值需要审慎判断。

(二) 历史行情回顾与讨论

以下选取沪深300、中证转债平衡策略、东证红利低波全收益2017—2021年净值走势作为参考，总结其风格差异和表现情况(见图2-18)。

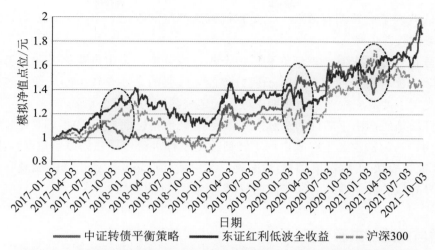

图2-18 中证转债平衡策略、东证红利低波全收益与沪深300的相对走势

(资料来源：Wind数据库)

从历史行情表现来看，中证转债平衡和东证红利低波全收益两类策略和沪深300的相关性较为显著，下面重点复盘发生方向性背离的几个历史时期。

2017年下半年，由于央行持续的流动性紧缩，非银资金回购成本全年维持在4%左右的中枢水平，限制了债券投资者运用杠杆的能力；同时资管新规出台，限制了银行理财配置非标类资产和长久期信用债的能力，甚至在后期导致了局部的信用收缩。十年国开债收益率一度升破5.1%，全年债券熊市，受此影响，转债和股票表现明显分化。

2018年，受中美贸易摩擦和信用收缩影响，股票呈现出显著的负收益，而转债由于债底支撑并受益于流动性环境全面改善，当年收益率在盈亏平衡线附近。

2020年上半年，全球新冠疫情持续发酵对传统接触型经济和终端需求打击较大，投资者风险偏好迅速降至冰点。股票市场在国内、国外两轮疫情中出现"二次探底"，平衡型转债则由于期权隐含波动率放大、流动性充裕等因素创阶段性新高。而在二季度债券市场大幅调整时，股票底部温和反弹，转债表现相对弱势。

2020年底—2021年初，永煤债券违约事件大幅冲击地方国企产业债信用"信仰"，导致大量低评级转债的纯债价值在投资者大幅抛售下面临重估，出现多只跌破债底价值的标的，绝对价格到70元附近，中证转债指数连续11个交易日下跌，而沪深300指数则在春节前后再创新高。

2021年第三季度，由于供需结构性失衡，PPI创新高，上游大宗和资源品等股票大幅上涨，显著跑赢科技成长、医药消费等新兴行业，这也导致了红利低波指数和沪深300指数的背离。从结果上看，中证转债平衡的行业偏离与东证红利低波指数类似，同样表现出显著超额收益。

(三) 启示与小结

对比东证红利低波股票和沪深300的股票可以发现，超额收益主要来自两方面：一是东证红利低波因子的长期有效性；二是行业偏离产生的收益。事实上，近期行业偏离带来了更显著的收益贡献。

从成分行业分布来看，东证红利低波全收益成分中，公用事业、工业显著超配，医疗保健显著低配。可能的解释是，一般分红能力较强的企业有较少的新增产能投放和大额资本开支，主要对应企业生命周期中处于稳定成熟期的上市公司。

而中证转债平衡由于其标的筛选方式(单纯看转债指标而非正股)不容易产生稳定的行业偏离方向，其超额收益主要来自：①转债市场发行人整体存在的以小盘股为主(数量加权)和以金融类股票为主(市值加权)的偏离；②由债券市场和股票市场的微观结构与投资者行为差异导致的波动差异；③转债期权(含下修)特征的贡献。

二、收益与风险的来源分析

(一) 红利低波的收益/风险来源

根据成熟市场的经验和相关理论，红利因子长期看确实是显著且有效的。从理论层面来看：第一，分红能力往往和公司自由现金流的创造能力密切相关，企业经营中现金含量较高的业务带来更好的盈利质量，也意味着债务问题相对较少；第二，高分红是企业重视股东价值和投资者关系的表现，符合目前新兴的ESG选股框架；第三，高股息率往往对应相对低的估值水平，从股票二级市场长期实践来看，价格便宜往往对应更高的隐含预期回报率。

考虑到中国长期利率下行和全球低利率环境持续的共识判断，以及信用债违约常态化，高股息、高分红股票的相对债券的风险收益比也在不断提升。

红利因子的理论价值如图2-19所示，接下来我们逐条讨论潜在的风险和局限性。

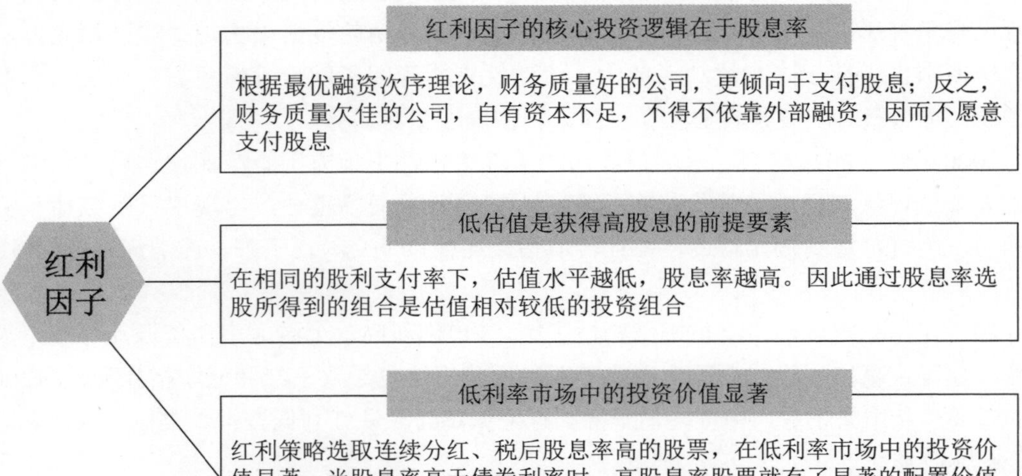

红利因子

红利因子的核心投资逻辑在于股息率

根据最优融资次序理论，财务质量好的公司，更倾向于支付股息；反之，财务质量欠佳的公司，自有资本不足，不得不依靠外部融资，因而不愿意支付股息

低估值是获得高股息的前提要素

在相同的股利支付率下，估值水平越低，股息率越高。因此通过股息率选股所得到的组合是估值相对较低的投资组合

低利率市场中的投资价值显著

红利策略选取连续分红、税后股息率高的股票，在低利率市场中的投资价值显著。当股息率高于债券利率时，高股息率股票就有了显著的配置价值，既有分红收益，又有未来股票估值恢复带来的价格上涨的资本利得收益

图2-19　红利因子的理论价值

第一，分红能力和公司质地是否相关？

　　理论上，企业在当期经营实现盈利后既可以分红也可以扩大产能，因此许多企业选择分红可能只是产能的边际投入产出比较低(摊薄ROE)，虽然上市公司基于以上判断选择分红而非多元化投资是对股东负责任的表现，但这也往往意味着行业或赛道的渗透率已经较高，未来的终端需求增长乏力。与之类似的情况是，公募资管产品的分红机制设置，除了考虑用户体验，也往往和再投资压力(或出于止盈考虑)相伴而生。

　　通过分红能力预测净利润增速的命中率分布如图2-20所示，其结果似乎表明，成长能力最差的公司倾向于将利润留存而不分红，成长能力最好的公司出于将利润用于再生产的考虑也倾向于不分红。因此，虽然"差公司难分红，分红多的不差"大概率是成立的，但红利因子可能代表的更多是优秀公司而非卓越公司。真正低渗透率的好赛道公司，往往倾向于将实现的盈利投入扩大再生产而不是直接分配给股东。

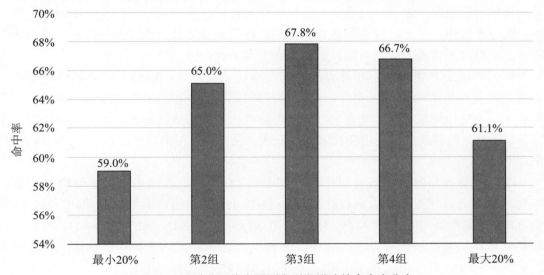

图2-20　通过分红能力预测净利润增速的命中率分布

(资料来源：长江证券)

　　第二，估值较低的股票可能存在"价值陷阱"。

　　根据传统的股票定价模型：

$$E/P=r-g$$

　　式中，E代表盈利，P代表股价，r代表折现率，g代表增长率。低PE隐含的可能未必是更高的折现率，也可能是更低的增长率。当然，丧失成长性但质地优良的公司可能并不是大问题，真正的风险在于：低估值股票可能根本不是低增长股，而是高增长、高风险(盈利和成长的确定性极差)的股票，因为市场倾向于对具有高度不确定性的增长"索取"更高的认知风险补偿。但这样的股票可能反而被标记为价值股，因为它们看起来很"便宜"。

　　而这种潜在的价值陷阱往往和企业所处的竞争格局密切相关。行业发展的客观规律导致的商业竞争的终局形态可能是"百花齐放"，也可能是"一超多强"，而行业里的二线龙头最容易成为这类价值陷阱。

类似的情况也存在于金融从业者青睐的德州扑克游戏中：多数玩家宁可参与赔率不合适的"弱听牌"，也不愿意在中等对子甚至顶对弱踢脚上浪费时间。

第三，低利率环境下，红利高股息会显著受益吗？

首先，利率与长期固息债券价格存在的线性关系并不一定适用于股票，特别是红利低波成分股中以保险和银行为代表的利率敏感型行业可能存在阶段性的利空(或行业竞争格局变化导致的不确定性)；其次，从相对价值的视角看，根据企业股权现金流分布的股票久期理论，不分红的成长性公司对应的股权现金流久期更长(当期现金流低，远期现金流高)，因此按照相对价值来看明显比红利类公司更受益。

(二) 转债平衡的收益/风险来源

转债平衡策略的本质是选择估值合理，同时绝对价格或溢价率位于平衡型区间的品种，为讨论方便，此处将特定指数意义上的转债平衡策略延展至合理估值的平衡型转债策略。根据海外市场的成熟实践，长期来看主要的收益来源包括以下几点。

第一，运用到期收益率和转股溢价率刻画的估值体系，选择合理或低估值标的，本质上是支付较少的"期权费"，例如转债对应。正股历史波动率30%，而经过模型计算，该类转债期权隐含波动率为20%，则期权存在被低估的可能，即期权费比较"便宜"。因此，持续买入低估值期权并加以分散，便可以获得期权价值回归(隐含波动率扩张)的收益。

第二，平衡型转债一般转股价值在100元左右，对应内嵌期权为平值期权，根据相关的期权定价理论，平值期权的Gamma值(Delta导数)相对虚值期权(偏债型转债)和实值期权(偏股型转债)都更高(见图2-21)。这也意味着其Delta值相对标的资产(正股)非常敏感，随着正股价格上涨，转债与其相关性迅速放大，随着正股价格下跌，相关性又迅速衰减，相当于内嵌了"追涨杀跌"的自平衡机制。

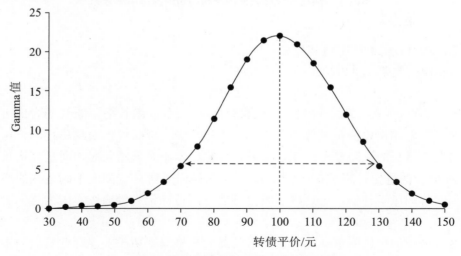

图2-21 转债平价与Gamma值的关系

Gamma类似纯债中凸性的概念，从图2-21中不难看出平价100元左右的平衡型转债，其权益Beta不稳定的特征最强，这也意味着该类品种损益结构的非对称性最强，是真正的高赔率品种。

风险来源方面，转债平衡需要关注的内容包括：当市场定价体系比较有效时，"便宜的期权"可能隐含天然的发行人质量瑕疵，如正股盈利一致预测较差，预期上涨的概率较小；转债存在或有的信用违约问题，尾部风险较大，投资者并不愿意为了低估值的期权承担额外的信用风险。

期权价值的计算方式可能存在较大误差：一是传统的B-S和二叉树模型并不能精确刻画各类转债条款博弈中可能存在的情形；二是目前Wind数据库采取对应评级的样本券曲线作为折现率对债底价值进行计算，会导致因评级内较大区分度产生误差，并且没有充分考虑转债实际存续期限和剩余期限之间的差异。

多数转债发行人为小市值公司，整体质量较差，缺乏卖方研究覆盖，认知风险较高。而正股质地较好的公司发行的转债，一般估值较高或上市首日即兑现涨幅脱离平衡型区间，因而大多不在该策略的成分券范围内。

三、基于绝对收益组合的应用

(一) 绝对收益组合的目标与约束

和相对收益考核的组合不同，绝对收益考核的组合并不强调"战胜市场""以丰补歉"，而是强调"旱涝保收"，这类投资者多为保险资管、银行理财、券商自营等机构。这些机构之间的差别在于：①绝对收益考核的周期不同，保险资管(3~5年)>券商自营(自然年度)>银行理财(季度、月度)；②机会成本不同，保险资管主要基于精算假设对当期保费保证金折现，银行理财一般需要跑赢通胀和债券市场利率，券商自营则要求对公司ROE产生正向贡献。

同时，绝对收益组合因其天然具有对收益率确定性的要求，还可以用特定持有期对应的回报分布进行绩效刻画(见图2-22)。

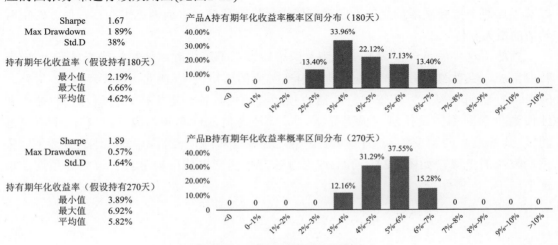

图2-22　绝对收益组合绩效参数

终端客户对绝对收益类产品和策略的期待一般也是在特定时期内(越短越好)可以预期的回报范围(越窄越好，中枢越高越好)、本金保障的概率(最好100%正收益)，以及极端尾部风险情况下回报分布可能的负偏离程度。

红利低波和转债平衡策略能够比较合适地匹配这类确定性较高的回报需求。

(二) 基于平衡型转债的类保本组合策略

从目前资管行业的赛道来看，保本类产品的形态非常丰富，CPPI、TPPI、挂钩期权等技术已经非常成熟。该类型产品能够大规模发展可能是基于终端投资者的"彩票"心理——愿意为确定性的下行空间和有想象力的上行空间支付额外溢价。而转债正是天然具备这种特性的绝对收益品种，其中内嵌的"追涨杀跌"机制与CPPI的技术原理如出一辙：组合出现浮盈后自动放大权益预算。

下面通过历史数据回测来观察转债的类保本特征(见表2-3)。

表 2-3 转债历史数据回测

持有天数	在该绝对价格区间的胜率							
	80~90元	91~100元	101~105元	106~100元	111~120元	121~130元	131~150元	151~200元
60天	85%	69%	59%	54%	46%	46%	42%	39%
120天	96%	70%	64%	54%	39%	34%	25%	24%
250天	99%	77%	69%	53%	30%	24%	12%	8%

(资料来源：中信证券)

表2-3所示为以转债绝对价格区间和持有天数刻画的胜率值。可以看出平衡型个券的短期胜率普遍在50%附近，同时该类品种的纯债溢价率可以反映潜在的最大亏损空间(对正股持有相同观点的投资者也可以使用PE-EPS计算市值底价来确定安全边际)，投资者可以基于这两个指标采用量化的手段对转债进行风险预算，进而考虑组合存在保本约束时转债的最大仓位水平。

当然，这样做可以奏效至少要满足两个假设：①历史胜率依赖的微观结构不变(促转股意愿，条款红利)；②转债市场未出现实质的信用风险(债底折现率不变)。另外，除了下行空间和概率方便管理，转债的预期收益也具备一定规律。转债月度收益率和纯债溢价率回测的量化研究成果显示，最优的纯债溢价率阈值(23%左右，平衡型区间)，具备最高的预期收益率(月度1.2%)，若放松对纯债溢价率的限制，反而会导致预期收益的下降，如图2-23所示。这也意味着平衡型转债历史上具备较高的预期回报水平。

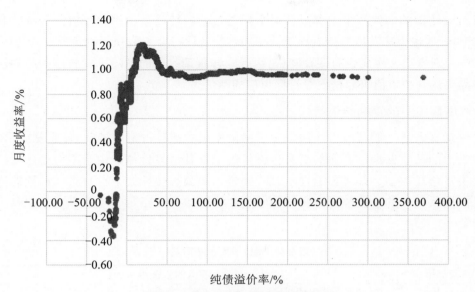

图2-23　纯债溢价率与预期收益关系

(资料来源：光大保德信基金)

(三) 红利低波替代转债平衡的情景探讨

虽然3年和5年期的策略历史数据回测都表明，与红利低波相比，转债平衡的风险调整后收益和绝对收益率都表现更优，在投资管理实践层面，转债平衡的风格和绝对收益组合目标的匹配度也更高(相对而言，股票难以进行精确的风险预算)，但这并不意味着投资者在构建绝对收益弹性仓位时只考虑转债。事实上，在一些特定的市场环境下或在特定个券层面，股票可能是更优解。

以下讨论当转债平衡作为资产管理人表达"低置信度权益观点"的工具时，在何种情况下红利低波可能是更好的选择。

考虑到此处两者的相对价值判断是基于绝对收益目标框架的决策，红利低波的范围延展至风险收益确定性较高的股票。

1. 银行股对银行转债的替代

银行股是红利低波指数最重要的成分股之一，2022年以来，银行整体行业估值在历史极端底部区域，PB大部分跌破净资产，甚至有股份制商业银行PB低至0.2附近的情况。而银行转债多为偏债型和平衡型，转股溢价率在20%~60%。如果投资者持有"银行不会更差了"的观点，那么银行股向下的空间可能并不显著多于转债，同时向上的空间不需要消化较高的转股溢价率，阶段性价比可能高于转债。

2. 高质量正股对转债的替代

由于转债机构投资者存在入库门槛，天然青睐卖方覆盖较全或本方股票核心池的相关品种，这样做确实有效规避了正股基本面的"认知风险"，但也阶段性推高了部分优质正股对应转债的估值水平。部分公司平衡型转债的转股溢价率和纯债溢价率之和甚至超过100%，这也意味着虽然持有该类公司的转债能比持有正股获得确定的安全边际(如果超过20%，则事实上意义也有限)，但在达到同样预期收益的情境下，转债对应的溢价率调整后需要达到的市值可能是正股目标市值的两倍。

3. "烟蒂股"的平衡转债替代

传统意义上的"烟蒂股"往往来源于格雷厄姆的深度价值投资体系(见表2-4)，强调绝对意义上的估值保护，企业的交易价格显著低于其清算价值。由于不考虑永续经营假设，该类策略在数学上的可预测性较强。同时该类公司往往处于自身景气周期的底部，存在"困境反转"的可能性。和平衡型转债相比，该类策略是一类胜率更低但赔率可能更高的策略。

表 2-4　传统股票策略概览

股票类型	买入时机选择
当前优势型	对发展天花板的质疑分歧，"黑天鹅"事件打击，估值重新回归合理区间
高峰拐点型	市场充分反映业绩下降预期，高峰拐点被证伪，新业务发展"二次创业成功"
持续低谷型	股价大幅低于净资产价值，企业出现重组、私有化、加入新管理层等重大价值重估机会
困境反转型	压制企业价值增长和景气度的因素出现边际改变，估值同时处于历史性底部
未来优势型	阶段性业绩不达预期导致估值去泡沫化，外界竞争加剧

4. 其他类债券股票的替代

广义的红利低波股票在特定市场环境下可作为平衡型转债配置的潜在替代资产。资本市场上的不动产投资信托基金(REITs)产品，其资产所属发行人多为交运、公用事业类公司，具备稳定的现金流和高分红属性，以及部分持有型物业公司，如果具备合理的估值和盈利的确定性，也是转债平衡可选的替代资产。

5. 小结：红利低波与平衡转债风险收益的特征差异

第一，从风险因子的角度看，红利低波主要暴露权益Beta，和股指走势相关性显著更高；而转债对流动性和信用风险的暴露更高，历史上显著的债市流动性冲击和信用违约事件对其资产价格重估影响较大。

第二，从证券结构的角度看，红利低波主要受公司基本面影响，存在分红-除权-填权效应；而转债由于特殊的内嵌期权结构，天然具有更高的凸性，反映为损益的非对称性，因此对正股的波动率更敏感。

第三，从行业特征的角度看，红利低波对成熟期、价值型行业的偏离较大；转债的行业分布则非常不稳定，往往和发行人结构及转股节奏相关，除了金融类品种，多数转债发行人处于持续的资本开支周期。

第四，从机会成本的角度看，传统红利低波投资者主要面对来自其他风格股票的替代选择，而传统转债投资者主要考虑相对信用债、定增大宗等交易策略的比较优势。但随着多资产投资者的增加，红利低波和平衡转债本身可能互为机会成本，导致这一差别可能正在被弱化。

第五节　可转债和定向增发的对比

从融资端来看，发行可转债和定向增发股票是上市公司最主流的再融资工具。

可转债作为具有债券和股票双重属性的金融工具，近年来在资本市场上的发行规模逐渐扩大。Wind数据显示，仅2023年前7个月，就有83家上市公司发行了可转债，发行规模合计达到1016.22亿元，占A股再融资总规模的比例约为22%。此外，公募基金对可转债的投资也在不断增加，持有可转债市值超过3100亿元，创下了新高。从发行情况来看，可转债的发行高峰通常出现在股市相对低迷的时期，因为此时公司可以通过发行可转债以较低的成本筹集资金。另外，可转债的发行主体也逐渐多元化，目前Wind数据库分类中90%的一级行业均有存续可转债。

定向增发是指上市公司向符合条件的少数特定投资者非公开发行股份的行为。与可转债不同，定向增发的市场规模更大，涉及的公司和投资者范围也更广。近年来，随着资本市场的不断发展和完善，定向增发逐渐成为上市公司再融资的主要手段之一。相关数据显示，每年实施定向增发的上市公司数量和募资规模都呈现稳步增长的趋势。2022年，共有419家上市公司实施了增发，其中实施定向增发的上市公司为355家，占比超过了80%。

一、作为融资工具

作为融资工具，可转债和定向增发在多个方面存在差异，各自具有相对的优势和劣势。

(一) 发行对象与参与者

可转债：发行对象主要是机构投资者，如公募基金、证券公司等。同时大股东拥有优先配售权，是转债一级市场重要的参与者。近年来，随着个人投资者对转债的关注度提升，中小投资者的占比持续提升。

定向增发：主要面向特定的投资者群体增发股份，如大股东、机构投资者等。由于锁定期限较长，机构投资者资金长期化的特征更明显，如保险资金、企业年金、社保资金等。此外，定向增发的发行对象通常是在发行前就确定的，个人投资者几乎无法参与。

(二) 发行条件与折溢价情况

可转债：审核流程相对简单，审核时间较短。可转债对发行规模无明确限制，通常是溢价发行，大股东参与配售基本上都可以获得收益。

定向增发：发行条件相对宽松，但发行过程可能较为复杂，需要寻找特定的投资者并与其协商。定向增发通常是折价发行，即低于市场价格。折价发行也是对其锁定期和流动性的一种补偿。

(三) 对股权的稀释效应

可转债：在转股之前属于公司的负债，不构成对现有股东股权的稀释。稀释的速度相对较慢，一般随着转股过程的进行而逐步稀释。如果发行人行使赎回权利会明显加速投资者的转股进程。

定向增发：会立即稀释现有股东的股权，因为增加了股本，原有股东手上的股份占比减少。

(四) 融资成本与风险

可转债：融资成本主要包括债券利息和转股溢价。可转债的利率通常低于同期银行存款利率，而转股溢价则取决于市场对公司的未来盈利预期。可转债为公司提供了一种低息贷款的方式，且后期有机会通过转股免除债务。但需要注意的是，在转债转股之前，其资产负债表上的应付债券科目依旧以其实际信用资质对应的融资利率进行折现，因此会对利润表造成一定的压力。

定向增发：融资成本主要包括发行费用和市场交易费用。定向增发可能会削弱原有股东的控股地位，从而影响公司的决策权和治理结构。此外，如果定向增发后公司经营状况不佳，股价下跌，则可能导致投资者损失。

(五) 市场影响与流动性

可转债：面向机构投资者和社会公众投资者公开发行，能够在市场上被充分定价，发行方式较为便利。可转债通常具有较好的流动性，投资者可以在市场上买卖。另外，参与配售的大股东存在6个月的减持锁定期。

定向增发：由于面向特定投资者发行，锁定期一般为12～36个月，在此期间无法在市场上自由买卖，因此流动性相对较差。

综上所述，作为融资工具而言，可转债和定向增发各有优劣势。可转债具有审核流程简单、对股权稀释较慢、提供较低的融资成本等优势；而定向增发则具有更快的资金筹集速度、更灵活的发行条件等优势。

二、作为投资工具

作为投资工具，可转债和定向增发也各有相对的优势和劣势。

(一) 可转债的优势

(1) 风险和收益相对平衡：可转债具有债券和股票的双重属性，因此其风险和收益相对平衡。在权益市场低迷时，可转债的债券属性可以提供一定的收益保障；而在正股上涨时，其股票属性则有望带来较高的投资收益。

(2) 灵活性较强：可转债通常可以在市场上自由买卖，流动性较好，投资者可以根据市场情况灵活调整投资策略。

(3) 利息收益：可转债作为债券，会定期支付利息，为投资者提供稳定的现金流。

(二) 可转债的劣势

(1) 转换风险：如果可转债的转换价格高于股票市场价格，投资者可能面临转换损失的风险。

(2) 利率风险：如果市场利率上升，可转债的价格可能会下跌，从而影响投资者的收益。

(3) 公司信用风险：如果发行可转债的公司出现财务问题或违约风险，可能会影响可转债的价格和利息支付。

(三) 定向增发的优势

(1) 折价发行：定向增发通常以折价方式发行，即发行价格低于市场价格，为投资者提供了以较低成本买入优质资产的机会。因为不通过二级市场交易，对股价影响较低，便于大资金的投资者较快获得有效的资产仓位。

(2) 引入战略投资者：定向增发可以引入战略投资者，为公司带来新的资金和资源，有助于提升公司的竞争力和长期发展潜力，进而让投资者赚取上市公司基本面改善所带来的收益。

(四) 定向增发的劣势

(1) 流动性风险：由于定向增发股份在锁定期内不能转让，投资者可能面临流动性风险。如果投资者需要在锁定期内卖出股份，可能会面临无法成交或价格大幅下跌的风险。

(2) 信息不对称风险：定向增发通常面向少数特定投资者发行，可能存在信息不对称的风险，即投资者可能无法充分了解公司的真实情况或未来发展前景，从而做出错误的投资决策。

(3) 大股东或关联方利益输送风险：在某些情况下，大股东或关联方可能通过定向增发进行利益输送，损害中小投资者的利益。因此，投资者需要仔细甄别定向增发项目的真实性和合理性。

第六节　股票与转债研究之求同存异[①]

2020年底，信用债市场出现了大规模的资产价格重估，过剩产能、东北区域、校

---

① 本节内容由作者根据 2020 年底的研究笔记整理而成。

企等标签对应的发行人信用利差大幅上行，部分高等级品种也因逆回购质押券要求收紧而丧失融资能力，这限制了部分机构持有资产的能力。从大类资产风险收益特征的角度看，信用债相当于无风险利率+卖出信用违约期权，因而存在典型的非对称损益(负凸度)，特别是叠加杠杆后的信用品，在危机时投资者行为还会阶段性"自我强化"。

微观结构的变化也传导到了可转债市场，AAA评级的本钢转债价格跌到83元，YTM达到8%(存量1.5Y本钢中票6.5%，即当时期限1.5年的本钢信用债收益率为6.5%)，信用溢价的大幅波动也让传统转债研究方法变得更复杂。抛开信用热点不谈，下面跟大家简单聊聊笔者对转债投研的一些想法。

一、从价值投资视角观察转债的困惑

信用债与股票投资偏好的企业存在特征差异，事实上这样的差异也显著存在于转债投资中。从融资工具的角度看，转债对发行人其实并不友好：①相对于定向增发，需要支付额外票息，融资规模受限于40%的净资产；②与信用债相比，表面上节约财务费用，实际在转股前仍要承受相同的摊销，影响利润表；③经营业绩不理想，股价低迷还要被迫下修"贱卖"股份。正是由于这些原因，长期以来转债往往是在股权融资和债券融资市场都不太受"待见"的企业的次优选择。

而真正符合高价值特征的公司，要么自由现金沉淀完全可以满足增长需要；要么虽有资本开支但成长空间大，可以高PB融资；要么商业模式极其成熟，可以通过上下游占款或低息借贷融资。因此，当投资者从价值投资的视角观察转债时，往往会心生困惑。

可采用现金流折现法(discouted cash flow，DCF)确定资产或投资的内在价值。DCF三要素及其关键描述如表2-5所示。

表 2-5　DCF 三要素及其关键描述

DCF 三要素	关键描述
经营存续期	需求端符合永续增长假设，行业容易形成差异化的竞争优势，警惕"周期性+重资产+低差异化"的商业模式
现金流创造力	销售模式的现金含量较高，产能扩张的资本开支较低，日常运营的资金结构较好，甚至不需要使用自有资金
经营周期定位	行业具有广阔的发展空间，渗透率较低，企业仍处于价值创造的初级阶段，与稳态假设相比，资本回报率仍有较大提升空间

除了投资标的基本面的价值差异，在实践方法上，转债也有诸多背离股票价值投资的情况。

(1) 投资周期的天然差异。股票价值投资强调"长期主义"，不考虑不看好5年以上发展前景的公司；而转债极限状态下的生命周期只有4年(考虑回售条款)，很多转债上市一年内就触发赎回，因此投资周期较短，交易和投机属性也更强。

(2) 高波动特征。"汝之蜜糖，吾之砒霜。"对股票价值投资而言，公司业绩的大幅波动无疑是令人担忧的，但在转债投资中，具备潜在高波动特征(无论是业绩还是估值)的正股品种往往更容易"出奇制胜"。

(3) 低价值正股的转债反而更赚钱。典型情况是业务缺乏亮点、非核心产业分工的二线龙头常常被认为是"价值陷阱",但也因此几乎无卖方覆盖,机构持股比例极低,在某些特定条件下会爆发出强劲的"预期差",如2020年的模塑转债。

二、策略投资的转债衍生方法

虽然从自下而上选好公司的角度看,转债与股票的投研方法存在一些分歧,但从宏观或中观策略的角度看,股票投资的一些常用方法似乎也可以被部分复制到转债投资中。

(1) 转债投资的"戴维斯三击":股票投资中,享受到公司业绩和估值同步提升的过程往往是持有期间最赚钱的情况,类似的案例在转债投资中同样可以实现,例如熊市尾部的券商转债就是非常适合左侧埋伏的标的。在A股牛市的初期,由于交易量对经纪业务的贡献预期,券商股的Beta属性往往会被强化,容易打出范式的"双击",而券商转债由于期权Delta特征,此时与正股的相关性也会趋势性变强,从而实现"戴维斯三击"。

(2) 景气度与困境反转:股票投资中被称为最佳买点的机会往往是企业景气度低迷、前景看不太清楚、突然遭遇重大打击,且市场评价最糟糕的时候。此时所有不利的因素大多已经反映在股价里了,而实操中的痛点则是"左侧布局得太左,抄底抄在半山腰"。而这类公司转债的买点则相对更清晰(接近债底),容错率也更高(被套的空间不大),因此更适合采用低谷期拐点的思路进行投资。

(3) 转债的PEG框架:正股质地与溢价率(期权费)是否匹配?PEG思想是成长股估值的重要方法,其理论的底层认知在于为潜在的成长空间和确定性(期权价值)进行合理定价。具体到转债实践中,不难发现多数正股质地较好的标的都存在较高的溢价率水平(隐含波动率远大于正股历史波动率),因此投资者需要思考:优质股票的期权应该享受多少溢价?主观预测对胜率的提升有多少?

三、转债研究分类体系初探

某著名股票投资公众号曾经把个股区分为"三类问题和七种武器",这个思路也给了笔者一些启发,此处试图构建一个模糊的转债分类体系,并介绍不同风险收益特征区间的品种需要关注的问题。

1. 偏债型转债:如何更安全地吃到股息

偏债型转债一般可作为信用债的替代选择,差别在于隐含了虚值期权,同时正股分红除权下修使转债可以变相享受到股息收益(前提是长期来看,正股可持续填权),因此在某种意义上,相对红利低波股票,能更安全地吃到部分股息。常见的类型包括:①低弹性的大盘蓝筹,如大部分公募EB、银行转债等;②赛道景气度双差,但资质尚可的中等级品种,如海澜转债;③有明显信用瑕疵的品种,如亚药转债。

2. 平衡型转债：高Gamma特征值有多少溢价

华泰转债策略回测显示，相对偏股和偏债型转债，平衡型转债的超额收益明显，是因为在该区间内，转债"进可攻，退可守"的强凸性特征最为明显，业界刻画类属市场走势的中证转债平衡策略指数也基于类似的逻辑，常见的类型包括：①上市初期的优质正股转债，如立讯转债、紫金转债；②基本面有亮点但确定性较弱或赛道较差的转债，如大族转债、烽火转债。

3. 偏股型转债：交易窗口有多久、空间几何

偏股型转债往往很容易触发强赎，因此交易周期短，同时距离向下的债底保护也比较远，此时应该关注正股业绩短期的爆发力，用盈利空间弥补回撤空间和时间的约束。常见的类型包括：①短期景气度高企，业绩充分释放的转债，如歌尔转债；②高质量、高Alpha标的，正股相对符合价值投资的转债，如东财转债、欧派转债、桃李转债；③处于游资炒作中的转债，如正元转债。

当然，研究转债个券风险收益除了采用量化方法，更重要的是回归正股基本面，把握产业趋势、行业格局演化趋势和成长的确定性。从这个意义上讲，转债投研方法也将"股票化"，向公司深度研究的方向迭代，超额收益主要来源于超额认知，无知永远是最大的风险。

第三章

大类行业基础研究框架初探

多数转债投研人员入门正股的第一课都是研究行业分析框架。无论是转债还是股票投资，行业相对的景气度都是这类泛权益类资产表现的决定性因素。在了解行业相对景气度的同时，掌握行业内部上下游的关系和商业模式，更有助于转债投研人员从个券层面理解转债发行人的信用资质和行为特性。

本章将重点介绍转债涉及的部分大市值行业的基础研究框架，包括银行、券商、消费物流、家用电器、汽车及其零部件行业等，并简要梳理相关转债。

第一节　银行业务及投资框架分析

商业银行是一个"一行通百行"的职业。与其他非银行的金融机构相比，银行业务渗透到企业、居民甚至政府经济活动的方方面面。从资产负债表的角度看，银行业务可以分为资产业务(如贷款与债券投资)、负债业务(如存款和传统理财)、中间业务(如收费类、轻资本占用业务)和非金融服务(如满足高附加值客户需求的业务)等。从客户导向的角度看，银行业务的客户可以分为零售客户(普通居民)、私人银行客户(高净值个人)、对公客户(企事业单位)和同业客户(外部金融机构)等。

事实上，从银行经营的角度看，基于客户特征的分类方式在实际应用中更为普遍，以下不妨看一个虚构的业务案例：银行客户经理小胡正准备开拓新业务，但苦于没有存量客户，于是先把辖区内没有建立合作关系的企业拜访一遍，先以资产业务为抓手，打着"帮助企业融资"(贷款和发债业务)的旗号和企业谈，最终成功在本银行为A企业实现授信10亿元。贷款放款后，又营销A企业把获得的贷款以活期存款的形式放在本银行账户，其中5亿元又购买了理财，实现了资产业务和负债业务的双重合作。一来二去，和企业的财务混熟了，顺便把企业的工资卡业务也接下来，这样企业所有员工都成了银行零售客户，其中有几位直接升级为私人银行客户，又让小胡多卖了不少银行代销的基金和保险……

这就是银行商业模式中客户经营的逻辑，俗称"一鱼三吃"。

但对银行业投资者来说，从资产负债表的角度分析业务是更有效的，也更便于跟踪银行的基本面变化。

一、资产业务

资产业务一般指银行通过自有资金或其控股子公司的表外资金进行信贷投放或债券投资，从而满足企业的融资需求，实现信用派生的过程，最常见的资产业务便是贷款。从银行基本面分析的角度看，资产业务直接决定了银行资产质量和利息收入。

(一) 贷款业务

贷款业务堪称银行资产业务的基本盘，占据了资产业务总量的"半壁江山"。按照客户群体的不同，贷款业务又可以分为企业贷款和个人贷款。

企业贷款的用途主要包括：①购置厂房设备，扩充现有产能；②借新还旧，以新发贷款偿还历史债务；③短期资金周转，如上下游客户结算的垫款、发放员工工资等；④资本运作，如为了兼并某家企业采取"杠杆收购"；⑤息差套利，如信用资质较好的企业贷款后再转借给信用资质较差的企业，赚取贷款的"利差"。

个人贷款的用途主要包括：①购买房产，这是最主流的个贷用途，一般以住房按揭贷款的形式完成；②消费类贷款，个人为购买家具、家电、汽车等产品而进行的短期借款；③个人经营类贷款，多见于个体工商户为了经营而进行的借款，类似于小微企业贷款；④信用卡业务，个人短期消费贷款的特殊形式。

银行贷款业务的核心竞争力在于"对信用风险的定价能力"，其实有点类似于信用债券投资，需要发放贷款的银行有相对其他同业竞争者的"超额认知"。因此，贷款业务的风险管理在商业银行经营中非常重要，需要综合分析贷款客户的财务状况、所从事业务的发展前景、股东背景、信用记录和抵押担保的情况等。同时，为了防范信用风险，还要自上而下地控制贷款客户的集中度，包括在行业结构和区域结构上都尽可能地实现分散化。

此外，与其他资产业务相比，贷款业务的风险管理手段还有一定的特殊性，即存在抵质押品。抵质押品也被称为"第二还款来源"，作为一种信用风险缓释工具，能够有效降低借款人违约情况下银行贷款的损失率，目前我国商业银行有抵押或担保的贷款占贷款总额的25%～30%，有抵押的不良贷款受偿率为30%～70%，显著高于违约信用债平均的预期回收比率。常见的抵质押品范围包括：①不动产抵押，如建筑物和建设用地使用权、土地承包经营权、交通运输工具等；②动产质押，如汇票、支票、债券、股票、存款单、可以转让的基金份额或股权等；③权利质押，可以转让的注册商标专用权、专利权、著作权，应收账款等；④创新型抵质押品，近年来逐步被市场接受的资产，如活体家禽等具有生产资料属性的生物资产、书法字画等艺术品等。近年来，随着直接融资和中间业务比例的提升，银行的抵质押贷款比例在逐步下降。

部分国股大行抵质押贷款比例变化如图3-1所示。

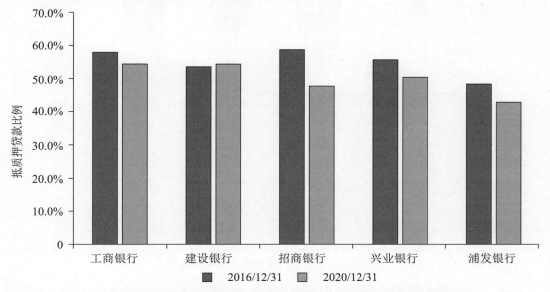

图3-1　部分国股大行抵质押贷款比例变化(2016年与2020年对比)

(二) 金融投资及同业资产

金融投资及同业资产主要指商业银行以其自有资金投资于以公允价值或摊余成本计量的金融资产，如债券、贵金属、外汇产品、资管产品、基金、非标资产等。

金融投资整体上以债券投资为主，品种上以利率类债券为主(国债、政策性金融债和商业银行债)，也包括部分非金融企业债。银行的债券投资按用途可分为三类：一是自主决策的直接投资，即对利率具有方向性的主观判断，因此形成投资决策；二是包销类投资，即考虑债券发行人(企业)或债券承销商(财政部、其他金融机构等)的合作关系，为了提升客户黏性，作为一种客户服务的工具进行投资；三是商业银行本身是市场上的核心交易商和债券做市商，为了实现做市交易量，需要直接持有部分债券资产。

同业资产则包括存放同业和其他金融机构的款项、拆出资金、买入返售金融资产。与之相对应的，同业负债也包括三类：同业存放和其他金融机构存放的款项、拆入资金、卖出回购金融资产款，这部分将在负债业务部分展开讨论。

同业拆出类似于存放同业，也是向境内境外银行和非银行金融机构拆借的款项，但与存放同业不同，拆出资金不需要在对方开立账户，相当于资金拆出方向拆入方提供的一种短期贷款；买入返售是指先签署回购协议，约定先买入，一段时间后再按约定的价格返售给对方，标的物包括票据、债券、贷款等金融资产。同业拆出和买入返售都需要在银行间货币市场交易，例如债券逆回购就是一种买入返售，交易时银行接受对方的债券质押，借出资金。

上市银行金融投资结构概览如图3-2所示。

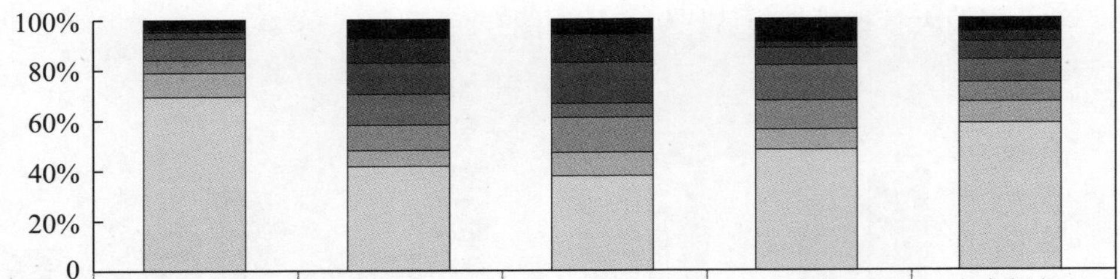

	国有行	股份行	城商行	农商行	上市银行
■ 其他	4%	7%	5%	9%	5%
■ 非标	0	10%	12%	2%	4%
■ 基金投资	3%	13%	16%	7%	7%
■ 金融债	9%	11%	6%	14%	9%
■ 企业债	5%	10%	14%	12%	7%
■ 政金债	10%	6%	9%	8%	9%
■ 政府债	70%	42%	38%	48%	58%

图3-2　上市银行金融投资结构概览

另外，银行因为各类业务结算的需要会在其他金融机构存放备付金，即前文提到的存放同业，但由于备付金的收益率非常低，所以银行通常会通过货币市场操作来管理超额备付金，从而降低备付金率，提高资金使用效率。

二、负债业务

银行负债业务是银行吸收或借入资金的业务，也是其经营资金的重要来源。按照业务场景的差别，负债业务又可以分为主动负债业务和被动负债业务。主动负债是为银行通过自主设定的利率(基于监管基准)来吸引客户的资金，一般利率较高，如大额存单、协议存款、同业负债、发行债券和资本工具等；被动负债是银行为客户提供综合金融服务的过程中，天然沉淀在本行的资金(如企业先获得贷款，再放到活期存款账户准备随时使用)，以活期存款和保证金的形式为主，这部分负债的利率较低，也是各家银行重点发力的业务领域。

(一) 存款业务

存款是银行最重要的负债来源，也是银行牌照特许经营的领域，即可以面向公众吸收存款，相比之下，其他非银行金融机构因为没有这样的功能，往往负债成本更高。和贷款业务类似，存款也可分为企业存款和个人存款，按照期限结构又可以分为活期存款和定期存款。虽然活期存款的负债成本更低，但客户主要是基于使用的便利性才选择存放活期，这部分负债来源在个体层面并不稳定，当客户没有日常结算或经营活动需求时，活期存款往往会转变成定期存款。

从银行经营的角度看，存款业务的核心在于：一是在总量不变的情况下，尽可能提升低利率存款的比例，这就需要通过提供更好的综合金融服务来留住优质客户，提升用户黏性；二是尽量通过非资产业务吸引存款，这样可以有效控制贷款业务、债券投资的信用风险，提高综合业务的投入产出比。

(二) 同业负债

银行的同业负债与前文同业资产对应，包括同业及其他金融机构存放的款项、拆入资金、卖出回购金融资产款。由于负债成本基本随行就市，显著高于存款类业务，一般同业负债主要用来调剂短期的负债缺口，并不是银行重点营销的负债产品。同业负债的优势是体量较大，银行间货币市场的短期资金交易日均成交额可达到万亿量级，并且不需要太多基础设施或综合金融服务作为"抓手"。上市银行同业负债占比变化如图3-3所示。

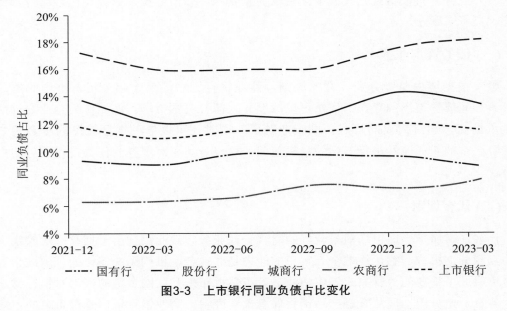

图3-3 上市银行同业负债占比变化

(三) 债券

债券业务的情况和非金融企业类似，主要差别在于银行资本结构的分层设计更为复杂，有许多介于股债之间的夹层资本，如核心一级资本、其他一级资本、二级资本等，对应到发行端则为优先股、永续债、次级债等资本工具。这部分负债的主要功能是充当银行资本的动能，以满足监管对银行资本充足率的具体要求，同时提升商业银行抵抗利率风险和流动性风险的能力。商业银行经营行为与约束框架如图3-4所示。

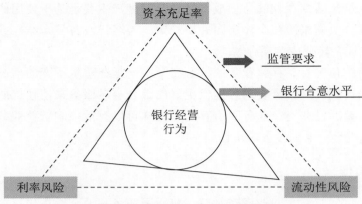

图3-4　商业银行经营行为与约束框架

三、中间业务

与资产业务和负债业务相比，中间业务泛指银行的轻资本业务，即不占用资产负债表的表外业务，只根据规则收取手续费或佣金收入，如债务资本业务、代客理财、资产托管、交易结算等。

(一) 债务资本业务

虽然根据境内监管分业经营的原则，商业银行无法涉足大部分资本市场业务，但由于银行间债券市场的存在，依然可以深度介入债务资本市场。例如作为企业发行债券的主承销商，通过债权的形式帮助企业融资，同时还可以借助银行雄厚的资金实力，对融资困难的企业债券进行一定的余额包销，这也是其相对于券商债券投行业务的主要优势。

(二) 代客理财

代客理财属于当前市场前景较好的财富管理业务。商业银行由于拥有广泛的线下物理网点和分支机构，触达终端个人客户的能力是其他金融机构无法相比的，因此帮富人理财也就成了重要的"管家式"中间业务。虽然近年来互联网金融的兴起对银行财富管理业务有一定分流，但从金融产品销售保有量角度看，商业银行依旧是最重要的市场参与者。

(三) 资产托管

资产托管属于商业银行的独家业务，指资产管理人将其获得委托管理的资金交给银行管理，以避免委托代理过程中存在的利益输送或其他利益纠纷。在业务实践中，资产托管与金融产品代销往往是一体的，即以金融产品代销获取资产管理人客户，同时落地资产托管业务。

(四) 交易结算

交易结算是最基础的银行服务，也体现了银行的本职功能。无论是个人客户还是跨国大型企业集团，都需要该项业务。银行卡业务是交易结算和其他业务的基本载体，其中包括具有一定信贷属性的信用卡业务，但随着移动互联网的发展，传统的银行卡发卡量逐渐下滑，取而代之的则是新一代移动支付技术。

四、银行业投资框架分析

银行业的发展前景受宏观经济因素影响较大，这一点已成为业内共识。国内经济的高增长与低通胀环境为上市银行创造了得天独厚的经营条件，尽管股价波动或许未能完全体现这一点，但其实际经营表现依旧稳健。从理论层面探讨，宏观经济的起伏会同时作用于银行的资产规模与资产质量——前者通过信贷增量来体现，后者则受到信用风险和信贷不良率的直接影响。

在分析银行基本面时，一般聚焦于资产负债表与利润表，而现金流量表则不在此列。资产负债表是利润表产生的根基。具体来看，银行资产主要由能产生利息的债权构成，占比高达98%，而贷款拨备则是对贷款的冲减。与其他行业相比，银行业固定资产占比较低。负债方面，银行负债主要是付息负债，占总负债的97%。此外，股东权益占总资产的比例仅为7%～8%，凸显了银行业的高杠杆特性，其商业模式本质上可以理解为"左手吸纳资金，右手投放贷款"。

居民存款便属于银行的付息负债。不同类型的银行在负债结构上存在差异，如股份制银行存款占比约为60%，而国有大行则超过70%。这种差异使得国有大行在负债成本上具备优势，进而影响其经营表现。

相较而言，银行在资产端的差异较小。自金融机构"去杠杆"政策实施以来，各家银行业务逐渐回归本源，贷款在各类银行资产中的占比持续提升。城商行与农商行因受限于"资金不出所在区域"的规定，其贷款占比相对较低，为了弥补这一不足，该类银行往往通过增加交易性金融资产来提高收益。过去，同业资产是大行与中小行的主要区别之一，但随着监管要求的加强(同业负债占比不超过三分之一)，同业资产在各家银行总资产中的占比自2015年后大幅缩减，现在各银行之间的差异已不那么显著。

利润表方面，银行业收入主要来源于净利息收入，占全部营业收入的70%～85%。大中型银行对净利息收入的依赖程度相对较低。手续费收入作为银行业轻资本业务的代表，在股份制银行中占比更高，但与发达经济体相比仍有提升空间。其他非利息收入则主要包括投资收益等，这部分收入受汇率和债券市场波动影响较大，因此稳定性较差。业务管理费中，员工费用占比27%～37%，其增速与银行规模及营业收入增速大致相当。资产减值准备受到拨备政策(具有较大弹性，是银行调节利润的重要手段)、不良贷款生成及银行对未来资产质量判断的影响。总体来看，国内银行在资产减值准备方面的表现优于海外同行，且近年来拨备占资产比例持续提高，为银行提供了充足的安全垫。

影响银行股业绩的关键因素包括息差(高频变量)、中间业务收入占比(低频变量)、成本收入比(低频变量)、信用成本率或资产减值损失(高频变量)，以及加权系数(低频变量，适用高级法的银行更低)。在二级市场上，投资者往往更加关注那些对利率和宏观经济变化敏感的高频变量，如息差和信用成本率等。

　　具体到盈利驱动因素来看，首先是规模因素。规模扩张是推动银行利润快速增长的重要手段之一。短期内规模受货币政策影响较大，而从长期看，经济增速、直接融资的发展及金融脱媒趋势都会对银行规模产生深远影响。其次是息差因素。在各类生息资产中，贷款收益率最高且受宏观经济、流动性状况及央行政策调整(如加息或降息)影响较大；债券和同业投资利率则随行就市波动。传统存贷业务仍是利息收支的重要来源，但不同类型银行在结构方面存在分化现象，近年来银行业整体生息资产收益率呈下降趋势，付息率虽也同步下降但降幅较慢，因此导致净利差持续收窄。再者是中间业务收入因素，包括多样化项目与收入来源，其中手续费收入占据主导地位，如银行卡业务、结算清算服务、资产托管服务、财富管理业务、承销咨询服务及信贷承诺等业务，此外，交易性收入(主要为交易性金融资产公允价值变动损益)及混业经营收入(主要为银行控股子公司，如租赁公司、保险公司和信托公司等，非银行金融机构并表收益)也是重要组成部分。成本收入比反映了银行业务及管理费用与总收入之间的关系，其影响因素包括业务扩张计划(带来资产规模增速提升但也会增加拓展与运营支出)、业务结构(公司业务单笔规模较大费用较低，而中小企业与零售业务占比提高则会增加费用支出)及财务计划(银行可以通过压缩费用支出来削减成本，但这种方式持续性不强)。注意，成本收入比并非越低越好，而是需要结合息差和中间业务等因素综合考量。在当前金融科技日新月异的背景下，各家银行对金融科技的投入力度也成为影响未来成本收入比的重要因素之一。最后要关注资产减值损失情况，这需要从长期视角来审视，重点关注不良贷款余额变化、不良率走势及逾期贷款率等指标。目前各家银行均采取预期信用损失三阶段模型来计提拨备以应对潜在不良贷款风险，该模型基于前瞻性信息假设不同经济驱动因素下的未来走势并结合违约概率数据进行计算。阶段一主要考虑12个月内预期信用损失，而阶段二和阶段三则考虑更长时期的预期信用损失，并且当确认信用风险显著增加时，资产将进入阶段二(关注类)；如果进一步恶化为次级类，可疑类或损失类则进入阶段三。值得一提的是，由于资产质量对利润弹性具有巨大影响，这体现在信用成本与不良生成率之间存在较大利差空间，同时资产减值损失占税前利润比例较高，上市银行平均拨备覆盖率达到300%左右，这些因素都为上市银行提供了通过调整拨备来调节利润空间的可能性。风险加权系数是另一个影响银行盈利能力的重要指标，它反映了不同类型资产和贷款所承担风险程度的差异，也可能存在监管套利空间，例如过去某些类信贷业务被归类为同业科目以降低资本占用并规避信贷额度管控和拨备计提要求。但随着监管政策的加强，这种套利空间正在逐步缩小，目前零售按揭类信贷在高级法下风险系数相对较低但仍需要关注其变化趋势。

　　商业银行盈利模式拆分如图3-5所示。

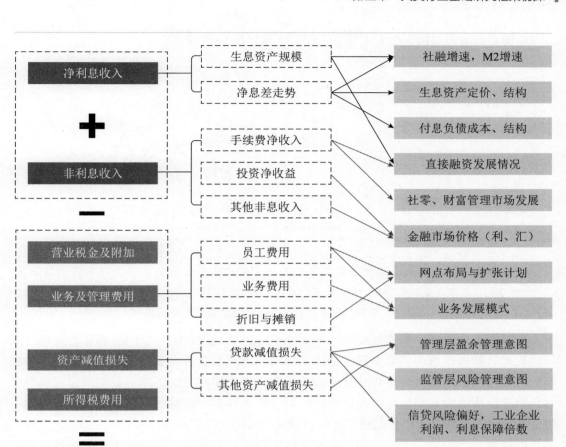

图3-5 商业银行盈利模式拆分

探讨银行业的长期行业空间时，可以参考发达经济体金融业增加值的占比情况。以美国为例，其金融业增加值从20世纪70年代持续增长至2000年的7.7%，尽管在金融危机期间短暂下滑至6%，但近年来已回升至8%以上。具体到银行业，其增加值在2002—2003年达到3.5%的高峰后呈现下行趋势，直至2010年触及2.8%的底部，近年来又逐渐回升至3.7%。

相比之下，日本的金融业增加值在20世纪90年代保持在5%左右的平稳水平，自2000年起上升至6%左右，但在金融危机后下滑至4.3%。德国的金融业增加值则从90年代末至今呈现曲折下行的趋势，近年来维持在3.8%左右的水平。英国作为金融中心，其金融业增加值自2000年以来持续上升，最高时达到9%，2022年虽有所回落，但仍保持在8.3%的高位。

回顾中国的情况，20世纪90年代至2005年，金融业增加值占比略有下滑，但随后金融业的发展速度超过了实体经济，增加值持续上升。到了2021年，金融业增加值占比已达到8%。通过国际间的比较可以看出，中国的金融增加值整体已经处于高位。考虑到金融体系中银行业占比显著偏高，未来的行业增长空间可能相对有限。

中国、日本和美国金融业增加值占GDP比重如图3-6所示。

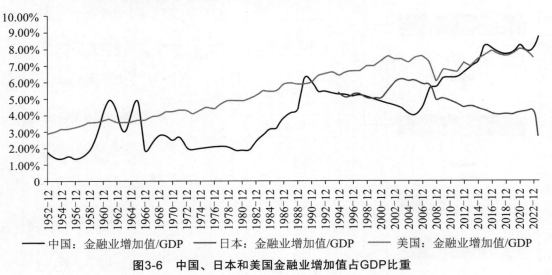

图3-6　中国、日本和美国金融业增加值占GDP比重

　　根据笔者对银行股的投资经验，与其他行业股票相比，银行股的盈利预测波动区间相对较窄。其股价波动主要来源于估值的变动，因此投资者需要对"市场先生的审美偏好"有一定的预判能力。尽管从行业前景来看，长周期内受经济影响业绩增速大概率向下，但在经济阶段性小幅复苏的区间内，银行股仍具有一定的投资机会。在选股层面，投资者应优先选择资产质量彻底出清、短期业绩增速上升的标的。

　　近年来，"市场先生"对银行股的看法大致可以归纳为板块市值庞大、弹性较低、赚钱的想象空间有限，且随着经济的缓慢下行，ROE也呈现下滑趋势。此外，大型银行近年来经常被要求"让利"，使得其更像政府机关而非上市公司(当然，部分区域性小型银行并不存在这样的问题)。因此，银行股并不受投资者青睐，往往被视为市场行情不佳时的"避险选择"。然而，从经济周期及银行股的表现情况来看，按照美林时钟的滞胀、衰退、复苏、过热四阶段划分，复苏期是银行股表现最佳的时期，其次是衰退后期和过热早期。

　　在选股层面，投资者应重点关注政府大力支持的领域。例如，2016—2017年，棚改政策推动了全国地产和基建的发展，同时金融去杠杆压降了同业负债，这使得大型银行和优质股份制银行的股票表现良好。2019—2022年，尽管宏观经济增速因疫情而放缓，但部分区域的基建发展迅速，优质的区域性城商行因此表现出色。而自2023年以来，随着基建政策红利的逐步减弱和政策对小微业务的持续支持，短期内小微业务占比高的农商行迎来了更好的投资机会。如果地产市场在政策托举下能够有所起色，那么对应信贷风险敞口较高的股份制银行也值得关注。

　　确定选股方向后，投资者可以进一步通过指标筛选来细分个股。最核心的长期因素是ROE和ROA所代表的资本回报率，但这仅仅是银行经营结果的体现。为了判断后续的变化趋势，投资者还需要关注以下两类指标：首先是资产质量相关指标，如不良率和拨备覆盖率等；其次是规模息差相关指标，如资产规模结构及增速、贷款收益率、存款成本率等。这两类指标需要结合起来进行分析，例如以小微企业为主但资产收益率相对较高的农商行，在理论上其不良生成率也会比以大企业为主的城商行要高一些。

从资产风险收益特征的角度来看，银行股可以粗略划分为传统大行、老牌优质银行、新晋白马银行和潜在黑马银行四类。传统大行包括中农工建等大型国有银行，以及邮储交行等，它们具有高分红、低估值的属性，分红收益率普遍在5%～8%(含港股)，在熊市时期表现出较强的抗跌性。长期来看，这类银行的股价波动极小，业绩增速基本与宏观经济增速保持一致，因此缺乏成长性，更多地被视为类固收资产而具备配置价值。老牌优质银行如宁波银行、招商银行、平安银行等，在过去以领先的公司治理和优势业务(如零售、财富管理、FICC等)脱颖而出，长时间保持领先的业绩增速。这使得它们在过去的若干年里为投资者带来了显著的赚钱效应，并在行业出现系统性机会时更容易受到投资者的青睐。其中，宁波银行近年来还保持了两位数的收入增速，表现出一定的成长股属性。新晋白马银行则包括杭州银行、成都银行等优质区域的城商行和农商行。这些银行在过去的几年里成功清理了历史存量不良资产，并在基建高峰期实现了业绩的高速增长，从而进入了利润前置的"甜蜜周期"，其收入和利润增速普遍达到15%～25%。然而，投资者也需要关注是否存在风险后置的情况，这需要结合后续当地经济发展状况和银行自身的风控能力来进行评估。值得一提的是常熟银行，它采用了与其他传统银行不同的经营模式，主要依靠扩张人力来做小微业务，这种高资产收益率、高费用率、低不良率的商业模式使得它在近年来也取得了位居行业前列的业绩增速。潜在黑马银行则包括苏州银行、浙商银行等前几年业绩乏善可陈但估值处于底部的银行。这些银行所处区域经济发达但市场关注度较低，在未来有可能实现困境反转并晋升为白马银行。它们普遍以当地区域的大企业作为重点服务对象，因此资产质量较好但资产收益率和息差一般不高。其中苏州银行已经有迎来业绩拐点的迹象，其息差开始缓慢抬升且业绩增速逐步向行业第一梯队靠拢。而浙商银行则较为特殊，受到前几年理财不良业务的历史包袱影响(理财子公司也未获批筹)，目前仍处于缓慢重整的状态。

五、银行转债的特点

商业银行选择发行转债，主要是出于其独特的资本补充和增强风险抵御能力的战略考量。通过转债转股，银行能够直接增加其核心一级资本，进而夯实资本基础，提升稳健运营水平，并为未来的业务拓展提供坚实的资本支撑。

在转债条款的设计上，商业银行表现出独特的智慧。为了避免股价大幅波动可能引发的转债大规模赎回风险，商业银行转债通常不设定回售条款。这一巧妙的设计，既符合商业银行稳健经营的原则，又有效保障了其资本结构的稳定性。

此外，商业银行转债的退市方式也颇具特色。与其他类型的转债不同，商业银行转债往往以转股的方式实现退市。这主要是因为在正股股价大幅上涨的背景下，赎回条款的触发使得转债持有者更倾向于选择转股而非赎回。因此，实际赎回金额通常较低，进一步凸显了转股在商业银行转债退市中的主导地位。

银行转债的特点鲜明且多样。从历史行情来看，其价格通常在100～120元的范围内波动，而进入退市期的转债价格则普遍高于130元，历史最高价甚至接近160元。同时，转股溢价率和纯债溢价率也各自在一定的范围内波动，这充分反映了市场对银行转债价值和转股价值的动态评估与认可。从长期来看，银行转债的表现往往优于银行股，表现出更强的抗跌属性和稳定的收益特性。这使得银行转债成为众多可转债基金的重要底仓品种，为投资者提供了稳健的防御性选择。不过与其他行业转债相比，银行因为其较低的波动率水平，转债期权很难给予较高估值，因此溢价率水平偏低，属于转债中的红利低波资产。

第二节　券商业务及投资框架分析

一、商业模式和盈利来源

证券公司作为直接融资渠道的核心参与者，扮演着"送水者"和"看门人"的角色，直接创造金融证券资产。其业绩与资本市场的繁荣程度紧密相关(见图3-7)，这主要体现在融资端、交易端和投资端。

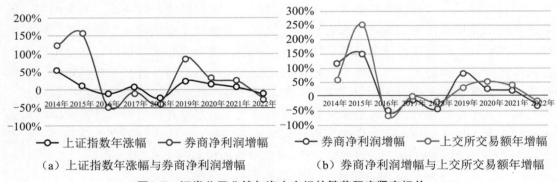

（a）上证指数年涨幅与券商净利润增幅　　　（b）券商净利润增幅与上交所交易额年增幅

图3-7　证券公司业绩与资本市场的繁荣程度紧密相关

从融资端来看，证券公司的市场空间由GDP和证券化率共同决定。经济增长和直接融资占比的提升是推动行业长期发展的核心宏观变量。具体到行业中观层面，资本市场改革、科创板开板、注册制实行、并购重组放宽等政策都为证券公司提供了广阔的发展空间。

在交易端，证券公司为市场参与者提供交易工具和策略，包括衍生品创设和交易制度的完善等。同时，作为做市商和研究咨询机构，证券公司对资产进行估值定价，发挥价值发现的职能。这些服务对维护资本市场的稳定和提高运营效率至关重要。

从投资端来看，无论是自然人还是机构，其最终资金都来源于自然人。这些资金通过直接融资或间接融资的方式投入高产出行业。总量上，居民财富和资本市场的成长性是决定投资端规模的关键因素。在资管赛道上，理财净值化后回归正常的风险-收益匹配谱系，以及地产增速回落和储蓄财富功能的退化，都使得财富从不动产市场转移至资本市场的长期逻辑确定性增强。

从证券公司的收入来源来看，包括经纪业务、投行业务、资管业务、两融业务和自营业务。其中，资管、自营和两融业务与股指涨跌和市场交易量密切相关，经纪、投行和两融业务则属于券商的"独家业务"，依靠特许经营牌照赚取收益。根据是否占用资产负债表，这些业务又可以分为轻资本的收费类业务和重资本的用表类业务，前者不受资本金约束，但市场蛋糕有限；后者在风险指标控制下受净资本规模限制。

从各项业务的一般规律来看，牌照的稀缺性越高，业务越容易差异化并赚取更高收益，如投行、经纪和两融业务。而牌照稀缺性较低的业务，如资管和自营业务则面临更多的市场竞争。全行业营收总量及结构的变化趋势显示，券商行业的盈利提升显著跑输了资本市场的成长和扩容，业绩弹性也在钝化，具体表现为全行业收入在市场成交额中的占比持续下滑，经纪业务是唯一没有成长的板块，利息和资管业务快速发展但占比仍有限，以及自营业务向固定收益倾斜以降低业绩波动性等。

从券商ROE的拆分来看，ROA处于逐年下滑的态势而杠杆率略有提升。ROA的下降主要是由于经纪业务佣金率的压力和过度再融资导致的摊薄效应；而杠杆率的提升过去主要依靠产品创新，近年来则依靠衍生品和自营盘的贡献。这表明全行业在以牺牲盈利能力为代价扩充规模的同时，也在努力寻求新的增长点以提升杠杆率。

二、券商各类业务概述

(一) 经纪业务

历经多轮佣金战后，券商经纪业务已陷入低费率、高竞争的漩涡。自2002年证监会设佣金率上限起，至线上开户及一人多户政策全面放开，这一竞争态势日趋白热化，迫使平均佣金率维持在极低的水平。单纯依赖传统佣金已难以支撑业务的持续增长。券商各类业务收入占比如图3-8所示。

为突破困境，多家券商尝试采用差异化竞争策略。这些尝试包括与银行建立渠道合作关系、接管风险券商的客户资源、增设营业网点，甚至通过收购互联网金融机构来拓宽客户范围。然而，截至目前，这些策略尚未催生出真正的市场领导者。各券商在客户服务和产品创新方面的同质化问题仍是阻碍其进一步发展的主要瓶颈。

以佣金换市场的策略并未给券商带来预期的收入增长，而坚守高费率策略的券商则面临市场份额被侵蚀的风险。多年来，头部券商在经纪业务领域的合计市场份额基本保持稳定，但行业集中度仍然偏低，表现出市场格局的碎片化特征。这一现状背后，反映出券商为了争夺市场份额和客户资源，不惜牺牲短期利润，以期通过协同其他业务实现长期盈利的深层次逻辑。上市券商经纪业务收入变化如图3-9所示。

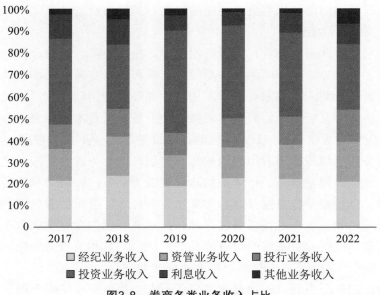

图3-8 券商各类业务收入占比

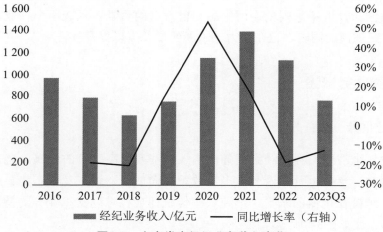

图3-9 上市券商经纪业务收入变化

　　然而，A股市场以散户为主的投资者结构，给券商经纪业务带来了严峻挑战。散户投资者的高换手率、高流失率，以及日益增长的互联网渠道偏好，使得券商在客户获取和留存方面面临巨大压力。未来，券商的成功将更多地取决于其互联网渠道运营能力、品牌建设，以及对核心客户群体的精准服务。这些要素将成为决定经纪业务竞争胜负的关键所在。

(二) 投行业务

　　投行业务的繁荣程度与资本市场的融资规模紧密相关，其在券商营收中的占比为15%～20%。投行业务主要涵盖承销保荐和财务顾问两大类服务。然而，由于二级市场的高估值环境，上市公司更倾向于通过并购重组而非IPO实现退出，导致财务顾问业务需求相对较弱。

承销保荐业务方面，IPO项目占比较低，再融资项目成为主导。新股供应受监管政策影响显著，波动性较大。全面注册制的实施虽被视为提升资本市场效率的重要一步，但监管层对IPO和再融资的限制措施，以及市场环境的低迷态势，仍可能对投行业务的增长速度造成制约。

尽管如此，全面注册制有助于强化券商作为资本市场"看门人"的角色定位，并且有助于提升新股发行效率和市场化定价水平。同时，监管层对承销保荐业务中违法违规行为的惩处力度也在不断加强，以维护市场的公平和秩序。

在投行业务竞争格局方面，大型券商如中信、中金和建投等，凭借强大的资本实力、丰富的项目经验和广泛的客户网络占据市场领先地位。这些优势资源使得它们在承揽大型IPO和再融资项目时具有显著优势，从而进一步巩固了市场份额。然而，商业银行在债券承销领域的强劲竞争力也给券商投行业务带来了不容忽视的挑战。

上市券商投行业务收入变化如图3-10所示。

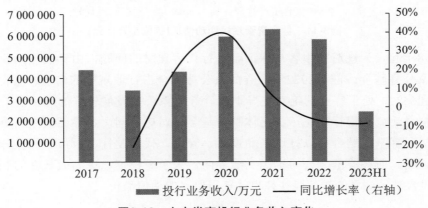

图3-10　上市券商投行业务收入变化

(三) 资管业务

券商资管业务在经历监管政策放宽带来的快速发展后，正面临通道业务受限、私募资管市场份额下降等多重挑战。资管业务的产品形态包括定向资管、集合资管、专项资管等，种类繁多，盈利能力大相径庭。通道类业务由于费率低廉、竞争激烈而难以为继；主动管理类业务则凭借较高的费率水平和专业的投资管理能力成为券商资管业务的主要收入来源。

在资管新规的影响下，券商资管开始由过度依赖通道业务向主动管理业务转型。这一转变要求券商提升投研能力、丰富产品线、优化客户结构，以及加强风险控制等。部分券商通过申请公募牌照或控股公募基金公司来拓展公募资管业务领域，以期在更广阔的市场中寻求新的增长点。

尽管当前券商资管整体管理规模较巅峰时期有所缩减，但长期来看仍具备发展潜力。特别是随着资本市场改革的深入推进和居民财富管理需求的日益增长，券商资管有望凭借其专业优势和资本市场经验在公募资管市场中占据一席之地。然而，要实现这一目标，券商还需要在品牌建设、渠道拓展、人才培养等方面进行持续投入和创新。券商资管规模变动情况如图3-11所示。

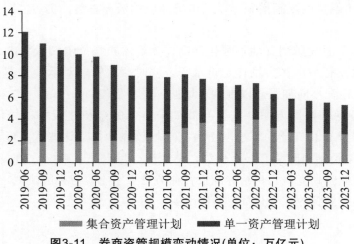

图3-11　券商资管规模变动情况(单位：万亿元)

自1998年起，为规避挪用客户保证金进行代客理财的问题，由券商作为股东设立了最初的10家公募基金。截至2022年，券商系公募基金占行业规模的57%，偏股混合型基金更是占到65%，处于行业的绝对主导地位。券商系公募发展较好的原因是，券商经营和激励机制灵活，与银行相比，文化体制与基金公司更趋同，且券商天生与资本市场紧密结合，与公募基金结合可以打造产品设计、管理、代销发行、做市、佣金分仓等全产业链的生态圈。而参股基金公司也确实给券商带来了更稳定、更高成长性的利润来源，近年来，"含基量高"的券商股往往也能获得更高的估值溢价。

(四) 两融业务

两融业务和股权质押业务都属于信用业务。两融业务，即融资融券，涉及的资金和证券都在专用信用账户内部流转，不可转出，因此其业务风险相对较低。相比之下，股权质押贷款资金流出券商体系，风险难以控制，存在一定的信用风险。从行业利息收入构成来看，两融业务占比高达41%，而股权质押业务仅占7.4%。注意，2018年股权质押业务曾出现系统性风险，导致其对券商营收的贡献度大幅下降，这也与监管收紧和券商主动控制风险有关。

两融业务与经纪业务紧密相关，被视为经纪业务的下游业务。投资者需要满足一定条件(如开户满6个月，日均资金50万元)才能开立信用账户。目前，A股市场投资者中已超过700万开立了信用账户，渗透率达到3.2%。融资业务是A股市场重要的资金来源之一，全市场两融余额达到1.6万亿元，占A股流通市值的2.2%。尽管与历史最高点4.5%相比仍有差距，但考虑到保证金比例的上调限制了投资者加杠杆的能力，这一比例已属不易。融券业务在两融业务中占比相对较低，仅为6%，主要受到券源的限制。

在行业格局方面，不同券商在两融业务上的表现有所差异。例如，国泰君安证券、广发证券的两融市占率明显高于其经纪业务，反映其客户结构相对优质。而华泰证券则在融券业务上有明显的特色，市场份额达到19%，仅次于中信证券的25%，这与华泰证券在自营规模保障自有券源、技术手段对接外部券源和机构客户资源，以及对客户的积极引导等方面的努力密不可分。

券商两融业务和股票质押业务收入变动情况如图3-12所示。

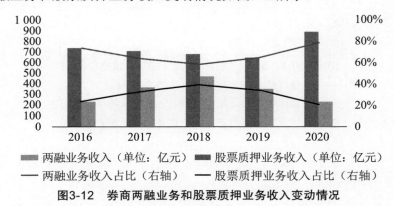

图3-12 券商两融业务和股票质押业务收入变动情况

(五) 自营业务

自营业务是券商主动管理型的重资本业务，其持有的资产大多适用公允价值计量(FVTPL)，占比高达80%~90%，这反映了券商自营业务主要依赖市场价格波动来获取利润。与银行和保险机构相比，券商没有面向公众募集资金的牌照，只能进行成本较高的负债投资，并倾向于选择相对风险较高的投资策略。静态持有资产以获取股息或票息的方式在券商自营业务中并不可行。

为了提升业绩的平稳度和在熊市时期的韧性，上市券商越来越倾向于拓展非方向性业务，并减少方向性投资。因此，波动较大的权益类投资在近年来已大幅下降至10%的水平。这导致自营业务的弹性持续降低，因为纯粹的方向性自营投资波动过大，属于高度依赖市场环境的商业模式。

券商牌照在自营投资上并不具备稀缺性，因此，将有限的报表资源用于服务牌照独有业务更为明智，如衍生品创设和续作、做市、风险管理等。头部券商在"去方向化"方面的倾向更为明显。以中金公司为例，其交易类金融资产的权益持仓结构中，90%的持仓都用于衍生品交易对冲。场外衍生品交易对手是其主要的需求来源，尽管手续费率相对较高，但仅限于一级交易商参与。

场外衍生品业务为券商贡献了18%~20%的高水平ROE，前五大交易商在该领域的市占率达到了70%~90%，形成了极强的垄断优势。这些券商利用牌照的稀缺性，在场外期权和互换业务等代表性领域取得了显著的市场份额和盈利能力。相比之下，二级交易商只能开展场内衍生品业务，并在与一级交易商进行对冲时才能参与场外衍生品市场。

上市券商自营业务中权益和固收资产的占比如图3-13所示。

图3-13　上市券商自营业务中权益和固收资产的占比

三、杠杆率的限制

截至2022年末，我国券商的平均杠杆率为3.3倍，其中杠杆率最高的中金公司达到了5.6倍，而中小券商基本都在3倍以下。与国际一线投行10～12倍的杠杆率相比，我国券商整体杠杆水平过低。尽管国际投行可以使用客户的资金和证券，但即使剔除这一因素，我国券商的杠杆水平仍然偏低。

然而，尽管整体杠杆水平较低，国内部分券商的核心监管指标仍然面临压力。其中，最关键的两项监管指标是净稳定资金率和资本杠杆率。净稳定资金率要求达到100%，预警线为120%，中信、华泰、长江等券商在该指标上压力较大；资本杠杆率要求为8%，预警线为9.6%，中金、申万、银河等券商则面临较大的压力。

对于监管指标无压力且杠杆率也不高的券商而言，负债成本高、合意的高回报资产少，以及衍生品创设能力弱等因素限制了券商进一步提升杠杆水平的能力，即使它们有意愿增加杠杆，也难以实现。

另外，对于监管指标已接近预警线且杠杆率较高的券商来说，虽然在风险可控的前提下仍有能力增加合意资产配置，但监管规则在一定程度上限制了它们的杠杆水平。这不仅限制了券商的进一步扩张，也削弱了股东回报。此外，券商的负债成本较高。银行可以吸收存款，保险可以吸纳保费，而券商缺乏面向大众的融资方式，主要依靠公司债、收益凭证和短期融资券，平均的负债成本在3%左右，基本随行就市，且长久期的负债来源偏少，余额仅有净资产的一倍。在合意资产方面，虽然两融和股权质押的收益率较高(5%～6%)，但以客需为导向，顺周期属性明显，市场增速非常有限；而银行间债券收益率近年来持续维持在低位，假设4%的收益率扣税再减去负债成本后，对ROA的贡献仅有1%左右，ROE勉强超过3%，作为自营投资交易的大头，也只能摊薄股东回报。因此，券商行业的ROE也长期低于银行和保险。

银行、保险和券商的ROE与杠杆率对比如表3-1所示。

表 3-1 银行、保险和券商的 ROE 与杠杆率对比   %

年份	ROE			杠杆率		
	上市银行	上市险企	券商行业	银行	保险	券商
2016	14.9	10.9	8.0	13.32	7.74	2.65
2017	14.2	12.4	6.5	12.92	7.74	2.75
2018	13.5	10.7	3.6	12.74	8.06	2.82
2019	12.9	14.4	6.3	12.32	7.42	2.95
2020	11.9	11.4	7.3	12.51	7.46	3.13
2021	12.3	11.2	9.2	12.10	7.93	3.44
2022	12.5	8.2	5.4	12.53	9.03	3.31
2016—2022年平均	12.6	11.2	6.3	12.44	7.98	3.13

四、券商转债的特点

尽管从ROE的视角审视，券商行业的相对竞争优势似乎逊色于银行和保险，然而其PB估值却常常维持在较高水平。深入探究基本面因素，可以发现高PB实际上蕴含更低的风险预期与更稳健的收益前景。这得益于券商较低的杠杆水平、透明的资产端公允价值、迅速变现资产的能力，以及其业务与实体经济之间较低的关联性，从而避免了大幅让利的压力。

从资金流动的角度来看，大量游资和散户对券商股表现出的高弹性青睐有加，倾向于将其作为捕捉资本市场快速上涨机会的利器。这种短期持有策略进一步凸显了弹性在投资决策中的重要性，有时甚至超越了基本面因素(尤其是在市场热衷炒作小型和表现不佳的股票时)。实际上，通过PB-ROE分析框架可以发现，券商行业内部各股之间的估值排序与基本面表现的关联度并不高。

聚焦券商股行情动态，监管周期与市场周期均为影响其走势的关键因素。监管周期塑造券商的中长期盈利能力，通过划定业务范围、调控产品价格、引领创新方向和确保资产质量等，最终决定券商股是否能够获得相对收益。而市场周期，特别是交易额和股指的波动，则直接决定券商的短期盈利能力，从而决定其是否能实现绝对收益。值得注意的是，券商股的行情往往呈现短期且剧烈波动的特点，主要原因是券商的基本面信息在市场中传播较为迅速且全面，导致市场定价反应灵敏。

从历史行情上看，券商股在监管周期和市场周期形成共振的环境下，往往能够迎来既有绝对收益又有相对收益的大牛市。判断券商股行情时，投资者需要综合考量基本面与资金面的双重影响，密切关注监管周期与市场周期的共振效应，并通过历史行情的复盘来汲取经验与教训。投资者应在投资策略上保持灵活性，既要关注券商的基本面因素(如杠杆水平和资产端公允价值等)，也要敏锐捕捉资金面动态(如游资和散户的动向)。

2023年以来，受益于"活跃资本市场"等一系列举措，券商股和对应的转债获得了明显的超额回报。

与银行转债相比，券商转债虽然存续规模较低，给投资者的选择范围较窄，却有一些独特的优势：①在金融机构向实体经济部门让利的大背景下，券商受到的影响比银行更小，历史包袱轻，且资产质量整体更好；②上市券商平均每股净资产估值显著高于上市银行，这也意味着券商转债进行转股价下修的空间可能更大，投资者更容易获取转债条款的隐含红利；③由于券商股和A股行情的强相关性，使其在特定阶段的转债弹性更大，假如投资者能够在熊市尾部提前埋伏底价券商转债，则能够同时受益于正股上涨、转债估值提升、相关性走扩三重利好。

第三节　消费物流行业简析

一、消费物流行业谱系

从距离与重量的维度对消费品物流进行划分，可将其细分为多个领域。首先，同城范围内，主要包括即时配送和同城货运两大业务，它们为城市内部的物流需求提供了高效的解决方案。其次，跨城运输方面，则涵盖了快递、快运和整车运输等服务，满足了不同规模和需求的物流运输需求。有调查指出，终端消费者对物流的方便、快捷和安全性最为看重(见图3-14)。

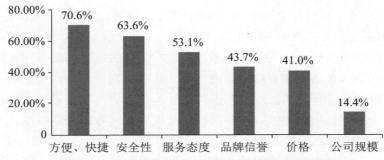

图3-14　2022年中国消费者选择物流快递的考虑因素

(资料来源：艾媒咨询)

此外，跨境物流作为连接国内外市场的重要桥梁，提供了跨境小包、空运货代和海运货代等服务，为国际贸易提供了便捷的物流通道，是未来潜在增长空间最大的细分方向之一(见图3-15)。

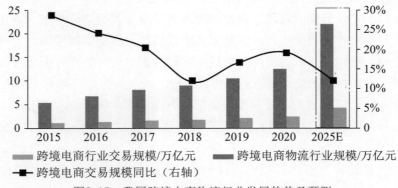

图3-15　我国跨境电商物流行业发展趋势及预测

(资料来源：网经社)

　　注意，这些细分行业并非完全独立，而是存在相互渗透的现象。其中，快递业务因其灵活性和覆盖范围的广泛性，具有最强的延展性，可向即时配送、快运及跨境小包等多个领域拓展。然而，目前物流行业仍缺乏真正意义上的供应链管理公司，多数企业仍停留在落地物流执行层面。尽管顺丰、京东、菜鸟等公司曾尝试发展智慧供应链，以统筹客户需求并提供一体化、全流程的物流解决方案，但目前这些尝试的规模仍相对有限，核心业务仍以落地物流为主。

　　从市场空间来看，物流行业整体规模庞大，达到了10万亿元量级。其中，快递业务的市场空间和增速匹配度较高，拥有万亿元级别的市场空间，并且保持着两位数的增长速度。尽管第三方即时配送的市场空间相对较小，但其增长速度却是最快的，显示出巨大的发展潜力。

　　在行业特征方面，规模效应和标准化程度是决定行业格局的重要因素。距离和重量作为关键的业务影响变量，对物流服务的成本、效率及标准化程度产生深远影响。物流行业主要以面向企业的业务为主，核心竞争力在于成本和效率。规模效应是推动行业发展的第一驱动力，而定价能力和差异化服务则是企业获得竞争优势的前提。此外，随着距离的增加，服务链条延长，标准化程度逐渐降低；同时，运输成本上升和载具增大也使得规模效应更高。重物和异形件对服务的要求更加多样，导致标准化程度降低，而轻物则可能因单车装载票数较低而降低规模效应。

　　在市场格局方面，高规模效应、高标准化的包裹类业务格局相对集中，几家大型企业占据了主导地位。相比之下，美国的快递和快运行业集中度更高，其中快递的集中度尤为突出。即时配送业务则受平台的影响较大，呈现出不同的竞争格局。在货运领域，由于规模效应较低，市场相对分散。然而，线上货运平台通过标准化部分环节，实现了较高的市场份额集中度，龙头企业规模可达数百亿元。货代市场则相对分散，线上平台(如Flexport)正在积极扩张，但市场渗透率仍然较低。

　　此外，物流行业的各细分领域并非完全独立，而是存在相互渗透的现象。例如，快递业务可以向附近的快运和同城业务拓展，同城和跨城货运平台之间存在相互渗透的现象，快运业务也可以向整车和快运领域拓展。这些交叉渗透的现象使得物流行业的边界变得更加模糊，也为企业提供了更多的发展机遇。同时，一些具有强大服务扩张能力的快递公司，如国际三大快递公司，依托其快递业务逐步发展为覆盖全球的综合物流服务商。而电商平台则利用自身巨大的流量优势，通过快递业务逐渐外扩，也成为综合性的物流公司。下面对行业内比较值得关注的细分领域进行简单介绍。

二、零担快运

　　零担快运业务主要覆盖单个运件30千克～3吨的市场，快递可以说是从零担快运市场分离出来的轻小件市场。从流通环节看，整车集中在生产环节，零担集中在批发环节，快递集中在零售环节。零担快运市场的规模在1万亿～2万亿元，2018年以来增速已经下降到低个位数水平，历史增速高于整车，低于快递。受疫情和经济影响，2021年货值达到峰值，此后两年出现了连续下降。

从市场结构来看，零担快运又分为全网快运、区域零担、专线零担三类，其中全网快运的渗透率不足10%。2018—2022年零担快运市场货量的复合增速为4.1%，全网快运达到了11.9%，渗透率不断提升(但近年来有放缓趋势)。零担越小则对集货的要求越高，全网快运也越有优势，规模效应带来成本的不断下降，就可以向越来越高的重量级渗透，这也是全网快运市场规模长期增长的重要驱动力。

从市场格局来看，零担快运市场整体分散，行业CR10占比不足10%，但全网快运则相对集中，顺丰第一，市占率为26%；跨越速运第二，市占率15%；德邦股份和安能物流都是10%左右。由于全网快运和区域/专线零担存在渗透竞争，因此长期竞争格局也存在一定的不确定性。随着激烈的价格战的落幕，行业逐步进入低收入增长、高盈利能力的发展阶段。零担快运市场集中度如图3-16所示。

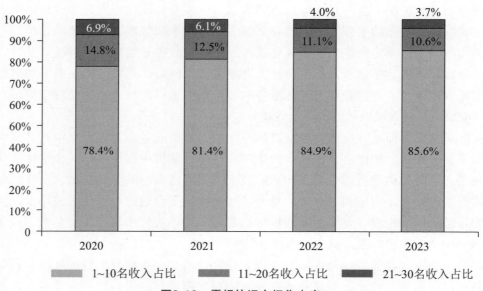

图3-16　零担快运市场集中度

三、即时配送

按业务结构的不同，即时配送可分为以下几类：①B2C业务，主要包括餐饮外卖业务和电商新零售业务，后者以商超、生鲜为主；②C2C业务，主要是同城跑腿业务，以闪送为代表；③D(delivery)业务，指"最后一公里"配送业务，包括同城快递、异地快递的配送环节、仓配中的落地配业务。

从市场规模来看，2022年订单量在300亿～400亿件，市场规模为2000亿～3000亿元，增速30%左右，B2C业务占80%～90%。同年，跑腿业务市场规模为200亿元左右，"最后一公里"配送市场规模不足100亿元，但增速明显更高。

从市场格局来看，市场主体包括配送平台、企业直配、第三方服务商，外卖平台的份额最高，占7成左右。配送平台的竞争格局非常集中，呈现出寡头垄断的状态(美团市占率47%，饿了么市占率21%)。而第三方服务商的市场格局相对分散，CR2只有20%左右，其渗透率接近20%，顺丰在独立第三方服务商市场中的市占率第一。长期来看，第三方服务商的渗透率有望持续提升，驱动因素包括：①抖音进入外卖市场，放弃自建物流；②美团配送开始向第三方企业开放；③产业链逐渐成熟，商家自营外卖平台比例有望提升；④KA大客户的渗透率依然有空间。

四、货运平台

货运平台是市场空间巨大的赛道。沙利文咨询的报告称，同城货运有2132亿美元的空间，跨城货运有7040亿美元的空间。艾瑞咨询的报告称，跨城整车市场有2.5万亿美元左右的空间。由于同城货运市场相对同质化，以下主要介绍跨城整车和货运市场。

行业的市场格局高度分散。从需求结构来看，有80%的稳定性运输需求和20%的临时性运输需求；从供给结构来看，有50%的陌生运力实现、30%的熟运力和20%的合同运力；从车队结构来看，全国700万辆左右重卡，其中接近600万辆都属于个体户。同时，行业还存在不少痛点：司机供给过剩、货源不稳定，导致较高的空驶率；车货匹配方式落后，中间商抽成10%～15%，匹配效率低；个体司机不具备开票能力，带来税收及管理难题。在此背景下，网络或云平台应运而生，目前规模已接近5000亿元，线上化率约12%。

五、平台物流

中国主流电商自建物流的典型代表是京东，京东自2007年开始自建物流，为其实现"211"服务打下基础；阿里巴巴走平台路线，赋能通达，2011年成立天猫超市，2018年收购落地配送公司丹鸟，2020年收购舱内操作公司心怡，从此也走上自建物流的道路。2022年，京东物流市占率6%左右，阿里巴巴市占率2%左右，与亚马逊在美国20%的市占率差距甚远。

平台物流行业的定位以服务平台为主，拓展业务为辅，原因在于电商平台的利益远大于物流，因此平台物流并不以利润最大化为主要目标。京东物流和阿里巴巴旗下菜鸟虽然都号称供应链企业，但实际供应链业务非常少，主要还是自有业务的履约，并将这个能力复制到其他客户。以京东物流为例，京东物流主要依托京东自营，2007年成立，2017年开始对外开放，2018年开始向C端开放，目前外单收入占比超过60%。菜鸟物流则是国际物流和国内物流双轮驱动，占比各半，阿里的自有业务占比约为30%。京东物流和菜鸟物流收入占公司总收入的比例如图3-17所示。

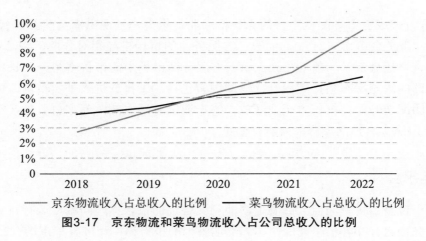

图3-17　京东物流和菜鸟物流收入占公司总收入的比例

六、物流行业转债盘点

物流行业因其仓储和货运需要一定的重资本属性，因此也是可转债发行的"大户"，历史上主要的快递龙头(顺丰、韵达等)大多发行过转债。此外，物流信息化(嘉诚国际、东杰智能)和制造业第三方物流(长久物流、宏川智慧、密尔克卫)领域也有较多的转债存续，为投资者提供了广阔的择券空间。

(一) 顺丰转债

顺丰转债发行于2019年，发行规模58亿元，是当时规模较大的可转债，评级AAA。发行人顺丰控股是国内领先的快递物流公司，在国家邮政局公布的快递企业满意度、准时率等多项排名中，连续多年排名第一。经过多年布局，公司已形成"天网+地网+信息网"三网合一、可覆盖国内外的综合物流服务网络。公司坚持直营模式，总部控制全部快递网络和核心资源，对各业务环节拥有高度控制力，可以有效保障服务质量和客户体验。

(二) 韵达转债

韵达转债发行于2023年，发行规模为24.5亿元，评级AA+，正股为韵达股份。公司是国内领先的快递综合服务提供商，主营业务为快递业务，同时基于优质的快递服务进行流量转化，业务量、市场份额取得了行业第二的成绩。公司积极实施快递业务客户分群、产品分层策略，大力发展韵达特快、直营客户业务、菜鸟裹裹等高附加值时效产品。另外，积极地将快递流量与周边市场、客户群嫁接，陆续布局了韵达供应链、韵达国际、韵达冷链、韵达末端服务等周边产业链。

(三) 嘉诚转债

嘉诚转债发行规模8亿元，债项与主体评级为AA-，发行人为嘉诚国际物流股份有限公司。该公司是一家为客户提供定制化物流解决方案及全程供应链一体化综合物流的服务商，主营业务是为制造业企业提供全程供应链一体化管理的第三方综合物流服务，为电子商务企业提供个性化的全球物流解决方案及一体化的全程物流服务。公司通过对制造业企业供应链全过程的研发，设计个性化的物流方案，加之物流信息技术和器具研发成果的支持，形成了贯穿制造业企业原材料采购、产品开发与生产、仓储、配送、产品销售及售后服务全过程的集成式、协同式全程供应链一体化管理运营模式，将物流服务嵌入制造业企业生产经营流程中，涵盖了制造业企业的原材料物流、生产物流、成品物流及逆物流等供应链运作的全过程。

(四) 东杰转债

东杰转债发行规模5.7亿元，债项与主体评级为AA级，发行人是国内领先的智能制造综合解决方案提供商之一。公司专注智能物流输送系统和智能物流仓储系统的研发、设计、生产制造、销售、安装调试与技术服务，主要营收来源是智能物流仓储系统、智能涂装系统、智能物流运输系统、机械式立体停车系统。公司于2018年收购常州海登100%股权，业务拓展至汽车智能涂装生产线领域，向产业链下游延伸。

(五) 长久转债

长久转债发行规模7亿元，信用评级为AA，发行人长久物流股份有限公司是一家为汽车行业提供综合物流解决方案的现代服务企业。目前，公司以整车运输业务为核心，可为客户提供整车运输、整车仓储、零部件物流、国际货运代理、社会车辆物流及网络平台道路货物运输等多方面的综合物流服务，并以汽车物流为出发点，探索为新能源汽车上下游产业链客户提供物流、仓储、体验、交付、充换电、动力电池回收及逆向物流等综合性服务。

(六) 宏川转债

宏川转债发行规模6.7亿元，评级AA-，发行人宏川智慧是一家仓储物流综合服务提供商，主要为境内外石化产品生产商、贸易商和终端用户提供仓储综合服务及其他相关服务，业务包括装卸、仓储、过驳、中转、物流链管理等。公司2019年主营业务收入占比为99.85%，主营业务突出，其中仓储综合服务收入占主营业务收入的比重为93.90%。仓储综合服务指依靠公司码头、管线、储罐、装车台等为客户提供的物流一体化服务，业务涉及装卸及仓储全过程。

第四节　家用电器行业简析

家用电器行业(以下简称家电行业)属于消费板块的可选消费。从宏观角度看，可选消费与经济景气度相关性较高。从中观角度看，家电企业属于传统中游制造业，上游原材料、下游零售渠道均对行业的景气度产生影响。从微观角度看，可选消费企业的核心竞争力是商业模式，而非技术，商业模式决定竞争格局，市占率决定龙头企业的超额收益。

一、家电行业相关产业链介绍

家电行业产业链相对简单，上游是有色金属等原材料行业，下游是零售行业(见图3-18)。家电行业上市公司主要是位于中游的零部件及整机制造企业。

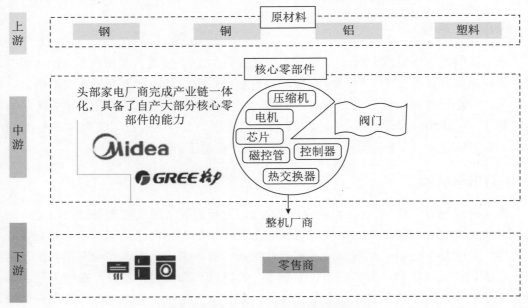

图3-18　家电行业产业链示意图

原材料占家电成本比例较高，但原材料企业产品同质化严重，没有议价能力。家电行业原材料占营业成本的比重为80%～90%，其中钢、铜、铝、塑等材料占营业成本的比重基本在60%以上。原材料及核心零部件集中度分散，并未形成依赖性很强的供应关系。压缩机占空调总成本的30%左右(空调企业拥有价格控制权)，屏幕占电视总成本比例近70%(电视企业没有价格控制权)。

中游零部件企业竞争格局分散、议价能力低，主要开拓多元化业务，产品包括压缩机、电机、面板、闸门。零部件产品技术含量低、利润率低，份额和价格都很难提高，所以部分企业也会转型做一些汽车零部件。

中游整机制造企业是家电行业产业链的价值核心。依据产品功能与用途的不同，家电行业产业链的中游可划分为白电、黑电、厨电及小家电四大细分行业。中游整机制造龙头企业的市场集中度高，通过规模效应、分散培育竞争对手、采购原材料提供给零部件厂商等手段，对上游原材料企业有绝对的把控能力。由于商业模式好，对上下游的议价能力强，家电整机制造商的上市公司普遍现金流较好，属于高股息投资者关注的重点领域。

下游渠道逐渐直营化、扁平化。下游渠道的商业模式相对变化较快，早期家电行业以苏宁、国美等重点客户渠道为核心，厂商对终端覆盖难度大，渠道商大幅挤占企业利润。后期随着电商兴起，以及中游整机制造行业自建分销、层级压缩，下游渠道利润已经寥寥无几了。虽然渠道模式多变，但中游整机制造企业可以通过品牌效应弱化下游的不确定性因素。

二、家电行业细分领域对比

白电：保有量快速提升的阶段已结束，美的、海尔、格力三家寡头竞争，对上下游把控最强。

黑电：行业整体饱和，竞争格局不佳。电视成本中，面板占比约60%，但是面板主要来自日本、韩国和我国台湾地区的企业，所以市场份额争夺一般采用最简单的方式——价格战。

厨电：洗碗机和集成灶等新品类快速成长。厨电产品更新周期较长，与房地产周期关联程度较高。龙头分层竞争，厨电行业中、高、低端品牌层级清晰，洗牌逻辑不在价格，而在渠道。新房精装交付的政策下，与工程精装渠道绑定较强。精装渠道形成双寡头格局，例如在精装渠道，老板电器大概占40%份额，方太占30%份额。

小家电：护城河弱、壁垒低、重视新品、重视渠道。细分领域有自己的品牌逻辑，虽然市场的提升空间较大，但相对于传统家电市场规模较小。

三、家电行业股价驱动因素

驱动股价的因素均是对业绩的预期，从而拔高估值。科技板块业绩看得更远，行业空间想象力更大，所以估值空间也大。相对来说，消费板块久期会短一点，最多看3年左右业绩，行业空间也是能看得到的，所以估值波动相对没有那么大。随着保有量接近行业天花板，大家业绩看得更短，行业的Beta机会越来越短。消费品企业的底层逻辑都很相似，长期取决于行业空间+竞争格局，短期取决于需求+成本。

家电行业的空间就是"量"乘以"价"。"量"与人口数量有关，每个家庭把该买的家电都买了，就是量的上限；"价"与竞争格局有关，竞争壁垒决定溢价能力。

家电不是必需品，可以今年买，也可以明年买，这就是短期需求波动。盈利不仅取决于收入端，家电的成本端原材料占比高，上游就是典型的周期品，成本波动影响净利润。

(一) 家电行业的"量"

从量的角度看，主要分为内销和外销。内销又分为新增需求和更新需求。新增需求包括：一是购房，二是农村市场的空间，三是消费升级下，对新家电的新需求，如咖啡机、洗碗机。更新需求取决于更新周期，大家电为10年，小家电为3～5年。

外销也是决定量的重要因素，美的产品40%的销量是出口，海尔是30%，格力是10%，很多厨电出口占比甚至超过50%。但目前主要走量不贡献利润，贴牌只赚代工的钱。

要确定家电行业的"量"，首先计算行业空间的理论上限，然后分析短期量增速。

行业空间的理论上限取决于保有量+更新周期。举个例子，我国人口规模是14.1亿人，总户数为4.9亿户，冰箱每户1台，则冰箱保有量的理论上限是4.9亿台。家用空调每户2台，保有量为9.8亿台的规模，公用场所、工程机预计占比30%，则空调保有量的理论上限为9.8亿台除以70%约等于14亿台。冰箱和空调更新周期是10年左右。所以，理论上内销行业空间测算值：冰箱内销量峰值每年4900万台，空调销量峰值每年1.4亿台。

过去几轮地产大周期带动家电保有量快速提升，除了一些新品小家电，传统家电销量基本上已经接近理论上限了。

短期影响销量增长的因素有4个。一是地产周期。地产周期对不同类型家电的影响程度不同。对厨电影响最大，厨电更新需求较少，购房新增需求占比达到70%；对白电影响相对较小，更新需求占比30%，购房新增需求占比30%左右；对小家电影响最小。一般需要跟踪地产竣工面积、商品房销售面积等指标。

二是类似于"家电下乡"等政策的刺激，第一轮是2007—2010年，第二轮是2019—2021年，目前这个因素影响不大。

三是季节性因素，比如"618"电商促销、高温天气等。

四是库存周期。有时候渠道销售如火如荼，但发现都是在去库存，整机制造企业没有什么出货量。

(二) 家电行业的"价"

价格方面，家电是消费品，不会像科技品因为技术颠覆从而大幅提价，只能依靠局部产品升级带来价格的稳定提升，平均每年涨价3%～5%。

另外，多数家电细分行业的竞争格局比较好，所以不太会打价格战，除了黑电。同样在产品升级趋势下，空调、冰箱价格相对比较稳定，而彩电一直在降价。

(三) 家电的成本

家电的成本主要是上游原材料和下游的渠道营销费用，但家电企业对上下游都有议价权。白电价格与原材料常常"同涨不同跌"，原材料涨价，可以把成本转移到下游，原材料跌价的时候，价格也不会下降，反而利润会增加。

成本端主要跟踪铜价和钢价即可。

(四) 家电股行情的催化剂

分析了家电股价的驱动因素，最终要确定的是家电股什么时候有阶段性行情。

第一，家电保有量快速提升的阶段已过，也就是销量向上的空间已经不大了。所以大家越来越关注短期的业绩，1季度或者最长1年。

第二，短期的业绩主要与地产销售有关。出口销量也对这个板块有影响，但影响不如地产大。目前来看，地产政策预期是家电板块股价表现的最重要因素。

第三，季节性因素，如电商促销、天气等，对销量也有影响，还要配合库存状态综合判断。

第四，成本端在需求较弱的情况下影响较大。一般来说，铜价、钢价向下的时候，因为家电不会降价，剪刀差使得对利润改善产生预期，可能会促进一小波行情。

第五，竞争格局、商业模式已经稳定，新品、渠道变化对这个行业的Beta没有影响。

四、家电行业的长期投资逻辑

(一) 中国家电企业全球自主品牌市场份额提升

国内市场逐步成熟后，中国家电企业全球自主品牌市场份额提升将是未来龙头企业增长的长期空间。中国家电企业凭借完善的供应链、先进的生产技术及快速迭代产品的能力，有望逐渐打开海外市场。根据欧睿数据，2021年中国家电全球制造份额已达40%以上，而自主品牌(含收购)份额不足20%，在欧美成熟市场及新兴市场中的份额提升空间均很大。

同时，中国家电企业有望通过出海并购进一步拓展海外市场。中国家电企业在欧美等成熟市场的品牌力及渠道力较弱，除了在海外投入大量资金推广自有品牌，也可以选择直接收购当地的成熟品牌，借助海外品牌更快速地建立销售渠道及打开海外市场。

(二) 经济长期发展的动能将催化新兴家电品类规模扩大

从过去10年的数据来看，我国厨房小家电支出占当期人均GDP比重在逐年下降，反映出以锅煲类、豆料榨类为代表的必选小家电保有量已高企，可支配收入上升不再对此类产品有超额催化。

与日本对比，我国消费者在清洁、个护、衣物护理等小家电上的支出占比较少，笔者认为，随着经济发展，收入的提升将催化此类小家电支出比例的提升，而过去10年中该类小家电的支出比例亦始终处于提升状态。

小家电中清洁电器国内渗透率低，未来成长空间广阔。清洁电器可细分为扫地机、手持吸尘器和洗地机三个子品类，据统计，近年来扫地机的渗透率在4%左右，手持吸尘器的渗透率在6%左右，洗地机的渗透率在0.5%左右。扫地机、吸尘器、洗地机三者的全国渗透率合计10%左右，显著低于主流国家100%渗透率，未来渗透率提升空间大。

五、家电行业转债盘点

(一) 小家电：莱克转债、科沃转债、开能转债、小熊转债

莱克转债发行规模12亿元，评级AA，正股为莱克电气(603355.SH)。公司以高速电机为核心技术，主营业务是研发、制造和销售吸尘器、空气净化器、净水机等环境清洁电器与割草机、打草机、吹吸机等园林工具，生产及销售烹饪机、萃取机等高端厨房电器，以及生产与销售以高速数码电机、铝合金精密零部件产品为主的核心零部件。其中，清洁电器与园林工具收入占比在60%以上，是公司最重要的产品。

科沃转债发行规模10.4亿元，评级AA，正股为科沃斯(113633.SH)。公司基于多年在家用服务机器人领域的研发投入和技术积淀开发了包括扫地机器人、擦窗机器人和空气净化机器人等在内的多款针对家庭地面清洁及环境健康的服务机器人产品，以及具备扫吸拖一体及自动清洁功能的手持地面清洁电器，同时为国际知名清洁电器品牌提供OEM、ODM代工服务。

开能转债发行规模2.5亿元，评级为A+，正股为开能健康(300272.SZ)。公司是一家全球人居水处理综合解决方案及产品和服务的提供商，2001年，在国内率先提出了"全屋净水，全家健康"的人居用水理念，并致力于全屋净水机、全屋软水机、商用净化饮水机、RO膜反渗透净水机、多路控制阀、复合材料压力容器等人居水处理产品的研发、制造、销售与服务。公司的核心业务是终端业务及服务，2020—2022年占比在56%以上。

小熊转债发行规模5.36亿元，评级AA-，正股是小熊电器(002959.SZ)。公司以自主品牌"小熊"为核心，利用互联网大数据进行创意小家电研发、设计、生产和销售。产品按应用方向分为厨房小家电、生活小家电和其他小家电，其中厨房小家电占比近年来保持在80%以上，是公司的核心产品。

(二) 家电零部件：星帅转债、宏昌转债

星帅转债共发行过两期，发行规模分别为2.8亿元、4.6亿元，信用评级A+，正股为星帅尔。公司是国内电动机热保护器、起动器行业的著名企业之一，是国内冰箱与冷柜压缩机热保护器、起动器和密封接线柱的骨干生产企业。公司的主要产品为各种类型的热保护器、起动器和密封接线柱，主要应用于冰箱、冷柜、空调、制冷饮水机等领域的制冷压缩机及洗衣机、烘干机。目前，公司的客户包括国内外主要压缩机生产厂家，包括华意系公司、东贝系公司、美芝系公司、钱江公司、四川丹甫、LG电子、尼得科电机、恩布拉科等。公司生产的压缩机用热保护器、起动器在国内市场有较高的占有率，已成为国内压缩机两器生产和出口的主要基地，并拥有多项自主知识产权，产品销往欧美、中东、东南亚及国内的主要压缩机厂家。

宏昌转债发行规模3.8亿元，评级为A+，正股为宏昌控股。公司的主营业务为流体电磁阀、传感器及其他电器配件的研发、生产和销售，主要产品包括流体电磁阀、模块化

组件及水位传感器，是生产各类家用电器的重要构件。公司的电磁阀产品可通过电磁驱动控制流体的进出通断和流量，广泛应用于洗衣机、智能坐便器、洗碗机、净水器等家电厨卫领域。公司的模块化组件目前主要应用于洗衣机和净水器，以洗衣机模块化组件为例，系以电磁阀为基础，将其与储水槽、导管、分配器盒等其他水路配件进行集成设计，形成流体控制模块化产品，为客户提供整体进水解决方案。

第五节　汽车及其零部件行业简析

一、汽车行业的总体情况

汽车行业是一个复杂且庞大的产业，涵盖了从研发设计、生产制造到销售服务的多个环节。随着科技的快速发展和消费者需求的不断变化，汽车行业正经历着深刻的变革和升级。总体来看，汽车行业呈现以下特点。

(1) 从产业规模来看，汽车行业是全球最重要的产业之一。它不仅包括汽车本身的制造，还涉及零部件、原材料、销售等多个领域，形成了庞大的产业链。同时，随着全球经济的不断发展，汽车行业也在持续发展，市场规模不断扩大。

(2) 技术创新是汽车行业发展的重要驱动力。近年来，随着新能源汽车、自动驾驶、智能网联汽车等技术的不断涌现，汽车行业正迎来新一轮的技术革命。这些新技术不仅提高了汽车的性能和安全性，也给人们带来了更加便捷、智能的出行体验。

(3) 汽车行业的竞争日益激烈。各大汽车制造商纷纷加大研发投入，推出更加优质的产品和服务，以争夺市场份额。同时，随着消费者需求的多样化，汽车行业也在不断推出个性化、差异化的产品，以满足不同消费者的需求。

(4) 汽车行业还面临环保、能源等方面的挑战。随着全球气候变化和环境问题的日益严重，汽车行业需要更加注重环保和可持续发展。因此，新能源汽车、清洁能源等环保技术成为汽车行业发展的重要方向。

汽车行业的主要参与者有：①整车制造商，包括传统汽车制造商和新兴的电动汽车专业制造商。传统制造商如大众、丰田、通用汽车等，拥有成熟的生产技术和广泛的市场覆盖。新兴制造商如特斯拉、蔚来、小鹏等，以其创新的技术和商业模式成为行业的颠覆者。②零部件供应商，为整车制造商提供关键零部件，如发动机、电池、电子系统等。这些供应商在全球范围内运营，它们的技术实力和产品质量直接影响整车的性能和可靠性。③技术提供商，专注于汽车行业的特定技术领域，如自动驾驶、车联网、电池技术等。这些公司通过与整车制造商合作，推动行业的技术进步。④服务提供商，提供汽车销售服务、维修保养服务、金融服务等。这些服务提供商在汽车行业的价值链中扮演着重要角色，影响着消费者的购车体验和品牌忠诚度。

汽车零部件供应商是可转债市场发行量最大的行业之一，值得转债投资者重点研究。

二、汽车零部件行业概况

汽车零部件行业涉及多个关键环节，这些环节共同构成了汽车产业链的完整体系。汽车零部件行业的关键环节如下。

(1) 研发与设计：这是汽车零部件行业的起点，涉及新产品的研发、设计及技术创新。企业需要投入大量资源进行市场调研，根据市场需求进行概念设计，并制定详细的设计方案。

(2) 原材料采购：企业根据设计方案采购所需的原材料，如金属、塑料、橡胶等。原材料的质量和供应稳定性对产品的最终质量与生产效率有重要影响。

(3) 生产制造：这一环节包括冲压、焊接、涂装等工艺流程，将原材料加工成符合要求的零部件。企业需要具备先进的生产设备和技术，以确保产品质量和生产效率。

(4) 质量控制与检测：在生产过程中，企业需要进行严格的质量控制，确保每个零部件都符合设计要求和质量标准。此外，该环节还需要进行各种检测，如尺寸检测、性能测试等，以确保产品质量。

(5) 物流与供应链管理：汽车零部件行业涉及复杂的供应链，涉及供应商、生产商、分销商和最终用户等。企业需要优化物流和供应链管理，确保零部件的及时供应和成本控制。

(6) 销售与市场推广：汽车零部件企业需要制定销售策略，开展市场推广活动，以扩大市场份额和提高品牌知名度，还要与整车制造商建立合作关系、参加行业展会、进行广告宣传等。

从供应的层次来看，汽车零部件厂商还分为一级、二级和三级供应商(见图3-19)。其中一级供应商通常直接与整车制造商合作，提供大型组件和系统，如发动机、座椅、悬挂系统等；二级供应商为一级供应商提供较小的零部件和原材料，如螺丝、塑料件、金属铸件等；三级供应商则专注于特定细分市场的零部件制造，如电子元件、传感器等。

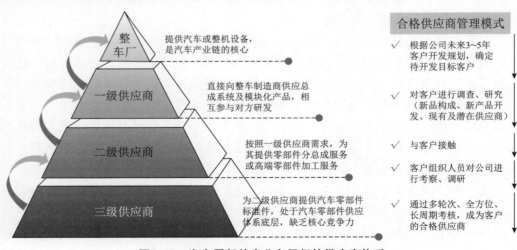

图3-19　汽车零部件产业多层级的供应商体系

从行业的市场规模与增长潜力来看，汽车零部件行业的市场规模由单车价值量和汽车销量共同决定。例如，车灯、座椅、玻璃等部件的单车价值量较高，对应较大的市场空间。行业的成长性取决于汽车产业的发展趋势，如新能源汽车的普及、自动驾驶技术的发展等，这些趋势将带动相关零部件需求的增长。同时，国内外整车制造商的国产化趋势为本土零部件企业提供了替代进口的机会。

从竞争格局来看，全球范围内汽车零部件行业已经形成了金字塔式的供应商体系，即一级供应商通常规模较大、研发实力较强，具备与整车厂联合研发的能力，能够直接向整车厂供应汽车系统总成。这些一级供应商往往拥有核心技术和专利，对市场有较强的控制力。二级和三级供应商主要通过为上级供应商提供配套产品或服务获取市场份额，它们通常专注于某一特定领域或产品，通过精细化管理和成本控制提高竞争力。另外，汽车零部件行业的竞争格局还受地域因素的影响。欧美地区的汽车零部件企业在技术研发、品牌建设等方面有明显优势，因此在全球市场上占据重要地位。而亚洲地区的汽车零部件企业则凭借低成本和高效的生产能力，在中低端市场具有较强的竞争力。同时，随着全球汽车产业的转型和升级，一些新兴市场也逐渐成为汽车零部件行业的重要参与者。

汽车零部件行业的市场空间和竞争格局概览如图3-20所示。

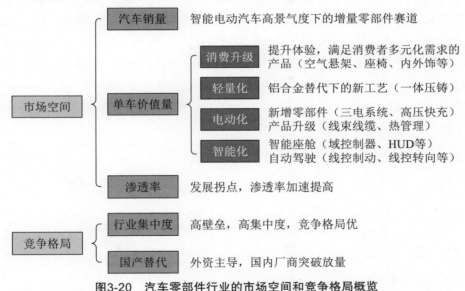

图3-20　汽车零部件行业的市场空间和竞争格局概览

汽车零部件技术也在不断进步，例如LED大灯向激光大灯的升级带来了更高的单车价值量和新的市场机会。智能化和电动化趋势推动了新型零部件的研发，如高级驾驶辅助系统(ADAS)、电池管理系统(BMS)等。研发能力已经成为各大零部件厂商重要的竞争要素。

此外，随着汽车产业的快速发展和消费者对汽车性能、安全性、舒适性等方面的要求不断提高，汽车零部件行业也面临更高的技术要求和更激烈的市场竞争。同时，各国政府对环保、节能等方面的政策要求也推动了汽车零部件行业向更加环保、更加高效的方向发展。

三、汽车零部件转债概况

汽车零部件板块是转债市场中至关重要的板块，它同时具有题材概念与顺周期性两大特点。就题材而言，该板块覆盖了近期备受瞩目的智能驾驶(特别是线控制动技术)、机器人技术，以及之前广受关注的一体化压铸技术和热管理方向，现有的转债标的均有所布局。在周期性方面，汽车行业当前正处于库存消化和温和复苏阶段。加之宏观经济趋势显示PPI增速回升、库存周期逐步触底，以及政策层面的积极预期，汽车零部件板块与宏观经济走势呈现较强的共振效应。

将这种态势映射到转债市场，可以看到，现有的汽车零部件转债分布在多个细分领域，大致可归纳为传统汽车零部件、电动化、轻量化、智能化四大类别。具体来说，传统汽车零部件领域的一些标的已经开始从燃油车部件向新能源车部件转型，主要涉及轮胎及底盘系统部件。在电动化领域，现有的转债标的主要集中在电池部件和热管理板块。轻量化领域则主要包括一体化压铸技术、内外饰、车身模具等细分板块。至于智能化领域，则涵盖了线控制动技术、汽车电子及机器人技术等。这些转债标的的多样性和广泛布局，充分展现了汽车零部件板块在转债市场中的核心地位和广阔前景。

截至2024年3月末，共有36只汽车行业转债标的，债券余额合计307亿元，主要分布在汽车零部件行业，汽车零部件行业转债有32只。从评级看，汽车行业转债标的以AA-及A+为主，AA及以上评级转债数为10只，占比28%。从债券余额看，行业内转债以小盘转债为主，10亿元以下小盘转债有27只，合计债券余额122亿元。债券余额在30亿元以上的大盘转债仅有广汇转债和长汽转债，两只转债债券余额合计69亿元。

由于汽车零部件行业涉及的转债个券较多，本节不再展开介绍，第五章第一节将对汽车零部件产业链的重点个券做进一步分析，供读者参考。

第四章

细分行业转债的梳理和对比

从行业层次看，大类行业的研究更关注中长期的宏观政策和商业模式等"慢变量"，作为补充，还可以进一步关注细分行业的具体情况。本章收录了作者对部分转债细分行业的研究，以及对相关转债发行人的梳理和对比，供读者参考。

第一节　光伏产业链：隆基转债、晶科转债、天合转债等

太阳能光伏发电系统简称光伏，是利用太阳电池半导体材料的光伏效应，将太阳光辐射能直接转换为电能的新型发电系统，在一定意义上，可以将光伏看成基于半导体技术和新能源需求而衍生出的泛半导体行业。在碳中和背景下，光伏产业作为可再生能源的主力军，已经成为我国战略性新兴产业之一，是实现我国能源安全与绿色发展的重要保障。

具体来看，光伏产业链可以分为三个细分产业链：硅料、辅材、设备，每个细分产业链又分别对应上、中、下游三个环节。硅料产业链是光伏的主产业链，硅料产业链的上游和中游由硅料、硅片、电池、组件4个制造环节组成，下游为发电系统和电站运营环节。辅材产业链和设备产业链贯穿光伏产业链的上中下游，其中金刚线、胶膜、逆变器、光伏玻璃等产品较为重要。

本节重点对光伏产业链中组件及辅材转债进行梳理和对比。

一、光伏组件及辅材转债梳理和对比

本部分主要梳理和对比隆基转债、晶科转债、天合转债、晶澳转债。

(一) 主营业务介绍

隆基转债、晶科转债、天合转债和晶澳转债对应的正股隆基绿能(601012，简称隆基)、晶科能源(688223，简称晶科)、天合光能(688599，简称天合)和晶澳科技(002459，简称晶澳)是全球光伏电池组件的四大龙头企业，按照2023年的全球组件出货排名来看，晶科位居第一，隆基、天合并列第二，晶澳第四。据测算，这四家厂商合计市占率接近60%。

从主营业务结构来看，晶科和晶澳都是比较纯粹的光伏电池组件厂商，其组件业务的收入占比均超过95%，而隆基与天合的组件业务占比均在70%左右(隆基还有20%+的硅片及硅棒业务，天合有25%+的系统产品和光伏电站业务)。4家公司涉及的市场概念包括TOPCON电池、HJT电池、BC电池、硅能源、锂电池、光伏等。

4家公司虽然都是覆盖全产业链的一体化企业，但是在细微层面是有差异的。以自营为主的(如晶科和晶澳)，在高端竞争中就会占据优势。如果很大部分的硅片、硅料是给产业链供应(如隆基)，负担则相对更重，甚至拖累自己的高端布局。

光伏产业链上游包括单/多晶硅的冶炼、铸锭/拉棒、切片等环节，中游包括太阳能电池生产、光伏发电组件封装等环节，下游包括大型地面集中式电站、工商业和户用光伏系统等应用系统及服务等。中国光伏产业经过多年发展，产业链完整，制造能力和市场占比均居全球第一。4家公司的核心业务均为光伏组件，其中隆基向上游拓展较多，同时是硅片领域的绝对龙头；天合向下游拓展较多，涉及光伏电站业务。光伏组件最接近市场，直接面向客户，光伏组件生产是光伏电池之后的最后工序，是整个光伏产业链中至关重要的一环。

隆基、天合、晶澳、晶科和阿特斯均为光伏组件龙头企业，其主营业务结构如图4-1所示。

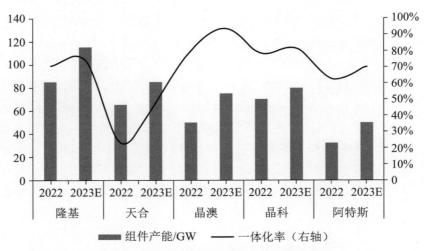

图4-1　光伏组件龙头企业主营业务结构

光伏组件核心产业链如图4-2所示。

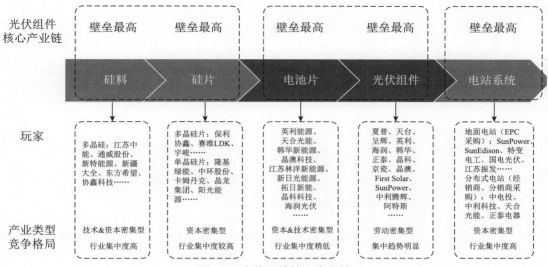

图4-2 光伏组件核心产业链

(二) 中长期投资逻辑

(1) N型电池对传统P型电池的替代：与转换效率23.2%的传统P型电池相比，N型电池的转换效率更高。据统计，2022年N型TOPCon电池平均转换效率为24.5%，HJT电池平均转换效率为24.6%，XBC电池平均转换效率为24.5%。未来随着生产成本的降低及良率的提升，N型电池将是电池技术的主要发展方向。从技术路线来看，晶科、晶澳和天合在TOPCon领域比较领先，而隆基则在IBC电池端有更早的产能布局。

硅片、电池、组件的发展趋势与技术路径演变历程如图4-3所示。

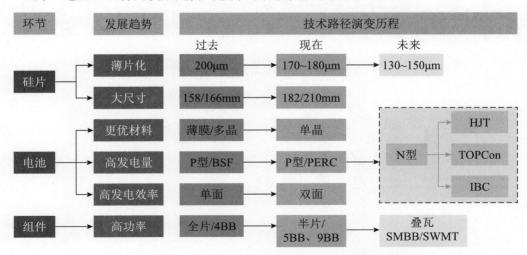

图4-3 硅片、电池、组件的发展趋势与技术路径演变历程

(2) 光伏产业链一体化趋势下，行业集中度仍有提升空间：近年来，组件环节集中度持续提升，龙头企业与后续企业的增速差距拉大，2021年行业CR5为56.8%，到2023年底

已超过60%，头部企业规模优势明显。从一体化布局情况看，组件头部企业向上游一体化延伸已基本完成，TOP5组件企业在硅片、电池环节的产量也居于行业前列。

2023年底光伏一体化厂商各环节产能情况如图4-4所示。

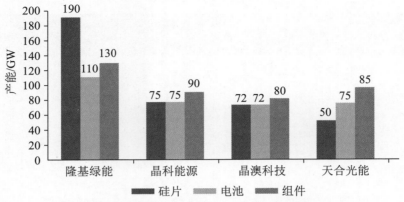

图4-4　2023年底光伏一体化厂商各环节产能情况

（3）光伏装机量长期增长空间较大：越来越多的国家将光伏发电作为替代传统化石燃料最有竞争力的电源形式，预计未来全球光伏市场仍将保持高速增长。据彭博新能源预测，到2030年，平均每年将新增4.55亿千瓦的太阳能，这一量级是2020年光伏装机量的3.2倍。

2023—2026年国内光伏行业新增装机规模预测和全球光伏新增装机预测如图4-5所示。

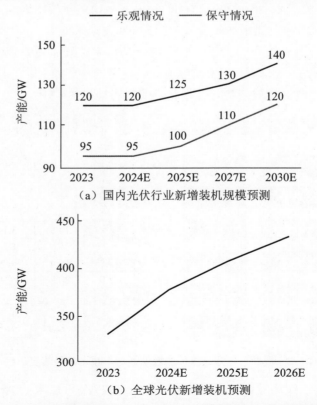

（a）国内光伏行业新增装机规模预测

（b）全球光伏新增装机预测

图4-5　2023—2026年国内光伏行业新增装机规模预测和全球光伏新增装机预测

全球晶硅产业链产能与组件预期需求对比如图4-6所示。

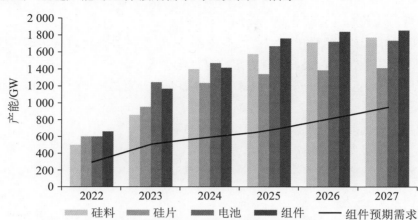

图4-6 全球晶硅产业链产能与组件预期需求对比

(三) 公司质地情况

1. 成长性和盈利水平

财务表现来看，隆基的盈利能力明显领先。自2016年开始，单晶硅与多晶硅的技术代差带来了持续的超额利润，作为单晶龙头的隆基获利最大。在硅片端建立起绝对优势后，又向下加码电池、组件产能，并逐步明确组件、硅片1∶2的产能比设置，这让隆基同时获得了硅片的高利润和组件的市占率，得以享受市场红利。但后来其相对同行的优势逐渐消弭，组件出货量也重新被晶科反超。

2019—2022年4家公司的财务表现对比如表4-1所示。

表 4-1 2019—2022 年 4 家公司的财务表现对比 %

年份	公司	营收增速	利润增速	ROE	POIC	毛利率	净利率	周转率	杠杆率
2019年	隆基绿能	49.6	117.4	19.1	19.4	28.9	16.9	0.7	52.3
	晶科能源	20.3	366.3	15.7	10.1	19.9	4.7	0.8	79.9
	天合光能	-6.9	8.8	5.4	4.6	17.4	3.0	0.7	65.2
	晶澳科技	7.7	86.2	15.7	19.0	21.3	6.1	1.4	70.9
2020年	隆基绿能	65.9	59.9	24.4	21.8	24.6	15.9	0.7	59.4
	晶科能源	14.1	-19.6	8.3	7.6	14.9	3.1	0.7	75.2
	天合光能	26.1	82.0	8.2	6.4	16.0	4.2	0.7	65.6
	晶澳科技	22.2	6.1	10.3	10.2	16.4	6.0	0.8	60.2
2021年	隆基绿能	48.3	8.4	19.2	17.9	20.2	11.2	0.9	51.3
	晶科能源	20.5	-41.7	8.4	6.9	13.4	2.8	0.7	81.4
	天合光能	51.2	39.2	10.5	6.6	14.1	4.2	0.8	71.4
	晶澳科技	59.8	35.7	12.4	9.8	14.6	5.1	0.9	70.7
2022年	隆基绿能	60.0	63.3	23.8	22.1	15.4	11.4	1.1	55.4
	晶科能源	103.8	398.6	11.0	10.4	10.5	3.6	0.9	74.7
	天合光能	91.2	123.9	14.0	9.9	13.4	4.3	1.1	68.0
	晶澳科技	76.7	200.9	20.1	17.6	14.8	7.6	1.1	58.3

2. 稳定性和确定性

总体来看，光伏组件公司业绩波动的因素如下。

(1) 境外销售：国内组件出口占比大多超过50%，受海外双反政策、地缘政治、汇率波动和海运费用影响都比较大，还有一定的出口竞争压力。

(2) 产能消化：近年来，光伏产业链各环节都存在一定的产能过剩，电池和组件市场竞争激烈。

(3) 硅料、硅片和组件价格波动较大，影响盈利水平。

光伏组件公司业绩波动情况如图4-7所示。

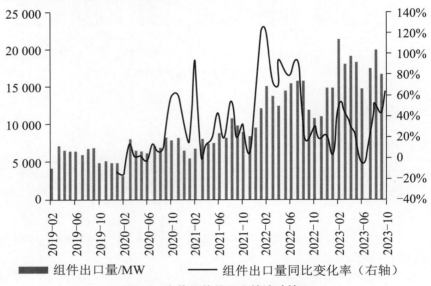

组件出口量/MW ▬▬ 组件出口量同比变化率（右轴）

图4-7　光伏组件公司业绩波动情况

截至2023年第二季度，4家公司的境外销售占比分别为隆基占44%，晶科占62%，天合占48%，晶澳占59%。隆基受外围环境的潜在影响较小，同时其在上游硅片领域布局更早，在硅料上有长协保护，成本控制能力更强。

从历史盈利预测准确度来看，天合的历史预测误差最小，晶科虽然偏离度较大，但基本都是超预期兑现业绩。总体来看，光伏电池组件行业2020—2023的盈利预测差异基本在15%以内，属于确定性较好的赛道。

从行业竞争格局来看，光伏组件、硅片和电池环节的集中度都比较高，且有进一步提升的趋势。组件领域，4家公司都在第一梯队，差距并不大；硅片和电池领域，隆基则相对领先。行业产量排名情况如表4-2所示。

表 4-2　行业产量排名情况

排序（按产量）	组件	硅片	电池
1	隆基绿能	隆基绿能	通威太阳能
2	天合光能	中环	隆基绿能
3	晶澳科技	协鑫	爱旭科技

续表

排序（按产量）	组件	硅片	电池
4	晶科能源	晶科能源	晶澳科技
5	阿特斯	晶澳科技	天合光能
6	韩华	京运通	润阳悦达
7	东方日升	阿特斯	晶科能源
8	First Solar	环太	阿特斯
9	尚德	阳光能源	江西展宇(捷泰)
10	正泰	高景	江苏中宇
CR10(全球)	73.9%	95.8%	68.2%

从客户集中度来看，4家公司占比分别为隆基占19%，晶科占15%，天合占23%，晶澳占19%。前五大供应商集中度都在30%左右。考虑到其类似的产品结构，实际差异应该不大。

3. 经营的可持续性

从公司ESG评价的角度看，隆基的Wind评级为BBB，综合得分6.86，公司治理得分8.03，嘉实ESG评分99.19，全市场排名第1。晶科的Wind评级为A，综合得分7.72，公司治理得分7.96，嘉实ESG评分94.01，全市场排名第24。天合的Wind评级为BBB，综合得分6.95，公司治理得分6.82，嘉实ESG评分85.74，全市场排名第397。晶澳的Wind评级为BBB，综合得分7.40，公司治理得分7.35，嘉实ESG评分70.99，全市场排名第874。

从研发投入角度看，隆基由于其更大的收入体量，在研发投入的绝对金额上保持行业领先。从研发投入总额占营业收入比例来看，晶科保持在6.5%以上为行业最高水平，主要系其在TOPCon技术领域资金投入较大，如果该技术路线最终胜出，晶科应该受益最多。2022年度光伏上市公司研发投入对比如图4-8所示。

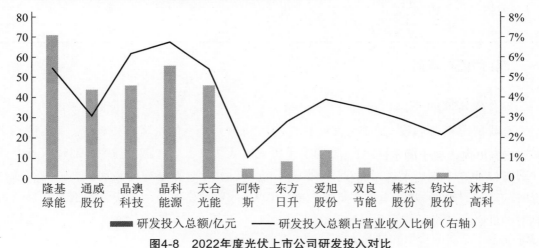

图4-8 2022年度光伏上市公司研发投入对比

从行业中长期竞争的驱动力来看，随着行业需求扩大，入局者众多，各大龙头扩张加速，竞争局势加剧，非常考验综合能力，主要体现在：①高端产能的布局；②国际化市场开拓和品牌影响力；③成本控制能力；④公司管理节奏的平衡(不超前、不掉队)；

⑤高端电池方向跟得上主力，并且能够顺应未来局势变化。当前市场环境下，供给偏多，价格卖不起来，谁掌握了高端产能，谁的其他业务拖累不大，谁就能集中资源投资高端，集中发力，争夺更多的市场份额。

信用资质方面，隆基转债主体评级为AAA，YY评级为5，CM评分为2-，对应5年违约率2%。晶科转债主体评级为AA，YY评级为7，CM评分为4+，对应5年违约率16%。天合转债主体评级为AA，YY评级为6-，CM评分为3，对应5年违约率6%。晶澳转债主体评级为AA+，YY评级为6-，CM评分为3-，对应5年违约率9%。横向比较来看，隆基的资产受限比例低、流动性强，整体资产质量更好，且融资渠道通畅，信用资质最好。

4. 现金创造能力

在现金创造能力方面，隆基和晶澳相对更好，如表4-3所示。

表 4-3　现金创造能力对比

年份	公司	现金收入比 /%	自由现金流 /(元 / 每股)	经营现金流 / 亿元
2020年	隆基绿能	71.9	3.1	110.1
	晶科能源	90.8	−0.2	25.1
	天合光能	94.2	0.8	30.0
	晶澳科技	84.0	1.4	22.6
2021年	隆基绿能	76.6	1.3	123.2
	晶科能源	83.0	−0.4	32.3
	天合光能	94.7	−3.7	11.0
	晶澳科技	82.2	3.1	37.5
2022年	隆基绿能	77.5	3.0	243.7
	晶科能源	87.0	−1.0	40.8
	天合光能	85.9	1.4	92.4
	晶澳科技	86.2	0.7	81.9

(四) 估值与风险

1. 正股估值简评

悲观情况下，假设4家公司都能够实现盈利预测最小值：隆基136亿元，晶科71亿元，天合46亿元，晶澳84亿元。分别给予历史极低估值水平10倍市盈率，对应下行空间分别为13%、15%、13%、14%。乐观情况下，假设4家公司都能够实现盈利预测：隆基176亿元，晶科87亿元，天合83亿元，晶澳109亿元。分别给予历史中性估值水平15倍市盈率，对应上行空间分别为68%、56%、135%、172%。简单测算来看，在回撤空间接近的情况下，晶澳的市值弹性最大。

2. 转债估值简评

4只转债均处于偏债型区间，绝对价格都在101～106元范围内，有一定的可比性。其中最鸡肋的可能是隆基转债，转股溢价率188%，正股市值大、弹性弱，考虑到其还本金无压力下修的动力可能也比较低，而到期收益率仅有2%出头，显然不如同评级的信用债合适。相对性价比较高的是晶科转债，转股溢价率76%，到期收益率2.9%，且正股押注TOPCon技术路线，一旦成功可兑现高赔率，转债隐含波动率不到20%，期权定价也比较合理。另外，天合转债YTM有3.4%，也有一定的纯债替代价值。

3. 潜在的风险点

(1) 行业短期供给过剩，2021年以来光伏组件价格从2元/W的水平跌至目前的不足1元/W。价格已击穿部分企业的成本线，二线企业几乎资本开支全停，PERC电池全行业亏损，隆基的硅片业务持续亏损。

(2) 目前，行业玩家都在"押宝"不同的先进技术路线，呈现"百花齐放"的态势，但是未来哪些技术的产品能走出来有较大不确定性。

(3) 在光伏产业链一体化推进的过程中，突破原有能力圈可能会遇到技术和产能的瓶颈，例如晶澳TOPCon投产和爬坡进度均不及预期。

(4) 政策支持力度在减弱，银行信贷融资收紧，行业被归类为产能过剩行业。

(5) 出口端面临各国光伏产业本土化趋势的压力，各家组件大厂都比较依赖美国市场，近期单价下降快。

(五) 其他情况补充

统计隆基、晶科、天合的薪酬情况可以看出，员工学历对薪酬的影响较明显。985硕士、211硕士、双非硕士、985本科、211本科、双非本科学历的员工分别处于一个薪酬区间，普遍依次降低(见表4-4)。3家企业薪酬实际差距不大。

表 4-4 隆基、晶科、天合的薪酬情况   单位：元

企业	学历	薪酬构成	年收入
隆基	985硕士	(12k~15.8k)×(12~15)+1k×12	15.6w~24.9w
	211硕士	(8.8k~11k)×(12~15)+1k×12	11.7w~17.7w
	双非硕士	(7.5k~10k)×(12~15)+1k×12	10.2w~16.2w
	985本科	(7k~11k)×(12~15)+1k×12	9.6w~17.7w
	211本科	(6.5k~9.5k)×(12~15)+1k×12	9w~15.5w
	双非本科	(5k~8k)×(12~15)+1k×12	7w~13.2w
晶科	985硕士	(12k~18.5k)×(12~14)+0.6k×12	15.1w 26.6w
	211硕士	(9.5k~14k)×(12~14)+0.6k×12	12.1w~20.3w
	双非硕士	(8.5k~13k)×(12~14)+0.6k×12	10.9w~18.9w
	985本科	(8.5k~12k)×(12~14)+0.6k×12	10.9w~17.5w
	211本科	(8k~11k)×(12~14)+0.6k×12	10.3w~16.1w
	双非本科	(5.7k~9k)×(12~14)+0.6k×12	7.6w~13.3w
天合	985硕士	(13k~18k)×12×1.2	18.7w~25.9w
	211硕士	(10k~14.5k)×12×1.2	14.4w~20.9w
	双非硕士	(8k~12.5k)×12×1.2	11.5w~18w
	985本科	(7.5k~10.5k)×12×1.2	10.8w~15.1w
	211本科	(7k~10k)×12×1.2	10.1w~14.4w
	双非本科	(5.5k~9k)×12×1.2	7.9w~13w

注：1k=1000，1w=10 000。

二、光伏设备–光伏辅材–胶膜转债梳理对比

本部分主要梳理和对比海优转债、福斯特转债。

(一) 主营业务介绍

海优转债对应的正股海优新材(688680.SH)是光伏组件领域重要且有影响力的封装材料供应商之一，2020年全球市占率达到12.8%，主要产品为光伏特种光分子薄膜(透明EVA胶膜、白色增效EVA胶膜、POE胶膜)。而福22转债对应的正股福斯特(603806.SH)则是全球光伏胶膜龙头，多年市占率超过50%，同时也是光伏背板全球第二大供应商(市占率10%)，主要产品为EVA胶膜、白色EVA胶膜、POE胶膜、共挤型POE胶膜，以及光伏背板。

海优新材的主营业务包括：光伏胶膜业务，占比99%，毛利率7.4%；其他非光伏胶膜业务，占比1%，毛利率54%。公司涉及BC电池、POE胶膜、光伏等概念。福斯特的主营业务包括：光伏胶膜业务，占比94%，毛利率13%；光伏背板业务，占比7%，毛利率13%；感光干膜业务，占比2%，毛利率22%。公司涉及BC电池、POE胶膜、光伏、MSCI、PCB等概念。

光伏产业链包括高纯多晶硅、硅片、电池片、组件、光伏发电系统等多个环节，上游主要包括高纯多晶硅的生产，中游主要包括多晶铸锭/单晶拉棒及硅片、电池、组件的生产等，下游主要包括集中式/分布式光伏电站等光伏发电系统的建造与运营。海优新材和福斯特的胶膜产品主要用于光伏组件的封装，处于产业链的中游位置。虽然晶硅电池组件的生产成本中，70%~80%来自电池片，只有3%~7%来自胶膜、背板，但由于光伏组件封装过程具有不可逆性，因此胶膜的品质直接决定了电池组件的质量和寿命。

海优转债募集资金6.94亿元，主要用于年产2亿平方米的光伏封装胶膜项目(一期)(投资3.19亿元)，上饶海优威应用薄膜有限公司年产1.5亿平方米的光伏封装胶膜项目(投资2.55亿元)，以及补充流动资金(1.2亿元)；福斯特转债募集资金30.3亿元，其中22亿元拟用于投资感光干膜项目、合成树脂及助剂项目、挠性覆铜板(材料)项目、高效电池封装胶膜项目、屋顶分布式光伏发电项目等，8.3亿元拟用于补充流动资金。

(二) 长期投资逻辑

(1) 光伏需求高景气，下游新增装机需求旺盛，带动胶膜需求增长：随着光伏技术不断迭代升级，光伏发电的经济性凸显，虽然随着组件功率逐步提升，单GW组件对胶膜的需求量逐渐被摊薄。但由于全球新增光伏装机量带动胶膜需求高速增长，预计2025年全球光伏胶膜需求大约43亿平方米，对应市场空间460亿元，若海优市占率能提升至20%则对应收入体量接近百亿元，与2022年相比接近翻倍。福斯特作为全球龙头，若市占率维持50%，则对应收入体量为230亿元，与2022年相比同样高增。

(2) 有望受益于POE在光伏胶膜中渗透率的提升：与EVA相比，POE粒子目前尚未实现国产化，陶氏、三井、LG是主要的POE粒子供应商，其大部分产能有相对稳定的合作

市场，光伏胶膜应用占比还比较小，市场空间广阔。海优新材和福斯特在POE胶膜领域积累较早，有望持续获得国产替代的增量份额。

(3) 光伏背板和感光干膜等新业务有增长空间：福斯特除光伏胶膜业务基本盘外，其光伏背板和感光干膜业务也具备量产能力，其中背板业务需求量预计将从2022年的6.8亿平方米增长到2025年的7.5亿平方米；感光干膜2023年出货量将达到78亿平方米左右，同比增长超4%。

(三) 公司质地情况

1. 成长性和盈利水平

海优新材2020—2022年收入增速分别为70%、109%、39%，扣非利润增速分别为-88%、13%、254%。福斯特2020—2022年收入增速分别为46%、53%、31%，扣非利润增速分别为-32%、40%、87%。作为对比，公司所属光伏辅材行业2020—2022年收入增速分别为47%、34%、10%，净利润增速分别为27%、-25%、25%。相对来说，福斯特业绩的稳定性更好，海优新材业绩的弹性更大。

从资本回报来看，海优新材2020—2022年的扣非ROE水平为1%~28%，ROIC区间为2%~25%，毛利率8%~24%，净利率1%~15%；福斯特2020—2022年的扣非ROE水平为10%~17%，ROIC区间为10%~19%，毛利率15%~28%，净利率8%~18%。作为对比，光伏辅材行业的ROE水平为8%~14%，ROA为5%~8%。两家公司的资本回报水平总体高于行业平均。与同类上市公司东方日升和赛伍技术相比，海优新材的毛利率水平略低，存货周转率略高，福斯特的毛利率更高。

2. 稳定性和确定性

两家公司业绩波动的因素有：①下游光伏组件厂商因技术路线变化导致的需求结构变动；②原材料和胶膜价格变动导致公司出现存货减值和毛利倒挂的情况；③新产品的投入尚未达到盈亏平衡，近年来对利润的拖累较大；④行业上行期，二、三线胶膜厂商均在扩产，行业存在产能过剩情况。由于福斯特的业务结构更多元，实际经营的稳定性略好于海优新材。

从历史盈利预测的可靠性来看，所在子行业光伏辅材2020—2023年偏差系数(T-1年预测值/T年实际值)分别为-13%、-8%、11%、-28%，预测的胜率属于极低水平；海优新材2020—2023年预测误差为-83%、-3%、42%、-29%，预测的误差率属于中等偏低水平，缺少可靠的盈利预期；福斯特2020—2023年预测误差为-36%、13%、11%、21%，预测的可靠性更好。

从行业竞争格局来看，早期胶膜环节由美国胜邦、日本三井化学、日本普利司通和德国Etimex四家垄断，2013年市占率合计60%。近年来，福斯特等国内企业通过自研和合作技术等方式不断提升市占率，目前国内龙一福斯特已经跻身全球龙头(市占率50%)，而海优新材(龙三)、斯威克、赛伍技术等均为国内第二梯队的竞争者，市占率均为15%左右。

从客户集中度来看，海优新材的前五大客户占比为75%左右，前两大客户占比均超过20%，近年呈现小幅下降的态势，主要大客户包括天合光能、晶科能源、晶澳科技、隆基绿能等；前五大供应商占比64%，呈现出小幅下降的态势。福斯特未披露前五大客户，但根据其应收账款余额前五的情况来看，与海优新材的客户重合度较高。

3. 经营的可持续性

从公司ESG评价的角度看，海优新材的Wind评级为BB，综合得分6.1，公司治理得分6.8，嘉实ESG评分73.9，全市场排名706/5331。福斯特的Wind评级为BBB，综合得分6.81，公司治理得分6.46，嘉实ESG评分87.39，全市场排名148/5331。

从研发投入来看，海优新材的研发投入比例超过4%，高于福斯特，亦属于行业较高水平，但后者的收入体量是前者的3倍多，实际研发开支的绝对金额和发明专利数量领先较多。

福斯特和海优新材申请专利情况如图4-9所示。

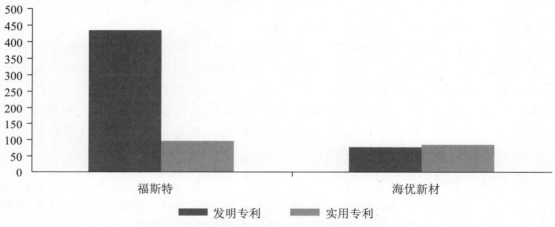

图4-9　福斯特和海优新材申请专利情况(单位：个)

业务的竞争壁垒：①技术壁垒。光伏组件的运营寿命通常要求在25年以上，因此对光伏封装材料的透光率、收缩率、延伸率、剥离强度、交联度、耐老化等提出了严格要求。供应商需要多年的技术沉淀和积累，才能优化得到适宜的配方和工艺参数，开发出与之匹配的生产线和关键装备。②客户资源与产品认证壁垒。光伏封装材料是决定光伏组件寿命的关键因素，因此光伏组件生产企业需要对光伏封装材料进行严格的筛选、测试和认证等程序后，才最终确定其供应商，而合作关系一旦确定后通常较为稳定。③资金壁垒和人才壁垒。

信用资质方面，海优转债主体评级为AA-，YY评级7-，CM评分为4+，对应5年违约率26%。近年来，海优新材债务快速增长及盈利下滑使其长期偿债能力大幅恶化。福22转债主体评级为AA，YY评级6-，CM评分为2-，对应5年违约率2%。相对而言，福斯特债务负担较轻，偿债能力较好。

4. 现金创造能力

海优新材2020—2022年自由现金流和经营现金流均为大幅净流出，且存货和应收款项持续增长，经营获现能力持续弱化，现金收入比为0.5~0.6，属于较低水平，应收账款占收入比例为30%~35%。福斯特的情况略好，除2023年以外，经营现金流总体为正，现金收入比为0.7~0.8，应收账款占收入比例为20%~25%。总体来看，两家公司在产业链上的地位都比较弱，缺少议价能力常态化垫资(轻固定资产，重营运资产)，不具备长期的现金创造能力。

(四) 估值与风险

1. 正股估值简评

悲观情况下，假设两家公司2024年能够实现盈利预测，分别为-2亿元、19亿元。海优新材由于2023年大概率录得亏损，市盈率估值失效，而福斯特历史极低估值水平为15倍市盈率，对应底价市值285亿元，下行空间35%。历史底部PB海优新材为1.3倍，福斯特为2.1倍，以此测算对应下行空间分别为14%、29%。

乐观情况下，假设两家公司2024年可以实现盈利预期最小值1.6亿元、25亿元，按历史中性估值25倍，给予其目标市值40亿元、625亿元，对应上行空间21%、143%。根据简单测算结果来看，福斯特的盈亏比尚可。

2. 转债估值简评

两只转债均为2022年上市的次新券，海优转债平价18元附近，福22转债平价50元附近，均属于深度偏债型转债，转股溢价率分别为400%+、100%+，基本已经失去向上弹性；到期收益率分别为5.4%、2.2%，有一定的纯债替代属性。转债隐含波动率分别为33%、35%，低于其正股历史波动率51%和70%，转债的期权估值合理。持仓海优转债较多的有信达澳亚基金、国泰基金、富国基金，持仓福斯特转债较多的有易方达基金、金鹰基金、安信基金。

3. 潜在的风险点

潜在的风险点如下：①由于前两年胶膜业务比较赚钱，近年来行业新进入者较多，且多为有资金实力的上市公司，能接受亏损，价格战非常惨烈。行业竞争格局短期恶化，产能过剩严重；②行业供给持续出清下，海优新材的资金压力较大，同时面临融资渠道收紧问题，有一定的信用风险；③原材料价格波动与高额应收账款的坏账风险。

(五) 其他情况补充

福斯特上市至今已实施4期股权激励计划(见表4-5)，已覆盖员工人数超1000人(第四期员工持股计划进行中)，主要是核心技术人员和中高层。

表4-5　福斯特上市至今已实施的4期股权激励计划

时间	资金来源	金额	占总股本比例	持有人	职务	份额/万份
第一期：2015年	50%来自2014年净利润	0.42亿元	0.34%	王邦进	总经理、监事	427.05
				安望飞		85.50
	50%来自员工自筹			其他员工(不超过167人)		3987.45
第二期：2018年	控股股东借款，借款：自筹=241:1，借款不超过17 800万元	2.03亿元	1.66%	王邦进	总经理、董事会秘书、监事会主席、监事	357
				章樱		287
				王佩杰		252
				安望飞		252
	员工自筹			其他员工(不超过346人)		24052
第三期：2020年	50%来自2019年净利润	0.91亿元	0.14%	章樱	董事会秘书	84
				中层管理人员和核心(业务)人员(142人)		5136
	50%来自员工自筹			其他员工(507人)		4780
第四期：2022年	50%来自2021年净利润	未完成	未完成	熊曦	副总经理、董事会秘书	70
				章樱		64
				中层管理人员和核心(业务)人员(555人)		11 210
	50%来自员工自筹			其他员工(523人)		3656

第二节　锂电结构件及电解液：科利转债、宙邦转债、天赐转债等

　　动力电池是一种用于提供动力能源的电源，主要应用于各类电动车辆(如电动乘用车、电动客车、电动专用车等)及其他需要电动驱动的设备(如无人机、移动电源等)，是新能源汽车的核心部件，也是未来能源转型的重要方向。动力电池通常由电池盖、电池壳、正极材料、负极材料、电池隔膜、有机电解液等构成，依据不同的生产材料，可以分为三元锂电池、锰酸锂电池、磷酸铁锂电池、钛酸锂电池等。作为新能源汽车的重要组成部分，新能源汽车产业的高质量发展将极大地推动我国动力电池行业的发展。

　　电池产业链主要由上游原材料及零部件(矿产资源、正极材料、负极材料、隔膜、电解液等)、中游动力电池制造(电芯、模组、电池包等)、下游应用市场(电动汽车)及动力电池回收等环节组成。本节主要对锂电池结构件和电解液两个环节的转债进行对比分析。

一、电力设备-电池-锂电池结构件转债梳理对比

本部分主要梳理和对比科利转债、震裕转债、斯莱转债。

(一) 主营业务介绍

科利转债、震裕转债对应的正股科达利(002850)、震裕科技(300953)是全球前二的锂电池精密结构件玩家，合计市占率超过30%(见表4-6)。其中科达利的业务纯度较高，95%的收入来源均为锂电池结构件(毛利率)，另有不到5%的收入来源于汽车结构件。而震裕科技2015年以前主打的是冲压模具业务，是宁德时代为了避免科达利作为唯一供应商导致集中度过高而扶持的第二供应商，目前其锂电池结构件业务收入占比在60%左右(见表4-7)。

表 4-6　科达利和震裕科技的业务概况

公司名称	业务概况
科达利	锂电池精密结构件和汽车结构件研发及制造企业，产品主要有锂电池精密结构件、汽车结构件两大类，现已与CATL、比亚迪、中航任电、亿纬任能、欣旺达、力神等国内领先厂商，以及松下、LG、Northvolt、佛吉亚等国外知名客户建立了长期、稳定的战略合作关系
震裕科技	公司依托自身领先的模具开发设计能力和模具应用经验，逐步掌握了精密结构件的核心冲压技术及规模化、自动化生产技术，并通过聚焦高端市场和重点领域大客户的战略

表 4-7　科达利和震裕科技对宁德时代供应情况

公司名称	项目	2017 年	2018 年	2019 年	2020 年
科达利	宁德时代结构件采购额/亿元	7.23	11.1	18.75	20.23
	结构件总收入/亿元	10.14	15.57	20.68	18.78
	对宁德供货的收入/亿元	7.36	10.38	13.05	7.21
	宁德时代收入占比	73%	67%	63%	38%
	在宁德时代的供货份额	102%	94%	70%	36%
震裕科技	结构件总收入/亿元	0.2	1.58	2.17	5.72
	对宁德供货的收入/亿元	0.18	1.58	2.23	5.72
	宁德时代收入占比	90%	100%	103%	100%
	在宁德时代的供货份额	2%	14%	12%	28%

斯莱克(300382)的情况则比较特殊，公司原本是全球易拉罐/盖制造龙头，从2021年开始转型做新能源电池壳，从此切入了电池结构件领域，但目前占比还比较低(15%)，贡献收入不到3亿元，且只做壳体(低价结构件)，不做顶盖(高价结构件)，体量与科达利、震裕科技等龙头企业难以相比(见图4-10)。

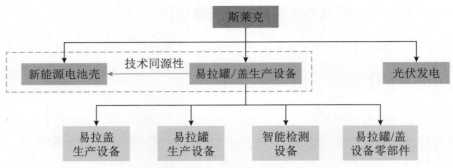

图4-10 斯莱克业务情况

三家公司涉及的市场概念主要有锂电池、储能、新能源汽车、特斯拉、宁德时代等。

从产业链的相对位置来看，上游为原材料供应商，包括铝材、铜材、钢材等供应商；中游为结构件制造商，包括动力及储能电池、便携式锂电池、汽车结构件制造等制造商；下游是电池厂商或具备电池生产能力的主机厂。

锂电池精密结构件是保护电芯安全的结构件，主要为外壳和顶盖，起到防爆、抗震、防腐蚀等作用，是保障锂电池安全的核心部件。据估算，电池结构件的价值量约为0.4亿元/GWh，与负极、隔膜、电解液等主材价值量相当，占电池成本的4%~12%(不同口径)。而在生产端，电池结构件有精密制造属性，具体包括电芯顶盖和壳体生产两部分。

从可转债募投项目来看(见表4-8)，科利转债募集资金15.3亿元，震裕转债募集资金11.95亿元，均为对新能源汽车锂电池结构件项目的新建产能，并补充一定的流动资金。斯莱转债募集资金3.88亿元，用于易拉罐/盖和电池壳生产项目。

表 4-8 可转债募投项目

公司名称	项目	投资额	设计产能	进展情况
科达利	深圳新能源电池精密结构件项目	12亿元	—	2024年1月公告，项目建设期约2.5年
	宜宾新能源精密结构件三期项目	5亿元	—	2024年初项目开工建设
	坦桑尼亚建筑玻璃生产项目	6.2亿元	日产600吨	2023年3月举行动工仪式
震裕科技	精密结构件生产基地项目	3亿元		2023年10月公告
	上饶震裕汽车零部件项目	3亿元	年产4300万件	计划2024年新增一条生产线
	新能源电池精密结构件欧洲项目	5870万欧元		2023年7月公告，建设期预计3.5年

(二) 中长期投资逻辑

(1) 动力电池装机量增长带动结构件需求提升：动力电池发展前景较好，拉升电池结构件需求。根据弗若斯特沙利文报告，2022年全球动力电池市场规模为207亿美元，预计2026年这一规模将上升至618亿美元，CAGR为31.4%(见图4-11)。中国锂电池结构件市场规模保持稳定增长，由2017年的31亿元扩大到2022年的338亿元，预计2025年将超过780亿元(见图4-12)。

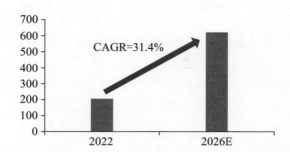

图4-11　全球动力电池市场规模(单位：亿元)

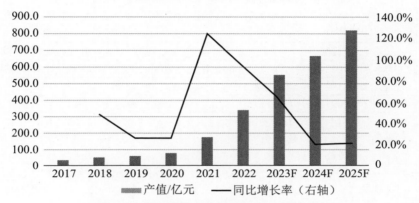

图4-12　中国锂电池结构件市场规模及预测

(2) 动力电池集中度持续提升，利好宁德时代产业链：下游动力电池集中度较高，宁德时代作为龙一，全球市占率为40%~50%。根据科达利与宁德时代的协议，其作为一供，份额不低于40%。震裕科技作为二供，其结构件产能接近70%供给宁德时代。两家公司都与宁德产业链深度绑定，如果下游集中度进一步提升则能带来订单量提升。

国内动力电池企业装机量集中情况如图4-13所示。

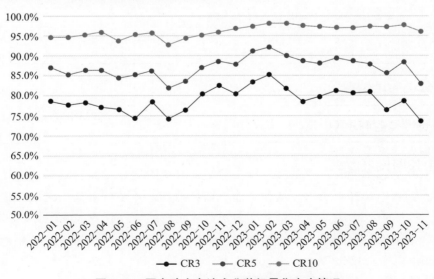

图4-13　国内动力电池企业装机量集中度情况

(3) 4680结构件的品类升级带来新的价值增量：4680电池是特斯拉引领的新一代圆柱电池，因具备高能量密度、高充放电功率和低成本优势，有望成为未来圆柱动力电池的标准型号。根据主流卖方预测，到2025年，4680结构件的市场需求将从2023年的5亿元增长到37亿元，目前科达利和斯莱克都有量产，有望在行业增速红利期获益。

4680电池厂商和结构件厂商概况如表4-9所示。

表4-9　4680 电池厂商和结构件厂商概况

公司		概况
电池厂商	特斯拉	加快其4680电池量产步伐，第100万个4680电池已经成功下线，良率已从最开始的27%提升至90%+。美国得州奥斯汀工厂生产交付的Model Y车型已经使用其自产的4680电池
	松下	自2022年5月底大规模在日本工厂试产4680电池，并已经给特斯拉送样
	LG新能源	2022年6月宣布投资5800亿韩元建设4680电池产线，规划年产能9GWh
	三星ＳＤ	已经在韩国天安建立了一条4680电池测试产线
	Storedot	2021年9月宣布成功生产出第一款4680电池，计划2024年实现量产
	远景动力	将从2026年起为宝马新一代车型提供46系大圆柱电池，并将在美国南卡罗来纳州新建一座零碳电池工厂为宝马提供产品，规划产能30GWh，2026年投产
	亿纬锂能	2022年8月，首件搭载46系列大圆柱电池的系统产品的中试线成功下线，目前已布局了46800和46950两大型号，2023年后会逐步将大圆柱电池进行市场推广
	蜂巢能源	曾在2021年上海车展上展出过一款23Ah的4680电池，NCM正极，规划能量密度235Wh/kg，循环寿命高于1200次，用于纯电动汽车
	国轩高科	在2022年美国先进汽车电池大会上，公司首次展示两款4680系列大圆柱电池
	比克电池	作为国内首发4680全极耳大圆柱电池的电池企业，比克电池于2022年3月透露，正与国内和海外多个客户合作进行全极耳大圆柱电池的应用开发，4680电芯样品预计2023年量产
结构件厂商	科达利	已获国内外大客户定点，相关电池结构件产品已实现量产及客户供应
	斯莱克	公司已有相应技术储备，4680壳体产品已交付下游客户进行验证
	震裕科技	在4680电池结构件方面已进行了技术储备，目前与国内外大部分知名电池厂商、整车厂均有接触

(三) 公司质地情况

1. 成长性和盈利水平

从财务表现来看(见表4-10)，科达利2019年净利润增速达到247%，主要是产能利用率提升带来的毛利率回升，也是其近年来业绩最好的阶段。受高基数和宁德时代转单给震裕科技的影响，2020年录得负增长。而震裕科技2020年净利润增速更高，主要受下游新能源汽车需求增长影响，从而带动动力锂电池精密结构件收入大幅增长。2021—2022年，科达利的增速和盈利水平重新回到较高水平，根据调研，2024年科达利净利率水平大概在10%，震裕科技在5%。斯莱克基本盘的易拉罐业务盈利水平较好，但电池壳体的毛利率仅为3%~6%，显著落后于另外两家。

表4-10　财务表现对比　　　　　　　　　　　　　　　　　　　　%

年份	公司名称	营收增速	利润增速	ROE	POIC	毛利率	净利率	周转率	杠杆率
2019年	科达利	11.5	247.2	9.5	9.9	28.1	10.4	0.6	32.0
	震裕科技	25.5	36.4	12.9	11.7	26.7	10.3	0.7	50.2
	斯莱克	7.1	−34.1	10.1	7.5	40.4	11.4	0.4	48.5
2020年	科达利	−11.0	−27.7	4.5	5.1	28.2	8.9	0.4	25.6
	震裕科技	59.1	69.5	17.8	13.4	25.6	10.9	0.8	61.6
	斯莱克	11.5	−36.1	5.9	4.9	34.1	6.5	0.4	49.5
2021年	科达利	125.1	218.4	11.9	11.5	26.3	12.2	0.7	36.7
	震裕科技	154.4	30.5	11.4	10.3	18.0	5.6	1.0	64.6
	斯莱克	13.7	86.7	8.1	5.8	37.3	9.2	0.4	50.0
2022年	科达利	93.7	64.2	15.7	13.3	23.9	10.6	0.8	58.9
	震裕科技	89.6	−44.7	4.3	3.5	12.3	1.8	1.0	69.4
	斯莱克	72.5	112.8	9.4	8.6	33.7	12.2	0.5	39.9

在锂电材料生产各环节里，由于锂电池结构件是固定成本偏高的环节，其成本结构与隔膜龙头类似，具有人力和资本密集型特征，固定投入在营业成本中的占比较高，较高的经营杠杆导致较高的开工率和良率，是提升毛利率的关键(盈亏平衡对应的产能利用率在60%左右)，也是跟踪、观察这类企业短期景气度的关键(见表4-11)。

表 4-11　开工率和良率变化对毛利率的影响

良率	各开工率下的毛利率				
	60%	70%	80%	90%	100%
80%	−44.69pct	−32.41pct	−23.20pct	−16.04pct	−10.31pct
85%	−39.63pct	−28.08pct	−19.41pct	−12.67pct	−7.28pct
90%	−35.14pct	−24.23pct	−16.04pct	−9.68pct	−4.58pct
95%	−31.12pct	−20.78pct	−13.03pct	−7.00pct	−2.17pct
100%	−27.50pct	−17.68pct	−10.31pct	−4.58pct	0pct

从精密结构件产品价格来看，科达利比震裕科技有优势，盖板和壳体单价高1~2元，这也是导致两者毛利差异的原因之一。

与所在行业锂电池2019—2022年的业绩表现对比来看(见图4-14)，科达利的增速快于行业平均水平但盈利水平偏低，主要与其下游厂商在价值分配端占据更大优势有关。而震裕科技表现整体弱于行业平均水平，主要受其他低毛利业务和低增长的模具业务影响。

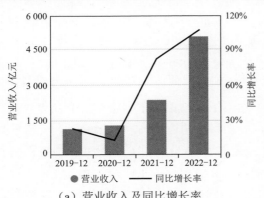

（a）营业收入及同比增长率

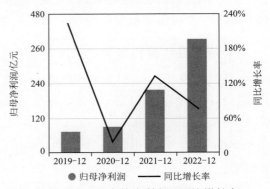

（b）归属母公司股东的净利润及同比增长率

图4-14　锂电池行业2019—2022年的业绩表现

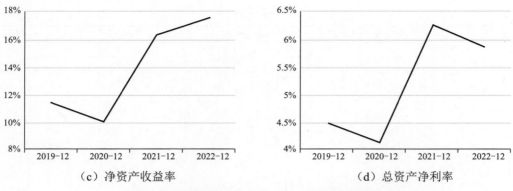

（c）净资产收益率　　　　　　　　（d）总资产净利率

图4-14　锂电池行业2019—2022年的业绩表现(续)

2. 稳定性和确定性

总体来看，下游行业的发展将直接影响精密结构件行业的发展，但精密结构件应用领域广泛，涉及经济的各个行业，整体来看受宏观经济波动的影响较小，单个或少数几个行业的需求变化带来的冲击较小。不过科达利的客户和业务结构相对单一，实际经营层面的稳定性可能不如相对多业务布局的震裕科技。另外，结构件制造原材料中的铝和钢都属于全球定价的大宗商品，价格波动也会影响盈利水平。从成本费用结构来看，科达利的直接材料成本占比更高，也更容易受商品价格波动的影响(见图4-15)。

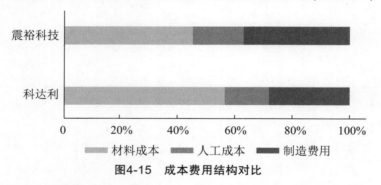

图4-15　成本费用结构对比

从三家公司历史盈利预测准确度来看，科达利历史预测误差非常小，偏差基本都在10%以内，盈利预测最小值可靠性强。震裕科技预测可参考性较差，连续两年盈利不及预期最小值。斯莱克2021年、2022年误差率变小，但预测样本量最少，参考价值也有限。锂电池行业2019—2022年的盈利预测偏差度为-27%、9%、-34%、34%，属于预测确定性比较差的赛道。

从行业竞争格局来看，2022年科达利锂电池结构件全球市场份额约为31%(其中方形电池结构件为龙一，圆柱电池结构件是龙三)，震裕科技约占12%，行业呈现"一超一强多小"的格局，也是锂电池上游环节中集中度最高的赛道(见图4-16)。另外，震裕科技在新能源车驱动铁芯领域为国内龙一(市占率25%)，占比亚迪该项供应商的40%份额；斯莱克虽然尚未跻身结构件CR5，但在易拉罐设备领域为国内龙一，市占率超过70%，境外亦有10%。

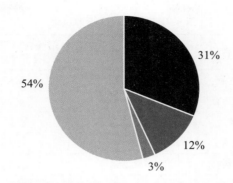

31%

54%

12%

3%

■ 科达利 ■ 震裕科技 ■ 金杨股份 ■ 其他

图4-16 2022年锂电池结构件厂商全球市占率

从客户集中度来看,科达利前五大客户占比约77%,其中宁德占38%,中创新航科技占21%,天合占23%。震裕前五大客户占比约77%,其中宁德占45%,比亚迪占21%(铁芯业务)。前五大供应商集中度都为45%~55%,基本没有太大变化。

3. 经营的可持续性

从公司ESG评价的角度看,科达利的Wind评级为BB,综合得分5.27,公司治理得分6.8,嘉实ESG评分62.09,全市场排名1527。震裕科技的Wind评级为BB,综合得分5.47,公司治理得分6.20,嘉实ESG评分37.48,全市场排名3741。斯莱克的Wind评级为BB,综合得分5.49,公司治理得分6.76,嘉实ESG评分59.77,全市场排名1731。

从研发投入来看,科达利2020—2022年的研发开支比例均在6%以上,震裕科技和斯莱克则在4%左右,且前者的收入体量更大。这也与业务模式差异相关,锂电池精密结构件行业相对传统冲压模具和易拉罐设备而言,技术更新换代较快,该业务纯度更高的科达利天然有着更大的投入压力。

从竞争壁垒和驱动力来看,行业的主要竞争模式是大客户战略,通过深度绑定优质客户,对新进入者形成进入壁垒。动力电池产品的开发周期很长,新产品的诞生通常需要经历至少3年的开发周期。而结构件对电芯的安全性和功能性均有重大影响,客户提出极高的技术和品质标准,业内公司需要配合电池厂商进行长时间的产品验证。长周期的技术磨合过程中,客户和供应商利益密切相关,形成长期、稳固、高度信任的合作关系。若在开发过程中切换结构件的供应商,出于对新导入供应商技术水平的把握程度和产品一致性等方面考虑,客户往往要求重新进行长期性能验证,同时面临产能、质量控制能力不足等风险。

在信用资质方面,科利转债主体评级为AA,YY评级7+,CM评分为3,对应5年违约率为4.8%。震裕转债主体评级为AA-,YY评级8+,CM评分为4,对应5年违约率为26%。斯莱转债主体评级为AA-,YY评级7-,CM评分为3-,对应5年违约率为14%。根据财务情况来看,三家偿债压力都比较大,科达利和斯莱克的情况略好。

4. 现金创造能力

现金创造能力方面,科达利表现更好(见表4-12)。

表 4-12　现金创造能力对比

年份	公司名称	现金收入比 /%	每股自由现金流 /（元 / 股）	经营现金流 / 亿元
2019年	科达利	97.83	0.35	4.54
	震裕科技	68.55	-0.89	0
	斯莱克	108.36	0.10	1.55
2020年	科达利	80.30	-3.63	0.84
	震裕科技	42.58	-1.54	-0.79
	斯莱克	100.09	-0.21	1.29
2021年	科达利	70.49	-0.36	3.35
	震裕科技	50.01	-2.79	-3.16
	斯莱克	129.58	-0.18	2.18
2022年	科达利	68.80	-2.30	4.38
	震裕科技	70.91	-11.35	-9.97
	斯莱克	66.06	-1.56	-0.54

(四) 估值与风险

1. 正股估值简评

悲观情况下，假设2024年三家公司都能够实现相对保守的盈利预测：科达利11亿元，震裕1.1亿元，斯莱克1.4亿元。分别给予历史极低估值水平15倍市盈率，对应下行空间分别为科达利10%、震裕65%(PB底部空间27％)、斯莱克59%(PB底部空间27％)。乐观情况下，假设2024年都能够实现盈利预测：科达利14.5亿元，震裕2.8亿元，斯莱克3.2亿元。分别给予历史中性估值水平20倍市盈率，对应上行空间分别为58%、22%、25%。简单测算来看，科达利的盈亏比更好。

2. 转债估值简评

转债目前的估值情况基本反映了科达利和震裕科技的差异，在几乎相同的2％到期收益率下，科利转债平价44元、溢价率134％，震裕转债平价72元、溢价率47％。另外，由于剩余期限较长，两者债底价值的差异可能被高估了(纯债价值部分科利转债高12元)，而相似的客户结构和经营基本面也意味着其违约概率存在较强的相关性，这也使得纯债溢价率的实战参考价值弱化。而斯莱转债在平价和溢价率都与震裕转债比较接近的情况下，绝对价格更高且期限更短，则只有博弈下修的价值。在不考虑下修场景的情况下，笔者倾向于认为震裕转债可能估值性价比更高。

3. 潜在的风险点

潜在的风险点如下：①行业产品价格压力加剧，特别是震裕科技的净利率水平跌至2％，距离盈亏平衡线很近；②科达利旗下海外产能和外销占比显著高于同行，受贸易政策和政治环境影响更大，实际产能释放进度也显著慢于市场预期；③震裕科技的公司治理可能存在问题，近年来组织架构调整和高管变动频繁，同时因为产品质量问题被客户索赔0.4亿元，相对其1亿元左右的利润体量而言压力较大；④电池封装技术路线的变化对行业格局的潜在影响。

(五) 其他情况补充

科达利的2023年业绩预告指出，扣非净利润10.5亿~12.5亿元，同比增速24%~48%。虽然全年收入不及预期，但业绩预告利润超出市场预期，主要系增值税加计扣除和减值冲回，以及政府补助的小幅增厚。

二、电力设备–电池–电解液转债梳理对比

本部分主要梳理和对比宙邦转债、天赐转债、国泰转债。

(一) 主营业务介绍

宙邦转债、天赐转债、国泰转债对应的正股新宙邦(300037)、天赐材料(002709)和江苏国泰(002091)是国内锂电池电解液领域的龙头公司，其中国泰是通过其控股子公司瑞泰新材(301238)和国泰华荣参与电池电解液业务(收入占比12%，其他均为贸易类业务)。电解液是锂电池四大关键原材料之一，是电池中离子传输的载体，在正负极之间起传导锂离子的作用，为锂离子提供一个自由脱嵌的环境，对锂电池的能量密度、比容量、工作温度范围、循环寿命、安全性能等均有重要影响。

从产业链上下游的角度看，电解液上游材料主要包括电解质、溶剂和添加剂等，其中电解质是电解液中最核心的原材料(目前行业主流的电解质为六氟磷酸锂)。下游主要为锂离子电池行业，按用途可分为动力电池、储能电池和消费电池。电解液约占动力电池总成本的15%。电解液成本中，电解质锂盐占比约为43%，有机溶剂占比约为30%，添加剂占比约为11%，制造费用约为10%(见图4-17)。

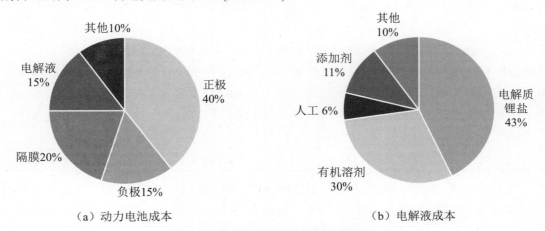

（a）动力电池成本　　　　　　　　　（b）电解液成本

图4-17　动力电池成本和电解液成本

(二) 中长期投资逻辑

(1) 下游需求长期向好带动电解液需求放量：根据EVTank的数据，预计在接下来的几年中，全球动力电池市场将分别以30%、30%和25%的速度增长，而消费电池市场则将维持每年10%的稳定增长。此外，储能电池市场预计将连续三年以70%的增速发展。在此假设之下未来3年电解液需求有望实现翻倍。

(2) 行业存在底部反转的可能，同时竞争格局优化：2021年以来电解液行业经历了烈的价格战和持续的产能出清，单月产量在2023年第三季度开始下滑，资本开支也出现下降趋势。而行业龙头往往同时具有大客户资源和成本优势，在全行业产品价格接近甚至跌破成本线的过程中，伴随行业出清，龙头集中度有望进一步提升。此外，电解液相对电池其他主材环节的弹性更大，一旦周期反转，股价可能表现更好。

(三) 公司质地情况

1. 成长性和盈利水平

从财务表现来看，天赐材料的业绩增速和资本回报水平最好，与新宙邦相比，优势明显，反映天赐材料构建更深度的一体化产能优势(见表4-13)。前文提过六氟磷酸锂是电解液最核心的原材料，而新宙邦也是该产品主要的生产企业，基本实现了原材料的自给自足，从而在成本端建立优势，进一步反映在利润率水平上。江苏国泰由于业务结构与这两家差异大，可比性一般。

表 4-13　财务表现对比　　　　　　　　　　　%

年份	公司名称	营收增速	扣非增速	ROE	POIC	毛利率	净利率	周转率	杠杆率
2019年	新宙邦	7.4	3.3	10.0	9.6	35.6	14.2	0.5	32.4
	天赐材料	32.4	16.7	0.6	−119.1	25.6	−1.1	0.5	44.3
	江苏国泰	6.8	17.8	11.2	11.5	11.9	3.7	1.7	52.4
2020年	新宙邦	27.4	57.3	10.4	10.9	36.0	17.7	0.5	30.6
	天赐材料	49.5	4,432.3	15.7	12.2	35.0	12.2	0.7	41.2
	江苏国泰	−23.4	0.5	10.6	10.3	15.4	4.9	1.2	52.7
2021年	新宙邦	134.8	156.2	19.3	20.2	35.5	19.6	0.8	37.4
	天赐材料	169.3	310.6	30.9	35.9	35.0	20.8	1.1	47.0
	江苏国泰	30.7	42.3	11.8	10.5	12.3	4.6	1.3	61.4
2022年	新宙邦	39.0	39.0	21.0	19.0	32.0	18.9	0.7	43.2
	天赐材料	101.2	155.4	45.6	45.1	38.0	26.2	1.1	49.7
	江苏国泰	8.7	41.1	12.3	11.6	14.5	6.2	1.2	51.1

与所在行业锂电电解液2019—2022年的业绩表现对比来看(见图4-18)，天赐材料明显领先行业，而新宙邦的收入利润增速快于行业，盈利水平则与行业平均水平类似。

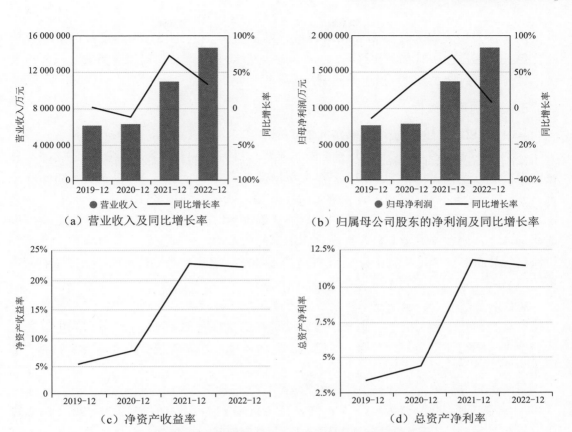

（a）营业收入及同比增长率　（b）归属母公司股东的净利润及同比增长率

（c）净资产收益率　（d）总资产净利率

图4-18　锂电电解液行业2019—2022年的业绩表现

2. 稳定性和确定性

电解液行业相对其他动力电池材料周期性更强，主要原因包括：①产能建设周期较短；②材料成本占比较高，六氟磷酸锂价格波动较大；③调价周期较短(与煤炭长协相反)；④电解液环节库存较少。此外，随着氢能源等其他新能源汽车技术路线不断发展，未来锂动力电池新能源技术存在被其他技术替代的可能，在一定程度上加剧了上游电池材料的不确定性。

从三家公司历史盈利预测准确度对比来看，新宙邦的预测误差更小，基本没有错过最悲观的预期。天赐材料虽然业绩更好，但2019—2022年财报均略低于市场预期。江苏国泰的预测样本量较小，参考性不足。从锂电池电解液行业来看，2019—2022年的盈利预测偏差度为3%、−37%、−59%、−67%，属于预测确定性极低的赛道。

从行业竞争格局来看，虽然论资历江苏国泰是最早进入行业的企业，有一定先发优势，但在与LG实现合作之后缺乏进取心(安心于代工模式)，面临下游客户降价压力时却把希望寄托于上游添加剂的主动降价上。而天赐材料和新宙邦都自主开发新型添加剂，新宙邦自主生产溶剂来降低成本，天赐材料则是用液态六氟降低成本并成功进入LG的特斯拉供应链。目前，天赐材料(市占率31%)和新宙邦(市占率11%)已经成为行业的龙一和龙三，与江苏国泰(子公司瑞泰市占率7%)拉开了明显差距。行业前四市场份额达到60%。

从客户集中度来看，新宙邦相对分散，前五大客户占比43%；天赐材料集中度较高，第一大客户宁德时代占比达到54%。从变化趋势来看，2016年以前两家公司差异不大，目前如果剔除宁德时代后也相差无几。

3. 经营的可持续性

从公司ESG评价的角度看，新宙邦的Wind评级为BB，综合得分6.07，公司治理得分6.51，嘉实ESG评分93.16，全市场排名38。天赐材料的Wind评级为A，综合得分7.65，公司治理得分8.58，嘉实ESG评分76.35，全市场排名566。江苏国泰的Wind评级为BB，综合得分5.48，公司治理得分6.74，嘉实ESG评分70.15，全市场排名910。

从研发投入来看，新宙邦＞天赐材料＞江苏国泰，但天赐材料的收入体量是新宙邦的两倍以上，研发绝对金额显著更高。新宙邦的研发费率更高主要受其电容化学品、有机氟化学品和半导体化学品业务(合计占比20%~30%，毛利率是电解液的2倍)等高毛利业务的影响所致。

从竞争壁垒来看，一是技术壁垒，主要体现在电解液配方上，但由于龙头锂电厂商普遍有自身的技术专利储备，生产中多采取共有配方的模式，因此，配方作为电解液厂商的壁垒，限制性不高。二是原材料壁垒，主要体现在六氟磷酸锂和电解液添加剂的自供能力上。

信用资质方面，宙邦转债主体评级为AA，YY评级6-，CM评分为3+，对应5年违约率3%。天赐转债主体评级为AA，YY评级6-，CM评分为2-，对应5年违约率2%。国泰转债主体评级为AA+，YY评级5，CM评分为2，对应5年违约率1%。总体来看，三家公司的债务负担都比较可控，短期偿债能力较好，融资渠道通畅。

4. 现金创造能力

现金创造能力方面，三家公司各有千秋。天赐材料虽然FCF上明显表现更好，但受宁德时代大客户模式的影响现金收入比较差。国泰的基本盘还是贸易业务，因此现金收入比更好，但部分年份现金流净流出较大(见表4-14)。

表4-14　现金创造能力

年份	公司名称	现金收入比 /%	自由现金流 /(元 / 每股)	经营现金流 / 亿元
2020年	新宙邦	96.5	0.5	8.8
	天赐材料	50.4	0.6	6.3
	江苏国泰	102.0	3.4	43.3
2021年	新宙邦	65.8	−0.7	4.5
	天赐材料	51.2	0.9	20.5
	江苏国泰	91.6	−0.9	−4.5
2022年	新宙邦	93.1	−0.5	18.1
	天赐材料	56.4	0.6	41.6
	江苏国泰	104.9	0.2	36.8

(四) 估值与风险

1. 正股估值简评

悲观情况下，假设两家公司(江苏国泰无盈利预测)都能实现2024年相对悲观的盈利预测：新宙邦10亿元，天赐材料19亿元(已确认)。给予PE估值15倍以此测算下行空间分别为49%、23%。以PB底部测算三家回撤空间分别为新宙邦35%、天赐材料23%、江苏国泰17%。乐观情况下，假设两家公司2024年都能实现盈利预测最小值：新宙邦14亿元，天赐材料20亿元。考虑处于行业景气度绝对底部，给予历史中性估值水平20倍市盈率，对应上行空间分别为0、8%。简单测算来看，江苏国泰的安全边际相对明确，天赐材料和新宙邦的盈利能力比较差。

2. 转债估值简评

天赐转债和国泰转债的绝对价格接近，都在107元，到期收益率均在1%左右。但国泰转债转股价值是80元，天赐转债转股价值是67元，更高的溢价率也反映了天赐材料这个相对优秀的公司质地有一定溢价。宙邦转债是平衡型标的，隐含波动率27%低于正股波动率，具有一定的期权价值。从策略角度看，如果作为博弈2024年行业景气度反转的工具，天赐转债和宙邦转债相对更好。

3. 潜在的风险点

行业价格战还在继续，国内大客户宁德时代一直在向上游电池材料厂传导车企的降价压力，电解液环节情况最好的天赐材料2022年底盈利2500~3000元/吨，目前已经跌至1800元/吨。新宙邦的国内业务甚至每吨亏损500元，主要的出路是提高海外销售(每吨盈利4000元+)份额，电解液行业毛利变化趋势如图4-19所示。上游的溶剂、添加剂和六氟磷酸锂等原材料同样处于亏损状态附近。

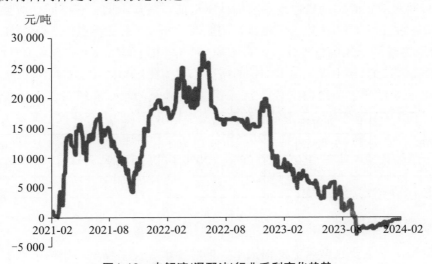

图4-19　电解液(混配法)行业毛利变化趋势

(五) 其他情况补充

由于电解液业务持续增收不增利，新宙邦目前主要的利润来源为氟化工业务，2023年贡献度达到了60%~70%，通过子公司永晶科技和海斯福开展业务，主要产品包括燃油车双酚AF、医药中间体、全氟异丁腈等。

第三节　风电零部件：强联转债、通裕转债、中陆转债

风电行业是近年来相对景气度较高的行业。风机大型化趋势带动了零部件结构升级，风电运营商效益提升。风电行业的主要零部件相关情况介绍如下。

(1) 塔筒：高塔筒提高发电效率，重量增加幅度大于高度增加幅度，使塔筒价值量摊薄有限，在成本优势下，塔筒企业有望扩大海外市场份额。

(2) 叶片：叶片大型化提高竞争壁垒，龙头企业市占率提升。

(3) 齿轮箱：双馈风机核心部件，竞争格局集中，市场规模增长迅速。

(4) 轴承：最难国产化的零部件之一，高端风电轴承亟须技术攻关。目前大兆瓦轴承供应能力弱，风机大型化趋势下，轴承单位价值量提升。

(5) 海缆：海上风电向深远海发展，大长度、高电压、柔直技术趋势下，海缆价值量提升。海缆行业的高壁垒限制了进入门槛，一线厂商市占率高，近年来二线厂商中标份额有所提升。

(6) 风电运营商：多省市海风补贴政策落地，海风竞配有望加速。大型化趋势下，度电成本下探，有望提高风电运营商投资效益。

本节将对风电零部件行业的代表性转债进行简要梳理和对比，包括强联转债、通裕转债、中陆转债。

以上转债对应正股均为风电设备零部件制造商，具体方向略有不同。新强联主要做大型回转支承和工业锻件(风电主轴轴承、偏航轴承龙头，行业前三)，通裕重工做大型锻件和铸件(风电轮毂、风电主轴龙头，市占率15%)，中环海陆做工业金属锻件(风电锻件前三)。据统计，2021年中国风电零部件的市场总规模在1800亿元左右。

从风电零部件的市场结构来看，3家公司主要涉及的轴承和铸锻件市场规模占比在8%~10%。在所有零部件环节，主轴承和偏航变桨轴承领域的国产替代空间最大。根据浙商证券测算，轴承、铸锻件、主轴到2025年的预期复合增速分别为13%、15%、15%，风电零部件市场的预期增速在13%左右，2013—2020年的历史增速为11%。

(一) 公司介绍与投资逻辑

1. 新强联(300850.SZ)

新强联的产品主要包括风电主轴轴承、偏航轴承、变桨轴承，盾构机轴承及关键零部件，海工装备起重机回转支承等，主要应用于风力发电机组、盾构机、海工装备和工程机械等领域。风电回转支承占比83%、毛利率33%，锁紧盘占比10%、毛利率24%，锻

件占比5%、毛利率28%。其中风电领域贡献收入占比85%。

公司长期投资逻辑包括：①我国主轴轴承的国产化率仅为33%，变桨和偏航轴承国产化率仅为50%，均为风电核心部件的最低水平，根据民生证券测算，风电轴承市场规模将由2021年的128亿元提升到2023年的255亿元，其中主轴轴承和偏航轴承分别为111亿元和143亿元，未来的替代空间可期；②公司具备7~12MW无软带圆锥滚子轴承生产能力，可为海上风电提供主轴承产品。GWEC预计，2022—2026年，全球海风年新增规模有望由8.7GW增长至31.4GW，预期复合增速达37.8%，新强联有望深度受益于海风装机放量；③公司通过转债、定增等融资方式扩大产能建设，在风电领域横向拓宽，进入齿轮箱轴承及精密零部件市场，有望充分受益齿轮箱轴承的国产化进程实现业绩高增(预期增速介于主轴和偏航之间，国产化率0.58%)。

2. 通裕重工(300185.SZ)

通裕重工的主要产品为风电主轴产品(占比16%、毛利率27%)、管模产品(占比3%、毛利率29%)、铸件产品(占比22%、毛利率18%)和硬质合金产品，主要应用于能源电力(含风电、水电、火电、核电)、石化、船舶、海工装备、冶金、航空航天、军工等领域，是国内最早进入风电铸造主轴产品领域的企业之一，风电领域的收入贡献占比在40%左右。

公司的长期投资逻辑包括：①碳中和、平价上网、海上风电建设、风力发电机组大功率化等趋势的直接受益者，逻辑和新强联类似；②全球风电主轴的市场规模保持稳步增长态势，根据民生证券测算，将由2021年的47亿元增长到2025年的74亿元，预期复合增速在12%左右。

3. 中环海陆(301040.SZ)

中环海陆为国内金属锻件领域龙头，产品在风电领域的收入贡献比例为81%，毛利率13%，相关产品主要包括轴承锻件(锻件占比86%，主要为风电偏航轴承与变桨轴承锻件)、法兰锻件、持券锻件、塔筒锻件等，几乎涵盖风机所有的主要锻件产品，是核心零部件厂商的上游企业(新强联是公司的第二大客户)，其产品主要是基础部件产品，附加值相对低一些。

公司的长期投资逻辑包括：①核电相关的锻件业务的毛利率更高，近年来收入规模占比持续提升，有望提升盈利能力；②风电核心零部件环节对应的国产化率均处于较低水平，提升空间较大；③外销占比持续提升，从18%到30%，对应产品的毛利率有一定增厚，但也需要关注海运成本和汇率风险。

(二) 财务基本面评估

1. 成长性和盈利水平

从2019—2021年风电零部件行业的情况来看，收入增速分别为26%、38%、2%；利润增速分别为173%、99%、-5%；ROE区间在5%~15%，ROA区间在2%~7%(见

图4-20)。根据盈利预测，2022—2024年全行业的收入预期增速为16%、18%、26%，利润增速为-7%、62%、36%。未来主要的增长点来源于国产份额替代、风电装机量上升、部分零件更换频率缩短等。

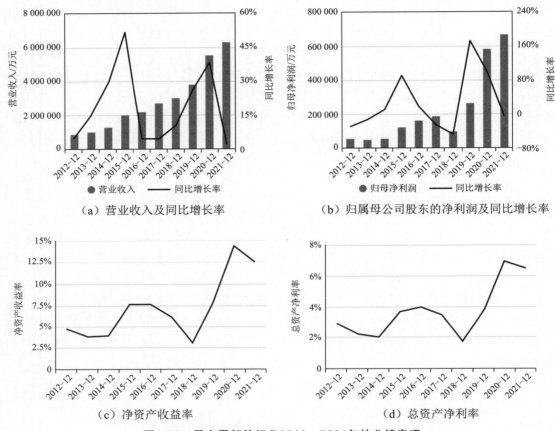

图4-20　风电零部件行业2019—2021年的业绩表现

从收入体量来看，通裕重工最高，这也与其产品较为广泛的应用场景有关。而从收入增速来看，新强联明显更快，2020年增速超过60%，其变化节奏也与风电零部件行业相关性更高。中环海陆则在规模和增速方面都相对弱势，2021年录得负增长。

从利润表现来看，新强联由于产品附加值更高，利润体量在2020年便超过了通裕重工，且增速大幅领先另外两家公司。通裕重工和中环海陆2021年利润均出现了大幅负增长，根据披露信息，主要受风电补贴退坡、原材料和海运成本上升影响。

从盈利能力来看，新强联的产品毛利率和净利率都相对领先，ROE也最高。三家公司的盈利能力近年来均处于下行趋势中，相对而言，通裕重工的下行幅度最小(本身ROE也最低，受周转率拖累比较明显)。从利润率的历史情况来看，通裕重工和中环海陆的产品结构可能更为接近，但后者固定资产比例更低。

2. 稳定性和确定性

从经营的周期性来看，风电零部件强于整机制造与配套厂商，但弱于风电运营商。

就本部分介绍的3家公司而言，通裕重工和中环海陆由于更接近上游原材料制造端，受到的成本价格扰动更大，且这两家的境外收入占比均更高(20%~30%)，因此经营业绩的潜在波动可能会大于新强联。

从历史盈利预测的可靠性来看，所在的Wind行业工业机械2020—2023年偏差系数(T-1年预测值/T年实际值)分别为115%、97%、61%、27%，预测的胜率属于中上等水平；个股2019—2023年的预测误差率来看，新强联相对更低，2022—2023年误差率为-12%、-5%，通裕重工2022—2023年的误差率为-35%、8%。

从行业竞争格局来看，风电零部件中的风电叶片、风电齿轮箱、风塔等零部件的市场集中度较高，其他品类相对分散。随着市场调控与整合进程的加快，零部件上游的风电场开发运营、整机行业的集中度逐渐提高，这将同时促进风电零部件行业的加速整合。铸锻件方面，以一重、二重、上重、中信重工等为代表的传统大型锻造企业占据了国内大型锻铸件的大部分市场份额，风电相关的CR5主要为金雷股份、新强联、吉鑫科技、通裕重工、恒润股份等。

从客户集中度来看，新强联最高(82%)，前五大客户为明阳(占收入比例41%)、远景(16%)、东方电气(10%)、三一重能(8%)、中国海装(5%)。通裕重工和中环海陆分别为39%和65%。

3. 经营的可持续性

从公司ESG评价的角度看，3家公司的Wind评级为BBB，通裕重工的综合得分最高为6.98，公司治理得分7.22，在机械行业排名41/440，嘉实ESG评分71.88(与新强联接近)，全市场排名697/4828。

从研发投入来看，新强联的支出比例最高，长期在4%~5%区间，但2022年第三季度下滑到2.9%。通裕重工的开支绝对金额最高，在1.5亿元左右。从专利数量来看，新强联共有95项，通裕重工共有188项，中环海陆83项。技术人员占比上，新强联为16%，通裕重工为7%，中环海陆为14%。中环海陆为苏州专精特新百强企业。

从业务的护城河来看，目前以风电齿轮箱轴承为代表的核心零部件的国产化率非常低，风电齿轮箱轴承及精密零部件产品具有较高的技术壁垒。而锻铸件的技术壁垒稍弱，制造工艺相对简单，产品的差异化一般。

信用资质方面，强联转债为AA；通裕转债为AA，YY评级为7，中债资信评级BBB+，CM五年预期违约率15.7%；中陆转债为A+。从主要偿债指标来看，强联转债的信用资质最好。

4. 现金创造能力

从自由现金流表现来看，中环海陆最好，2014—2021年FCF连续为正，但2022年第三季度出现大幅净流出。通裕重工的现金收入比表现最好，为80%~100%(另外两家为50%~60%)，但通裕重工的营运资本占用较高(基本等于收入)，且固定资产占比偏高(接近40%)。除此之外，几家公司的现金创造能力都比较弱。

(三) 估值情况对比

1. 正股估值简评

悲观情况下，新强联、通裕重工、中环海陆2022年分别实现净利润4.8亿元、2亿元、0.5亿元，给予新强联20倍市盈率估值，另外两家公司按18倍市盈率估值，对应底价市值为96亿元、36亿元、9亿元，下行空间分别为50%、62%、66%。以历史极低市净率测算下行空间分别为57%、36%、8%。

乐观情况下，三家公司2024年分别能实现净利润12亿元、4亿元、2亿元，给予其历史中性估值25倍市盈率，以此测算目标市值分别为300亿元、100亿元、40亿元，对应上行空间分别为49%、8%、48%。

2. 转债估值简评

中陆转债和强联转债的估值都偏高，转股+纯债溢价率在100%以上，通裕转债为30%+30%的平衡型溢价率状态，相对较低。从正股波动率来看，中环海陆为50%+，通裕重工为30%+，新强联为60%+，基本在转债的估值梯队上有所反映。3只转债均为次新标的。

(四) 其他信息补充

风电零部件行业观点摘录：重点关注交付节奏加速、原材料成本占比高、基础净利率水平较低的标的(如塔筒、铸锻件等)，利润的弹性更大。

第四节　基础化工：新凤转债、盛虹转债、恒逸转债、再升转债等

基础化工行业指利用煤炭、磷矿、锂矿、萤石矿等原料通过化学工艺生产合成氨、硫酸、电石、烧碱等化工品行业的总称。基础化工是连接能源、各类基础原料及下游细分行业的桥梁。按照化工品的特性，可将基础化工行业分为九小类：化肥、有机品、无机品、氯碱、精细与专用化学品、农药、日用化学品、塑料制品及橡胶制品。

基础化工行业的"基础"特性决定其下游需求极其广泛，包括纺织业、房地产业、汽车业、建材装饰业等的需求，主要下游行业的景气度变化亦对化工行业景气度影响重大。本节选取基础化工行业的两个细分领域——涤纶长丝和真空绝热板的相关转债进行梳理而对比。

一、基础化工-涤纶长丝转债梳理和对比

本部分主要梳理和对比新凤转债、盛虹转债、恒逸转债。

(一) 主营业务介绍

以上转债对应的正股新凤鸣(603225)、东方盛虹(000301)和恒逸石化(000703)都是国内涤纶行业的龙头公司，总部均位于江浙地区，近年来都基本实现了产业链的一体化整合，只是主营业务方向略有不同，新凤鸣的主要布局行业下游的POY、FDY等长丝环节，恒逸石化和东方盛虹则偏向上游的PX和PTA等原材料环节。从历史角度看，不同环节的利润分配呈现周期性波动特征，由于进口依存度高和产量收缩等因素，PX环节赚取了明显的超额利润，吨净利在1000元左右(长丝利润为100~300元/吨)。

从产业链上下游的角度看，原油是行业上游最重要的原材料，石脑油成本占PX生产成本80%以上，PX成本占PTA生产成本90%以上，PTA成本占涤纶生产成本60%以上。而涤纶长丝的下游为服装(占比52%)和纺织(占比33%)生产企业，以及终端品牌消费品行业。

从分类来看，涤纶属于化纤行业，2022年我国化学纤维产量6488万吨，其中涤纶长丝4276万吨，涤纶短纤1067万吨，合计占比82%。涤纶长丝按品种又分为POY、DTY、FDY，其中POY占70%左右，是最重要的涤纶产品。

(二) 中长期投资逻辑

(1) 行业产能投放放缓，供给格局有所改善：随着2023年涤纶长丝产能投放周期结束，2024—2025年龙头企业将放缓新产能投放。根据卖方预计，2024—2025年行业产能复合增速为2%~3%，涤纶长丝供应将维持低增速。此外，长丝头部企业新凤鸣和恒逸石化在发展战略上也在向上游炼化端倾斜，涤纶长丝行业竞争格局有望大幅改善。

(2) 下游纺织服装行业的终端需求逐渐复苏：涤纶长丝行业下游需求为纺织服装行业，包括内需和出口两大部分。2023年以来居民消费恢复，纺服消费市场已好转，在2022年低基数效应的基础上，纺织品类、服装品类社会零售额分别实现了12.9%、15.4%的高增长。同时，下游服装企业库存也处于下降趋势，消费降级背景下，长丝对相对高价的纺织面料的替代效应变强。根据主流卖方预测，2024—2025年长丝表观消费增速有望达到4%~6%。

(3) 行业集中度持续提升，龙头优势强化：龙头企业开工率普遍高于行业平均水平，长丝实际产量的集中度比产能集中度更高。2022年，在涤纶长丝盈利较差的阶段，中小产能加速退出，这些小产能大多耗能高、品质差、竞争力弱，与头部企业规模化和一体化的聚酯工厂相比，不具备成本优势。这一趋势在2024年有望延续。

(三) 公司质地情况

1. 成长性和盈利水平

从财务表现来看，2022年是行业景气度的相对底部，由于利润分配的趋势向上有转移，东方盛虹的短期业绩表现相对更好(见表4-15)。从2023年前三季度的情况来看，东方盛虹的收入恢复最快(同比122%)，而新凤鸣的利润恢复最快(同比212%)。

表 4-15　财务表现　　　　　　　　　　　　　　%

年份	公司名称	营收增速	扣非增速	ROE	ROIC	毛利率	净利率	周转率	杠杆率
2019年	新凤鸣	4.6	-8.4	11.6	9.5	8.5	4	1.7	49.1
	东方盛虹	7	65.2	11.5	9	12.1	6.5	0.9	56.3
	恒逸石化	-9.6	77.3	13.8	7.9	7.1	5.1	1.1	65.9
2020年	新凤鸣	8.3	-68.1	5.0	4.1	5.0	1.6	1.4	57.6
	东方盛虹	-8.5	-88.5	1.8	1.7	6	1.4	0.5	64.2
	恒逸石化	8.6	-9.0	12.8	6.9	6.9	4.4	1.0	67.2
2021年	新凤鸣	21.1	445	13.7	9.6	10.5	5.0	1.4	56.2
	东方盛虹	53.5	695.9	16.5	7.8	16.7	9.8	0.5	77.7
	恒逸石化	49.2	11.3	13.2	6.7	5.7	3.1	1.3	68.8
2022年	新凤鸣	13.4	-117.5	-1.3	0.3	3.7	-0.4	1.3	62.0
	东方盛虹	21.1	-93.3	1.5	1.9	7.7	0.9	0.4	78.6
	恒逸石化	17.3	-140.0	-4.2	1.5	2.3	-0.6	1.4	70.8

　　从涤纶行业2019—2022年的业绩表现来看，三家公司的收入和利润弹性都更高，但在行业下行周期时，资本回报表现也更差(见图4-21)。

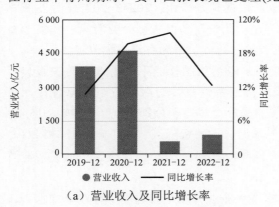

（a）营业收入及同比增长率

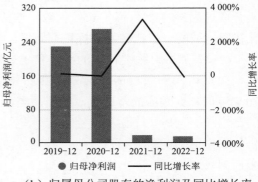

（b）归属母公司股东的净利润及同比增长率

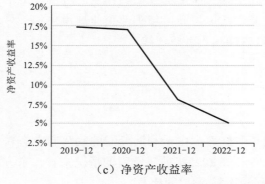

（c）净资产收益率

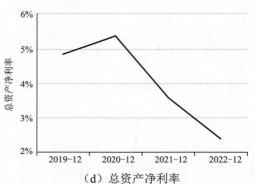

（d）总资产净利率

图4-21　涤纶行业2019—2022年的业绩表现

2. 稳定性和确定性

涤纶长丝属于典型的周期制造业。涤纶上游是石化行业，国际原油价格起伏通过原油—石脑油—PX—PTA—聚酯产业链向下传导，引起涤纶价格波动。涤纶下游衔接纺织服装等行业，居民收入水平、消费观念及城镇化进程等社会经济因素影响纺织行业需求，从而影响涤纶的需求。正因为成本端和需求端的不可测性，近年来行业龙头企业均不断完善产业链，拓展至涤纶上游原料PTA后又进一步向石油炼化行业延伸，逐步完成全产业链炼化一体化布局。

从三家公司历史盈利预测准确度对比来看，误差都比较大，不过新凤鸣2020—2022年未曾错过预测最小值。涤纶行业2019—2022年的盈利预测偏差度为−17%、26%、−54%、−8%，属于预测确定性中性偏低的赛道。

从行业竞争格局来看，产业集中度的不断提高使得涤纶长丝行业的竞争格局从原来的与众多中小企业依靠价格竞争逐渐转变为行业主要公司之间综合实力的较量，另外，行业竞争也从最初的产业链内部单个环节竞争，逐渐向全产业链竞争转变。除了产业龙头化趋势，涤纶长丝产能分布有向优势地域不断集中的趋势，浙江、江苏、福建是上游石油炼化企业和下游织造及纺织服装企业相对集中的区域，产业集群效应强，物流、仓储、交易成本低，区域集中度持续提升(见图4-22)。

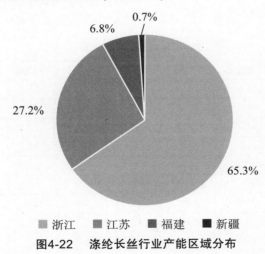

图4-22 涤纶长丝行业产能区域分布

从客户集中度来看，三家公司前五大客户占比都在20%以下，集中度不算高；供应商集中度略高，普遍在20%~30%范围内，但随着各家产业链向上游石油化工行业的延伸，原材料自给率提高，预计供应商集中度还有下降空间。

3. 经营的可持续性

从公司ESG评价的角度看，新凤鸣的Wind评级为BBB，综合得分6.41，公司治理得分6.75，嘉实ESG评分51.16，全市场排名2500。东方盛虹的Wind评级为A，综合得分7.58，公司治理得分7.63，嘉实ESG评分64.46，全市场排名1306。恒逸石化的Wind评级为BBB，综合得分6.17，公司治理得分6.52，嘉实ESG评分61.10，全市场排名1611。

从研发投入来看，2023年第三季度，新凤鸣的研发费用占比和绝对金额均为最高(2%，8.8亿元)，与另外两家(东方盛虹4.2亿元、占比0.4%，恒逸石化4.7亿元、占比0.5%)相比优势明显。新凤鸣的涤纶、锦纶、再生纤维素纤维等常规纤维品种技术水平保持世界领先地位，同时碳纤维、芳纶、超高分子量聚乙烯纤维等高性能纤维及生物基化学纤维技术水平也基本达到国际先进水平。

从竞争壁垒和驱动力来看，行业主要参与者主要通过规模化生产和精细化管理来提升生产效率、降低产品成本，同时提高产品功能化率、差异化率，提升产品附加值，进而提升企业整体盈利水平，因而具有一定的技术壁垒。作为产能驱动的模式，规模优势和资金壁垒也是重要的经营特征，而在行业下行周期，对企业而言最重要的是成本管控能力，这也是各公司向上游原材料行业延伸业务的原因。

在信用资质方面，凤鸣转债主体评级为AA，YY评级6，CM评分为3，对应5年违约率5.7%。盛虹转债主体评级为AA+，YY评级6+，CM评分为4，对应5年违约率26%。恒逸转债主体评级为AA+，YY评级6-，CM评分为4，对应5年违约率26%。虽然盛虹和恒逸的评级更高，但实际新凤鸣的债务负担更轻，偿债能力也更强。但总体而言，涤纶行业周期性和季节性的经营特点导致其长期信用基本面偏弱。

4. 现金创造能力

现金创造能力方面，三家公司的差异不大，恒逸石化表现略好(见表4-16)。

表 4-16 现金创造能力　　　　　　　　　　　　　　　　　　　　%

年份	公司名称	营收增速	扣非增速	ROE	RCIC	毛利率	净利率	周转率	杠杆率
2019年	新凤鸣	4.6	-8.4	11.6	9.5	8.5	4.0	1.7	49.1
	东方盛虹	7.0	65.2	11.5	9.0	12.1	6.5	0.9	56.3
	恒逸石化	-9.6	77.3	13.8	7.9	7.1	5.1	11.1	65.9
2020年	新凤鸣	8.3	-68.1	5.0	4.1	5.0	1.6	1.4	57.6
	东方盛虹	-8.5	-88.5	1.8	1.7	6.0	1.4	0.5	64.2
	恒逸石化	8.6	-9.0	12.8	6.9	6.9	4.4	1.0	67.2
2021年	新凤鸣	21.1	445.0	13.7	9.6	10.5	5.0	1.4	56.2
	东方盛虹	53.5	695.9	16.5	7.8	16.7	9.8	0.5	77.7
	恒逸石化	49.2	11.3	13.2	6.7	5.7	3.1	1.3	68.8
2022年	新凤鸣	13.4	-117.5	-1.3	0.3	3.7	-0.4	1.3	62.0
	东方盛虹	21.1	-93.3	1.5	1.9	7.7	0.9	0.4	78.6
	恒逸石化	17.3	-140.0	-4.2	2.3	2.3	-0.6	1.4	70.8

(四) 估值与风险

1. 正股估值简评

悲观情况下，2024年的盈利预测值：新凤鸣10亿元，东方盛虹25亿元，恒逸石化3亿元。给予PE估值8倍，以此测算下行空间分别为64%、71%、89%。以PB底部测算三家回撤空间分别为42%、68%、13%。乐观情况下，假设2024年都能够实现盈利预测最小值：

新凤鸣15亿元，东方盛虹45亿元，恒逸石化9亿元。给予历史中性估值水平15倍市盈率，对应上行空间分别为8%、0、0。简单测算来看，盈亏比偏差，主要原因系其预测离散度较高，如果只做到最保守水平的预期盈利则很难提振股价，因为不确定性比较大，机构投资者对板块的操作也较为极致。

2. 转债估值简评

3只转债的剩余期限接近，均在3年左右，反映了行业龙头在2021年开始的资本开支周期。由于2022年行业原材料价格上涨较多，利润率为负，股价下跌较多，目前转债均处于偏债型区间。其中凤鸣转债偏平衡型，平价89元，溢价率28%，且到期收益率与平价78元的盛虹转债持平(0.3%左右)，性价比尚可；恒逸转债有两期，YTM都在2.5%~2.6%，但信用风险还需要进一步甄别，另外考虑当前PB估值，下修的空间和概率也很小。

3. 潜在的风险点

潜在的风险点如下：①虽然2023年开始产能释放减缓，但过去几年新增的产能还需要时间去消化，另外2023年业绩高增有疫情后复苏的因素，后续增速可预测性不高；②长丝的盈利受油价影响较大，如果油价持续下行，长丝企业将存在库存损失，甚至会出现单月亏损的状况。

(五) 其他情况补充

涤纶行业另有两只相关的转债标的：优彩转债和三房转债，其对应正股为优彩资源(002998)和三房巷(600370)。相对行业龙头，这两家企业业务纯度和竞争力稍差。优彩资源的主营业务是涤纶短纤维(市占率3%左右，细分行业龙头)，2021年开始逐步切入涤纶长丝赛道，但目前规模不大，其下游的主要应用场景是汽车内饰和土木用非纺织布。三房巷则主要生产瓶级聚酯切片，和涤纶一样属于化工中间品，下游应用为食品饮料包装和医药化妆品包装，另有少量上游的PTA产品业务。

从转债策略来看，优彩转债是估值性价比较高的平衡偏债型标的，能够充分博弈涤纶行业的景气复苏，从历史角度看，其股价和新凤鸣走势比较一致；三房转债则是深度偏债品种，AA评级对应4%+的到期收益率也值得关注。

二、基础化工–真空绝热板转债对比

本部分主要梳理和对比赛特转债、再升转债。

(一) 主营业务介绍

转债对应的正股赛特新材(688398)、再升科技(603601)是国内真空绝热材料领域重要的参与者。赛特新材的业务相对纯粹，其真空绝热板业务占比达到97%，同时也在发力真空玻璃业务；再升科技原本是赛特新材的上游企业，深耕微纤维玻璃棉(真空绝热板芯材的原材料)的研发生产，后来逐步向下游产业链延伸，2015年开始和松下真空节能合资制造真空绝热板，营收占比约为20%。两家公司涉及的主要概念包括新材料、节能环保、冷链物流、专精特新等。真空绝热板行业主要参与者情况如表4-17所示。

表 4-17　真空绝热板行业主要参与者情况

真空绝热板行业参与者分类	主要企业
自产自用，并外购真空绝热板及芯材	日立、三菱
只生产真空绝热板(芯材需要外购)	德国Va-Q-Tec
只生产真空绝热板及芯材	再升科技、浙江兰良等
生产真空绝热板及芯材	赛特新材等

真空绝热板是真空保温材料中的一种，由填充芯材与真空保护表层复合而成，它可以有效地避免空气对流引起的热传递，因此导热系数大幅度降低，可以达到0.002~0.004W/m·K，为传统保温材料导热系数的1/10。

真空绝热板上游行业主要为玻璃纤维、尼龙膜、铝箔等原材料生产行业。下游需求主要分布在冰箱、冷柜等家电、医疗冷链等冷链物流行业，以及建筑节能行业。

2021年我国真空绝热板应用领域占比如图4-23所示。

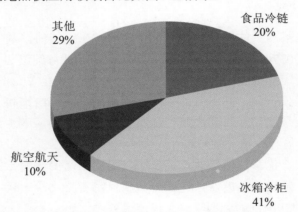

图4-23　2021年我国真空绝热板应用领域占比

从可转债募投项目来看，赛特转债募集资金4.4亿元，主要投资于赛特真空产业制造基地；再升转债募集资金5.1亿元，主要投资于高性能超细玻璃纤维棉建设项目、干净空气过滤材料改造和建设项目。

(二) 中长期投资逻辑

(1) 下游白电能效标准升级和环保替代需求带来增长空间：基于国内节能减排政策的压力，以及产品能效标准的升级及市场竞争机制的推动，冰箱、冷柜生产企业加快节能的研发进度和投入，进而催生对新型绝热材料的需求。我国真空绝热板市场规模如图4-24所示。

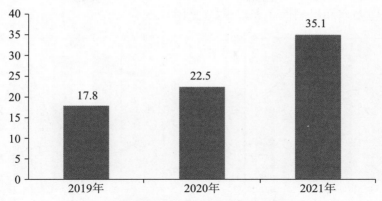

图4-24 我国真空绝热板市场规模(单位：亿元)

(2) 家电高端化趋势下，渗透率提升空间较大：真空绝热板凭借更高效的保温性能，在达到同等保温效果的情况下，厚度仅为传统材料的十分之一，可节省大量空间，成为冰箱扩大容积率的关键技术，有助于在冰箱产品高能效、高容积率的发展方向上受益。另外，与海外发达国家相比，国内真空绝热板的渗透率还比较低(不到5%)。

(三) 公司质地情况

1. 成长性和盈利水平

从财务表现来看，赛特新材以更低的杠杆率实现了和再升科技基本相同的净资产收益率水平(见表4-18)。2020—2022年，赛特新材的毛利率与再升科技的毛利率相近，毛利率变动趋势也保持一致。但两者产品结构存在差异，再升科技产品种类较多，包括玻璃纤维过滤纸、净化设备、真空绝热板芯材及保温节能材料等。

表 4-18 财务表现对比

指标名称	2019 年		2020 年		2021 年		2022 年	
	赛特新材	再升科技	赛特新材	再升科技	赛特新材	再升科技	赛特新材	再升科技
营业收入同比增长率/%	30.2	15.7	28.8	50.5	37.8	-14.0	-10.4	-0.4
扣非净利同比增长率/%	59.4	34.8	6.4	106.7	27.9	-33.6	-41.5	-44.2
净资产收益率(摊薄)/%	22.7	12.0	11.3	19.8	12.5	12.6	6.8	6.9
投入资本回报率/%	22.7	10.0	15.2	19.7	12.7	11.0	6.8	6.1
销售毛利率/%	43.2	33.1	36.4	38.1	32.2	31.0	26.6	25.8
销售净利率/%	18.5	13.5	18.2	20.9	16.0	15.5	10.0	9.6
总资产周转率/次	0.8	0.5	0.7	0.7	0.6	0.6	0.6	0.5
资产负债率/%	37.8	40.2	22.8	30.8	21.7	30.7	19.4	34.5

2022年两家公司都录得负增长，但根据赛特新材近期发布的业绩快报，其2023年收入增长32%，扣非净利润增长125%，重回高景气度状态。而再升科技2023年业绩预计表现平平，由于部分产品的下游市场第一季度需求疲软，加之新产线投产，产能还未完全释放，固定费用增加，进而导致毛利率继续下滑。

从其他化学制品行业2019—2022年的业绩表现来看，两家公司的收入和利润弹性略高，净资产收益率和净利润率表现更好(见图4-25)。

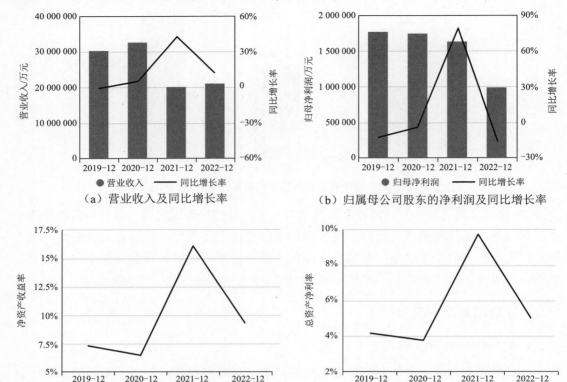

（a）营业收入及同比增长率 　　（b）归属母公司股东的净利润及同比增长率

（c）净资产收益率 　　（d）总资产净利率

图 4-25　其他化学制品行业 2019—2022 年的业绩表现

2. 稳定性和确定性

与其他中游制造材料相比，真空绝热板受宏观经济影响的敏感性相对低，但其关键原材料存在进口依赖度和供应商集中度"双高"的情况，从历史角度看，原材料和能源价格波动是影响盈利水平的重要因素。此外，绝热材料市场的技术迭代较快，真空绝热材料对传统保温材料有替代效应，但同样可能被更新型技术的材料替代。

从两家公司历史盈利预测准确度对比来看，赛特新材的历史预测误差更小，偏差基本都在6%以内，盈利预测最小值可靠性较强。再升科技除2022年以外，其他年份的预测误差尚可。其他化学制品行业2019—2022年的盈利预测偏差度为-8%、-38%、-45%、-18%，属于预测确定性比较差的赛道。

从行业竞争格局来看，国内行业领先企业的研发技术及生产规模已达到国际先进水平。赛特新材目前位于真空绝热板行业领先地位，全球市场占有率25%，而再升科技合资的松下真空节能产品全球市占率在7%左右。

从客户集中度来看，赛特新材前五大客户占比约66%，集中度偏高；再升科技前五大客户占比30%，单个客户均未超过10%。前五大供应商集中度的情况两家公司类似，赛特新材的39%略高于再升科技的32%。

3. 经营的可持续性

从公司ESG评价的角度看,赛特的Wind评级为BBB,综合得分6.97,公司治理得分7.15,嘉实ESG评分60.74,全市场排名1642。再升的Wind评级为BBB,综合得分6.94,公司治理得分7.07,嘉实ESG评分71.12,全市场排名867。

从研发投入来看,赛特新材2020—2022年的研发开支比例均在5%左右,再升科技则是逐年提升,从4%增长到7%(见图4-26)。从研发支出的绝对金额来看,再升科技基本上是赛特新材的3倍,但由于其主营的纤维玻璃属于高技术壁垒业务,实际在真空绝热板的技术投入不及赛特新材。赛特新材是中国能效标准参与编制的企业之一。

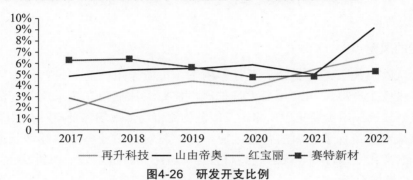

图4-26 研发开支比例

从竞争壁垒和驱动力来看,技术集成优势是最重要的护城河。对于新进入者而言,在较短时间内难以同时在芯材、吸附剂、阻隔膜、性能检测生产装备研发等方面具备成熟的技术,从而导致其生产的真空绝热板性能、质量稳定性无法与业内成熟企业相竞争,因此行业集中度近年来也有持续抬升的趋势。

在信用资质方面,赛特转债主体评级为A+,YY评级8+,CM评分为2-,对应5年违约率2.4%。再升转债主体评级为AA-,YY评级7-,CM评分为3+,对应5年违约率4.2%。两家公司的债务负担都比较轻,货币资金对有息债务的覆盖较好。

4. 现金创造能力

现金创造能力方面,两家公司作为制造业企业表现尚可(见表4-19)。

表4-19 现金创造能力对比

指标名称	2020 年		2121 年		2022 年	
	赛特新材	再升科技	赛特新材	再升科技	赛特新材	再升科技
现金收入比/%	83.2	82.5	94.9	75.9	88.5	90.2
自由现金流/(元/每股)	-2.3	0.2	0.1	0.1	0.2	-0.1
经营现金流/亿元	0.7	2.9	0.8	1.5	0.7	2.6

(四) 估值与风险

1. 正股估值简评

悲观情况下,假设两家公司都能实现2024年的盈利预测:赛特新材1亿元,再升科技

可转债投资笔记：市场策略、行业比较和个券分析

1.3亿元。给予PE估值18倍以此测算下行空间分别为50%、30%。乐观情况下，假设2024年都能够实现盈利预测最小值：赛特1.6亿元，再升1.6亿元。给予历史中性估值水平25倍市盈率，对应上行空间分别为11%、21%。简单测算来看，盈亏比不佳。

2. 转债估值简评

赛特转债是2023年上市的新券，尚未进入转股行权期，平价87元属于标准的平衡型转债。估值偏贵，溢价率30%+，隐含波动率50%+，到期收益率在零值附近。这一估值水平也基本反映了市场对其业绩快报的反馈，可作为交易高Gamma价格区间的资产。再升转债则属于偏债型品种，到期收益率接近3%，考虑到其较轻的债务负担，是比较理想的纯债替代类资产。

3. 潜在的风险点

潜在的风险点如下：①受经济下行影响下，下游家电厂商的经营压力较大，加之国内真空绝热板生产厂家2020年后大量扩产，需要关注业内竞争加剧对产品价格的影响；②真空绝热板应用主要集中在冰箱及冷链物流市场，市场容量相对有限(全球30亿美元+)，若未来对传统保温材料的替代效应不足，将对公司业务的持续增长造成不利影响。此外，纳米孔绝热材料、辐射绝热材料等新型绝热材料正处于不断发展阶段，可能导致真空绝热板被替代。

(五) 其他情况补充

根据赛特新材调研，真空玻璃领域将是其持续发力的新业务。由于真空玻璃和真空绝热板在技术上有一定的同源性，因此在研发领域有协同效应，经济上的投入产出比可行。从行业空间和格局来看，全球20亿美元的需求体量还要小于真空绝热板，但目前行业集中度更分散，选择合适的技术路线更可能弯道超车，该确定性不足，赔率尚可的新业务也是资本市场愿意给一定成长股估值的原因。

第五节　铝材料及铝压铸：明泰转债、鼎胜转债、爱迪转债、文灿转债等

铝作为全球产量最大的有色金属，被广泛应用于建筑、包装、交通运输、电力、航空航天等领域，是国民经济建设、战略性新兴产业和国防科技工业发展不可或缺的重要基础原材料。中国是全球最大的铝消费国，约占全球总消费量的1/3。铝的产业链主要由铝土矿开采、氧化铝提炼、原铝生产和铝材加工四个环节组成。

近年来，铝产业链在技术升级中不断延伸，由最初的简单铸造压延挤压向精密加工领域扩展，不断拓展铝应用领域，目前广泛应用在新兴领域，如高铁、城市轨道、太阳能板、电动汽车、核电等。最高技术水平的铝深加工应用于电子设备、汽车和航空领域的高压电子铝箔、钎焊箔等。本节将对铝材料和铝压铸两个细分行业的存量转债进行梳理和对比。

一、铝材料转债梳理和对比

明泰铝业、鼎胜新材和万顺新材都是铝加工行业的转债发行人，铝加工是指将原材料铝锭通过熔铸、轧制、挤压和表面处理等工艺与流程，生产出铝型材、管材、棒材等挤压材(占比56%)，板、带、箔等压延材(占比32%)，以及铸造材等各类铝材。这3家公司主要涉及的是板带箔类业务。

从收入结构来看，明泰铝业主打铝板带(占比77%、毛利率11.5%)和铝箔(占比16%、毛利率15%)；鼎胜新材则是铝箔主导(占比86%、毛利率13%)，铝板带次之(占比9%、毛利率8%)；万顺新材原是造纸起家(占比7%、毛利率16%)，后来逐步拓展到铝加工业务(占比64%、毛利率18%，其中铝箔占52%、毛利率10%)。

从增速来看，铝箔和铝带板也是所有铝加工产品中增速最快的产品，2021年同比增速分别为9.6%、12.7%。而从盈利能力(毛利率)来看，铝箔相对铝板带有一定优势，且下游的景气度更高(新能源相关)。根据用途差异，铝箔又可分为包装箔(占比52%)、空调箔(22%)、电子箔(2%)、电池箔(3%)，其中电池箔(锂电池的重要原材料，2021年产量翻倍)的增速最快。

铝板带箔材行业的分品类景气度情况如下。

(1) 电池铝箔：既是集流体电极，又是锂电池正极材料的载体，下游应用场景对应新能源汽车电池，2022年上半年新能源乘用车销量同比增长117%，而全球电池铝箔到2025年的预期复合增速在39%~43%。

(2) 电极铝箔：作为电解电容器的主要原材料，主要应用于消费电子(占比45%)、工业(照明、工业控制、变频)和通信领域。而变频方式是将电力输送至电网的主要手段，因此也间接受益于新能源行业，到2025年的预期复合增速在5%~6%。

(3) 包装铝箔：主要应用于烟草、食品和药品包装，主要受益于消费线上化趋势对包装的需求增长，5年的预期复合增速为4%。

(4) 铝板带：主要受益于汽车轻量化趋势对中高端铝板带材料的需求，根据中金预测，2020—2025年全球铝汽车板需求复合增速为17%，其中新能源车铝板需求复合增速达到72%。

(一) 公司基本面对比

1. 成长性和盈利水平

2019—2021年铝行业，收入增速为2%、3%、47%，利润增速为-51%、32%、304%；ROE区间为-1%~12%，ROA区间为-0.5%~6%。全行业在2018—2019年遭遇了大规模亏损，经过产能出清后，近年来逐渐从景气度底部反弹。

从盈利能力来看，2019—2021年的摊薄ROE水平：明泰为13%~17%，鼎胜为0%~8%，万顺为-1%~4%；ROIC区间：明泰为11%~16%，鼎胜为-7%~9%，万顺为1%~4%。毛利率方面，明泰为10%~12%，鼎胜为8%~11%，万顺为7%~12%；净利率方面，明泰为6%~7%，鼎胜为0%~3%，万顺为-1%~3%。从历史财务表现来看，明泰相对鼎胜和万顺都有比较大的相对优势。万顺因为有一块纸品贸易业务(占比26%，毛利率1%)拖累了盈利能力，而鼎胜的板带业务本身不如明泰的铝板带赚钱，铝箔业务虽然成长性更好，但真正比较赚钱的只有电池箔(占比10%，毛利率30%)，其他铝箔品类并不如明泰的铝箔赚钱。

2. 稳定性和确定性

在历史经营业绩的稳定性上，明泰明显更好。虽然铝箔业务占比不高，但明泰的基本盘铝板带业务的毛利率从2015年开始持续稳步提升，从5.6%到12.5%，可见公司在成本控制和经营效率(产品附加值提升，包括汽车轻量化铝、新能源用铝等)等方面都是极其优秀的。此外，还要关注万顺的铝箔业务，近五年毛利率持续下滑，从15%到9.8%，考虑到公司历史上存在较大的业绩波动性，需要谨慎看待。外销占比上，明泰为20%~30%，万顺为32%，鼎胜为35%。

从历史盈利预测的可靠性来看，所在的Wind行业——铝2020—2023年偏差系数($T-1$年预测值/T年实际值)分别为254%、174%、9%、-39%，预测的胜率属于极低水平；个股2019—2023年的预测误差率上明泰最低，预测误差率在10%以内。万顺的预测误差率最高，2019—2023年的偏离几乎都在20%以上。

从行业竞争格局来看，产量上明泰位于第一梯队(100万吨以上)，鼎胜位于第二梯队(40万~100万吨)，万顺位于第三梯队(低于40万吨)。近年来，国内铝加工行业的集中度在持续提升，但总体仍比较分散(CR6不足20%)。如果只考虑电池铝箔领域，鼎胜第一，市占率42%；万顺第七，市占率4%。

从客户集中度来看，明泰最低，前五大客户占比为9.6%(下游需求结构：建材及工业耗材43%，新能源及电子家电20%，汽车及交通领域18%，药品食品包装13%，新基建及航空军工5%)，鼎胜为23%，万顺为44%。

3. 经营的可持续性

从公司ESG评价的角度看，万顺新材高于另外两家，其Wind评级为BBB(另两家均为BB)，综合得分6.58，治理7.3；嘉实ESG评分59.84，排名1599/4828(明泰评分56.94，鼎胜仅有29.6)。

从研发投入来看，由于收入体量较大，明泰的支出绝对金额最大。研发占比上，明泰为2.5%~4%，鼎胜为3.5%~4.7%，万顺为2.6%~3.6%，并无显著的差距。

从业务的护城河来看，铝加工与传统制造业一样有资金和规模成本壁垒，但行业历史上出现过多次产能过剩的情况，进而压低业务利润率。未来电池铝箔业务计划新建产能的公司较多，虽然电磁铝箔有一定的技术壁垒(认证周期)，对于已经在铝行业入局的玩家，可能并不难突破。

信用资质方面，明泰转债为AA，鼎胜转债和万顺转债均为AA-，其中鼎胜转债的YY评级为7档。从主要的偿债指标来看，鼎胜的实际信用风险最高，资产负债率超过70%，短期债务占比85%，现金对短期债务的保障程度较低。

4. 现金创造能力

2017—2021年，明泰铝业的现金创造能力显著强于另外两家，2020—2021年的自由现金流净流入超过扣非净利润。明泰应收账款占收入比例为5%，显著低于鼎胜、万顺，收入的质量更高。现金收入比则是万顺表现更好，长期在100%以上。

(二) 估值状态对比

1. 正股估值简评

悲观情况下，假设明泰2024年盈利预测最小值15亿元，给予其历史底部估值6倍市盈率，对应底价市值78亿元，下行空间41%，历史最小PB对应下行空间40%；鼎胜2024年盈利预测最小值11亿元，给予其历史底部估值13倍市盈率，对应底价市值下行空间37%，历史最小PB对应下行空间65%；万顺2024年盈利预测最小值2.1亿元，给予其历史底部估值14倍市盈率，对应底价市值78亿元，下行空间63%，历史最小PB对应下行空间60%。

乐观情况下，假设明泰能实现2024年一致预期盈利，估值给到10倍；鼎胜和万顺能实现最小值预测(考虑到历史预测的不靠谱)，估值分别给到15和20倍，对应的目标市值和上行空间分别是：明泰看到220亿元上行空间44%，鼎胜看到300亿元上行空间33%，万顺看到84亿元上行空间9%。

从二级市场给予的估值溢价来看，万顺和鼎胜明显高于明泰，一方面是这两家的业绩弹性更大(电池铝箔的高资本开支)，另一方面是明泰下游涉及地产产业链偏多，且2022第三季度业绩不及预期，投资者可能较为悲观。

2. 转债估值简评

存量的4只转债均为偏股型品种，平价最低的万顺转2也有173元，但溢价率均在3%~9%。三家公司近期都发布过不提前赎回的公告，预计溢价率压缩空间有限，作为正股替代类资产比较鸡肋，只适合短期交易类策略或无法持有正股的账户参与。

(三) 其他信息补充

其他铝行业的转债发行人还有顺博合金、豪美新材、深圳新星、华锋股份等。

除了传统铝加工产品，明泰还布局了铝再生产业链，是国内最早开展再生铝保级利用的公司之一。万顺除了纸包装，还有部分功能性薄膜业务。

二、铝压铸转债梳理和对比

(一) 主营业务介绍

转债对应的正股爱柯迪(600933)、文灿股份(603348)和泉峰汽车(603982)都是铝合金压铸领域的上市公司，但主营业务侧重略有不同：爱柯迪主攻通用型小件和底盘系统；

文灿主攻车身结构件、动力总成系统和底盘系统；泉峰主攻动力总成系统和传动系统。其中文灿在一体化压铸领域布局较早，具有一定先发优势。从主要产品的市场空间来看，文灿经营的车身轻量化业务目前渗透率最低，前景也较好。

从主营业务结构来看，三家公司汽车零部件相关业务占比均在90%以上，泉峰有2%的家电零配件业务，文灿有3%的非汽车压铸件(也是家具家居配件)业务，爱柯迪有4%的工业类业务。铝压铸类企业主要涉及的市场概念包括一体化压铸、新能源汽车、特斯拉产业链、华为汽车、比亚迪等。

汽车铝合金精密压铸件，上游行业主要为有色金属铝的冶炼行业，主要原材料为铝锭、铝材、钢材、塑胶等。下游行业主要为汽车制造业，包括汽车零部件一级供应商、汽车整车制造商等，也包括部分家用电器厂商。

从可转债募集资金的投资和用途来看，爱迪转债募集资金15.7亿元，主要用于爱柯迪智能制造科技产业园项目；文灿转债募集资金8亿元，主要用于新能源汽车零部件和压铸精密加工制造项目；泉峰转债募集资金6.2亿元，主要用于高端汽车零部件智能制造项目。

(二) 中长期投资逻辑

(1) 一体化压铸业务市场空间较大：根据主流卖方测算，一体化压铸业务在各类汽车零部件企业的渗透率较低，提升空间广阔，预计总体市场规模有望从2023年的40亿元增长到2025年的200亿元左右。而龙头压铸厂商的远期收入弹性为10%~35%，长期复合增速有望超过30%。

(2) 铝合金压铸领域有望维持较高增速：除了汽车制造领域的应用，铝合金压铸工艺可以在飞机、储能、消费电子、通信等多个领域应用。根据PrecedenceResearch测算，2022年全球铝合金压铸市场空间达到826.7亿美元，是汽车零部件铝合金压铸市场的数倍，2027年预计达到1169亿美元。如果未来三家公司对非汽车业务的应用扩大份额，有望拓展新的增长点。

(3) 汽车用铝量的持续提升带来增长：近年来，汽车用铝零部件行业发展迅速，一方面得益于政策上不断鼓励汽车轻量化与节能减排，另一方面新能源汽车行业发展的需求在消费端刺激了铝零部件行业的发展。根据卖方测算，铝合金轻量化的市场规模预期复合增速超过15%。

(三) 公司质地情况

1. 成长性和盈利水平

爱柯迪2020—2022年收入增速为-1%、24%、33%，扣非利润增速为-9%、-35%、157%。文灿2020—2022年收入增速为69%、58%、27%，扣非利润增速为40%、3%、196%。泉峰2020—2022年收入增速为11%、16%、8%，扣非利润增速41%、-20%、-308%。作为对比，所属行业底盘与发动机系统行业2020—2022年收入增速为14%、9%、-9%、净利润增速为33%、-4%、-30%。从财务表现来看，文灿和爱柯迪的短期业绩和景气度相对泉峰具有明显优势(见表4-20)。

表 4-20 财务表现对比 %

指标名称	2020 年			2021 年			2022 年		
	爱柯迪	文灿股份	泉峰汽车	爱柯迪	文灿股份	泉峰汽车	爱柯迪	文灿股份	泉峰汽车
营业收入同比增长率	-1.4	69.3	10.8	23.8	58.0	16.5	33.1	27.2	8.0
扣非净利润同比增长率	-8.8	40.3	41.2	-34.9	3.0	-20.0	157.1	196.9	-308.3
净资产收益率摊薄	9.7	3.3	7.8	6.8	3.6	6.7	12.0	7.8	-5.4
投入资本回报率	9.3	3.3	7.7	6.2	3.6	6.0	9.7	6.3	-3.2
销售毛利率	30.3	23.6	26.1	26.3	18.5	20.8	27.8	18.5	9.3
销售净利率	16.9	3.5	8.7	10.1	2.4	7.6	15.8	4.5	-8.9

从资本回报来看，爱柯迪2020—2022年的扣非ROE水平在7%~12%，ROIC区间在6%~9%，毛利率8%~24%，净利率10%~17%；文灿2020—2022年的扣非ROE水平在3%~8%，ROIC区间在3%~6%，毛利率23%~27%，净利率2%~4.5%；泉峰2020—2022年的扣非ROE水平在-5%~8%，ROIC区间在-3%~8%，毛利率9%~26%，净利率-9%~9%。作为对比，底盘与发动机系统行业的ROE水平在5%~10%，ROA在2%~4.5%。此外，从周转率来看，文灿的营运能力好于爱柯迪和泉峰。

2. 稳定性和确定性

从历史角度看，铝压铸公司业绩波动的因素如下。

(1) 原材料价格：铝作为主要原料，其价格对成本端影响最大。

(2) 运费：近年来海运费率波动较大，对出口占比较高的企业影响大。

(3) 汇率变化：美元和欧元的汇兑损益。

(4) 下游汽车销量节奏：国内新能源汽车销量和以特斯拉为代表的海外车企景气度。

三家公司中，文灿受直接材料价格变化影响最大，爱柯迪海外销售占比最高65%且境外利润率低于国内，都需要关注。

从历史盈利预测的可靠性来看，所在子行业底盘与发动机系统2019—2022年偏差系数(T-1年预测值/T年实际值)分别为-16%、-29%、-9%、-2%，预测的胜率属于中等偏低水平；从三家公司历史盈利预测准确度对比来看，爱柯迪的误差相对较小，泉峰的预测误差最大。

从行业竞争格局来看，汽车铝压铸行业集中度非常分散，行业龙头的市占率基本都在5%以下。从市场份额来看，文灿＞爱柯迪＞泉峰。当前发展阶段中，国内主流企业仅能够专注于单一工艺或者单一品类，但还难以跨工艺实现统一布局，因此车身结构件、底盘件、三电壳体等细分领域均有龙头，但尚无"大而全"的汽车铝压铸企业。

从客户集中度来看，爱柯迪的前五大客户占比为40%左右，前两大客户占比为10%左右(法雷奥和博世)，近年来呈现出小幅下降的态势。文灿的前五大客户占比55%，第一大客户蔚来汽车，略有抬升趋势。泉峰前五大客户占比64%，为三家公司中最高，但有小幅下降态势，前三大客户为长城汽车、博格华纳、特斯拉。总体来看，爱柯迪和文灿的客户资质更好。

3. 经营的可持续性

从公司ESG评价的角度看，爱迪转债的Wind评级为BB，综合得分5.76，公司治理得分6.2，嘉实ESG评分79.4，全市场排名426。文灿转债的Wind评级为BBB，综合得分6.28，公司治理得分6.46，嘉实ESG评分51.11，全市场排名2508。泉峰转债的Wind评级为BB，综合得分5.66，公司治理得分6.69，嘉实ESG评分47.57，全市场排名2829。

从研发投入来看，泉峰的研发开支比例近年来迅速增长，截至2022年末接近10%，这一水平远高于同类汽车零部件企业。三家公司中，文灿的研发比例最低，但因收入体量的差距，实际的研发投入绝对金额差距不大(泉峰1.7亿元，文灿1.6亿元，爱柯迪2亿元)。

从业务的竞争壁垒和优势来看，铝压铸是重资产行业，持续的投入是保障企业产能及增长的主要动力来源，且不同工艺和产品品类所需要的设备、模具、材料、工艺均有差异，需要长期积累以提高良品率。盲目开发多种工艺可能带来良率的下降，以及规模效应的下降。此外，资金壁垒同样构成铝合金铸造企业的护城河，行业新进入者难以在资金投入与工艺积累上短期实现超越，加强了龙头的竞争优势。

在信用资质方面，爱迪转债主体评级为AA，YY评级7-，CM评分为3+，对应5年违约率4.2%。文灿转债主体评级为AA-，YY评级7，CM评分为3-，对应5年违约率8.7%。泉峰转债主体评级为AA-，YY评级8+，CM评分为4+，对应5年违约率25%。横向比较来看，爱柯迪的信用资质最好。

4. 现金创造能力

铝压铸企业大多属于纯打铁的商业模式，赚到的钱基本都要重新用于资本开支，近年来行业的资本市场融资活动频繁，其商业模式决定了长期基本没有净流入的自由现金流。横向比较来看，文灿和爱柯迪的现金创造能力明显好于泉峰(见表4-21)。

表4-21　现金创造能力对比

指标名称	2020 年			2021 年			2022 年		
	爱柯迪	文灿股份	泉峰汽车	爱柯迪	文灿股份	泉峰汽车	爱柯迪	文灿股份	泉峰汽车
现金收入比 / %	101.87	88.39	96.02	110.69	90.32	101.44	93.73	92.23	86.80
每股企业自由现金流量 / 元	0.07	2.54	1.07	-1.39	0.10	-3.17	-0.59	-0.52	-7.42
经营现金流量净额 / 亿元	7.41	7.83	2.12	4.81	4.15	-105	6.47	5.80	-5.27

(四) 估值与风险

1. 正股估值简评

悲观情况下，假设2024年能够实现盈利预测最小值(泉峰无盈利预测)，爱柯迪8亿元，文灿1亿元。分别给予历史极低估值水平15、25倍市盈率，对应底价市值分别为120亿元，25亿元，下行空间分别为32%、64%。历史底部PB爱柯迪1.7倍，文灿1.6倍，泉峰0.9倍，以此测算对应下行空间分别为46%、27%、10%。

乐观情况下，假设2024年可以实现盈利预期，爱柯迪11亿元、文灿4亿元，按历史中性估值分别给予20倍和30倍，分别给予其目标市值220亿元、120亿元，对应上行空间22%、76%。简单测算来看，文灿的弹性较大，这也与其业绩连续不及预期，景气度在周期底部相关。

2. 转债估值简评

3只转债处于不同的价格带，文灿转债属于偏股型，爱迪转债是平衡型，泉峰转债是偏债型。从转债估值的角度看，文灿可能比较鸡肋，之前公告的承诺不赎回时间到4月，但目前仍然顶着接近30%的溢价率；反而是泉峰转债值得关注，正股在PB估值底部，转债YTM超过6%，是理想的低等级信用债平替资产；爱迪转债估值也比较合理，转股溢价率14%处于同类偏低水平，同时隐含波动率为20%左右，远低于其正股历史波动，期权定价合理。

3. 潜在的风险点

潜在的风险点如下：①近年来，铝压铸企业均有外拓产品线的倾向，但各家新业务都存在增收不增利的问题，转型期可能会导致盈利能力下滑；②普遍存在单一大客户依赖度过高的情况；③当前市场供大于求，行业竞争加剧，可能会迎来较长时间的产能出清；④一体化压铸概念被投资者热捧，此前市场相关标的还比较稀缺，但近年来上市的压铸企业越来越多，相应溢价可能会被压缩。

(五) 其他情况补充

2020年末，文灿收购了全球领先的铝合金压铸件生产企业法国百炼集团，百炼在低压和重力铸造等领域的技术优势和文灿比较互补，这项资本运作进一步扩充了产品品类。此外，爱柯迪和文灿都在墨西哥布局了生产基地，采取的模式是先与当地公司合资，实现量产和团队成熟后再收购外资股权，这一举措是为了更好地服务北美大厂客户，但随着政治局势的变化，可能投入产出比还要重新权衡。

第六节　煤炭及钢铁：淮矿转债、平煤转债、中特转债等

中国是全球钢铁和煤炭最大的产销国，在国际市场具有举足轻重的地位。钢铁、煤炭等传统的重资产行业经历了2015年以来的去产能，行业产能过剩问题基本得到缓和，后续行业发展的重心或在提高生产效率和降低生产成本方面。同时，近年来我国在钢铁、煤炭行业领域掀起了一股兼并重组、产业链集群的浪潮，行业的供需格局有所改善，存量上市公司的质地总体较好。煤炭和钢铁行业具有较多的共同点：①资源属性强，产品同质化严重；②重资产、高杠杆经营，难有超额收益；③行业景气度受宏观经济影响较大；④行业集中度持续提升。本节将煤炭和钢铁转债放在一起进行梳理和对比，供读者参考。

一、煤炭-焦煤转债梳理和对比

(一) 主营业务介绍

淮矿转债和平煤转债对应的正股淮北矿业(600985)、平煤股份(601666)是国内焦煤领域的龙头公司。两家公司的煤炭部分业务结构类似，都是以焦煤和动力煤作为主要产品，不过淮北矿业的产业延伸较多，其煤炭主业(煤炭+煤化工)占比已下降到50%左右，而商品贸易业务也占比50%左右。两家公司涉及的主要概念包括煤炭、国企改革、高股息、红利低波等。

从产业链的相对位置来看，上游厂商为煤矿，原材料是原煤。焦煤和动力煤属于产成品，从下游应用场景来看，焦煤主要用于炼制焦炭，进而供钢铁、化工等行业使用；而动力煤则主供电力、建材行业。

2022年，全国动力煤、焦煤产量分别占比63%、29%。中国煤炭生产和消费量分别占世界的52%、55%。另外，我国煤炭供需存在错配，煤炭资源储量与产量集中在华北、西北，而煤炭消费集中在华北、华东。从焦煤产量分布来看，则主要集中在山西。

由于我国煤炭资源分布和消费结构不平衡，煤炭主产区距离消费区较远，导致我国煤炭运输的基本格局为北煤南运和西煤东送，所以煤矿资源和运输能力瓶颈是影响煤炭销售的主要因素。从资源和区域的相对优势来看，淮北矿业更好，其资源量及可采年限更高，且地处华东腹地，靠近经济发达的长三角地区，区域下游产业发达，具有更好的运输优势。

从2023年前三季度的经营情况来看，两家公司的吨煤成本较为接近，淮北矿业的产品价格和利润率表现更好，而平煤股份的产销量更大(见表4-22和表4-23)。

表4-22　2023年前三季度淮北矿业经营业绩情况

原煤产量	商品煤销量	吨煤售价	吨煤成本	吨煤毛利率
1674.76万吨	1379.65万吨	1198.98元/吨	624.57元/吨	47.91%
同比-6.76%	同比-9.48%	同比+0.79%	同比-9.45%	同比+5.89%

表4-23　2023年前三季度平煤股份经营业绩情况

原煤产量	商品煤销量	吨煤售价	吨煤成本	吨煤毛利率
2305万吨	2311万吨	955元/吨	647元/吨	32.25%
同比+1.7%	同比-2.0%	同比-16.6%	同比-12.5%	同比-24.1%

从可转债募投项目来看，淮矿转债募集资金29亿元，主要投资于煤矿智能化建设改造项目并偿还借款；平煤转债募集资金30亿元，主要投资于甲醇综合利用项目并偿还公司债务。

(二) 中长期投资逻辑

(1) 焦煤的供需格局偏紧，利好煤炭价格：一方面，2016年以来供给侧改革，落后产能持续出清，海外进口快速增长，2023年蒙古和俄罗斯的焦煤进口放量；另一方面，国内资源短缺问题和焦煤生产的安全事故不断(焦煤矿本身瓦斯含量高，所以比动力煤事故率高)导致增产难度大。因此，焦煤价格可能持续维持在相对高位。

(2) 长协价格制度支撑下，有利于行业长期稳定发展：焦煤上下游厂商及协会已形成了"2+4+4"的协商定价机制，自觉履行焦煤中长期合同，且长协价格2022年以来上调约200元/吨。焦煤公司长协煤比例及定价方式如表4-24所示。

表4-24　焦煤公司长协煤比例及定价方式

公司	长协煤比例	定价方式
山西焦煤	80%~90%	季度调价
淮北矿业	80%以上	季度调价
平煤股份	90%以上	季度调价
冀中能源	80%	月度调价

(三) 公司质地情况

1. 成长性和盈利水平

从财务表现来看，平煤股份的收入和利润增速更快，盈利水平也出现持续改善的趋势。淮北矿业的周转率显著更高，与其贸易业务占比更高相关(见表4-25)。

表4-25　财务表现对比

指标名称	2019 年		2020 年		2021 年		2022 年	
	淮北矿业	平煤股份	淮北矿业	平煤股份	淮北矿业	平煤股份	淮北矿业	平煤股份
营业收入同比增长率/%	4.0	13.5	−13.0	−5.3	24.3	32.6	5.5	21.4
扣非净利同比增长率/%	150.6	60.5	0.0	29.0	44.7	100.1	47.7	96.8
净资产收益率摊薄/%	19.1	8.1	16.3	8.9	17.5	17.4	21.0	26.3
投入资本回报率/%	10.7	6.4	9.6	7.3	11.5	12.3	14.4	18.5
销售毛利率/%	16.5	20.7	18.2	28.0	19.8	27.6	23.2	34.4
销售净利率/%	6.0	5.6	7.0	7.3	8.0	11.0	10.3	17.2
总资产周转率/次	1.0	0.5	0.8	0.4	0.9	0.5	0.9	0.5
资产负债率/%	64.4	70.0	62.0	66.8	56.7	69.9	54.8	66.6

从焦煤行业2019—2022年的业绩表现来看，两家公司的盈利水平基本领先行业，但淮北矿业增速慢于行业平均，与其非煤业务占比较高相关，这部分景气度明显弱于煤炭行业(见图4-27)。

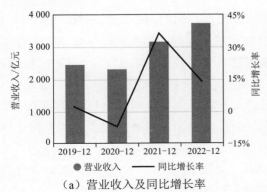

（a）营业收入及同比增长率　　　　　（b）归属母公司股东的净利润及同比增长率

图4-27　焦煤行业2019—2022年的业绩表现

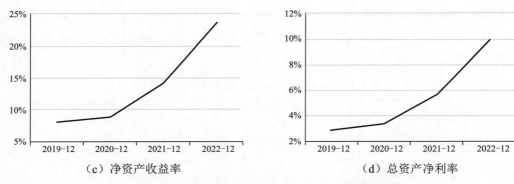

（c）净资产收益率 　　　　　　　（d）总资产净利率

图4-27　焦煤行业2019—2022年的业绩表现(续)

2. 稳定性和确定性

焦煤属于受宏观经济影响较大的行业，终端需求占比有35%来源于房地产需求，同时产成品的标准化程度高，差异较小。由于经营杠杆较高，产品价格是影响其盈利水平最关键的因素。

从两家公司历史盈利预测准确度对比来看，淮北矿业的历史预测误差更小，偏差基本都在7%以内，盈利预测最小值可靠性强。平煤股份的预测误差稍大，但也在合理范围内。焦煤行业2019—2022年的盈利预测偏差度为-13%、-35%、-24%、-4%，属于预测确定性比较差的赛道。

从行业竞争格局来看，山西焦煤和潞安环能的产量和市场占有率位于国内企业第一梯队，淮北矿业和平煤股份则位于第二梯队。

从客户集中度来看，淮北矿业前五大客户占比约16%，较为分散；平煤股份前五大客户占比70%较为集中，但如果剔除作为第一大客户的关联方平煤神马集团，则集中度差异不大。前五大供应商集中度的情况类似，平煤股份的44%显著高于淮北矿业的12%。

3. 经营的可持续性

从公司ESG评价的角度看，淮北矿业的Wind评级为BB，综合得分6.08，公司治理得分5.99，嘉实ESG评分60.54，全市场排名1664。平煤股份的Wind评级为BB，综合得分5.8，公司治理得分6.54，嘉实ESG评分66.71，全市场排名1151。

从研发投入来看，淮北矿业2020—2022年的研发开支比例均在2.5%左右，而平煤不到2%，主要原因在于前者的煤化工业务天然对技术更为依赖。单纯对比焦煤的工艺技术来看，平煤股份的洗选工艺具备一定优势，掌握较多关键技术，淮北矿业则依托炼焦煤资源的禀赋优势，在煤炭洗选深加工上拥有处理复杂地质条件的能力。

从竞争壁垒和驱动力来看，区位优势带来的原材料资源和交通网络物流便利是最重要的壁垒；其次是资金规模优势和生产工艺水平的技术壁垒。另外，由于煤炭开采受到政府的行政管制，属于半垄断竞争的行业。

在信用资质方面，淮矿转债主体评级为AAA，中债资信AA，YY评级5，CM评分为2，对应5年违约率1.2%。平煤转债主体评级为AAA，中债资信A+，YY评级6-，CM评分为3+，对应5年违约率3.6%。两家公司的偿债能力在行业处于前列，从历史存量债券到期收益率的角度来看，淮北矿业的资质更好。

4. 现金创造能力

现金创造能力方面，两家公司都比较好，2022年来看，淮北矿业表现更好(见表4-26)。

表4-26 现金创造能力对比

指标名称	2020 年		2021 年		2022 年	
	淮北矿业	平煤股份	淮北矿业	平煤股份	淮北矿业	平煤股份
现金收入比/%	73.71	90.05	85.28	102.18	111.57	108.58
每股自由现金流/元	0.03	0.96	1.74	3.39	2.09	1.17
经营现金流/亿元	55.08	26.14	110.53	84.37	166.69	109.20

(四) 估值与风险

1. 正股估值简评

悲观情况下，淮北矿业的底部PB为0.8，平煤股份为0.6。以此测算下行空间分别为38%、59%。乐观情况下，假设2024年都能够实现盈利预测最小值：淮北矿业70亿元，平煤股份43亿元。分别给予历史中性估值水平8倍市盈率，对应上行空间分别为19%、5%。因煤炭价格难以预测，以上测算可能失真，仅供参考。

2. 转债估值简评

两只转债定位比较相似，都在接近触发赎回线附近，是全市场为数不多的偏股型转债。转股溢价率基本归零，适合作为短期博弈煤炭价格的波段交易工具，但不具有长期持有的价值。另外，转债正股都具有比较强的高股息特征，转债转股后可以考虑作为债券资产的替代。

3. 潜在的风险点

潜在的风险点如下：①平煤股份有一定关联交易的风险，其大股东平煤神马集团对公司的关联方占款比例较高，有一定拖累；②与同行业上市公司相比，淮北矿业和平煤股份的矿井开采条件偏差，安全费用计提较高增加了运营成本；③长期来看，能源结构调整仍是大势所趋，煤炭的长期需求面临下滑。

(五) 其他情况补充

近期市场对印度煤炭行业比较关注，其境内大规模的制造业投资、基础设施建设和房地产建设投资将带来增量的煤炭需求。同时，印度焦煤资源禀赋限制，尤其是优质主焦煤资源稀缺，预计将保持80%的对外依存度，这一供不应求的格局被认为是对我国焦煤市场的潜在利好。

二、钢铁-特钢转债梳理和对比

中信特钢、甬金股份、广大新材都属于特种钢材类的转债发行人，但其经营的细分领域并不相同，以下分别介绍。

中信特钢为中信集团旗下从事专业化特殊钢材料的行业龙头子公司，年产能约1600万吨(连续5年为全球最大特钢生产企业)，核心产品包括合金钢棒材(占比46%，毛利率18%)、特种中厚板材(占比13%，毛利率16%)、特种无缝钢管(占比10%，毛利率15%)、特冶锻造、合金钢线材(占比17%，毛利率17%)。从细分品类来看，公司的轴承钢(市占率42%)、汽车钢(市占率65%)、能源用钢和胎圈帘线均为国内第一。下游需求结构方面，占比最高的分别是汽车(40%)、工业制造(20%)和金属产品(17%)。

甬金股份是国内第一梯队的冷轧不锈钢供应商，公司在宽幅冷轧不锈钢板带(占比88%，毛利率5%)和精密冷轧不锈钢板带(占比6%，毛利率13%)领域分别为行业第三和第一，市占率分别为11%和17%，主要应用领域包括家电、机械设备、汽车。公司在建产能较为积极，预计2024年新增产能复合增速在24%左右。

广大特材为高端装备特钢材料和新能源风电零部件的生产商，核心产品包括齿轮钢、磨具钢、高温合金、特种不锈钢、风机铸件、风电主轴、风电精密机械部件等。应用领域包括新能源风电(占比52%，毛利率21%)、能源装备(占比17%，毛利率7%)、机械装备(占比11%，毛利率20%)、精密模具(占比5%，毛利率14%)、军工核电(占比4%，毛利率21%)、海洋石化装备、航空航天、轨道交通等。

以上3家转债发行人的长期投资逻辑如下。

中信特钢：受益于国家"新基建"和"加大钢铁行业创新能力"的政策，高精尖领域的中高端钢材产品迎来发展机遇，特别是"卡脖子"领域的材料需求；能源用钢与风电市场的需求匹配，到2025年风电装机量预期复合增速5%~15%；管网建设用钢预期复合增速8%，公司收购天津钢管后已切入该领域，市占率15%~20%。

甬金股份：不锈钢冷轧增速显著高于行业整体，宽幅和精密冷轧2017—2021年复合增速分别为19和13%；下游汽车产销规模预期复合增速7.3%，有望带动冷轧不锈钢板在汽车配件和装饰材料中的应用需求；地产竣工端改善带动家电需求；与上游龙头(青山集团)合资设厂，也因此实现更优的原材料采购价格和付款账期。

广大特材：和中信特钢类似，也受益于风电领域的装机需求，带动其风机零部件产品的需求增长，其中风电铸件的预期复合增速在13%左右；公司传统的齿轮钢、高温合金等特钢产品有望受益于原材料价格的下降(未来钢价低位运行)；目前国内高精度大型风电齿轮市场空白，高端特殊合金领域也有进口替代空间，公司在这两个方向都投放了产能，预计2024年达产。

(一) 公司基本面对比

1. 成长性和盈利水平

从特钢行业2017—2021年情况来看，收入和利润基本实现了持续增长(2019年小幅负增长), 利润的波动大于收入, 反映行业利润率并不稳定(见图4-28)。从盈利能力来看, 行业ROE在13%~19%区间, ROA在5%~8%区间。

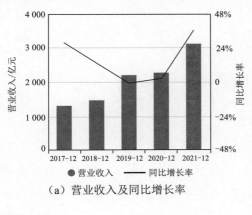

（a）营业收入及同比增长率

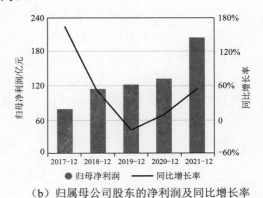

（b）归属母公司股东的净利润及同比增长率

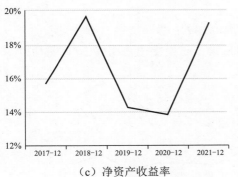

（c）净资产收益率

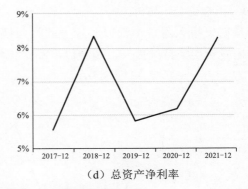

（d）总资产净利率

图 4-28　特钢行业 2017—2021 年业绩表现

从盈利能力来看, 2019—2021年的摊薄ROE水平: 中信在21%~24%, 甬金在12%~16%, 广大在5%~13%; ROIC区间: 中信在16%~28%, 甬金在12%~13%, 广大在5%~12%。毛利率方面, 中信为17%~18%, 甬金为5%~6%, 广大为18%~22%; 净利率方面, 中信为7%~8%, 甬金为2%~3%, 广大为6%~9%。可以看出甬金虽然收入体量和中信不相上下, 但产品的总体附加值较低, 采取低利润率, 高周转率的模式将ROE维持在了合格水平。而中信特钢作为传统制造业企业, 能长期保持20%左右的净资产回报率, 堪称优秀。

2. 稳定性和确定性

在历史经营业绩的稳定性方面, 中信特钢相对更好, 一是通过广泛的下游覆盖和海内外布局, 对冲单一行业或单一市场下行对公司的影响; 二是通过战略合作深度绑定下游中高端客户, 实现公司业绩稳定增长, 弱化其公司自身作为钢铁公司的周期性。在钢铁行业过往多轮下行周期中, 中信特钢业绩表现均大幅超过行业平均水平。

从历史盈利预测的可靠性来看, 所在的Wind行业铝2018—2021年偏差系数(T-1年预测值/T年实际值)分别为206%、97%、60%、123%, 预测的胜率属于中等偏上; 个股2017—2021年的预测误差率上中信特钢最低, 预测误差率在5%以内。广大的预测误差率最高，2020—2021年的偏离在10%~33%。

根据国内特钢行业上市企业披露的产量数据，2020年中信特钢的特钢产量市占率接近20%，位居行业领先地位；方大特钢、太钢不锈企业市占率在5%以上；广大特材市占率接近1%左右，排第8(甬金因行业分类问题未列入)。市占率CR1不超过20%，CR5不超过50%，整体来看，行业企业集中度一般，尚有提升空间。

从客户集中度来看，中信特钢最低，前五大客户占比为10%，甬金占88%(广青金属、青山集团、物产中大、酒钢博创、太钢天管)，广大特材占62%(Jacquet、江苏金源、振宏锻造、南京高精传动、阳明智慧)。

3. 经营的可持续性

从公司ESG评价的角度看，广大特材低于另外两家，其Wind评级为BB(另两家均为BBB)，综合得分6.69，治理6.77；嘉实ESG评分51.55，排名2286/4828(中信特钢评分73.69，甬金评分76.61)。

从研发投入看，中信以其较大的收入规模和研发费用率保持绝对领先地位，广大近年来研发费用率持续提升，甬金因产品结构相对低端，研发支出占比偏低(见图4-29)。

图4-29 研发支出占比对比

从业务的护城河来看，特种钢铁材料首先具有一定的技术壁垒(复杂的工艺流程)，特别是在精密设备零部件领域。其次作为传统制造业，其资金密集型属性和规模成本效应天然带来了进入门槛。另外，特钢的供应商准入需要客户接洽、现场考察、样品开发选送、抽样检测、试生产、批量生产等一系列过程，筛选耗时较长。

在信用资质方面，中特转债为AAA，甬金和广大均为AA-。三家公司的债务负担都比较重，呈现短债占比高、流动和速动比率不足的情况。相对而言，广大特材的信用资质最弱，EBITDA对带息债务的覆盖率仅为20%。

4. 现金创造能力

2017—2021年来看，中信特钢的现金创造能力显著强于另外两家，连续5年的自由现金流净流入为正且净流入显著超过扣非净利润。应收账款占收入比例，广大特材明显高于另外两家，为20%~30%。中信特钢和甬金的净营运资本占用均为负值，反映出其在产业链中相对强势的地位。

(二) 估值状态对比

1. 正股估值简评

悲观情况下，中信特钢2022年盈利预测最小值60亿元，给予其历史底部估值7倍市盈率，对应底价市值420亿元，下行空间55%，历史最小PB对应下行空间67%；甬金2022年盈利预测最小值4.5亿元，给予其历史底部估值10倍市盈率，对应底价市值45亿元下行空间55%，历史最小PB对应下行空间42%；广大特材2022年盈利预测最小值1.2亿元，给予其历史底部估值10倍市盈率，对应底价市值12亿元下行空间79%，历史最小PB对应下行空间40%。

乐观情况下，假设中信特钢和甬金都能实现2024年一致预期盈利，估值分别给到12倍和15倍；广大新材能实现最小值预测，估值给到15倍，对应的目标市值和上行空间分别是：中特看到1260亿元上行空间33%；甬金看到195亿元上行空间88%；广大看到84亿元上行空间38%。

2. 转债估值简评

中特转债平价75元，纯债溢价率20%，属于平衡偏债型品种，估值显著低于甬金转债和广大转债。后两者平价均在85元附近，而转股溢价率几乎和中特转债一样，纯债溢价率基本是中特的2倍，反映了投资者对其业绩弹性给予的溢价。

(三) 其他信息补充

中信特钢的研发人员数量超过3000人，人均研发经费为98万元。专利数量位于全球特钢企业第五位。其主要产品相对其他同类钢铁企业的均价溢价率为10%~30%，毛利率也高于海外可比钢铁企业。

第七节　机械设备：精测转债、苏试转债、君禾转债等

我国机械工业规模已居全球第一，在国内的经济体系中，机械设备行业位居产业链中游，产品种类繁多，应用广泛，在制造业各环节中具有不可代替的地位。机械设备行业上游为钢铁、有色等原材料行业，下游为房地产、基建、汽车、3C、新能源、环保、纺织、农业生产、交通运输等行业。

机械设备种类繁多，包括专用设备、通用设备、运输设备、仪器仪表等。其中，专用设备包括工程机械、冶金矿采化工设备、环保设备、光伏设备、锂电设备、3C设备、半导体设备、印刷包装机械、纺织服装设备、农用机械等，通用设备包括机床工具、注塑机、机器人、机械基础件、磨具磨料等，运输设备包括轨交设备、海工船舶设备等。本节选取机械设备行业的两个子行业(半导体检测和水泵)的转债进行梳理和对比。

一、机械设备-半导体检测转债梳理和对比

本部分所介绍的转债对应的正股涉及从事仪表仪器和检测设备研发的3家公司，主要业务都涉及半导体检测领域。从半导体产业链的角度看，检测设备供应商位于中游(上游为原材料供应商，下游为晶圆厂)。广义的半导体检测主要包括晶圆制造检测(前道检测，晶圆厂投资占比10%，技术门槛高)和封装测试(后道检测，晶圆厂投资占比8%，封装过程的测试)，精测(前道检测为主)、华兴(后道检测为主)为半导体检测设备的制造商，而苏试是检测服务的第三方提供商。根据前瞻产业研究院测算，半导体检测设备市场的预期增速在20%左右。

(一) 公司介绍与投资逻辑

1. 精测电子(300567.SZ)

精测电子是做平板显示检测系统(AOI光学检测系统34%、毛利率36%，OLED调测系统16%、毛利率46%，信号检测系统24%、毛利率59%)业务起家，通过技术升级逐步切换到半导体检测(占比6%、毛利率37%)和新能源检测(占比10%、毛利率29%)领域。在半导体领域的主营产品包括膜厚量测系统，光学关键尺寸量测系统，电子束缺陷检测系统和自动检测设备(ATE)等；在新能源领域的主要产品为锂电池生产及检测设备，主要用于锂电池电芯装配和检测环节等，包括锂电池化成分容系统、切叠一体机、锂电池视觉检测系统和BMS检测系统等。

此外，目前公司的半导体和新能源业务还处于投入期亏损状态，靠平板显示检测业务支持。

公司长期投资逻辑包括：①半导体检测设备全球市场160亿美元，其中前道检测设备的国产化率不足3%，是急须解决的"卡脖子"环节，而公司在这一领域已经取得了突破(膜厚/OCD量测设备、电子束量测设备)；②面板显示业务随着Mini-LED、Micro-LED等新型显示技术兴起(Mini-LED预期复合增速140%)，有望打开新的增长空间；③新能源检测受益于下游电池厂商快速扩产和全球锂电设备高增长(预期复合增速12.5%)。

2. 华兴源创(688001.SH)

华兴源创在面板显示测试领域的业务与精测电子类似，主要产品包括自动化检测设备、老化检测设备、光学检测设备、信号检测设备、显示检测设备，其中在AMOLED领域市场份额为32%，居国内第一。在新兴业务领域的布局主要包括半导体检测、新能源汽车电子检测、可穿戴设备检测等(具体占比未披露)。公司是苹果手机屏幕检测设备核心供应商，并与国际知名平板厂商三星、夏普、LG、京东方、JDI等建立了长期、稳定的合作关系。

公司的长期投资逻辑包括：①与精测电子类似，行业Beta层面同时受益于LED技术进步、半导体检测设备国产化率提升等因素带来的第二增长曲线；②公司目前布局的后端测试设备SOC和RF测试机国产自给率分别为4%和5%，未来提升空间较大；③新能源

车检测市场快速成长(包括乘车测试和零部件测试),公司已经获得了特斯拉供应商资格,预计将跟随行业增长(新能源汽车测试设备预期复合增速21%,2027年看到50亿元)。

3. 苏试试验(300416.SZ)

苏试试验是国内领先环境与可靠性试验设备、试验服务及解决方案提供商,在环境与可靠性试验领域、集成电路检测领域有较强的影响力。公司主营业务包括设备制造(占比35%、毛利率32%)、环境与可靠性试验服务(占比47%、毛利率55%)、集成电路验证与分析服务(占比12%、毛利率51%),应用场景覆盖航空航天(占比14%、毛利率50%)、电子电器(占比42%、毛利率48%)、汽车(占比8%)、船舶兵器(占比2%)、科研院校(占比20%、毛利率44%)、集成电路设计、晶圆制造及集成电路封装等多个领域。

与精测电子和华兴源创不同的是,苏试试验并不是做检测起家,且并不直接生产、制造半导体检测设备,而是提供检测服务。公司在2019年收购了上海宜特,也因此切入芯片检测业务,发展成为"元器件—零件—部件—终端产品"半导体产业链一体化的服务机构。

公司的长期投资逻辑包括:①公司业务基本盘逐步从试验设备制造过渡到可靠性试验服务,特别是第三方检测业务下游的景气度较高(航空航天、汽车、电子)的行业,预期市场空间在百亿元量级;②通过收购切入的半导体检测业务与其原有的集成电路验证分析服务有望持续形成协同效应,让公司得以凭借环试服务与芯片检测积累的客户基础,全面进军EMC测试、材料疲劳、软件测试、元器件筛选等新领域;③设备与环境试验业务切入新能源汽车的研发端和生产端,有望受益于新能源车厂商研发开支的提升。

(二) 财务基本面评估

1. 成长性和盈利水平

从仪器仪表行业2019—2021年的业绩表现来看(见图4-30),收入增速分别为12%、2%、32%,利润增速分别为34%、-8%、15%;ROE区间在5%~8%,ROA区间在3%~5%。根据盈利预测综合,2022—2024年全行业的收入预期增速为-3%、-30%、23%,利润增速为15%、-20%、28%。

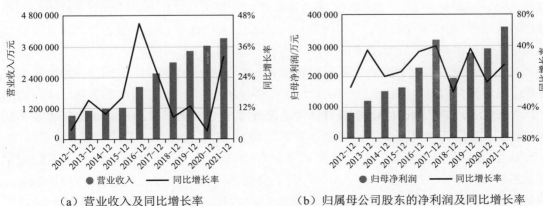

　　　(a)营业收入及同比增长率　　　　　(b)归属母公司股东的净利润及同比增长率

图4-30　仪器仪表行业2019—2021年的业绩表现

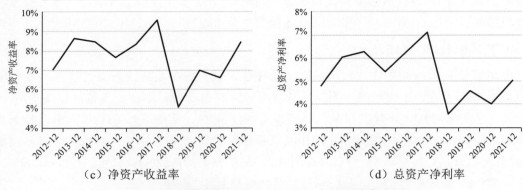

（c）净资产收益率　　　　　　　　　　　（d）总资产净利率

图4-30　仪器仪表行业2019—2021年的业绩表现(续)

从收入体量来看，3家公司基本属于接近水平，精测电子最高，但与完全同行业的竞争对手华兴源创相比差距在缩小。从收入增速来看，苏试试验2020—2021年明显更高。3家公司的一致预期增速比较接近，均在15%左右，与下游客户和应用场景的景气度比较匹配。

从利润表现来看，近年来华兴源创对精测电子实现了反超，这也与两家公司的竞争策略有关：在半导体检测设备的技术路线选择上，华兴源创选择了"更容易"的后道环节，精测电子选择的是"技术门槛更高"的前道环节，因此前者的当期利润表现更好，后者还处于高投入期，不可避免地会拖累财务绩效。而苏试试验的利润增速比两家设备商更快，利润体量与精测电子基本持平。

从盈利能力来看，华兴源创相对领先，3家公司的产品附加值都比较高。精测电子的半导体和新能源业务毛利率不如其传统的平板显示检测业务高，且实际的费用率更高，因此对公司的利润率拖累比较明显。苏试试验的ROE最高，且毛利率和净利润率的稳定性极高，反映了公司稳健的经营能力。

2. 稳定性和确定性

从经营的周期性来看，精测电子和华兴源创下游的平板显示设备存在较大的行业周期(参考京东方、利亚德历史业绩情况)，同时由于以设备制造业务为主，原材料(芯片、电子元件、电源连接器、PC电路板等)占成本端的比例更高。此外，华兴源创还有36%的外销收入(主要来自苹果公司)，因此相对苏试试验这种"轻设备、重服务"的模式而言，华兴源创和精测电子的经营周期性更强。

从历史盈利预测的可靠性来看，所在的Wind行业电子设备和仪器2018—2021年偏差系数(T-1年预测值/T年实际值)分别为87%、83%、76%、80%，预测的胜率属于较高的水平；个股2017—2021年的预测误差率来看，苏试试验相对更低，2017—2021年误差率区间在-8%~12%，精测电子2017—2021年的误差率为-17%~6%，华兴为-34%~2%。

从行业竞争格局来看，半导体测试设备市场被美国、日本企业垄断，主要的玩家包括科磊半导体、应用材料、日立等。其中科磊半导体一家独大，根据VSLIResearch的统计，其在过程测试设备合计市场份额中的占比为50.8%，全球CR5占比超过了82.4%，市场集中度较高。从国内检测行业整体来看，CR6不足10%，还比较分散，其中苏试试验排名第五，市占率0.3%。

从客户集中度来看，苏试试验最低(13%)，精测电子最高(72%)，2018年披露的前五大客户为京东方(占收入比例32%)、中国电子(19%)、TCL(14%)、维信诺(9%)、明基友达(7%)。华兴前五大客户占比50%(京东方12%，苹果12%，LG集团11%，立讯8%，三星7%)。

3. 经营的可持续性

从公司ESG评价的角度看，华兴源创和精测电子的Wind评级为BBB，得分接近，苏试试验为BB。精测电子的综合得分最高为6.31，公司治理得分6.99，在电子设备排名103/351，嘉实ESG评分67.64(与苏试试验接近)，全市场排名977/4828。

从研发投入来看，3家公司都属于技术密集型企业，精测电子的支出比例最高，长期在15%~20%区间，华兴略低于精测，苏试更低一些在5%~10%区间。开支的绝对金额，精测最高，在4.5亿元左右。从专利数量来看，精测有391项，华兴有345项，苏试有244项。技术人员占比上，精测48%，华兴39%，苏试49%。

从业务的护城河来看，检测设备与服务有较高的技术壁垒。检测设备对平板显示、集成电路和可穿戴产品质量有严格的把控作用，对设计、研发、制造能力均有较高的技术要求。同时，随着下游产品更新迭代，设备制造企业需要紧跟下游产品研发动态、掌握新技术，不断提高自身的创新能力和研发能力以满足客户多样的生产需求，还要兼顾产品质量和成本控制。

在信用资质方面，精测转债为AA-，中证隐含评级AA+；华兴转债AA-，中证隐含评级AA；苏试转债A+。从主要偿债指标来看，华兴转债的信用资质最好。

4. 现金创造能力

从自由现金流表现来看，苏试稍好于精测华兴，2017—2021年FCF小幅为负。3家公司的应收账款比例基本都在40%以上，现金收入比均为90%~100%。经营性现金流表现上，精测最差，苏试相对好一些。总体来看，几家公司的现金创造能力都比较弱。

(三) 估值情况对比

1. 正股估值简评

悲观情况下，精测、华兴、苏试在2022年分别实现净利润2.5亿、3.2亿元、2.6亿元，给予20倍市盈率估值，对应底价市值50亿元、64亿元、54亿元，下行空间分别为67%、50%、51%。以历史极低市净率测算下行空间分别为27%、20%、29%。

乐观情况下，3家公司2024年分别能实现净利润4.9亿元、7.6亿元、4.8亿元，给予其历史中性估值在30倍市盈率左右，以此测算目标市值分别为147亿元、228亿元、144亿元，对应上行空间分别为2%、88%、41%。

2. 转债估值简评

精测电子和华兴转债都是平衡型标的，精测电子上市时间较长估值偏低，平价108元，转股溢价率25%，华兴转债上市较晚且有一定的次新属性溢价，但也算合理(溢价率

30%+30%，即转股溢价率30%+纯债溢债率30%）。苏试为偏股型品种，平价200元，不承诺赎回有效期到2022年11月底，随时都可能强赎退市。

(四) 其他信息补充

仅就半导体检测设备的赛道投资而言，业务更纯粹的公司是华峰测控和长川科技(相关收入占比都在90%以上)，相比之下，精测、华兴都属于"半路出家"，是从面板检测转型的，而苏试属于第三方半导体芯片检测，更接近检测设备的下游(应用者)。

二、机械设备-水泵转债梳理和对比

本部分所介绍的转债对应的正股均为泵设备的生产制造商，但具体方向略有不同，君禾主打家用水泵，大元既有水泵也有屏蔽泵，泰福则是节能水泵+陆上泵。根据Wind数据口径，2020年中国泵及真空设备产业规模1781亿元。

(一) 公司介绍与投资逻辑

1. 君禾股份(603617.SH)

君禾股份的主要产品包括潜水泵(占比70%、毛利率23%)、花园泵(占比18%、毛利率22%)、喷泉泵(占比2%、毛利率21%)和深井泵(占比3%、毛利率16%)四大品类。下游市场主要来自欧美，海外收入占比超过95%。此外，公司还通过入股哈工石墨(成为第二大股东，计划逐渐控股)的形式切入了新能源石墨负极材料赛道。

君禾的长期投资逻辑包括：①我国水泵产品在种类、性能和质量等方面与国际先进水平的差距逐步缩小，后疫情时代中国水泵产业的供应链稳定性凸显，在这种背景下，欧美发达国家的家用水泵供应商纷纷将生产转向中国，国产厂商的份额有望提升；②目前天然石墨在海外应用较为成熟且广泛，国内市场以人造石墨为主。人造石墨生产能耗高，在国内能耗"双减"政策趋势下，产能紧张，加工费高涨。而天然石墨成本低、能量密度高，对人造石墨的替代空间较大。此外，石墨负极在新能源汽车和电池厂的应用广泛，采取相应技术路线的车型包括特斯拉Model 3，比亚迪唐、秦等。

2. 大元泵业(603757.SH)

大元泵业为国内屏蔽泵高新技术的一线企业。公司产品主要分为两类：民用水泵(小型潜水电泵21%、毛利率23%，井用潜水电泵14%、毛利率28%，陆上泵12%、毛利率15%)和屏蔽泵(热水循环屏蔽泵37%、毛利率27%，化工屏蔽泵7%、毛利率31%，空调制冷屏蔽泵2%、毛利率32%)。其中屏蔽泵主要用于热水或其他特殊介质的输送与循环，具有低噪声、无泄漏、高可靠性等特点，应用领域主要包括家庭场景下的水循环(含家用电器配套)、化工、制冷、新能源(氢能源)汽车、半导体与电子工业等，外销占比27%。

大元的长期投资逻辑包括：①能源转型大趋势下，空气源热泵有望成为长期高增长赛道(欧洲及美国陆续出台空气源热泵补贴政策，预期复合增速9.5%)。公司家用屏蔽泵核心产品热水循环屏蔽泵为空气源热泵核心零部件之一。此外，在热泵配泵领域，欧洲厂商占据大部分市场份额，而在欧洲热泵需求大幅增长背景下，海外厂商产能受限，因此部分新增需求有望向国内厂商转移。②氢燃料电池液冷泵(预期复合增速42%)是燃料电池水热系统的核心部件，且单品价值量显著高于传统车用液冷泵。公司在车用液冷泵领域产品布局完善，产品的性能指标处于国内领先水平，有望逐步推广应用以实现国产化替代与纯电车用泵共同发展。

3. 泰福泵业(300992. SZ)

泰福泵业为国内二线的民用水泵生产商，在节能泵领域的竞争力相对领先，其产品结构与大元泵业的屏蔽泵业务类似，包括陆上泵(占比54%、毛利率15%)、小型潜水泵(占比15%、毛利率26%)、井用潜水泵(占比11%、毛利率11%)、循环泵(占比5%、毛利率27%)和节能泵(占比11%、毛利率33%)，其中外销占比90%，主要应用场景包括农业灌溉、生活用水、深井提水、畜牧用水、热水循环等。

泰福的长期投资逻辑包括：①节能减排已经成为水泵行业的发展趋势。一是受常规能源消费增长及碳排放减少行动等现实情况的影响，二是节能降耗、电网建设不完善等因素带来了广阔的成长空间。在此背景下，具有电机能耗的节省和清洁能源供应属性的水泵产品前景较好。②国内水泵产品的技术升级和自主品牌发展，导致了对境外厂商的份额替代。

(二) 财务基本面评估

1. 成长性和盈利水平

从工业机械行业2019—2021年的业绩表现来看(见图4-31)，收入增速为4%、8%、24%，利润增速为86%、72%、27%；ROE区间在3%~7%，ROA区间在2%~4%。但由于工业机械的细分设备较多，可能对水泵生产企业的代表性一般。水泵因用户缩短更换周期、提高购买频次而带来的更新替代需求，是未来全行业增长的重要驱动力。

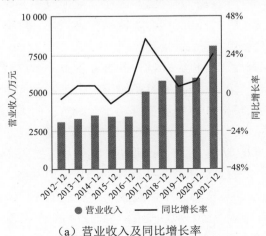

（a）营业收入及同比增长率

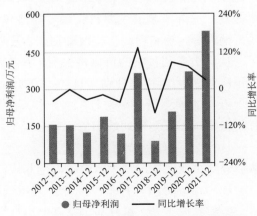

（b）归属母公司股东的净利润及同比增长率

图4-31　工业机械行业2019—2021年的业绩表现

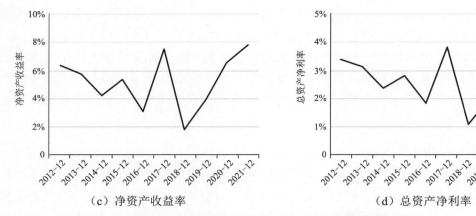

（c）净资产收益率　　　　　　　　　（d）总资产净利率

图4-31　工业机械行业2019—2021年的业绩表现(续)

从收入体量来看，泰福明显低于君禾和大元，但历史增速更快，基本保持在10%以上。虽然产品结构存在差异，但2020—2021年君禾和泰福的收入增速几乎完全一致。大元的收入增速明显下台阶，与君禾的差距也越来越小(可能伴随着市场份额的下降)。

从利润表现来看，3家公司近年来都出现了下滑趋势，表明水泵设备正在经历全行业的下行周期。相对而言，君禾的下滑幅度略小于另外两家，历史增速的稳定性更好，2021年，泰福和大元都出现了20%左右的负增长。

从盈利能力来看，大元的产品毛利率和净利率都相对领先，ROE也最高。3家公司的盈利能力近年来均处于下行趋势，特别是泰福的毛利率下滑幅度较大(原材料价格上涨，加之美元汇率下降对公司产品提价有抑制作用)，也低于利欧股份(2022年上半年毛利率24%)和凌霄泵业(2022年上半年毛利率33%)等同行。

2. 稳定性和确定性

从经营的周期性来看，民用水泵下游应用领域较为广泛，因此对宏观经济的周期性敏感度低于一般的工业制造业企业，但由于用水需求还存在季节性不均匀的特点，且各家都在发力新能源相关的应用领域，未来不排除产能过剩的情况，因此周期大概率会继续提升。另外，泵的主要材料系各类漆包线、铸铁件、硅钢片、不锈钢、铸铝件、电缆线、铜件等，原材料的价格波动在很大程度上会影响产品的利润率。

从历史盈利预测的可靠性来看，所在Wind行业工业机械2018—2021年偏差系数(T-1年预测值/T年实际值)分别为115%、97%、61%、27%，预测的胜率属于中上等水平；个股近五年的预测误差率来看，君禾相对更低，2017—2021年误差率均小于20%，而大元有三次错过了盈利预期最小值。

从行业竞争格局来看，全球1万家，全国6000家水泵企业，行业集中度较高，主要份额被外资企业把持，绝大多数国内企业规模较小，而且尚未建立全国性的销售渠道网络。由于境内市场分散，许多厂商选择采用低价策略参与市场竞争，造成了本行业的无序竞争。但随着近年来大宗商品价格高位运行等外部宏观经济环境的变化，行业企业经营均面临较大压力，在此背景下，部分经营规模较小、风险应变能力不足的主体有望加速被市场出清，预计未来行业洗牌、渠道重塑的趋势将不断加强，专注主业的龙头企业市占率提升空间较大(君禾、大元市占率在CR10附近，泰福在CR20)。

从客户集中度来看，大元泵业的前五大客户集中度最低(16%)，泰福泵业最高(58%，前五大客户为孟加拉加齐国际、美国格兰创力、迪拜古兰纳比贸易、韩国水民有限、阿根廷联合集团)。

3. 经营的可持续性

从公司ESG评价的角度看，君禾的Wind评级为BBB，高于另外两家的BB，综合得分6.53，公司治理得分6.49，在机械行业的排名为123/440；嘉实ESG评分55.8(另两家不足40)，全市场排名1900/4828。

从研发投入来看，泰福的支出比例最高，长期在4%~5%区间。开支的绝对金额上，大元最高，在5千万元左右。2020—2021年君禾与大元的研发开支强度均有所下滑。从专利数量来看，大元共有326项，君禾共有176项，泰福63项。技术人员占比上，君禾10%，大元13%，泰福10%。

从业务的竞争壁垒来看，水泵的资金壁垒并不高，有一定的技术和工艺门槛，在国际市场方面准入认证的壁垒较高。从产品结构来看，泰福相对另外两家，护城河不够显著，长期的核心竞争力来源存疑。

在信用资质方面，大元转债为AA-，君禾转债为A+，泰福转债为A。

4. 现金创造能力

从商业模式来看，大元的OBM占比较高(君禾与泰福以ODM、OEM为主)，更接近自主品牌商的经营特点，其现金创造能力明显优于另外两家，2019—2021年自由现金流均为正(另外两家连续为负)，与扣非净利润总额基本持平。应收账款占收入比例为15%左右，另两家超过20%。

(三) 估值情况对比

1. 正股估值简评

君禾、大元、泰福2022年分别实现净利润0.5亿元、2.6亿元、0.6亿元，均给予其10倍市盈率估值，对应底价市值5亿元、26亿元、6亿元，下行空间分别为67%、40%、61%，以历史极低市净率测算下行空间分别为12%、39%、8%。

乐观情况下，3家公司2024年分别能实现净利润2.5亿元、3.5亿元、1亿元，给予其历史中性估值在20倍市盈率左右，以此测算目标市值分别为50亿元、70亿元、20亿元，对应上行空间分别为47%、84%、11%。

2. 转债估值简评

泰福转债的估值相对最高，平价85元对应41%转股溢价率和79%纯债溢价率，隐含了市场对其当前周期底部"或有困境反转"的较高期待；君禾转债估值相对较低，平价123元对应11%转股溢价率，考虑到其距离PB底部较近，转债的风险收益比较好。

(四) 其他信息补充

君禾的人均薪酬为三家最高(12万元＋/年)，显著高于另外两家。3家公司在2021年的人均创利均低于人均薪酬。

第八节 铜加工：金田转债、海亮转债、楚江转债

铜是世界上应用量仅次于铁、铝的第三大金属。作为大宗工业原材料，被市场赋予了双重属性，即本身所具有的商品属性和衍生的金融属性。而铜价具有"铜博士"之称，是反映宏观经济运行状况的锚。我国自2000年以来占全球铜消费量比例不断攀升，截至2019年，占全球总消费量的53.6%，因此我国铜消费量的变动对全球铜的供需关系有着较大影响。

从铜产业链看，作为典型的有色金属，铜产业链的上游主要是采矿阶段和废杂铜的回收、利用，中游主要是对铜精矿或者废杂铜进行粗炼和精炼，下游则是对铜进行深加工，铜加工产品有铜棒、铜管、铜板、铜箔、铜线及铜基合金等多种类型。终端需求涵盖航空航天、高速列车、智能终端产品、电子通信、汽车等30多个细分行业。本节主要对铜加工行业的转债进行梳理和对比。

金田铜业、海亮股份和楚江新材为铜加工行业仅有的3家转债发行人。从收入体量来看，金田2022年第三季度收入763亿元(行业第5，铜及铜合金49%，铜线排45%，铜棒第1，铜管、铜带材均为第3)；海亮收入574亿元(行业第7，铜管60%，铜棒11%，铜排3%，铜管出口量第1，总产量第2)；楚江收入298亿元(行业第8，铜基材料占比96%，国内铜带材第1)。

传统的铜加工业务主要定价模式为"原材料价格+加工费"模式，且对下游客户的议价能力偏弱(中低端产品占比高，附加值低)，因此毛利率普遍偏低，3家可比公司铜加工业务的毛利率基本都在4%~5%，净利率仅有0.5%~1.7%。

如果只有铜加工业务，这个水平的盈利能力基本只能靠做高周转率和财务杠杆率才能勉强获得一个及格线的资本回报率(3家公司历史ROE在5%~10%)，因此各家都在探索产品的外延式扩张，以切入相对高盈利或高景气赛道，具体发力的新业务如下。

(1) 金田铜业的稀土永磁材料业务(占比1.3%，毛利率24%)：公司现有稀土永磁材料产能5000吨，在建规划产能8000吨，勉强挤进该领域的CR10，盈利能力也是中等水平。稀土永磁材料作为高端磁性材料，属于国家产业政策重点鼓励与发展的新材料和高新技术产品，是我国具备全球竞争力的产业之一。境内丰富的稀土资源为稀土永磁材料产业的发展提供了先天优势(我国已经成为全球最大的稀土永磁材料生产和出口基地，2021年增速16%，2025年预期复合增速30%)。

(2) 海亮股份的锂电铜箔业务(规划产能12万吨，同行毛利率30%)：锂电铜箔作为锂离子电池负极集流体材料，下游为锂电池，终端应用领域为新能源汽车、储能、3C数码等。极薄化锂电铜箔将是未来主流趋势，极薄锂电铜箔供需缺口将加剧，刚性供需缺口

短期难以弥补。根据开源证券测算，锂电铜箔预期复合增速超过40%。但考虑到该领域已有多家公司形成有效产能，海亮作为后来者能否做起来还需要观察。

(3) 楚江新材的高端装备与碳复合材料业务(占比2%，毛利率45%)：碳纤维复合材料兼具耐高温、耐腐蚀、耐摩擦、抗疲劳、电及热传导性高等多种优良性能，被《中国制造2025》列为重点发展的关键战略材料。伴随下游航空航天、光伏、风电、储能等行业的迅速发展和国内碳纤维产能的不断释放，碳纤维需求旺盛(2021年同比增长28%，仍有供需缺口)。另外，这一领域还存在国产替代的空间(2021年国内产量2.4万吨，进口3.3万吨)。

(一) 公司基本面对比

1. 成长性和盈利水平

从铜全行业2019—2021年情况来看，收入增速为11%、19%、41%，利润增速为31%、5%、113%；ROE区间为5%~15%，ROA区间为2%~7%。整体景气度较高，主要表现为铜的消费场景拓展。新基建领域、充电桩市场持续发展，国家电网投资力度不断增加，特高压、配电网等项目开支提升，利好下游铜材需求；我国大力推动新能源汽车、光伏等新能源产业发展，利好新能源产业用电磁线等铜产品发展；5G手机等电子领域应用增长将带动铜材需求快速增长。

分品类来看，过去5年增速最快的是铜箔材、铜带材和铜线材。根据国信证券测算，2021—2025年光伏用铜复合增速23%，风电用铜复合增速15%。

从盈利能力来看，2019—2021年的摊薄ROE水平：金田在7%~10%，海亮在6%~11%，楚江在5%~9%；ROIC区间：金田在7%~8%，海亮在4%~8%，楚江在4%~7%。毛利率方面，金田3%~4%，海亮3%~7%，楚江6%~8%；净利率方面，金田1%附近，海亮1.3%~2.6%，楚江1.3%~2.8%。表面来看，金田的产品附加值低于另外两家(主要受铜线排业务拖累)，但更优秀的营运能力(资产周转率4~5倍)使其资本回报率并不逊色。

2. 稳定性和确定性

在历史经营的稳定性上，金田明显更好，2020年行业整体增速下滑，海亮和楚江利润负增长，金田实现了大幅正增长。从3家公司的铜材的应用场景来看，海亮和楚江的下游的都有一定周期性，分别对应地产后周期(制冷空调、冰箱)和基建概念(轨道交通、电子通信)，金田包含部分下游产成品，且产品更多元化，略好一些。

从历史盈利预测的可靠性来看，所在Wind行业金属非金属2018—2021年偏差系数($T-1$年预测值/T年实际值)分别为213%、69%、28%、57%，预测的胜率属于极低水平；个股2021年的预测误差率上金田最低，从五年维度看，海亮相对更可靠(误差率均在15%以内)。

从行业竞争格局来看，国内铜加工企业数量多、规模小，使得行业内部缺乏有效的调控和自律，导致我国行业普通产品产能过剩、竞争激烈，但高端产品仍依赖进口。从产量上看，金田位于铜加工领域的第一梯队(全品类市占率近8%)，海亮(铜管领域市占率20%，CR10为80%)和楚江(铜带材领域市占率10%，CR10约53%)在第二梯队，但后两者在各自细分领域的竞争格局更好。全品类口径下，近年来存在集中度小幅提升的态势(CR6从24%到28%)。

从客户集中度来看，金田最低，前五大客户占比为9%(球冠电缆、美的、奥克斯、盾安、起帆电缆)，海亮15%，楚江10%。

3. 经营的可持续性

从公司ESG评价的角度看，楚江略弱于另外两家，Wind评级为BB(另两家均为BBB)，综合得分5.93，治理6.76；嘉实ESG评分57.11，排名1803/4828(金田评分最高为83.86，排名185/4828)。

从研发投入来看，金田显著低于另外两家，研发支出占比仅为0.4%(楚江超过3%，海亮为1.1%~1.5%，两家业务子公司均为专精特新小巨人企业)。即使考虑金田较高的收入体量，其研发开支的绝对金额仍然低于同行，需要进一步关注对其业务竞争力的影响。

从业务的护城河来看，铜加工行业属于资本密集型行业，对固定资产投资规模要求较高，只有通过大规模生产才能有效发挥协同效应和经济规模效应，因此对新进入的厂商构成一定的资金壁垒。另外，由于原材料铜在产品价格中占较大比例，行业中的企业需要有较多的流动资金以应对铜价波动所带来的影响。

在信用资质方面，金田转债为AA+，海亮转债和楚江转债均为AA，但从主要的偿债指标来看，3家公司实际差异不大。

4. 现金创造能力

2017—2021年来看，海亮的自由现金流缺口最小，有两年为净流入，金田和楚江几乎分别是连续三年和连续五年净流出。现金收入比差别不大，都在100%~110%。应收账款占比金田最低，为5%，经营性现金流/营业利润也是最高。总体上看，铜加工企业的现金创造能力都比较弱。

(二) 估值状态对比

1. 正股估值简评

悲观情况下，金田2022年盈利预测最小值6亿元，给予其历史底部估值13倍市盈率，对应底价市值78亿元，下行空间25%，历史最小PB对应下行空间10%；海亮2022年盈利预测最小值11.6亿元，给予其历史底部估值15倍市盈率，对应底价市值下行空间29%，历史最小PB对应下行空间30%；楚江2022年盈利预测最小值6.5亿元，给予其历史底部估值12倍市盈率，对应底价市值78亿元下行空间24%，历史最小PB对应下行空间21%。

乐观情况下，假设能实现2024年一致预期盈利，且估值都给到15倍(按分部估值法，楚江和海亮可以更高)，对应的目标市值和上行空间分别是：金田看到234亿元上行空间

88%，海亮看到390亿元上行空间62%，楚江看到165亿元上行空间62%。

从二级市场给予的估值溢价来看，对投资者最有吸引力的应该是海亮，其次是楚江。

2. 转债估值简评

金田转债平价66元，纯债溢价率8%，考虑到正股市值距离PB底部很近，转债应该是比较好的纯债替代类资产。海亮转债平价128元，转股溢价率1%，已经隐含了较高的赎回预期，可投资周期较短。楚江转债平价91元，转股溢价率32%，属于合理偏贵的平衡型转债，距绝对价格120元还有空间，但技术形态比较差。

(三) 其他信息补充

金田还是排名国内前三的电磁线生产商，这一领域的技术优势有望复制到电磁扁线上(电磁扁线为新能源汽车扁线驱动电机重要材料)，现有产能2万吨，在建4万吨。公司在传统铜材领域的新能源销售占比为10.5%。另外，公司2022年3月回购了总股本2.2%比例的流通股用于股权激励计划。

楚江新材获国家军民融合产业投资基金战略投资，是第一家获得国家军民融合产业投资基金入资的民营上市公司，也是第一家入资后继续跟投的公司(跟投其子公司顶立科技，主营高端热工装备、3D打印)。另一家子公司天鸟高新是国内唯一可以大型产业化生产飞机碳刹车预制件的企业，为C919大飞机刹车盘唯一供应商，技术上居于垄断地位。

中国铜原料对外依存度64%，本土铜资源匮乏，导致铜加工企业相对上游原材料供应商同样缺少定价权。

第五章

转债个券基本面分析

掌握转债涉及细分行业的基本情况之后，便可以选择研究价值较高的具体个券进行更深入的分析。何谓研究价值较高呢？笔者认为至少需要满足以下几个标准：①所在行业有一定的成长性和较大的成长空间；②公司治理不存在明显瑕疵，披露的信息质量较高，可研究性强；③研究的复利作用明显，单一转债的基本面研究积累可以持续有效。

本章收录了笔者对部分转债个券的研究笔记，以分行业的形式呈现，供读者参考。

第一节 汽车零部件行业：卡倍亿、新泉股份、立中集团、赛轮轮胎

汽车零部件行业为汽车整车制造业提供零部件产品，是汽车工业发展的基础，是汽车产业链的重要组成部分。汽车一般由发动机、底盘、车身和电气设备四部分组成，汽零各细分产品由此衍生而来。作为转债市场最核心的产业链之一，存量汽车零部件企业发行的转债所处细分领域众多，主要可划分为传统汽零、电动化、轻量化、智能化这四大细分领域。其中，传统汽零领域，部分标的已开始从燃油车零部件向新能源车零部件切换，主要细分板块包括轮胎及底盘系统零部件。电动化细分领域，存量标的主要分布在电池零部件及热管理板块。轻量化细分领域，细分板块主要包括一体化压铸、内外饰及车身模具。智能化细分领域，主要涵盖线控制动、汽车电子及机器人等板块。本节主要对卡倍亿、新泉股份、立中集团、赛轮轮胎的转债个券进行分析与点评。

一、转债研究笔记：卡倍转债

(一) 主营业务介绍

卡倍转债对应的正股卡倍亿(300863)主营业务为汽车线缆的研发、生产和销售，主要产品包括常规线缆、铝线缆、对绞线缆、屏蔽线缆、新能源线缆等。公司作为汽车供应链中的二级供应商，在取得汽车整车厂商的产品认证后，为其一级供应商——汽车线束厂商提供汽车线缆配套服务。公司的海外收入占比超过10%。

公司的主营业务结构：①普通线缆(低压)，占比85%，毛利率11%；②新能源线缆(高压)，占比11%，毛利率21%；③数据线缆，占比不到1%，毛利率21%。公司主要涉及华为汽车、长安汽车、比亚迪、特斯拉等概念。

汽车线缆行业上游主要为铜材、化工原料等原材料供应商。行业内企业主要采购大宗、通用型的原材料，再对原材料进行加工并投入产品生产。因此，铜材、化工原料等物料的供应价格波动，将直接影响汽车线缆行业整体的成本水平。下游为汽车线束总成厂商和整车厂商。

本次可转债募集资金5.29亿元，其中2.5亿元用于湖北卡倍亿生产基地项，2亿元用于宁海汽车线缆扩建项目，0.79亿元用于汽车线缆绝缘材料改扩建项。

(二) 中长期投资逻辑

(1) 下游新能源汽车高景气度带动高压线缆增长：高压线缆为高附加值且属于纯增量市场，或随新能源汽车发展而迅速增长，另外高压线缆的毛利率(20%~30%)明显高于普通线缆(10%~15%)，未来有望实现量利齐升。同时在汽车智能化、网联化趋势下，智能网联汽车车内电子电器数量及功能增多，对汽车线束线缆的使用量更大(单车价值量提升)，预计新能源高压线缆市场规模复合增速超过20%，而汽车高速线缆复合增速也在10%左右。

(2) 线束行业外资主导，有一定的国产替代机会：目前汽车线束市场中，少数外资及合资汽车线束企业长时间占据绝大部分的市场份额(日系占50%)，形成汽车线束行业寡头竞争的局面。未来随着国内厂商技术的逐步成熟和新能源汽车行业的进一步发展，国内制造商有望突破外资背景厂商的技术垄断，抢占市场份额。

(3) 汽车轻量化趋势让铝线缆迎来发展机遇：为了顺应节能和环保的趋势，以及配合汽车整车设计的空间布局要求，汽车线缆轻量化是目前各大厂商努力尝试的方向，其中线束的主要重量取决于线缆的铜材，随着铝导体的焊接、压接等工艺难关的攻克，部分汽车线缆以质量较小的铝导体取代铜导体，将成为未来汽车线缆行业发展的趋势。

(三) 公司质地情况

1. 成长性和盈利水平

与公司所属汽车电子电气系统行业相比，卡倍亿近年来景气度较好。从杜邦拆解的角度看，利润率和周转率表现都较好，杠杆率也略高于行业平均水平。

与同行业其他上市公司相比，卡倍亿的毛利率水平略低，主要因为鑫宏业作为新能源线缆龙头，毛利较高，拉高了平均水平。卡倍亿的资产负债率和周转率水平略高于同行业其他公司，主要因为其传统普通线缆业务占比高，标准化程度较高，同时公司处于业务扩张期，融资力度较大。

2. 稳定性和确定性

公司业绩波动的主要因素有：①作为汽车供应链中的二级供应商，产品销量受下游汽车线束厂商及其供应的整车厂汽车销售情况的直接影响；②原材料在直接成本中占比较高，以铜材为主(占比85%)，但可以部分向下游厂商转嫁；③公司对上下游的话语权和议价能力都非常低，且集中度偏高，任何客户和供应商的变化都会影响业绩。

从历史盈利预测的可靠性来看，所属行业汽车电子电气系统2019—2022年偏差系数(T-1年预测值/T年实际值)分别为-48%、-56%、7%、-136%，预测的胜率处于极低水平；个股2022年预测误差为-5%，样本量太小没有参考价值。

从行业竞争格局来看，目前海外线缆供应商(以日本、德国的供应商为主)市场份额在60%~70%，国内的北京福斯、卡倍亿(唯二进入国际品牌认证体系的厂商)市占率为8%~15%，由于传统低压线缆业务附加值较低，外资厂商正在逐步退出，卡倍亿目前是传统低压线缆的绝对龙头，在国内新能源汽车线缆领域也是行业前三(龙头是鑫宏业)。

从客户集中度来看，前五大客户占比为30%左右，其中第一大客户占比10.5%，近年呈现小幅上升态势；前五大供应商占比80%，前两大供应商常州同泰和江西铜业占比接近60%，近年来基本维持在这一水平。

3. 经营的可持续性

从公司ESG评价的角度看，Wind评级为BB，综合得分5.42，公司治理得分6.94，在电气设备行业排名227/319；嘉实ESG评分41.36，全市场排名3396/5346。

从研发投入来看，2020—2022年平均研发费用投入占收入比例为2.4%~2.6%，在业内属于偏低水平。由于公司目前业务的基本盘仍然是低端的低压线产品(占比接近90%，单价不到1元)，相对工艺更复杂的高压线产品占比不高(占比10%，单价20~30元)。

从业务的竞争壁垒和优势来看，车线缆行业壁垒包括资质认证壁垒、技术壁垒和资金壁垒：①汽车线缆属于汽车的安全件，需要通过第三方质量体系和整车厂双重资质认证，一般需要2~3年的时间。②汽车线缆主要技术指标包括耐热、耐寒、耐磨、耐油和抗干扰等，技术壁垒主要体现在专用生产设备(如挤出机、拉丝机、绞线机等)绝缘材料方面。③线缆具有"料重工轻"的特点，原材料成本占比非常高，且上下游账期严重不匹配，需要占用较多的流动资金。

在信用资质方面，卡倍转债和主体评级均为A+，YY评级8，CM评分为4，对应5年违约率26.5%。公司对外部融资依赖较大，和同业相比，资产负债率偏高，债务期限结构偏短，总体来看偿债压力较大，并不具备稳健的信用基本面。

4. 现金创造能力

自由现金流净流量和经营性现金流2020—2022年均为负，且净现金流存在进一步恶化的趋势，也反映了公司销售规模的扩大并没有带来显著的行业地位提升。应收账款占收入比例30%左右，营运资本占用接近收入的一半，也印证了公司在产业链中较为弱势的地位。

(四) 估值与风险

1. 正股估值简评

公司2023年实现其业绩预告的下限，即1.66亿元，按照历史底部PE给予其15倍估值，对应底价市值24.9亿元。历史底部PB为2.3倍，以此测算对应下行空间16%。乐观情况下，假设公司2024年可以实现一致预期盈利2.5亿元，按历史中性估值25倍，给予其目标市值62.5亿元，对应上行空间95%。简单测算来看，盈亏比较尚可。

2. 转债估值简评

作为2024年上市的新券，转债平价73元附近，属于偏债型转债，转股溢价率72%左右，属于较高水平。债底溢价率62%，到期收益率-0.88%，基本没有纯债替代价值，估值有点离谱(估计和流通盘占比较低有关)。转债隐含波动率86%，远高于正股历史波动率的36%，期权定价偏高。公司目前无股权质押。正股的机构持股占比为18%，持仓较多的机构有浙商证券资管；转债持仓较多的有华夏基金、鹏华基金、嘉实基金。

3. 潜在的风险点

潜在的风险点如下：①加工费定价模式，上下游合作厂商集中度都过高，产业链地位低；②公司对原材料不进行套保操作，而是利用短期贷款为原材料波动垫资，该模式对外部融资环境的依赖度较高；③公司计划投资20亿元到墨西哥建厂并开拓海外市场，产能释放节奏存在一定的不确定性。

(五) 其他情况补充

卡倍亿在员工股权激励方面做得比较积极，2022年首次通过股票期权激励核心人员，目标营收复合增长13.2%~15.7%。2023年，以净利润增长率作为考核对象进行股权激励，目标增速均超过20%。

二、转债研究笔记：新泉转债

(一) 主营业务介绍

新泉转债对应的正股新泉股份(603179.SH)是国内汽车内饰和外饰件系统零部件第一梯队的供应商，90%的收入来源于国内，海外收入占比逐年提升中。公司与一汽集团、东风集团、中国重汽等中、重型卡车企业均有长期、稳定的合作关系(见表5-1)。

表 5-1 公司各类业务的主要客户

业务分类	主要客户
乘用车业务	吉利、奇瑞、比亚迪、理想、蔚来、极氪、合创集团、上汽集团、一汽大众、上汽大众、广汽集团等
商用车业务	一汽集团、东风集团、中国重汽、陕汽集团、北汽福田等

公司的主营业务结构：①仪表盘总成，占比65%，毛利率21.5%；②门内护板总成，占比17%，毛利率14.6%；③其他业务，占比4%，毛利率15.5%；④顶置文件柜总成+立柱护板总成+保险杠总成+流水槽盖板总成，合计占比2.5%。公司主要涉及特斯拉、新能源汽车、比亚迪、汽车制造等概念。

汽车内饰行业上游材料主要包括PP、PC、ABS、PC/ABS等塑料粒子、油漆及针织面料等。行业主要服务的下游行业为汽车制造行业，根据用途进一步划分为商用车和乘用车两个应用领域，新泉股份的产品目前以乘用车为主，商用车为辅。

本次可转债募集资金不超过11.6亿元，扣除发行费用后，5.08亿元用于上海智能制造基地升级扩建项目，3.04亿元用于汽车饰件智能制造合肥基地建设项目，3.48亿元用于补充流动资金。

(二) 中长期投资逻辑

(1) 汽车内饰行业增速较快，市场天花板高：从行业体量来看，内外饰的整体行业规模巨大，占汽车零部件总体规模的近1/4。近年来，全球汽车内外饰市场维持约7%的增速，我国内外饰部件行业增长高于全球整体水平，近年来行业产值年增长速度基本保持在15%~20%。

(2) 单车价值量的持续提升：随着消费水平的提高，消费者在购买汽车时也更多地关注舒适性和驾乘体验，因此汽车内饰的品质逐渐成为重要卖点之一。此外，科技的发展带动了对汽车智能化需求的提升，进一步提高了对内饰产品的品质要求。更智能的显示屏、更精细的车内氛围营造诉求等，使得内饰成本占整车成本的比重已由2012年的12%逐年提升至2022年的20%以上。

(3) 新能源、自主品牌和新势力带来供应链本土化机会：近年来，新能源车渗透率已近30%，电动化的加速促进整车竞争格局的转变，为国内汽车零部件企业带来新的增长点。而自主品牌和新势力市场占有率的提升，也有利于供应商逐步本土化，利好内资零部件企业。

(三) 公司质地情况

1. 成长性和盈利水平

新泉股份2020—2022年收入增速为50%、25%、21%，扣非利润增速80%、4%、46%。作为对比，公司所属机动车零配件与设备行业2020—2022年收入增速为10%、

11%、−1.6%，净利润增速为14%、7%、32%。相对行业而言，公司的收入和利润弹性都较大，成长性较好。

从资本回报来看，2020—2022年的扣非ROE水平在7%~12%，ROIC区间在7%~10%，毛利率19%~21%，净利率6%~7.6%。作为对比，机动车零配件与设备行业的ROE水平在6%~7%，ROA在3%~3.5%。公司的资本回报水平显著高于行业平均。与同类上市公司华域汽车(600741)、宁波华翔(002048)和常熟汽饰(603035)相比，新泉股份毛利率水平高于平均水平，存货周转率略低，属于中等利润率、低周转率、高负债率的经营模式。

2. 稳定性和确定性

作为同时为商用车和乘用车配套的汽车饰件整体解决方案提供商，新泉股份的生产和销售规模受整个汽车行业发展速度的影响，而汽车行业的发展与宏观经济关联度较高，全球及国内经济周期的波动给我国汽车生产和消费带来直接影响，因此其经营周期性天然较强。此外，公司直接材料成本占主营业务成本比重超过80%，原材料价格的波动也会对其经营业绩产生较大影响。

从历史盈利预测的可靠性来看，所在子行业工业机械2019—2022年偏差系数(T-1年预测值/T年实际值)分别为−8%、−9%、−47%、−78%，预测的胜率属于较差水平；个股2019—2022年预测误差为0.6%、−17%、2%、−7%，属于预测误差率较小的个股，除2021年以外，盈利预测最小值均未错过。

从行业竞争格局来看，汽车内饰消费属性明显，细分产品种类繁多，参与者众多，行业集中度较低(2021年国内CR3约25.21%)，新泉股份市占率在0.54%左右。目前，内饰行业主要企业分为三类：外资供应商、主机厂下属供应商、独立第三方供应商(如新泉股份)。另据中国汽车工业协会数据，公司核心产品仪表盘总成2022年在国内市占率为13.54%，其中在中、重型卡车领域的市场份额较大(2022年销量18.5万套，市占率为24.1%)；2022年在乘用车领域仪表盘总成市占率13.95%(2022年销量332.59万套)。

从客户集中度来看，前五大客户占比为69%左右，其中前两大客户均超过20%，近年呈现小幅下降态势。前五大供应商占比26%，基本上长期维持在这一水平。

3. 经营的可持续性

从公司ESG评价的角度看，Wind评级为BB，综合得分6.00，公司治理得分6.11，在汽车零配件行业排名122/229，嘉实ESG评分72.93，全市场排名760/5332。

从研发投入来看，2020—2022年平均研发费用投入占收入比例在4.5%附近，在业内属于比较高的水平。经过多年的经营和研发积累，拥有较强的同步开发能力、模具自主开发能力和检测试验能力，能够不断开发符合汽车制造商整体设计风格的汽车饰件总成产品，并初步具备了与客户共同开发饰件产品的能力，增强了合作黏性。

业务的竞争壁垒和优势主要包括：①技术积累带动的生产工艺优化和产品创新能力；②资金壁垒和规模效应显著；③新泉股份在成本和费用控制上处于行业领先地位，毛利率水平始终领先行业；④长期合作形成的客户资源及资质准入方面的壁垒；⑤全球化的产能布局(马来西亚、墨西哥、斯洛伐克)和快速响应客户需求的能力。

在信用资质方面，新泉转债和主体评级均为AA-，YY评级7-，CM评分为4+，对应5年违约率17.7%。公司2020—2022年的资产负债率在49%~61%，呈现逐步攀升态势(主要是发行转债导致有息负债增长)。公司债务主要由银行借款、应付债券和应付票据构成，期限结构以长期为主，短债比40%，现金对短债的覆盖度为96%，有一定缺口但不大，信用资质尚可。

4. 现金创造能力

2018—2022年来看，累计自由现金流净流量显著为负，经营性现金流连续四年为正，表明公司的经营获现能力较好，但资本开支强度拖累了FCF。现金收入比在0.7左右，同时应收账款占收入的比例在23%~27%。应收账款和存货占比较高，对营运资金存在一定的占用。总体来看，新泉股份在汽车零部件行业中仍然属于现金创造能力较好的企业。

(四) 估值与风险

1. 正股估值简评

悲观情况下，假设公司2024年能够实现盈利预测最小值7亿元，公司历史极低估值水平为12倍市盈率，对应底价市值84亿元，下行空间57%。历史底部PB为1.8倍，以此测算对应下行空间59%。

乐观情况下，假设公司2024年可以实现一致预期净利润11亿元，按历史中性估值24倍，给予其目标市值264亿元，对应上行空间35%；若以2025年一致预期盈利14.6亿元作为测算基准，则目标市值350亿元上行空间78%。简单测算来看，盈亏比不足。

2. 转债估值简评

作为2023年上市的次新券，转债平价78元附近，属于平衡偏债型转债，转股溢价率40%左右，属于正常水平。债底溢价率25%，到期收益率1.5%，有一定的纯债替代价值，但从正股收益测算情况来看，可能弹性也比较有限。转债隐含波动率37%，与正股历史波动率42%基本持平，期权定价合理。大股东无股权质押的情况，正股的机构持股占比为58%，关注度较高，持仓较多的机构有国泰基金、华夏基金、泉果基金，转债持仓较多的机构有华夏基金、南方基金、泰康基金。

3. 潜在的风险点

潜在的风险点如下：①海外工厂的盈利能力一直备受质疑，员工效能达不到境内的水平，甚至存在阶段性的经营亏损；②2024年大客户特斯拉增长速度放缓，这意味着新泉股份需要在其他客户上发力才能实现经营目标；③汇兑损益、高客户集中度、原材料价格波动等因素的潜在影响。

(五) 其他情况补充

公司产品寻求外延式扩张的主要方向是座椅内饰和部分外饰，其中座椅已经与部分潜在客户达成了合作意向，后续如果能实现量产订单，将给公司业务带来更大的市场空间，这也是资本市场比较关注的一个点。

三、转债研究笔记：立中转债

(一) 主营业务介绍

立中转债对应的正股立中集团(300428.SZ)是国内最大的中间合金生产企业之一，主要从事铸造铝合金、铝合金车轮和中间合金类功能性合金新材料的研发、制造与销售。公司拥有立中合金、立中车轮、四通新材和立中化工四大业务板块，主要产品包括铸造铝合金、变形铝合金、铝合金车轮、功能合金新材料、精密模具、自动熔炼装备和锂钠电池新材料。

公司的主营业务结构：①铸造铝合金，占比50%，毛利率5.2%；②铝合金车轮，占比37%，毛利率16%；③中间合金，占比9%，毛利率13%。公司主要涉及一体化压铸、特斯拉、比亚迪、长安汽车、专精特新等概念。

公司业务所属行业的上游企业主要为电解铝、再生铝供应商，铝金属占主要产品生产成本的70%左右，电解铝价格主要受行业产能和宏观经济波动影响，价格波动频繁，并且直接影响铝合金价格的波动，进而对公司主要产品的生产成本产生影响。下游主要为汽车整车制造商及汽车零部件生产商。

本次可转债募集资金总额约9亿元。其中，6亿元拟用于墨西哥立中年产360万只超轻量化铝合金车轮项目，0.3亿元拟用于免热处理、高导热、高导电材料研发中心项目，2.7亿元拟用于补充流动资金。

(二) 中长期投资逻辑

(1) 汽车对铝合金材料的使用日益广泛：汽车用材料中，铝合金是仅次于钢材的汽车用金属材料，其中压铸件在汽车领域的铝合金材料用量占比最高，达到80%左右。近年来，汽车用铝零部件行业发展迅速，一方面得益于政策上不断提出汽车轻量化与节能减排的新需求，另一方面新能源汽车行业发展的需求在消费端刺激了铝零部件行业的发展，我国汽车用铝量不断上升，预计2030年可以达到1070万吨，年均预期复合增长率8.9%。

(2) 铝合金车轮受益产业转移带来增量：受益于汽车零部件采购全球化，我国凭借成本优势和产业配套优势，承接了包括铝合金车轮在内的关键零部件制造，目前已成为全球最大的铝合金车轮制造中心。虽然全球铝合金车轮销量基本见顶，但中国铝车轮产品技术成熟，内资厂商凭借成本优势仍能市场份额逐步提升。

(3) 铝基中间合金市场保持较快增速，且集中度有望提升：据统计，2012年我国铝基中间合金新材料市场规模约为27.5亿元，2020年市场规模约为68.8亿元，年均复合增长速度为12.15%，保持稳定增长态势。此外，我国生产铝基中间合金新材料的厂家超过百家，但规模和档次参差不齐，规模较大的企业生产能力在万吨以上，小型企业的生产能力则在几百吨，产业升级迫在眉睫，行业集中度提升的空间较大。

(4) 一体化压铸产业增长潜力较大：立中集团是国内唯一具有一体化压铸免热合金材料专利的制造商。随着越来越多大型压铸设备生产企业与新能源汽车企业合作，以自建生产、外包生产等方式进入大型一体化压铸领域，一体化压铸的产业规模逐渐扩大。据统计，2021年中国一体化压铸产业链规模已达5亿元，2025年有望达到181亿元，2021—2025年CAGR达到145%，渗透率也将从13%提升到35%。

(三) 公司质地情况

1. 成长性和盈利水平

立中集团2020—2022年收入增速为15%、39%、−2%，扣非利润增速为12%、14%、−19%。作为对比，公司所属机动车零配件与设备行业2020—2022年收入增速为10%、11%、−1.6%，净利润增速为14%、7%、32%。相对行业而言，公司的收入增速更快，利润的弹性也较大。

从资本回报来看，2020—2022年的扣非ROE水平在5.8%~7%，ROIC区间在5.5%~8.3%，毛利率9.3%~10.6%，净利率2.3%~3.6%。作为对比，机动车零配件与设备行业的ROE水平在6%~7%，ROA在3%~3.5%。公司的资本回报水平与行业平均基本持平。与同类上市公司万丰奥威(002085)、今飞凯达(002863)和顺博合金(002996)相比，毛利率水平基本持平，资产负债率略高，应收账款周转率略低，属于低利润率、低周转率、高负债率的经营模式。

2. 稳定性和确定性

受宏观经济影响，汽车和汽车零部件都属于典型的周期性行业，与下游终端用户对汽车的消费意愿及消费能力相关，不过立中集团目前的主要客户覆盖国内外主要汽车厂商，国别风险上有一定分散，使其业绩受单一经济体影响较小。此外，业绩波动的因素还有：①外销占比34%，受汇率损益和贸易政策影响；②客户垫资压力大，应收账款可能存在减值损失；③原材料价格及海运费波动的影响。

从历史盈利预测的可靠性来看，所在子行业机动车零配件2019—2022年偏差系数(T-1年预测值/T年实际值)分别为−8%、−9%、−47%、−78%，预测的胜率属于较低水平；个股2019—2022年预测误差为−16%、−8%、−10%、−5%，误差率偏高，预测最小值参考价值较弱。

从行业竞争格局来看，整车配套的铝合金车轮生产企业一般为行业生产规模领先、技术开发能力较强、产品质量一致性优良的大型企业。目前，我国只有少量铝合金车轮生产企业进入了整车配套市场，如中信戴卡、万丰奥威、立中集团、今飞凯达、六丰机械。立中集团在铝合金车轮和铸造材料领域均位于行业第二梯队(格局都比较分散)，而在中间合金领域为第一梯队供应商。如果以再生铝产量合并计算，则为行业第一，市占率6%左右。

从客户集中度来看，前五大客户占比为26%左右，近年呈现持续下降态势，第一大客户占比6.4%，总体上比较分散；前五大供应商占比34%，也呈现持续下降的趋势。

3. 经营的可持续性

从公司ESG评价的角度看，Wind评级为AA，综合得分8.5，公司治理得分7.19，在汽车零配件行业排名2/229；嘉实ESG评分67.79，全市场排名1088/5332。

从研发投入来看，2020—2022年平均研发费用投入占收入比例在2.5%~3%，在业内属于中等水平。2021年公司被评为国家级专精特小巨人企业。目前，在功能中间合金新材料领域拥有25项发明专利，在铸造铝合金材料、变形铝合金材料领域拥有53项发明专利，在铝合金车轮领域拥有发明专利40项。

从业务的竞争壁垒和优势来看：①作为资金和技术密集型行业，需要大量的设备投入和研发开支，对新进入者构成资金和技术壁垒；②由于整车厂对零部件的安全性、可靠性具有十分严格的要求，一旦开始供应合作，便建立了一定的客户资源壁垒；③具有一定的产业链协同优势，使其可以向上下游延伸业务(储备新能源锂电材料项目)。

在信用资质方面，立中转债和主体评级均为AA-，YY评级7-，CM评分为4+，对应5年违约率19%。公司的资产负债率在65%左右，债务期限结构较差，短债占比偏高，且近年来公司有息债务压力提升，使其短期和中长期偿债能力均有所弱化。

4. 现金创造能力

2018—2022年来看，累计自由现金流净流量均为负，经营性现金流2019—2022年为正，但波动略大，经营获现能力尚可。现金收入比在1附近属于正常范围，同时应收账款占收入的比例在16%~20%。从2022年报来看，净营运资本占用达到74亿元，且有持续升高的态势，反映了其在产业链中地位比较弱势。总体来看，公司现金创造能力一般。

(四) 估值与风险

1. 正股估值简评

悲观情况下，假设公司2024年能够实现盈利预测最小值，为6亿元。公司历史极低估值水平为10倍市盈率，对应底价市值60亿元，下行空间30%。历史底部PB为1.4倍，以此测算对应下行空间5%。

乐观情况下，假设公司2024年可以实现一致预期净利润9亿元，按历史中性估值15倍，给予其目标市值135亿元，对应上行空间48%；假设公司能实现2025年一期预期盈利12亿元，按中性估值15倍对应180亿元目标市值，上行空间99%。简单测算来看，盈亏比较尚可。

按分部估值法测算，铸造铝合金给13倍对应2.2亿元利润，中间合金业务给18倍对应2亿元利润，铝合金车轮给15倍对应3.5亿元利润，锂电材料给10倍对应0.8亿元利润，可得目标市值124亿元，上行空间36%。

2. 转债估值简评

作为2023年上市的次新券，转债平价60元附近，属于偏债型转债，转股溢价率70%

左右，属于合理偏高水平。债底溢价率21%，到期收益率2%，作为纯债替代来看有一定价值。转债隐含波动率46%，与正股44%的历史波动率接近，期权定价基本合理。大股东股权质押比例为0.5%，正股的机构持股占比为58%，关注度较高，持仓较多的机构有宏利基金、光大保德信基金、招商基金，转债持仓较多的机构有华安基金、中金资管。

3. 潜在的风险点

潜在的风险点如下：①利润率偏低，任何成本端的不利变化都可能导致阶段性的经营亏损；②市场对公司成长性预期的主要来源于一体化压铸概念，但实际对其免热合金材料的业绩拉动有限；③海外墨西哥工厂的产能释放存在一定的不确定性。

(五) 其他情况补充

为了保证公司关键原料的质量和供应保障，公司于2021年7月成立山东立中新能源材料有限公司，投资建设立中集团新能源锂电新材料项目推进上下游产业链的延伸与发展。并以此开辟"第二增长曲线"。

四、转债研究笔记：赛轮转债

赛轮转债对应的正股赛轮轮胎(603355.SH)是国内轮胎领域的行业龙头企业，客户遍布全球(海外收入占比80%)。主营业务为轮胎产品的研发、生产和销售。其中轮胎产品收入占比90%，毛利率19.9%；轮胎贸易收入占比6%，毛利率7.5%。其主要产品包括半钢子午线轮胎(年产能5020万条)、全钢子午线轮胎(年产能1215万条)、非公路轮胎(年产能11万条)等。本次可转债发行的募集资金拟用于越南年产300万套半钢子午线轮胎、100万套全钢子午线轮胎、5万吨非公路轮胎项目，以及柬埔寨年产900万套半钢子午线轮胎项目。

赛轮轮胎的实控人/董事长袁仲雪为国家橡胶与轮胎工程技术研究中心主任、中国橡胶工业协会执行主席，在橡胶轮胎领域有比较强的业内影响力，同时是软控股份的实控人，软控股份与赛轮轮胎在技术和系统协同上交集颇多。

2021年，赛轮轮胎在美国《轮胎商业》发布的全球轮胎企业榜单中排名17，在"中国橡胶"榜单中排名第三(前二为中策集团、玲珑轮胎)。

长期来看，公司的核心投资逻辑如下。

(1) 乘用车销量复苏：虽然受疫情影响，社零增速位于历史极低水平，而汽车消费是为数不多的亮点。2022年6—7月乘用车销量均同比增长40%，而下游需求的恢复有望进一步拉动汽车轮胎的配套需求增加。

(2) 新材料业务拓展："液体黄金"(EVEC轮胎胎面胶料)为轮胎行业的新型橡胶材料，它成功解决了困扰行业多年的"不可能魔鬼三角"(低滚阻、高耐磨、抗湿滑)难题，并能显著节约油耗(8%左右)，赛轮轮胎在该领域持续发力，于2021年首次推出液体黄金轮胎卡客车。

(3) 成本改善，产能释放：国际海运费和原材料价格持续高位，近期呈现持续缓解态势(2022年10月,波罗的海运费价格指数已高点回调,天然橡胶期货跌10%);公司在建产能约占现有产能的一半,对业绩提振的潜在影响较大。

(4) 品类增长和价值提升:虽然轮胎全行业的增速已经转负多年,但细分品类来看,半钢胎市场的相对景气度更高(据米其林预计,2022年全球半钢胎消费量将恢复到疫情前水平),且国内企业持续抢占海外企业份额(因有成本控制和性价比优势)。另外,随着终端用户对驾驶体验的需求升级,以及汽车低油耗、轻量化等行业趋势,高技术水平的轮胎产品有望实现单车价值量的提升。

(一) 公司基本面评估

1. 成长性和盈利水平

赛轮轮胎2020—2022年收入增速为11%、2%、17%,2024—2026年一致预期增速为27%、23%、14%;2020—2022年扣非利润增速为86%、32%、-21%,2024—2026年一致预期增速20%、54%、30%。考虑到轮胎全行业销量增速2020年为-9%,赛轮轮胎的经营业绩显著好于行业平均,显示出一定的Alpha属性。

从盈利能力来看,赛轮轮胎2020—2022年的扣非ROE水平在11%~18%,ROIC区间在9%~12%(行业中等水平)。毛利率和净利率中枢分别为22%和8%,均为行业内较高水平(轮胎橡胶行业ROE长期低于10%,2021年行业毛利率15%,净利率3%)。放在全市场来看,大概是制造业上市企业中等偏上的水平。

据米其林预测,长期来看,成熟市场轮胎复合增速为0~2%,新兴市场增速为2%~4%。那么赛轮轮胎需要实现全行业3~5倍的增速水平才能实现当前收入预期。另据国海证券预测,国内半钢胎2021—2023年的需求合计分别为2.89亿条、2.92亿条、3.02亿条。

2. 稳定性和确定性

无论是行业还是企业的经营情况,都有一定的周期性特征,表现为不稳定的利润率和收入增速。除了下游需求端乘用车销量的波动(由于存量替换需求的存在,其周期性弱于新车销售),原材料波动对成本端的扰动也比较大。轮胎的主要原料为天然橡胶、合成橡胶、钢丝帘线和炭黑。其中橡胶占比为35%~50%,作为大宗商品橡胶价格受国际贸易政策、汇率、供需关系和市场流动性影响较大,同时作为石油化工品,还受石油价格波动的影响,无法单纯通过长协合同进行对冲。不过当前行业正处于阶段性景气底部,困境反转的改善空间较大。

从历史盈利预测的可靠性来看,所在子行业轮胎与橡胶2019—2022年偏差系数(T-1年预测值/T年实际值)分别为66%、140%、101%、94%,预测的可靠性一般;个股2018—2022年的预测误差率为-8%、9%、-4%、-4%、-1%,属于预测可靠性较高的公司,盈利实际值从未低于预测区间最小值。

从行业竞争格局来看,全球轮胎企业分三个梯队,第一梯队为米其林、普利司通、固特异组成的"三巨头";第二梯队为德国大陆、住友、倍耐力、韩泰、优科豪马、固铂、东洋、锦湖组成的"八大跨国集团"；第三梯队为包括中国轮胎企业在内的胎企(按收入排序为中策、玲珑、赛轮、三角、双钱)。全球轮胎市场份额占比，外资为70%，内资为30%(持续提升态势)。

从客户集中度来看，2022年第二季度前五大客户占比为23%，略有上升趋势；前五大供应商占比25%，略有下降。

3. 经营的可持续性

从公司ESG评价的角度看，Wind评级为A，综合得分7.14，公司治理得分6.95，在汽车零配件行业排名21/190；嘉实ESG评分63.8，全市场排名1267/4828。

从研发投入来看，公司的研发开支占比为2.5%，在内资龙头轮胎企业中属于偏低水平(玲珑、三角研发占比5%，森麒麟为2%)。公司连续多年是国家高新技术企业，拥有博士后工作站、国家企业技术中心。

从业务的竞争壁垒来看，轮胎行业属于资本、技术和劳动密集型产业，因此规模效益特征显著。我国对轮胎产品的生产制造有一系列认证制度管理，以及海外客户的高门槛认证标准，构成了行业的进入壁垒。另外，全行业较低的增速和盈利水平，对新增资本的吸引力有限，可能反而也是一种"壁垒"。

在信用资质方面，赛轮转债评级为AA，YY等级为6档，对应YY隐含评级为9.26，CM五年综合违约概率为6.92%，近年来债务压力有小幅上升趋势(资产负债率和银行借款增加)，短期债务占比超过70%。

4. 现金创造能力

按照业内对汽车零部件的消费属性和科技属性划分，轮胎应属于后者，因此其商业模式整体弱于车灯、座椅等消费属性较强的汽零产品，对下游的议价能力和现金创造能力也会偏弱。

公司2018—2022年自由现金流与扣非净利润基本持平，显著优于同业可比公司，但2022年以来已经转负，反映了行业的"至暗时刻"；经营获现能力有下滑趋势，2021—2022年经营现金流已不能覆盖资本开支；应收账款占收入的比例尚可，排除2022年特殊情况外(56%)，长期中枢在13%；现金收入比表现尚可，在95%附近；固定资产占比较高，长期在35%附近。

(二) 估值与风险情况

1. 正股估值简评

悲观情况下，公司2024年盈利预测最小值为19亿元，历史极低估值约为7倍市盈率，以此测算底价市值134亿元，下行空间约为47%；历史极低市净率为1.3倍，以此测算下行空间约为46%。在持续经营的前提假设下，如果公司未来仅获得行业平均的复合增速(见上文的米其林预测)且利润率未改善，按PEG=1计算其中性市盈率可给到4倍左右(在此情境下估计市场将按PB给估值)。

乐观情况下，公司2024年一致预期盈利为32亿元，历史中性估值在13倍市盈率左右，以此测算目标市值为416亿元，上行空间约为47%；如果以PEG估值计算，按照一致预期2023—2024年PEG为0.21、0.3，属于极低水平(可能反映了轮胎行业进入夕阳期的市场共识)。

公司2018—2022年业绩从未错过盈利预测最小值，因此悲观情况下的预测大概率是"铁底市值"。

2. 转债估值简评

赛轮转债平价102元附近，属于平衡型转债，近半年正股波动率约44%，机构持仓占比为38%，属于基金相对重仓股(大成、招商、南方、申万菱信等)，关注度较高。参考同样属于轮胎制造业的森麒麟转债估值(评级AA，平价85元，溢价率53%)，预计赛轮转债上市的转股溢价率可能会超过30%，绝对价格超过130元。股权质押比例3.3%。

总体来看，虽然轮胎行业长期的增长可期待的空间不大，但其困境反转和经营周期的属性配合转债的损益不对称性，还是值得关注的资产。

3. 潜在的风险点

赛轮轮胎部分产能布局在东南亚(越南、柬埔寨工厂)，近年来受到美国商务部和贸易委员会"反倾销、反补贴"调查的影响，存在被额外征收双反税率的可能。

需求基本盘仍来源于轮胎替换市场(面向终端消费者)，轮胎配套市场(面向汽车厂商，量级为替换市场的三分之一)的建设比较落后，特别是与外资厂商的差距大。

2020—2022年第三季度，公司半钢胎的产能利用率分别为85%、78%、72%。这一下滑趋势也反映在其他品类上，考虑到在建产能较多，是否存在充足的下游需求要进一步验证。

(三) 其他信息补充

公司推出了两期股权激励计划(累计回购股票2亿元)，绑定核心员工利益。涉及高管11人，中层管理人员及核心骨干员工286人，两期计划都超额完成解除限售的业绩考核目标。公司人均薪酬11.89万元，复合增速6%，在同业内处于中等偏高水平(低于青岛双星、森麒麟、贵州轮胎)。

品牌建设上，赛轮车队多次在国内和国际汽车拉力锦标赛中夺冠，在一定程度上提升了影响力。根据世界品牌实验室发布的数据，赛轮轮胎的品牌价值为587亿元。

中国是亚太地区最大的轮胎消费国，半钢胎和全钢胎需求分别占全球17%、33%。我国千人汽车保有量处于极低水平(中国107辆，巴西203辆，美国808辆)，但汽车保有量增速已放缓至7%左右。

疫情背景下，轮胎市场持续产能出清，仅2022年上半年破产的轮胎企业就有14家。山东省政府已在2022年底整合退出年产能120万条以下的全钢胎和500万条以下的半钢胎企业。

第二节　计算机行业：航天宏图、神州数码、亚康股份、深信服等

　　随着科技的不断进步，计算机行业也在不断发展壮大。从互联网的普及到人工智能的崛起，计算机技术正在改变人们的生产和生活方式。从行业发展情况来看，有如下特点：①互联网产业迅速发展。互联网已经成为人们获取信息、交流和社交的重要平台。随着移动互联网的普及，越来越多的人可以随时随地享受互联网带来的便利。②大数据技术应运而生。大数据技术是对海量、异构、实时数据的收集、存储、处理和分析的技术。大数据在各个领域的应用为企业和政府提供了更加精准的决策依据。③人工智能崛起。人工智能是计算机科学的一个重要分支。

　　计算机行业的转债标的涵盖领域较广，包括网络安全、电子政务、智慧城市、终端设备等多个细分行业。本节将对航天宏图、神州数码、亚康股份、深信服、新致软件等计算机行业的转债进行个券分析与点评。

一、转债研究笔记：宏图转债

　　宏图转债对应的正股航天宏图(688066.SZ)是国内领先的遥感和北斗导航卫星应用服务商，基于自主研发的PIE系列卫星应用软件平台，面向政府、军队、企业等不同类别、不同层级、不同区域的客户，提供软件产品销售、系统设计开发和数据分析应用。其中数据分析应用服务占比60%、毛利率46%，系统设计开发占比39%、毛利率50%，自由软件销售占比0.4%、毛利率97%。

　　航天宏图研发并掌握了具有完全自主知识产权的遥感图像处理基础软件平台PIE和北斗地图导航基础软件平台PIE-Map，在应急管理、自然资源管理、特种领域等细分行业具有较强的竞争力。公司通过自有卫星发射拓宽客户服务范围并进一步提高客户黏性，持续推进营销网点铺设建立，完善营销网络布局，截至2022年末，全国范围共有163个区域营销团队。

　　从公司上下游的情况来看，行业上游主要为提供外业调查分析、影像数据采集及预处理、非核心功能模块开发的服务商，以及计算机、服务器等硬件设备的供应商。行业产业下游主要为政府部门、大型国企、特种单位。按具体应用场景拆分，国防军工占45%，自然资源占20%，水利占13%，气象、海洋、环保各占5%，军用和民用比例三七开。本次可转债募集资金10亿元，用于交互式全息智慧地球产业数字化转型项目及补充流动资金。

　　中长期来看，公司的核心投资逻辑如下。

　　(1)卫星发射数量和有轨卫星占比有提升空间：随着卫星技术的不断发展，我国已在自然资源部、应急管理部、生态环境部、农业部、气象、海洋、水利、住建等40多个政府部门及相关行业广泛开展业务化、规模化应用，用于支撑政府精细化监管与科学决策，同时卫星技术应用逐步从军用转向民用领域，国产替代空间广阔(精度尚有差距)，有

望进一步扩大应用场景。

(2) 遥感技术结合行业的应用场景不断下沉，创造新增量：随着卫星数据成本不断降低，数据源种类丰富、多源数据融合技术成熟，遥感数据服务颗粒度更高，更加精细化、智能化，客户群体类别也在加速扩展。企业级客户开始利用遥感、北斗技术进行商业化服务、知识性分析(如航天宏图在做的光伏智能检测和产能预测项目)，预计将来新兴行业应用将不断诞生新场景、新业态，遥感最终将服务于大众市场。

(3) 特别国债对基建领域的潜在拉动带来新增订单：目前航天宏图服务的主要客户，如水利、气象、海洋、农业等领域的政府或企业单位，都存在优化基础设施和技术升级的诉求。而加强数字基础设施建设，赋能传统产业转型升级，培育新产业、新业态、新模式，构建数字中国已经成为经济增长的新指导纲领，是大势所趋。

(一) 公司基本面评估

1. 成长性和盈利水平

航天宏图2020—2022年收入增速为67%、73%、40%，扣非利润增速为2.2%、1.5%、1.2%。作为对比，公司所属应用软件行业2020—2022年收入增速为1.2%、17%、14%，净利润增速为66%、15%、8%。需要注意的是，Wind行业分类中的大部分成分股均为办公软件，与航天宏图的对比可参考性一般。

从资本回报来看，2020—2022年的扣非ROE水平在6%~9%，ROIC区间在7%~10%，毛利率44%~55%，净利率10%~15%。作为对比，应用软件行业的ROE水平在2%~7%，ROA在1.5%~4.5%。与竞争对手中科星图(688568)、北斗星通(002151)、合众思壮(002383)相比，航天宏图的毛利率较高，应收账款周转率偏低(客户结构差异导致)，其他财务指标基本持平。

2. 稳定性和确定性

航天宏图作为AI类公司，其经营基本面的波动较大。一方面，行业技术迭代升级很快，资本市场很容易在短期内出现较大的预期差；另一方面，其主要需求增长来自政府和军队对遥感卫星相关应用的投资，且公司布局低线城市的项目较多，在宏观经济下行周期中，订单落地和支付都存在一定的不确定性。2023年第三季度经营业绩即大幅低于预期。

从历史盈利预测的可靠性来看，所在子行业应用软件2019—2022年偏差系数(T-1年预测值/T年实际值)分别为-2%、12%、-23%、-6%，预测的胜率属于中等水平；个股2019—2022年一致预测误差为-10%、2%、-3%、-17%，经营业绩的可预测性一般。盈利预测最小值有一定的参考性。

从行业竞争格局来看，遥感卫星数据处理领域目前全球仅有少数几家参与基础软件竞争，全球高级遥感产品市场几乎由欧美企业垄断。行业竞争的核心主要是卫星应用基础软件平台的研发，主要产品包括国内航天宏图的PIE、美国Harris公司的ENVI、美国ESRI公司的ArcGIS，以及加拿大PCI公司的PCIGeomatica、美国Google公司的

GoogleEarthEngine等。国内遥感行业应用与服务领域的市场竞争则较为分散，竞争主体数量较多，尚未形成绝对的市场领导者，主要企业有航天宏图、中科星图和二十一世纪空间技术等。

从客户集中度来看，前五大客户占比为12%左右，近年来呈现持续下降的趋势(2018年占比63%，2019年占比40%)；前五大供应商占比14%，同样持续下降。

3. 经营的可持续性

从公司ESG评价的角度看，Wind评级为BBB，综合得分6.1，公司治理得分7.08，在信息技术服务排名127/190；嘉实ESG评分93.13，全市场排名31/5333。

从研发投入来看，2020—2022年平均研发费用投入占收入比例在10%以上，在行业内属于中等水平(中科星图15%~20%，合众思壮11%~17%，北斗星通10%出头)，公司组建了以北京为主场地的研发中心，拥有一支以硕士、博士为主的技术研发团队，覆盖先进信息技术及地球观测与导航领域的数十个细分学科，同时与众多知名高校进行产、学、研合作，与高校的研发力量相结合，推动公司技术发展。但近年来公司研发人员占比下降，需要结合近期可能的人员优化方向进一步观察。

从业务的竞争壁垒来看，卫星应用服务领域涉及地理、测绘、气象、海洋、大气、互联网等多学科专业知识的综合应用，人才培养和成熟的周期也较长。尤其是基础平台的研发，其技术复杂程度高，需要长时间的研发投入和持续更新，因此技术和人才壁垒是其主要的护城河。另外，资质准入和大客户黏性方面也有一定的门槛。

在信用资质方面，宏图转债和主体评级均为A，YY等级7-，CM评级4+，五年隐含违约率25%。公司业务回款周期长，经营获现能力较弱。客户大多为政府部门、科研院所、国有企业或特种单位，公司对客户的议价能力不高。应收账款对资金产生较大占用，具有一定坏账风险。债务规模增速较快，短债占比过半，经营活动现金流对其债务覆盖明显不足。

4. 现金创造能力

2018—2022年来看，累计自由现金流净流量显著为负(仅2020年为正)，经营性现金流的情况类似。应收账款占收入的比例超过80%，显著高于同行且2022年以来有抬升趋势。整体来看，公司经营获现能力较弱，经营活动及投资活动的现金流缺口主要依靠筹资活动现金流平衡。

(二) 估值与风险情况

1. 正股估值简评

悲观情况下，假设公司2024年利润为盈利预测最小值，即2亿元。公司历史极低估值水平为29倍市盈率，对应底价市值58亿元，下行空间24%。历史底部PB为2.9倍，以此测算对应下行空间5%。

乐观情况下，假设公司可以实现2025年预测净利润7亿元，按历史中性估值40倍，给予其目标市值280亿元，对应上行空间263%。简单测算来看，盈亏比较好。

2. 转债估值简评

宏图转债平价不到50元，属于偏债型转债，到期收益率达到3.2%，具有一定的纯债替代属性。但似乎无法排除信用风险，如果基本面看不到拐点则可能沦为"无效仓位"。正股的市场关注度很高，机构持股占比超过50%，持仓较多的机构有易方达、光大保德信、长信基金等。此外，公司已公告一年内不下修转股价，对投资者而言难以通过条款博弈获利。

3. 潜在的风险点

公司股权激励的目标要求2023—2024年收入复合增速达到30%，从目前来看完成难度较大，不排除牺牲盈利能力获取低价值订单的情况；后疫情时代，地方政府回款压力很大，考虑到其现有客户结构，现金质量可能进一步下降；遥感行业外包集成项目的费用逐步提高，对成本端造成扰动，全行业毛利率可能持续下滑；遥感技术在大众领域的应用缺少成熟的"用户教育"支撑，应用场景下沉存在不确定性；航天宏图近年来持续进行人员优化，有一定的劳务赔付压力。

(三) 其他信息补充

公司实际控制人是王宇翔、张燕，截至2023年6月末，王宇翔先生直接持有公司2.91%股权，通过北京航星盈创投资管理中心(有限合伙)持有公司7.48%股权；张燕女士直接持有公司18.71%股权，双方系夫妻关系并签署了《一致行动人协议》，合计控制公司29.1%股权，实际控制人持有公司股权均无质押。

二、转债研究笔记：神码转债

神码转债对应的正股神州数码(000034.SZ)是国内领先的云管理服务及数字化方案提供商，也是境内营收体量最大的IT分销商，市占率长期第一。上市后通过并购和对外投资切入云服务及信创整机业务方向，开辟了第二增长曲线(当前占比尚不足10%，但短期增速高)。公司主营业务包括云计算和数字化转型业务、信息技术应用创新业务。分产品来看，消费电子业务占比65%，毛利率2.2%；企业增值业务占比26%，毛利率5%；云计算和数字化转型业务占比5.7%，毛利率13%；自主品牌业务占比2.7%，毛利率10%。IT分销的主要产品包括移动办公设备、计算机配件、物联网设备和存储服务器等。

从下游需求的角度来看，主要服务于快消零售、汽车、金融、医疗、政企、教育、运营商等处在不同数字化转型阶段的客户。上游原材料主要包括处理器及芯片(占比68%)、内存及存储(23%)、机箱和辅材(8%)等。本次可转债募集13.4亿元，用于神州鲲泰生产基地项目、数云融合实验室项目和信创实验室项目。

长期来看，公司的核心投资逻辑如下。

(1) 传统的IT分销及增值服务仍有增长空间：在5G技术及全球数字化进程的推动下，

下游消费类电子产品渗透率持续提升，IT行业需求不断增长。同时，传统金融业也不断加快信息化建设，新场景、新应用带动IT多元化发展。根据Gartner预测，全球IT支出将保持6%左右的增速，考虑到中国各行业的数字化转型需求，境内的增速可能更高。

(2) 信创产业迎来政策和行业周期双重利好：根据《"十四五"数字经济发展规划》，增强关键技术创新能力、提高数字技术基础研发能力成为主流趋势。根据第三方统计，2022年信创产业规模9200亿元，五年复合35.7%，预期2025年突破2万亿元。同时，信创产业已经开始进入行业应用落地阶段，除了传统的党政系统，金融机构和电信运营商成为新的需求增长点(公司自主品牌近期中标中国电信AI服务器集采)。

(3) 云计算和数字化转型发展前景可期：近年来，数字经济已经成为构建中国现代化经济体系的重要引擎，随着数字经济的蓬勃发展，以云为基础的数字化转型的加速与深化，正推动更多企业对云计算的需求继续保持高增长态势。2021年以IaaS、PaaS和SaaS为代表的全球云计算市场规模达到2658亿美元，预计未来几年市场平均增长率在18%左右，到2023年市场规模将超过3500亿美元。同时，2021年国内云计算市场规模达2181亿元，预计2025年市场规模可达4795亿元，预期复合增速在12%~13%。

(一) 公司基本面简评

1. 成长性和盈利水平

神州数码2020—2022年收入增速为6%、33%、−5%，扣非利润增速6.5%、6.7%、9.2%。作为对比，公司所属技术产品经销商行业2020—2022年收入增速为5%、−14%、−34%，净利润增速为−432%、164%、−28%。从2023年的收入预期来看，神州数码好于行业平均。

从资本回报来看，2020—2022年的扣非ROE水平在4%~15%，ROIC区间在2%~6%，毛利率3.3%~4%，净利率0.2%~1%，属于低利润率、高周转率、高杠杆率的经营模式。作为对比，技术产品经销商行业的ROE水平在7%~10%，ROA在1.6%~4.4%，可以看出公司的资本回报水平在细分行业中属于中等水平。与同类上市公司深圳华强(000062.SZ)和海航科技(600751.SH)相比，神州数码的毛利率水平偏低，但在费用控制上表现较好。

2. 稳定性和确定性

公司的收入与全行业信息化投入密切相关，与传统制造业相比并不属于具有显著经营性周期的行业，从历史财务数据来看，毛利率虽然很低但波动范围也较小。需要注意的是，其主营业务受政策影响较大，且IT分销业务属于研发和应用"两头在外"的商业模式，核心零部件来源于外部采购，受单一产品和单一大客户变化的潜在影响较大。

从历史盈利预测的可靠性来看，所在子行业技术产品经销商2019—2022年偏差系数(T−1年预测值/T年实际值)分别为−12%、−21%、−5.5%、1.4%，预测的胜率属于中等偏低水平；个股2019—2022年的预测误差为−2.4%、−53%、−9.8%、3%，误差规律与行业方向类似，但实际值并未显著低于预测范围最小值。

从行业竞争格局来看，在IT分销领域，神州数码虽然长期是行业老大，收入体量在1100亿元以上，但和行业第二梯队公司的差距并不算大，如深圳爱施德和强联国际(台湾)收入体量也都在900亿元以上，考虑到这块业务的占比未来还会下降，领先地位未必能保持。在信创领域，通用芯片和操作系统这两大基础软硬件核心环节的行业集中度不断提升，竞争格局逐渐明朗。但神州数码主要从事的信创整机环节(已进入华为鲲鹏产业链)则呈现百花齐放的竞争态势，目前公司位于第二梯队，落后于浪潮信息、紫光、同方、长城科技等公司。在云服务领域，神州算是后进入者，主要从事细分的云转售业务(竞争对手：伟仕佳杰、长虹佳华)和云管理服务(竞争对手：中软国际、埃森哲)，这两个赛道尚未出现明确的领导企业。

从客户集中度来看，前五大客户占比为40%左右，近年来维持稳定态势，但第一大客户的占比持续提升；前五大供应商占比54%，呈现出逐年下滑的态势。

3. 经营的可持续性

从公司ESG评价的角度看，Wind评级为BBB，综合得分6.26，公司治理得分6.78，在技术产品经销商排名134/462；嘉实ESG评分71.68，全市场排名838/5224。

从研发投入来看，2020—2022年平均研发费用投入占收入比例在0.25%附近，在行业内属于较低的水平，但考虑到其分销业务占比较高的情况，研发投入比例的参考价值有限，重点应关注其投入的绝对金额。

从业务的竞争壁垒来看，一是面向企业的销售网络的建立需要大客户资源和系统化的服务运营能力；二是分销业务利润率低，具有极强的规模效应，如果不做到一定体量很难实现盈利；三是在与上游品牌和制造商长期的合作关系、下游客户的服务经验方面，以及技术和专业人才积累方面形成的竞争优势。

在信用资质方面，神码转债和主体评级均为AA，YY评级7+，CM评分为4，对应5年违约率26%。公司的资产负债率较高(80%左右，带息负债35%左右)，银行借款、票据占比分别为71%、29%，期限上，短债占比73%，现金短债比0.22，短债压力大，总债务/EBITDA常年大于10，债务负担较重，同时面临一定的债务集中偿付压力。

4. 现金创造能力

2018—2022年来看，累计自由现金流净流量小幅为正，经营性现金流除2021年之外均为正，现金收入比长期略高于1.1。考虑到其高客户集中度的业务模式，这一财务表现其实尚可，应收账款占收入比例不到10%，也说明其客户资质较好、拖欠货款情况少。固定资产占比极低，不到1%，反映了其作为经销商和服务商的轻资本运营模式，对于现金创造能力是相对加分项，但短期现金流有恶化迹象，需要进一步关注。

(二) 估值与风险情况

1. 正股估值简评

悲观情况下，假设公司2024年能够实现盈利预测最小值，为11.95亿元。公司历史极低估值水平为10倍市盈率，对应底价市值120亿元，下行空间32%。历史底部PB为1.3倍，以此测算对应下行空间70%。

乐观情况下，假设公司2025年可以实现一致预期净利润17亿元，按历史中性估值25倍，给予其目标市值36亿元，对应上行空间136%。简单测算来看，盈亏比较好。另外，公司估值在华为链合作伙伴中也属于偏低水平。

分部估值的话，分销业务估值中枢10倍左右，信创30倍，云服务30倍。未来如果按照11亿元分销利润、1亿元信创、2亿元云服务来看，静态中性市值在200亿元左右。

2. 转债估值简评

作为新上市个券，神码转债平价100元附近，属于平衡型转债，考虑到相对较高的正股关注度和AA评级，预计上市的溢价率水平在25%附近，正股的机构持股占比为41%，持仓较多的机构有宏利基金、华夏人寿、银河基金。涉及概念板块较多，包括华为昇腾、华为鲲鹏、鸿蒙概念等，都是当下最热门的方向，因此炒作空间也比较大。

3. 潜在的风险点

公司的基本盘分销业务和云资源转售业务利润率过低(1%左右)，如果成本端出现超预期变化，则可能会对净利润产生较大扰动。

(三) 其他信息补充

2022年发布的股权激励对应2023年净利润12亿元、2024年净利润13.8亿元。公司与华为在鲲鹏生态上的持续合作是当前市场预期其最大的潜在增长点。未来国内的服务器市场为4000亿~5000亿元的体量，华为能占据半壁江山，作为核心合作服务商，神州数码只要能占到10%~15%的份额，就能实现远期业绩目标。

三、转债研究笔记：亚康转债

亚康转债对应的正股亚康股份(301085.SZ)是国内领先的算力基础设施全产业链综合服务商，主要为国内大中型互联网公司和云厂商提供IT设备销售及运维服务。其中算力设备的销售业务占比75%，毛利率6.2%，主要产品包括服务器、服务器配件和网络设备配件；算力基础设施综合服务业务占比25%，毛利率31%，主要为算力园区、数据中心、智能计算中心、云计算厂商等提供算力基础设施综合服务，包括计算、存储、网络等产品的系统集成服务、算力基础设施运维和管理服务、园区运维和管理服务等。

从公司产品的客户结构来看，全部为软件和信息技术服务行业，覆盖数据中心产业链的上下游，上游制造商客户有华为、戴尔、浪潮等，下游互联网运营商有阿里、腾讯、百度、金山云、滴滴等。公司境外收入占比在10%左右。本次可转债募集资金2.61亿元，拟用于全国一体化新型算力网络体系(东数西算)支撑服务体系建设项目。

长期来看，公司的核心投资逻辑如下。

(1) 全球和国内IT服务业支出增量可期：根据Gartner数据，2022年全球IT支出约为4.5

亿美元，同比增速5.1%；国内IT支出预计5400亿美元，同比增速7.9%，其中IT服务和软件增速超过10%。根据前瞻产业研究院数据，2020—2023年我国算力基础设施服务市场规模增速为6%，到2025年市场规模将达到3668亿元。

(2) 或将受益于地方政府数字化转型：根据国家发展和改革委员会等国家及地方有关部门对数据中心集群的规划文件，甘肃庆阳等六地2025年服务器市场容量预计达到2640万台，公司已与庆阳市政府签订了战略协议，借助全国一体化算力网络国家枢纽节点建设和"东数西算"工程的机遇，助力庆阳建设国家级数据中心集群(本次募投项目，测算IRR为18.15%)。

(3) 数据中心第三方运维服务的占比提升：自2012年起，数据中心第三方运维服务市场的比重持续增加，2017年行业市场规模达到792.2亿元，占IT数据中心运维服务市场的45.7%。随着数据中心运维服务由硬件运维向软件运维转型，原厂服务商和第三方服务商产生分化，"去IOE"架构下第三方服务商的综合能力更有吸引力，企业对第三方运维服务商的认可程度越来越高。

(一) 公司基本面评估

1. 成长性和盈利水平

亚康股份2020—2022年收入增速为-10%、-3%、24%，扣非利润增速为29%、-31%、7%。作为对比，公司所属信息科技咨询与其他服务行业2020—2022年收入增速为3%、10%、-1%，净利润增速为73%、186%、-46%。相对行业而言，景气度的节奏略有差异，可能存在分类误差。

从盈利能力来看，2020—2022年的扣非ROE水平在8%~10%，ROIC区间在9%~12%，毛利率13%~17%，净利率6%~8%。作为对比，信息科技咨询行业的ROE水平在0~2%，ROA在0~1%，可以看出公司的盈利能力在细分行业中属于中上水平。与竞争对手海量数据(603138.SZ)和银信科技(300231.SZ)相比，公司毛利率水平落后，其他财务指标尚可。

2. 稳定性和确定性

公司的收入与互联网企业的管理费用支出相关性较强，由于近年来行业政策对部分互联网大厂的经营范围和绩效产生了不具确定性的影响，因此对其外包IT服务商也不免产生影响，进而加剧了经营的不稳定性，从近年来全行业的财务表现亦不难看出，属于政策周期性较强的业务。

从历史盈利预测的可靠性来看，所在子行业信息科技咨询2019—2022年偏差系数(T-1年预测值/T年实际值)分别为3%、-21%、-49%、-25%，预测的胜率属于极低水平；个股2019—2022年没有分析师给出盈利预测，经营业绩的可预测性较弱。

从行业竞争格局来看，过去大部分企业选择自建数据中心，这导致运维服务商的竞争格局非常分散，市场上存在大量的中小型本地运维服务商。云计算时代的到来让中小企业开始转向公有云服务。由于亚马逊、阿里云、腾讯云等大型云服务商往往更专注于自身的云产品，企业在运维管理方面的个性化需求往往不能得到满足，并且客户上云的发展趋势使IT基础设施运营维护的重要性不断提升。行业内领先的第三方运维服务商抓住市场机遇，通过与云服务商积极合作，不断向云运维市场渗透，进而持续抢占中小运维厂商的市场空间，行业集中度进一步提升。

从客户集中度来看，前五大客户占比为30%左右，近年来呈现持续下降的趋势；前五大供应商占比56%，同样持续下降。

3. 经营的可持续性

从公司ESG评价的角度看，Wind评级为B，综合得分5.21，公司治理得分6.6，在信息技术服务行业排名105/116；嘉实ESG评分22.76，全市场排名4425/4925。

从研发投入来看，2020—2022年平均研发费用投入占收入比例在1%附近，在行业内属于较低的水平(海量数据8%~17%，银信科技3%~5%)，累计拥有83项软件著作权。考虑到目前产品结构仍以设备销售为主，公司实际的科技含量并不高，目前仍属于相对低端的IT外包服务经营模式。

从业务的竞争壁垒来看，客户资源壁垒较强。IT外包服务业面对的企业一般体量较大，合作供应商准入的要求高、流程长，对新进入者的业务拓展设置了一定障碍。此外，基础设施综合服务业务领域还有一定的技术壁垒，需要服务提供商熟悉客户的IT架构、操作系统和设备结构，同时需要专业技术人才提供服务。

4. 现金创造能力

2018—2022年来看，累计自由现金流净流量显著为负，且2021—2022年经营性现金流存在大幅净流出的情况。应收账款占收入的比例有逐步抬升趋势，净营运资本占用也不低，可以看出在产业链中处于相对弱势的地位。公司没有良好的现金创造能力，需要持续融资维持经营。

(二) 估值与风险情况

1. 正股估值简评

悲观情况下，假设公司2024年利润与2021年持平，为0.7亿元。公司历史极低估值水平为30倍市盈率，对应底价市值21亿元，下行空间32%。历史底部PB为2.6倍，以此测算对应下行空间34%。

乐观情况下，假设公司可以实现历史高点净利润0.9亿元，按历史中性估值40倍，给予其目标市值36亿元，对应上行空间16%。简单测算来看，盈亏比不足。

2. 转债估值简评

亚康转债平价100元附近，属于平衡型转债，考虑到相对较低的正股关注度，预计上市的溢价率水平在20%附近，正股的机构持股占比为23%，持仓较多的机构有光大证券资管。虽然评级不高，但实际信用资质尚可，在转债处于双低区间时可能才有配置价值。

3. 潜在的风险点

近年来，公司算力、基础设施、综合服务业务人均创收分别为30.88万元、32.45万元、28.17万元，人员的快速增长并未在当期带来收入的同比增长，导致2022年一期算力、基础设施、综合服务业务毛利率同比下滑。另外，其高毛利业务占比也呈现持续下滑态势，需要关注。

(三) 其他信息补充

公司董事长履历：徐江，男，1973年7月出生，中国国籍，无境外永久居留权，大专学历。1999—2000年，创建北京亚康中宏科贸有限公司，担任总经理；2001—2002年，创建北京市亚康世纪科贸有限公司，担任总经理；2002—2005年，创建北京市亚康万维科技有限公司，担任总经理；2005年3月至今，担任亚康环宇执行董事；2007年6月至2019年5月，担任亚康有限执行董事；2009年6月至今，担任中联润通董事长；2019年5月至今，任亚康股份董事长。

2021年12月，公司在投资者平台披露已成为华为供应商及合作伙伴。

四、转债研究笔记：信服转债

(一) 主营业务介绍

信服转债对应的正股深信服(300454.SZ)主要提供企业级网络安全、云计算及IT基础设施、基础网络与物联网产品和服务。作为国内较早从事网络安全领域的企业，公司在我国网络安全市场具有较明显的领先优势，主要网络安全产品持续多年市场份额位居行业前列，旗下VPN产品自2008—2022年为国内虚拟专用网市场占有率第一。

公司的主营业务结构：①网络安全业务，占比51%，毛利率79%；②云计算及IT基础设施业务，占比39%，毛利率48%；③基础网络和物联网业务，占比9%，毛利率52%。公司主要涉及网络安全、云计算、ChatGPT、VPN、英伟达等概念。从客户结构来看，企业客户占比46%，政府及事业单位占比43%，金融机构占比11%。海外收入占比5%。

网络安全行业上游主要是工控机、交换机、硬盘等硬件行业，下游主要为渠道代理商(面向各领域内的企业级用户)和政府、金融、电信运营商等企业级用户。随着网络安全问题的凸显、网络威胁的发生，企业自身发展的需要，以及下游用户对IT系统建设的重视和网络安全方面的投入，对网络安全行业的发展具有一定促进作用。

本次可转债募集资金12.15亿元，其中5.14亿元拟用于投资深信服长沙网络安全与云计算研发基地建设项目，项目总额5.79亿元；7.01亿元拟用于投资软件定义IT基础架构项目，项目总额15.46亿元。

(二) 中长期投资逻辑

(1) 网络安全行业的市场发展潜力较大：随着IT产业迅速扩张，各国政府和企业对安全的重视程度逐渐提升。根据IDC预计，2022—2026年全球网络安全相关支出将实现11.9%的复合年均增长率，预计市场空间在2025年将达到2233.4亿美元。同时，预计2026年中国网络安全支出规模接近288.6亿美元，五年复合增长率将达到18.8%，增速位列全球第一。国内产业的数字化转型，也为网络安全业务开拓了更多新场景。

(2) 云计算业务保持高增打开第二增长曲线：根据信通院数据，2022年全球云计算市场规模4910亿美元，在大模型、算力等需求刺激下，预计市场2024—2026年保持20%左右的稳定增长。国内云计算市场仍处于快速发展期，2022年云计算市场规模4550亿元，同比增长40.9%，预计2024—2026年保持30%以上的增速。

(三) 公司质地情况

1. 成长性和盈利水平

深信服2020—2022年收入增速为9%、25%、19%，扣非利润增速为-23%、-80%、-0.6%。作为对比，公司所属应用软件行业2020—2022年收入增速为1%、17%、14%，净利润增速为-66%、15%、8%。相对行业而言，公司的收入增速更快，但利润的波动幅度也较大。

从资本回报来看，公司2020—2022年的扣非ROE水平在1%~10%，ROIC区间在15%~32%，毛利率0.3%~11%，净利率3%~15%。作为对比，应用软件行业的ROE水平在2.6%~7.2%，ROA在1.5%~4.5%。公司的资本回报水平显著高于行业平均。与同类上市公司启明星辰(002439)、绿盟科技(300369)和奇信安(688561)相比，深信服的毛利率水平基本持平，属于高利润率、低周转率、低负债率的经营模式。

2. 稳定性和确定性

公司业绩波动的主要因素有：①从成本端拆解来看，服务器占比较大，其价格波动会对毛利率产生影响；②公司的供应链对海外产品的依赖较大，在全球突发事件不断的环境下，业绩并不稳定，例如芯片短缺的情况时有发生；③公司在政府和事业单位等部分行业客户群投入了较多的资源，但该类行业的投入和产出并不匹配，存在资源投入与订单落地的时间差；④技术密集型行业天然面临的"创造性破坏"问题。

从历史盈利预测的可靠性来看，所在子行业工业机械2019—2022年偏差系数(T-1年预测值/T年实际值)分别为-2%、18%、31%、7%，预测的胜率属于中等水平；个股2019—2022年预测误差为-23%、-64%、-2%、7%，2021—2022年误差率极高，但由于较大的预测样本量，实际值从未低于盈利预测最小值。

从行业竞争格局来看，深信服在网络安全市场位于第一梯队，2018—2022年头部企业市场份额呈持续上升趋势，CR4集中度由2018年的21.7%提高到2022年的28.6%。随着网安需求由合规驱动转变为攻防驱动，对产品的可靠性、稳定性等提出更高要求，头部企业规模和资源优势会进一步凸显，获得更大市场份额，未来行业集中度将继续提升。云计算方面，公有云以阿里云、腾讯云为主导，深信服目前在私有云和混合云领域位于行业第二梯队，部分细分产品(桌面云终端、桌面应用虚拟化、超融合HCI软件)市占率能排到行业前列。

从客户集中度来看，前五大客户占比为11%左右，近年呈现小幅下降态势，总体上比较分散。据公司披露，其已为全球超十万家企业级用户提供了产品和服务，包括80%的境内世界500强企业、90%的中国政府部委级单位、中国三大电信运营商，以及中国规模最大的前10家银行等用户；前五大供应商占比46%，基本上长期维持在这一水平。

3. 经营的可持续性

从公司ESG评价的角度看，Wind评级为A，综合得分7.83，公司治理得分8.07，在软件行业排名14/190；嘉实ESG评分92.14，全市场排名51/5332。

从研发投入来看，作为高新技术企业，2020—2022年平均研发费用投入占收入比例在27%~30%，在业内属于比较高的水平。研发人员数量在公司员工中占比接近40%，人数3500+。公司自研多项核心技术，包括虚拟化架构、零总线外设映射技术、国内首发的安全GPT大模型等。

从业务的竞争壁垒和优势来看：①作为技术密集型行业，对基于客户需求的技术应用能力要求极高，同时还需要把握技术趋势进行前瞻性的资源投入；②作为智力密集型行业，需要高水平的安全攻防人才、软件设计开发人才，新进入者很难在短期内迅速培养出既了解市场需求又掌握核心技术的人才和团队；③品牌和客户渠道方面的长期积累也让深信服具备一定的先发优势。但总体来看，公司的网络安全业务在市场竞争中还未构筑明显领先于同行的整体优势。

在信用资质方面，深信服转债和主体评级均为AA，YY评级6，CM评分为3，对应5年违约率5.2%。公司的资产负债率在30%左右，短期债务占比较高，达到90%以上，好在货币资金较为充足，资产的流动性也比较好，虽然发行转债后负债规模大幅度提高，但总体而言债务压力不大。

4. 现金创造能力

2018—2022年来看，累计自由现金流净流量小幅为负，经营性现金流连续五年为正，经营获现能力较好。现金收入比在1~1.2范围内，同时应收账款占收入的比例在8%~10%。总体来看，属于现金创造能力较好的企业。

(四) 估值与风险

1. 正股估值简评

悲观情况下，假设公司2024年能够实现盈利预测最小值，为0.6亿元，并实现收入最小值74亿元。公司历史极低估值水平为30倍市盈率，对应底价市值18亿元，下行空间90%(由于短期景气度较差，PE基本失真)。以PS估值历史最低3倍，对应底价市值222

元，下行空间16%。历史底部PB为3.2倍，以此测算对应下行空间5%。

乐观情况下，假设公司2024年可以实现一致预期净利润6亿元，按历史中性估值45倍，给予其目标市值270亿元，对应上行空间5%；用PS估值远期对应收入97亿元，按中性估值5倍，PS对应485亿元目标市值，上行空间86%。简单测算来看，盈亏比较不足。

2. 转债估值简评

作为2023年上市的次新券，信服转债平价50元附近，属于深度偏债型转债，转股溢价率90%左右，属于正常水平。债底溢价率13%，到期收益率1%，作为纯债替代来看，YTM偏低，缺少配置价值，更多是作为博弈企业政府部门IT资本开支上行/拐点的顺周期资产。大股东无股权质押的情况，正股的机构持股占比为44%，关注度较高，持仓较多的机构有中欧基金、万家基金、汇丰晋信基金，转债持仓较多的机构有招商基金、华夏基金、太平养老。

3. 潜在的风险点

潜在的风险点如下：①随着政务云、智慧城市等IT基础设施建设集约化趋势越发明显，国内越来越多企业涉足网络安全、云计算等领域，这块业务面临激烈的市场竞争；②市场趋于饱和，且逐步陷入同质化竞争，除超融合业务外，其他传统业务短期增速回落到10%以下，桌面云呈负增长；③客户较为分散，面临一定的渠道管理风险；④MSS和XDR平台等新业务在客户接受程度上存在一定的不确定性；⑤研发费用和销售费用投入力度很大，给盈利带来一定压力。

(五) 股东管理层及员工

公司近期发布了2024年的股权激励计划，拟向4391人授予1200万股限制性股票(覆盖约50%员工)，占公司总股本的2.86%，授予价格43.8元/股，分2024—2026年三期解锁，考核收入，业绩考核目标为以2023年营收为基数，2024—2026年营收增长率分别不低于5%、10%、15%，与往年激励设定目标的方式都相同。

董事长何朝曦毕业于中国科学技术大学，获自动控制和经济管理双学士学位。何朝曦毕业后就入职了华为，从事研发工作，于2000年离开华为，与另外两位同学一起创办深信服，并担任CEO。近年来，公司一直在推广大客户战略，董事长亲自抓流程、资源投入和激励政策。目前大客户收入占比10%左右，尚有较大的提升空间，这也意味着公司习惯的打法、套路乃至文化的转型。

五、转债研究笔记：新致转债

新致转债对应的正股新致软件(688590.SH)为国内二线的软件外包服务提供商，主要客户为银行(占比30%)、保险公司(占比31%)、非金融企业(主要为汽车、电信行业，占比32%)。公司的主营业务比较纯粹，IT解决方案占比93%(毛利率33%)且呈现逐年上升趋势，软件分发分包占比7%(毛利率12%)；按业务模式又可分为软件项目开发(毛利率45%)

和人员技术服务(毛利率44%)。2020年,公司在银行业IT解决方案中收入排名23,在保险业IT解决方案中收入排名第3(市占率4%)。公司的主要客户包括太保、国寿、人保、交行、建行、三大运营商、上汽、复星等企业。

本次转债募投项目拟建设分布式Paas平台,以支持保险、银行、企业服务的分布式应用开发、测试和运营。

长期来看,公司的核心投资逻辑如下。

(1) 金融IT行业高景气,主要的催化因素包括:①金融信创释放系统替换和适配空间;②资本市场改革深入,金融IT的业务边界在拓宽(证券IT更受益);③数字人民币加速落地;④下游客户资金充裕,且研发资本开支的提升空间较大。

(2) 平台化转型:公司战略强调从"产品提供者"逐步发展为"生态构建者",积极开拓云服务平台(金融云和企业云,也汇聚了第三方的产品服务),其中主要的业务项目便有本次转债募投的"新致金融云PaaS"。这一发展转型路径在海外的对标公司为Fiserv,后者也是金融IT解决方案起家,转为PaaS发展,目前市值800亿美元。

(一) 公司基本面评估

1. 成长性和盈利水平

新致软件2019—2021年收入增速为13%、-4%、19%(所属行业金融信息化增速为11%、13%、11%,扣非利润增速40%、-0.3%、2.5%(金融信息化利润增速19%、-3%、109%)。收入和利润都暂无券商给出未来预测,从历史情况来看,公司的成长性略弱于行业平均水平,可能的原因如下:一是在金融IT领域,证券业务(代表公司如恒生电子、顶点软件)的增速快于银行和保险;二是公司体量较小,行业地位偏弱,规模和技术优势不显著。

根据赛迪顾问数据,2020年保险和银行业IT解决方案市场增速分别为17%、25%,预期复合增速(到2025年)为22%、25%。如果新致软件的表现继续略弱于行业平均(电信和汽车IT预期增速分别为4%、11%),未来收入增速可能在15%左右。观察其客户结构变化,非金融企业占比持续上升(从24%提升到32%),而毛利率低于金融企业客户,因此利润率可能小幅下滑,进而导致利润增速低于收入增速。

从盈利能力来看,2020—2022年的扣非ROE水平为5%~11%,ROIC区间为7%~10%(金融信息化为ROE4%~8%、ROA为3%~5%)。毛利率为30%~32%,净利率为7%~11%。以上历史财务表现也略弱于长亮科技、宇信科技等银行业IT的头部企业。

2. 稳定性和确定性

从经营的周期性来看,与传统制造业企业相比,软件公司固定资产占比低,且来自成本端的波动影响较小(主要原材料包括服务器、存储设备、计算机,上游厂商较多可替代性强)。即使如此,公司的收入和利润的波动性也明显高于行业平均水平,其相对优势最明显的保险业IT板块收入也出现下滑,需要关注。

从历史盈利预测的可靠性来看,所在Wind行业信息科技咨询2018—2021年偏差系数

(*T*−1年预测值/*T*年实际值)分别为3%、−21%、−49%、−25%，预测的胜率属于极低水平；个股2020—2021年的预测误差率为33%、0.65%，覆盖的研究机构较少，历史可参考性较弱。

从行业竞争格局来看，银行业IT解决方案的格局非常分散，CR5为中电金信(份额为5.9%)、宇信科技(份额为4.3%)、神州信息(份额为4.1%)、南天信息(份额为3.8%)、长亮科技(份额为2.9%)；保险业IT解决方案则十分集中，CR2为中科软(份额为60%)、易保网络(份额为35%)。未来行业的发展趋势包括：①基于信息安全在国计民生中的战略地位，政府采购项目对信息安全的要求持续提升，本土服务商相对海外厂商的优势更明显；②大型IT解决方案的开发需要建立在核心平台标准之上，使得具有较强技术实力、成熟产品系列和完善营销服务网络的企业容易获得更高份额，行业集中度持续提升。

从客户集中度来看，前五大客户(平安、人保、太保、电信、建行)占比为38%，近年来呈现小幅上升趋势。

3. 经营的可持续性

从公司ESG评价的角度看，Wind评级为BBB，综合得分6.29，公司治理得分7.14，在信息技术服务行业排名35/115；嘉实ESG评分58.07，全市场排名1735/4828。

从研发投入来看，2020—2022年平均研发费用投入占收入比例为8%~12%，在行业内属于中等偏下水平(证券IT服务商研发开支占收入比例为20%以上，银行约12%，保险约13%)，技术人员占比93%。公司获得280多项软件著作权，被评为"国家规划布局内重点软件企业""高新技术企业""上海市科技小巨人企业"。

从业务的竞争壁垒来看，包括：①经验壁垒，需要对客户所处行业和应用环境有深刻认知，且具备核心项目经验；②客户资源壁垒，下游保险和银行具有典型的"大客户特征"，对信息系统的历史稳定性要求高；③人才、技术服务与品牌壁垒。

在信用资质方面，新致转债评级为A，无其他第三方评级。公司各项偿债指标表现相对较好，资产负债率不高(35%)，短期负债占比高(90%以上)，但流动和速动比例均在2倍附近，信用风险可控。

4. 现金创造能力

2018—2022年来看，累计自由现金流净量在2017—2022年第三季度均为负，作为软件类企业，这样的表现差强人意，经营现金流2020—2021年大幅净流出。应收账款占收入的比例常年在50%以上(2022年第三季度达到114%)，净营运资本和收入体量基本持平，可见公司在产业链中处于极端弱势的地位，需要密切关注其客户资质下沉的情况。根据历史情况来看，现金创造能力很弱。

(二) 估值与风险情况

1. 正股估值简评

悲观情况下，假设公司2024年能实现持平于2021年的扣非净利润0.66亿元，历史极低估值约为14倍市盈率，以此测算底价市值为36亿元，下行空间约为65%；历史极低市净率为1.8倍，以此测算下行空间约为25%。公司目前处于相对困难的经营周期，且信息科技行业盈利预测的准确性极低(如前所述)，因此使用PB估值测算底价市值或许更为合适，但可能还需要考虑大额应收账款潜在坏账在悲观情况下对净资产的实际影响。

乐观情况下，假设公司2024年能实现2021年归母净利润的1.4亿元水平，结合历史中性估值在30倍市盈率(行业平均)左右，以此测算目标市值为42亿元，上行空间约为55%；如果以PS估值，给予其2022年第三季度收入6倍PS(行业平均5~9倍)，则对应84亿元目标市值，上行空间为86%。

2. 转债估值简评

新致转债平价108元附近，属于平衡偏股型转债，纯债溢价率超过90%，来自债底的下行保护较弱，但如果正股PB底部可靠则回撤空间依然可控；转股溢价率17%，相对同等平价转债属于较低水平；正股波动率47%，隐含波动率59%，期权价值略有高估；机构持股占比27%，市场关注度不低，任何潜在利好信息都可能形成有效的价格反弹，有一定的埋伏价值。

3. 潜在的风险点

相对业内优秀金融信息企业，新致软件缺少核心的技术优势，其主要的业务应用场景附加值较低(主要为营销管理类和渠道类解决方案)，且从人员学历结构(专科30%，本科70%)和人均薪酬(18万元/年)来看，更像是人力密集型企业(技术人员约等于生产人员)，与其说是金融信息服务商，不如说是部分金融机构的"IT劳务派遣公司"。新致软件商誉的账面价值为0.4亿元，有一定的减值风险。

(三) 其他信息补充

公司2021年制定了两期限制性股票激励计划，占总股本的4.4%，主要涉及高级管理人员、核心技术人员、核心业务骨干。

公司总经理曾任职建行信用卡中心技术部负责人，对银行数据IT相关场景较为熟悉。

第三节　化妆品行业：科思股份、水羊股份

中国美容护理行业虽起步较晚，但增长迅速。目前我国已经成为全球第二大化妆品市场，但与发达国家相比，人均化妆品的消费量仍处于低位。美容护理行业产业链主要由上游生产商、中游品牌商和医疗机构，以及下游终端用户组成。上游生产商相对分散，进入门槛较低，议价能力较弱，其中化妆品市场上游主要为内容物原料生产商和包装材料生产商；中游品牌商和医疗机构为产业链核心环节，议价能力较强，发挥了承上启下的关键作用，其中化妆品市场中游品牌商掌握产业定价权，现阶段主要由国际品牌主导，国货品牌需要在竞争中实现突围；下游为终端用户，主要通过线上、线下两种渠道实现销售。本节对化妆品行业的科思股份和水羊股份进行分析与点评。

一、转债研究笔记：科思转债

(一) 主营业务介绍

科思转债对应的正股科思股份(300856.SZ)是全球最主要的化学防晒剂产品阿伏苯宗、原膜散酯、水杨酸异辛酯、对甲氧基肉桂酸异辛酯、奥克立林的生产商。同时，公司也是铃兰醛、2-萘乙酮、合成茴脑等合成香料产品的主要生产厂家之一。2019年，公司防晒剂的销量占全球总销量的27.88%。科思股份是一家以化学原料起家，逐步转型做个人用户端化妆品、护肤品的公司，境外销售占比超过80%。

公司的主营业务结构：①化妆品活性成分及原料，占比88%，毛利率53%；②合成香料，占比11%，毛利率22%。公司主要涉及化妆护肤品、个人护理、日用化学品原料等概念。公司的化妆品活性成分及其原料主要客户包括帝斯曼、拜尔斯道夫、宝洁、欧莱雅、默克等化妆品公司和专用化学品公司；公司的合成香料客户包括奇华顿、芬美意、IFF、德之馨、高砂、曼氏、高露洁等全球知名的香料香精公司和口腔护理品公司。

上游原料方面，精细化工行业的原材料多来自石油化工产品，如甲苯、异丁烯、苯酚和辛醇等。石化产品的价格与国际油价关联度较高，并且在精细化工行业的成本中占比较高，因此精细化工成本水平受国际油价和上游原材料价格波动的影响较为明显。下游产品方面，主要的应用于化妆品、食品、日化品等终端产品上。

本次可转债募集资金7.25亿元，主要用于氨基酸表面活性剂、高分子增稠剂项目和双-乙基己氧苯酚甲氧苯基三嗪产能扩增。

(二) 中长期投资逻辑

(1) 防晒剂市场规模稳步增长：防晒剂作为防晒化妆品主要原料，其市场受下游化妆品需求所驱动。据欧睿统计，2022年全球防晒剂规模达5.79万吨，同比增长4.9%，预计2023—2028年CAGR为3.4%。2017—2022年，中国防晒剂市场CAGR为7.5%，远超全球市场增速。预计到2028年，中国防晒剂市场规模可达到1.62万吨，2023—2028年CAGR为3.9%。另外，当前国内防晒剂市场主要参与者仍为外资企业，有一定的国产替代空间。

(2) 香料香精市场仍有一定增长空间：据募集说明书数据，2022年全球香精香料市场规模达299亿美元，同比增长3%左右。而中国本土香料香精市场在2012—2017年的复合增速达到了5.7%，预计未来维持在不低于全球增速的水平。此外，香精香料产业不断向发展中国家转移已经成为趋势，特别是亚洲市场的需求量提升潜力较高。

(3) 生产商逐步转型品牌商，有望获得估值切换：在防晒剂产业链中，研发商、生产商和品牌商的角色并不是严格分隔的，有时候一家公司可能同时扮演多个角色，一些大型公司既拥有自己的研发实验室，又在自己的工厂中进行生产，并以自有品牌销售产品。科思股份成为全球防晒龙头后，后续有打造个人护理品原料平台的可能，进而获得更高的品牌商估值。

(三) 公司质地情况

1. 成长性和盈利水平

科思股份2020—2022年收入增速为62%、8%、−8%，扣非利润增速为229%、−26%、1.4%。作为对比，公司所属基础化工行业2020—2022年收入增速为9%、34%、2%，净利润增速为−20%、161%、40%。相对行业而言，公司的收入和利润增速更快，表现出了明显的Alpha属性。

从资本回报来看，2020—2022年的扣非ROE水平在7%~19%，ROIC区间在8%~22%，毛利率26%~36%，净利率12%~22%。作为对比，基础化工行业的ROE水平在9%~18%，ROA在4%~10%。公司的资本回报水平显著高于行业平均。与同类上市公司天赐材料(002709)、赞宇科技(002637)和亚香股份(301220)相比，科思股份的毛利率水平显著更高，但周转率略低(主要系存货周转率拖累)，属于高利润率、低周转率、低负债率的经营模式。

2. 稳定性和确定性

化妆品活性成分、合成香料最终应用于化妆品、食品、日化品等产品中，多样化的下游产品分散了特定行业的风险。同时，化妆品活性成分和合成香料下游的化妆品与日用化学品消耗数量大，是满足消费者基本生活需求的产品，市场规模较大，受宏观经济波动的影响相对较小，经营周期性较弱。公司业绩波动的主要因素有：①成本端受原油价格波动影响较大，且公司尚无有效的控制措施；②境外收入占比较高，出口品主要以美元和欧元计价，有一定的汇兑损益问题。

从历史盈利预测的可靠性来看，所在子行业-工业机械2019—2022年偏差系数(T−1年预测值/T年实际值)分别为3%、−6%、−42%、−10%，预测的胜率属于中等偏下水平；个股2020—2022年预测误差为3.3%、−17.9%、2.6%，预测的误差率基本可控。

从行业竞争格局来看，防晒剂与化妆品活性成分行业都是国外大型化工企业占据主导地位，行业集中度较高(全球龙头：巴斯夫、德之馨)。与国际知名企业相比，国内企业整体在产销规模、产品结构和技术水平方面仍存在一定差距。随着国内科技水平的发展和国家的产业支持，国内的化妆品活性成分行业也得到了一定程度的发展。目前，科思股份属于国内原料生产商的绝对龙头，市占率在25%左右。

从客户集中度来看，前五大客户占比为62%左右，近年呈现小幅下降态势，第一大客户帝斯曼长期占比超过40%；前五大供应商占比36%，基本上长期维持在这一水平。

3. 经营的可持续性

从公司ESG评价的角度看，Wind评级为BB，综合得分5.8，公司治理得分6.23，在化工行业排名286/480；嘉实ESG评分58.25，全市场排名4821/5332。

从研发投入来看，2020—2022年平均研发费用投入占收入比例在4%~5%，在业内属于比较高的水平。在手专利共计111项，其中发明专利30项，实用新型专利81项，在国内处于行业较高水平(见表5-2)。经过多年的研发和生产，公司在烷基化、酰基化、缩合、加氢、氧化、醚化、酯化反应等方面形成了自己的技术优势。

表 5-2　可比公司在手专利情况对比　　　　　　　　单位：项

公司	有效专利授权	发明专利	实用新型专利
科思股份	111	30	81
赞宇科技	97	68	28
新瀚新材	26	6	20
嘉必优	106	100	6
华熙生物	304	214	41
美峰化工	44	21	23
亚香股份	64	7	57
华业香料	72	32	40

从业务的竞争壁垒和优势来看：①严格的供应商认证体系。公司的客户主要为少数知名的跨国公司，而这些跨国公司对供应商的筛选非常严格，且还需要受到FDA的监管，对新进入者形成了壁垒。②技术壁垒，需要多年的技术研究、工艺积累形成。公司在防晒剂合成技术和生产方面积累了很多年，这为其后期的产品战略的制定和实施也奠定了基础。③安全、环保壁垒。毕竟公司所在的行业涉及化学合成的过程，并且还要用到许多危险化学品，因此对风险控制、废弃物的处理能力有较高要求。④性价比优势。公司的竞争对手包括BASF、德之馨、克拉玛、森馨等，相对于这些竞争对手，公司凭借其规模成本优势，其产品更具有性价比。

在信用资质方面，科思转债和主体评级均为AA-，YY评级7，CM评分为3+，对应5年违约率3.2%。有息债务规模近年来逐渐攀升，短债/总债务为69.4%，但现金覆盖比较充分，短期偿债能力较强，长期偿债压力小。品种结构上，截至2022年末，有息负债100%均为非标，发行可转债后债券占有息负债比重近100%，融资渠道稳定性很弱。

4. 现金创造能力

2018—2022年来看，累计自由现金流净流量小幅为负，主要受2020年拖累较大。经营性现金流自上市以来均为正，经营获现能力较好。现金收入比在0.95~1范围内，同时应收账款占收入的比例在13%~16%，为行业内正常水平。总体来看，公司属于现金创造能力较好的企业。

(四) 估值与风险

1. 正股估值简评

悲观情况下，假设公司2024年能够实现盈利预测最小值，为5.5亿元。公司历史极低估值水平为14倍市盈率，对应底价市值66亿元，下行空间28%。历史底部PB为2.6倍，以此测算对应下行空间45%。根据公司的业绩预告，2023年盈利在7.2亿~7.6亿元，以此计算底价市值在100亿元左右，下行空间5%。

乐观情况下，假设公司2024年可以实现一致预期净利润8.9亿元，按历史中性估值24倍，给予其目标市值270亿元，对应上行空间99%。简单测算来看，盈亏比一般。

2. 转债估值简评

作为2023年上市的次新券，科思转债平价120元附近，属于平衡偏股型转债，转股溢价率13%左右，属于合理水平。债底溢价率52%，到期收益率-2.5%。转债隐含波动率32%，低于正股历史波动率的58%，考虑到其债底存在被低估可能，转债估值有一定性价比。大股东股权质押比例22%，正股的机构持股占比为44%，关注度较高，持仓较多的机构有富国基金、大成基金、广发基金；转债持仓较多的有鹏华基金、建信基金、广发基金。

3. 潜在的风险点

潜在的风险点如下：①2021—2022年科思股份的净利润率维持在历史相对高位，这一周期的高点能否维持，存在一定的不确定性；②防晒剂行业的竞争可能在加剧，公司新签的长约也面临批发价下调的情况，考虑到科思股份的产品价格明显高于行业市价，未来产品价格变化需要观察；③近年来新增扩建产能较大，有一定的消化风险。

(五) 股东管理层及员工

创始人周旭明为公司实际控制人，周旭明与其父亲周久京合计直接持股9.3%，通过全资持有的南京科思投资发展间接持股52.18%。南京科投与南京科旭为公司两大员工持股平台，合计持股3.3%，股权激励制度能有效提升员工的积极性。

二、转债研究笔记：水羊转债

(一) 主营业务介绍

水羊转债对应的正股水羊股份(300740.SZ)为从事面膜等护肤品的研发、生产和销售的电商企业。公司主要涉及网红经济、拼多多、电子商务、跨境电商、毛发医疗等概念。公司的主营产品结构包括水乳膏霜(占比75%，毛利率52%)、面膜(占比20%，毛利率69%)、品牌管理服务(占比4%~5%)。

水羊股份的业务有自有品牌业务(利润占比6成，收入占比4成，近年来也有下滑态势)和代理业务(同时在寻找合适的并购项目)两种，其中自有品牌主要包括御泥坊(2021年面膜品牌排名第一)、小迷糊、大水滴、御、花瑶花、VAA、HPH(除御泥坊外的新锐品牌大多尚未实现盈亏平衡，大水滴的增速较快)等，产品品类覆盖面膜、水乳膏霜、彩妆、个护清洁等化妆品领域。代理品牌业务主要与海外化妆品厂商合作，多采取买断模式。此外，2022年水羊股份还收购了法国高端抗衰品牌伊菲丹(EvidensdeBeauté)，目前利润贡献度接近40%(净利率20%+)，2023年同比增长139%，是公司短期最具看点的品类。

在销售渠道上，公司与天猫、淘宝、抖音、京东、唯品会、快手、拼多多等电商平台建立了合作关系。同时，产品在SKP、丝芙兰、银泰百货、屈臣氏、万宁等线下渠道上架销售。

本次可转债总发行规模为6.95亿元，扣除发行费用后的募集资金净额用于水羊智造基地项目和补充流动资金。

(二) 中长期投资逻辑

(1) 零售化妆品消费基数大且有增长潜力：根据国家统计局数据，2021年我国化妆品类零售总额4026亿元，同比增长了14%。根据Euromonitor数据，2017—2021年我国化妆品市场规模复合增速为11.24%，预计到2026年市场规模将突破8000亿元。除了人均消费额带来的增量，经济萧条期可能还存在"口红效应"，对化妆品行业构成潜在利好。

(2) 国货美妆出海带来新的增长机遇：据海关总署统计数据，2023年1—11月我国美容化妆品及洗护用品出口金额为421亿元，同比增长24.2%，增速自2020年来逐年提升。目前，东南亚诸国均处于经济快速发展期，人均GDP处于中国10余年前的水平，线上化率仅为20%左右，后续有望逐步经历经济增长带来的消费升级，以及电商渗透带来的渠道红利期。

(3) 化妆品的线上化率仍有提升空间：随着化妆品品牌方对电子商务渠道的持续投入、电商平台消费体验的优化升级，直播带货的模式兴起，化妆品电子商务市场规模有望继续增长，化妆品线上渗透率可能进一步提升(当前国内在50%左右，2023年录得近10%增长)。

(4) 化妆品行业国产化率的提升：根据弗若斯特沙利文测算，2015—2021年国货美妆市场规模复合增长率13.9%，预计2026年国货美妆市场规模有望达到7441亿元，占比将达50.2%，规模有望反超国际美妆。

(三) 公司质地评估

1. 成长性和盈利水平

水羊股份2020—2022年收入增速为-6%、35%、54%，扣非利润增速为-55%、58%、2094%。作为对比，公司所属个人用品行业2020—2022年收入增速为5.5%、14%、5.6%，净利润增速为-3%、39%、31%，可以看出水羊股份的业绩波动显著大于行业。

从资本回报来看，2020—2022年的扣非ROE水平在5%~13%，ROIC区间在5%~13%，毛利率49%~58%，净利率2%~5%，属于高毛利、高费用投入的经营模式。作为对比，个人用品行业的ROE水平在10%~12%，ROA在6%~8%，可以看出公司的资本回报与行业平均水平基本持平。与同类上市公司珀莱雅(603605)和贝泰妮(300957)相比，水羊股份的毛利率水平偏低(主要受低毛利的代理业务占比偏高影响)，同时营销费用投放上相对更为积极。

2. 稳定性和确定性

与传统制造业企业或上游原材料生产企业相比，水羊股份这类公司可能并没有太强的经营周期特点，但在同行业内部比较来看，其偏低的毛利率水平和较高的消费费用率导致净利率水平极低且波动极大。主要的业绩波动因素并非来自宏观经济，而是行业竞争加剧、产品成本费用的上涨、经营层对消费的误判和新产品推广的不及预期等。

从历史盈利预测的可靠性来看，所在子行业个人用品经销商2019—2022年偏差系数(T-1年预测值/T年实际值)分别为-7%、0.4%、-28%、7%，预测的胜率属于中等偏低水平；个股2019—2022年的预测误差为-41%、-2%、14.5%、-80%，预测误差属于全市场较高的水平，盈利预测最小值基本没有参考价值。

从行业竞争格局来看，化妆品行业整体格局较为分散、各品牌间竞争较大，且国际品牌排名靠前。根据欧睿咨询数据，从品牌市占率角度，我国化妆品市场中，以巴黎欧莱雅、兰蔻、雅诗兰黛、玉兰油等为代表的欧美国际品牌市占率较高，而国内化妆品品牌受品牌声誉、产品丰富度及研发水平等因素综合影响，市占率和集中度总体较低。水羊股份目前大概属于国内第二梯队的竞争者。

从客户集中度来看，前五大客户占比为19%左右，近年来呈现持续下降态势；前五大供应商占比70%左右，呈现出逐年提升的态势，其中强生公司长期位列第一大供应商，是其品牌代理业务最重要的合作方，2019年公司与强生集团达成战略合作，全面承接强生消费品在中国的电商业务。目前，公司已经承接了强生集团旗下近20个品牌在中国市场的电商业务。

3. 经营的可持续性

从公司ESG评价的角度看，Wind评级为BB，综合得分5.80，公司治理得分7.04，在个人用品行业排名23/2；嘉实ESG评分37.24，全市场排名3747/5333。

研发投入来看，2020—2022年平均研发费用投入占收入比例在1.3%~1.9%，在行业内属于中等偏低的水平(低于珀莱雅和贝泰妮)。公司建设了水羊面膜研发、洁面研发、乳霜研发、精华研发中心等9个产品研发分中心。

从业务的竞争壁垒来看，作为面向大众的个人护理消费品，首先品牌美誉度是竞争的核心，新进入者往往面临获客成本高，推广难度大的问题；其次是成熟的营销网络，特别是对线上流量的获取和运营能力；最后是技术研发，化妆品涉及生命科学、精细化工、皮肤科学、植物学等多学科的交叉研究与应用，这都需要企业对产品研发不断投入。近年来，国货美妆龙头企业都已打造了以行业领军人才为核心的研发团队。

在信用资质方面，水羊转债和主体评级均为A+，YY评级7，CM评分为4+，对应5年违约率19.4%。公司的资产负债率为51%，有息债务约20亿元，主要为银行借款和可转债；短债占比偏高58%，有一定到期压力。水羊股份2020—2022年总债务/EBITDA为2~6倍，长期偿债能力尚可。

4. 现金创造能力

2018—2022年来看，累计自由现金流净流量小幅为负，但2020—2022年连续净流入，经营性现金流难以覆盖持续性的资本开支，2021—2022年均为负。现金收入比为0.96~1.03，有明显的下滑态势，可以看出其获现能力存在波动。考虑到其接近大众消费品的商业模式，现金创造能力明显偏弱。

(四) 估值与风险

1. 正股估值简评

悲观情况下，假设公司2024年能够实现盈利预测最小值，为2.9亿元。公司历史极低估值水平为18倍市盈率，对应底价市值52亿元，下行空间22%。历史底部PB为2.3倍，以此测算对应下行空间35%。

乐观情况下，假设公司2025年可以实现一致预期净利润4.8亿元，按历史中性估值30倍，给予其目标市值144亿元，对应上行空间118%。简单测算来看，盈亏比尚可。

另外，公司2023年的业绩报告显示，净利润区间为2.8亿~3.2亿元，小幅超出市场预期，且存量转债的计提部分让实际盈利好于财报反映水平。2024年股权激励目标要做到4亿元净利润。

2. 转债估值简评

水羊转债平价120元附近，属于平衡型偏股转债，作为2023年上市的转债次新券，溢价率7%还算合理，隐含波动率35%左右，攻守兼备。正股的机构持股占比为47%，关注度较高。转债持仓较多的机构有交银施罗德、前海联合、广发基金、东方基金、华夏基金。

3. 潜在的风险点

潜在的风险点如下：①化妆品行业竞争激烈，公司自有品牌销售收入下滑，新推品牌仍处亏损状态；②自产产能(水羊智造基地)的产能利用率低，同时改扩建水羊基地总投入达12亿元，效益如何需要观察；③并购伊菲丹时形成了一定商誉减值风险。

(五) 其他信息补充

公司的人才管理政策比较灵活，股权激励和人员优化"双管齐下"，每年淘汰人员比例约10%，同时近年来在管理费用率小幅压缩的情况下实现了人均创收的提升。

第四节　电网及电力设备行业：申昊科技、金盘科技、芳源股份、珠海冠宇

电网设备和电力设备是电力系统中的两个概念，它们之间有一定的区别：电网设备是指用于电力输配送电的设备和系统，包括变电站、开关设备、配电设备等，用于将发电厂产生的电能输送到用户终端，并在电力系统中进行输电、配电和控制。而电力设备是指用于发电、输电、配电和对电能进行转换、控制、保护等功能的设备，包括发电机、变压

器、开关设备、传输线路等。本节将对电网及电力设备行业的转债个券展开分析。

一、转债研究笔记：申昊转债

申昊转债对应的正股申昊科技(301085.SZ)主要从事工业设备检测及故障诊断领域的智能机器人及智能监测设备的研发、制造及应用，为工业设备安全运行及智能化运维提供综合解决方案。公司立足于智能电网领域，专业从事智能电网相关技术产品的研究与开发，并拓展智能机器人在其他行业的应用领域，重点布局轨道交通领域。

截至2022年末，申昊科技主营产品主要有智能电力监测和控制设备(占比48%，毛利率62%)、智能机器人(占比43%，毛利率19%)两类。从应用场景来看，一是智能电网相关的输电、变电和配电环节，二是其他涉及电力监测和监控设备的基础设施，如轻轨高铁、船舶海缆等。公司的核心能力主要体现在软件开发和系统集成，而与硬件相关的核心零部件(电子元器件、钣金及精加工件、红外热像仪、压板传感器)主要来源于外部采购。

智能巡检机器人介绍：申昊科技的智能巡检机器人属于特种机器人中的电力机器人，具备一定水平的自主智能，由以运动控制系统、关键器件及先进传感器为核心的机器人本体硬件系统，以及以即时定位与地图构建技术、图像识别技术、边缘计算、云计算及深度学习等为核心的软件系统组成。公司智能巡检机器人采用了融合定位、导航、避障、场景感知、图像识别等技术，可代替人工完成变电站监测中遇到的急、难、险、重和重复性工作，以克服传统检测质量分散、手段单一、智能化水平低等方面的不足，将巡检人员从危险、繁重的工作中解放出来，为电力系统无人或少人值守和智能化管理提供了一种有效的检测、监测手段。

申昊科技的智能输电、变电监测设备主要通过对输、变电环节的电气、机械等设备的运行状态进行监测，通过各类传感器获取其运行状况、运行质量的相关信息，以动态跟踪各种劣化过程的发展状况，以便电力运维管理部门在电力设备可能出现故障或性能下降到影响正常工作前，及时进行维修、更换，从而保障电力设备运行的安全性、稳定性和可靠性。配电及自动化控制设备采用计算机技术、自动控制技术等，对配电网故障区段进行定位、自动隔离，减少停电范围和停电时间，降低维护工作量，提高了整个配电系统的效率。

本次可转债募集5.5亿元，募集资金净额用于新型智能机器人研发及产业化基地建设项目，以及补充流动资金。

中长期来看，公司的核心投资逻辑如下。

(1) 智能机器人对产业的赋能加速：《"机器人+"应用行动实施方案》提出，2025年，服务机器人、特种机器人应用深度、广度显著提升。IFR预测，2024年中国特种机器人销售额有望达34亿美元(约237亿元)，较2021年增长89%，中国特种机器人市场有望保持高速增长。

(2) 无人化值守趋势下，智能巡检机器人渗透率提升空间较大：申昊科技作为第一起草单位牵头制定了我国变电站智能巡检机器人行业标准，在该领域有较强的先发优势。

根据华福证券测算，假设轨道式智能巡检机器人使用寿命至少为10年，每年约有1/10的机器人需要进行置换，再加上变电站每年增加5%所带来的新增需求，行业天花板估计在100亿元左右，相对公司当前不到10亿元的收入体量，空间较大。

(3) 智能电网和轨道交通的投资额仍有增长空间：智能电网和轨道交通是申昊科技的产品最重要的应用领域。其中电网建设投资虽然增量有限(近年来在5000亿元左右)，但特高压、智能化和数字化方向的智能电网占比在提升(从6.2%到12.5%)，另外在线监测设备还有可能受益于电网设备的一、二次融合；而轨道交通方面，我国的高铁和地铁通车总里程虽然居世界第一(目前都是人工巡检，智能化水平不足)，但日常更新换代需求仍会带来可观的新增投资额。若考虑2024年5.2%的预期GDP增速，广义基建投资有望保持更高的速度增长。

(一) 公司基本面简评

1. 成长性和盈利水平

申昊科技2020—2022年收入增速为-49%、26%、51%，扣非利润增速为-150%、10%、37%。作为对比，公司所属工业机械行业2020—2022年收入增速为11%、24%、8%，净利润增速为20%、27%、72%。相对行业而言，2022年公司景气度下滑较大，主要是电网建设受到疫情影响，采购节奏放缓，进而影响了当年业绩。

从资本回报来看，2020—2022年的扣非ROE水平在-6%~13%，ROIC区间在-5%~19%，毛利率50%~59%，净利率-17%~27%。作为对比，工业机械行业的ROE水平在6%~8%，ROA在3%~4%。公司的资本回报水平相对行业波动范围较大，一方面与其经营周期有关，另一方面的原因是业务相对小众，与行业节奏有差异。与同行业公司对比来看，申昊科技的毛利率和费用率基本持平，但周转率和负债率更低，属于高利润率、低周转率、低负债率的经营模式。

2. 稳定性和确定性

主营业务对智能电网行业发展依赖度高，由于客户需求的周期性变化及采购的季节性特征，公司产品结构并不稳定(2023年第二季度智能机器人占比下滑至0.3%，也有季节性因素)，集中生产压力大。从需求端来看，受下游电力客户对产品需求的周期性变化，产品需求稳定性较差。同时，公司材料成本占营业成本90%以上，多为非标部件(红外热像仪、电动云台等)，无统一行业价格，原料价格波动对成本端的潜在扰动也不小。此外，由于电力系统企业的计划采购制度，公司生产主要集中于下半年，收入呈现季节性波动的特点。总体来看，公司处于经营周期性强且规律性难以把握的情况。

从历史盈利预测的可靠性来看，所在子行业工业机械2019—2022年偏差系数(T-1年预测值/T年实际值)分别为-12%、-6%、-34%、18%，预测的胜率属于中等偏低水平；个股2021—2022年预测误差为-1%、-0.2%，但因预测样本量过小，可参考性有限。

从行业竞争格局来看，目前智能巡检机器人市场仍只有少数企业参与，有5~6个主要玩家，总体的市场集中度较高。亿嘉和(行业第一)、申昊科技(市占率30%左右，行业前三)、国网智能、朗驰欣创、浙江国自是行业内的主要参与者；电力监测及控制设备市场相对成熟，行业集中度较低，申昊科技、红相股份、智洋创新、杭州柯林是行业内的主要参与者；轨道交通智能监测设备市场则处于成长初期，多数企业的相关产品还处于导入阶段，暂无明确的行业领导者，申昊科技有一定的先发优势。

从客户集中度来看，前五大客户占比为70%左右，近年来呈现持续下降的趋势；前五大供应商占比26%，同样持续下降。整体来看，其客户以电网公司及下属企业为主，对智能电网行业的发展依赖度高，前五大客户均为国家电网及其下属子公司，且地域集中度高，90%以上来自华东地区(目前公司正在向省外拓展)。

3. 经营的可持续性

从公司ESG评价的角度看，Wind评级为BBB，综合得分6.68，公司治理得分6.47，在机械行业排名71/512；嘉实ESG评分90.63，全市场排名76/5333。

从研发投入来看，2020—2022年平均研发费用投入占收入比例在11%~14%(2022年因为收入大幅滑坡这一比例被动提升到33%，这也能反映公司是强研发驱动的业务模式)，在行业内属于中等偏高的水平，公司董事会及高管中有两人为公司核心技术人员，可以反映其对研发的重视程度。

从业务的竞争壁垒来看，智能机器人的研发综合了多传感器融合、多功能作业工具、3D视觉识别系统、数字化边缘计算能力，属于多学科综合的技术密集型行业，对于新进入竞争者，技术和人才的门槛都比较高。此外，主动获取客户需求的能力需要较长时间的积累才能建立。

在信用资质方面，申昊转债和主体评级均为A+，YY等级为8，CM评分3-，五年预期违约率8.2%。受下游客户采购的季节性特征影响，应收账款规模仍较大，存在一定的资金占用。杠杆率约40%尚可，有息债务主要是可转债，短债占比10%，货币资金可以充分覆盖短债。公司获得银行等金融机构授信额度约5.20亿元，未使用授信额度为4.23亿元，有一定的备用流动性。总体来看，信用资质可能好于同等评级主体。

4. 现金创造能力

2018—2022年来看，累计自由现金流净流量显著为负，只有2020年为正，且2020—2022年经营性现金流均为大幅净流出。主要原因是其客户以电网公司及下属企业为主，下游客户回款周期较长，应收账款规模较大，到2022年末，应收账款占收入比例从90%进一步上升到157%，导致公司经营性现金流持续净流出。另外，净营运资本占用也不低(高于营业收入)，可以看出公司在产业链中处于相对弱势的地位。公司没有良好的现金创造能力，需要持续融资才能维持经营。

(二) 估值与风险情况

1. 正股估值简评

悲观情况下，假设公司2024年实现盈利预期最小值，为1.9亿元。公司历史极低估值水平为13倍市盈率，对应底价市值25亿元，下行空间32%。历史底部PB为2.4倍，以此测算对应下行空间19%。

乐观情况下，假设公司可以实现2025年一致预期盈利3.5亿元，按历史中性估值20倍，给予其目标市值70亿元，对应上行空间99%。简单测算来看，盈亏比尚可。

2. 转债估值简评

申昊转债平价70元附近，属于平衡偏债型转债，正股的关注度不高，机构持股占比为18%，转债近60%的转股溢价率偏高，且对应60%左右的隐含波动率。进一步考虑到相对公司体量而言转债规模偏大，放弃强赎的预期很弱，并不支持这一估值水平，也制约了转债自身的盈利空间(估计最多到140元)。

3. 潜在的风险点

本次转债融资额(5.5亿元)相对公司体量(净资产13亿元，收入不到10亿元)而言较大，存在募投资金对应新增产能难以消化的风险，如果无法顺利转股，对其利润的拖累偏大，且本金偿付能力存疑。根据历史情况来看，收入的50%~90%来源于国网浙江，存在单一客户集中度过高的问题。

(三) 其他信息补充

公司在轨交巡检机器人领域持续发力，近年来主要拓展的客户包括上海申通、香港地铁、杭州地铁和西安轨交。目前在手订单超过1亿元。

公司机器人产品矩阵还追求多元化，除了电网和轨交产品，其产品从巡检领域拓展到操作领域，如水下作业、海缆检测、机场检测、极寒地区检测等设备。部分细分领域有一定国产替代的空间。

二、转债研究笔记：金盘转债

(一) 主营业务介绍

金盘转债对应的正股金盘科技(688676.SZ)是全球干式变压器行业的龙头企业之一，主要从事应用于新能源、高端装备、节能环保等领域的输配电及控制设备产品的研发、生产和销售。公司主要涉及核能、抽水蓄能、风电、储能等概念。公司主营产品包括变压器系列产品(占比69%，毛利率22%)、开关柜和箱变/成套系列(占比23%，毛利率17%)、储能系列产品(占比3%，毛利率13%)、数字化工厂整体解决方案(占比约3%，毛利率22%)。按行业划分，新能源业务占比59%，非新能源占比40%。海外出口占比在10%~20%范围内波动。

金盘科技的上游行业主要包括有色金属加工及机械加工行业、仪器仪表行业、电子元器件行业、绝缘制品行业等，原材料主要包括铜材、钢材、断路器、继电器、互感器、绝缘制品等。从下游需求来看，其产品主要应用于新能源(含风能、太阳能、储能等)、高端装备(含轨道交通、海洋工程等)、高效节能、新型基础设施(含数据中心、新能源汽车充电设施等)、工业企业电气配套(含半导体制造等)、传统基础设施、传统发电及供电等领域。

公司的核心产品干式变压器在发电环节主要用于火电、水电等传统发电领域,以及风电、光伏发电、核电等新能源发电领域。另外,金盘科技的核心客户多为世界五大风机制造商及国内大型企业,资质整体较优。

本次可转债募集资金总额不超过9.76亿元,其中2.17亿元拟用于储能系列产品数字化工厂建设项目(桂林),项目总投资2.17亿元;4亿元拟用于智能装备制造项目——储能系列产品数字化工厂建设项目(武汉),项目总投资4亿元;1.8亿元拟用于投资节能环保输配电设备智能制造项目,项目总投资4.9亿元;1.79亿元拟用于补充流动资金。

(二) 中长期投资逻辑

(1) 下游行业高增速带动干式变压器需求增长:根据彭博新能源财经统计数据,国外风电累计装机规模2015—2021年平均复合增长率约9.6%,国内增速更高,达到16.6%;预测2026—2030年国外风电年均新增装机规模的增速可能接近30%左右。此外,国内轨道交通建设空间较大,也是变压器重要的应用领域(2019—2021年城市轨道交通供电系统变压器/整流器中标项目中,公司中标金额均排名第2)。

(2) 储能相关业务带来的第二增长曲线:机械储能和电化学储能都是目前变压器产品的应用领域,其中电化学储能装机增速近年来都在40%以上。此外,公司还推出发电侧/电网侧中高压级联储能系统,低压储能系统,模块化工商储、户用低压储能系列产品,全面覆盖储能多场景。

(3) 电力设备出海打开北美新市场:海外变压器在供需两端逐渐出现失衡。随着美国电网年久老化,带来变压器等设备的更换需求,新能源发电项目的大规模建设也带动了变压器的需求量增长。根据ITC发布的数据,2020—2022年美国变压器等产品的进口金额CAGR为21%。另根据海关总署统计的数据,2022年我国变压器直接出口美国同比增长66%,2023年1—11月出口美国同比增长18%。

(三) 公司质地评估

1. 成长性和盈利水平

金盘科技2020—2022年收入增速为44%、36%、8%,扣非利润增速为16%、-1%、14%。作为对比,公司所属电气部件与设备行业2020—2022年收入增速为34%、29%、8%,净利润增速为56%、36%、26%。金盘科技的收入增速快于行业平均,利润增速则略微落后。

从资本回报来看,2020—2022年的扣非ROE水平在8%~10%,ROIC区间在8%~11.5%,毛利率20%~27%,净利率6%~9.5%,属于低利润率、低周转率、高杠杆率的经营模式。作为对比,电气部件与设备行业的ROE水平在7%~12%,ROA在3.6%~5.5%。与行业相比，金盘科技的资本回报水平尚可。与同类上市公司特变电工(600089)、顺钠股份(000533)和伊戈尔(002922)相比，金盘科技的毛利率水平较高，费用率控制上也好于平均水平。

2. 稳定性和确定性

公司的收入与其下游的发电侧厂商资本开支节奏紧密相关，较高的客户集中度和一定的贸易汇率敞口使其经营业绩存在波动。此外，公司成本端也容易受到原材料价格波动的影响，近年来公司毛利率有所下滑，主要原因系原材料采购单价上升带来的成本压力。

从历史盈利预测的可靠性来看，所在子行业电气部件与设备2019—2022年偏差系数(T-1年预测值/T年实际值)分别为-4.4%、-4.6%、-14%、-1.5%，预测的胜率属于中等偏高水平，误差率可控；个股2021—2022年的预测误差为-8%、-2%，误差规律与行业方向类似，但预测样本量较小，参考性一般。

从行业竞争格局来看，集中度较低，且竞争激烈，多数企业的产品集中在110千伏以下的低端产品，能够生产500千伏以上超高压变压器的企业数量较少，能够生产干式变压器的主要公司有特变电工、中国西电、许继电气、金盘科技、顺钠股份等。公司在风电干式变压器这一细分领域是绝对龙头，全球市场占有率约为25%，在国内干式变压器领域市占率近16%。

从客户集中度来看，前五大客户占比为24%左右，近年来呈现波动下降趋势，第一大客户的占比也在持续下降，核心大客户是维斯塔斯、通用电气和西门子歌美飒等世界前五大风机制造商及中国铁路工程集团、中国电力建设集团等国内大型企业；前五大供应商占比32%，基本长期维持在这一水平。

3. 经营的可持续性

从公司ESG评价的角度看，Wind评级A，综合得分7.36，公司治理得分7.74，在电气设备行业排名21/319；嘉实ESG评分48.33，全市场排名2760/5333。两者的ESG相对评分差距较大，而其他第三方机构给出的结果基本更接近Wind的ESG评分。

从研发投入来看，2020—2022年平均研发费用投入占收入比例在4.6%~5.2%，在行业内位于中等偏高的水平，公司研发人员的年平均薪酬在2021年突破了22万元，在海南地区属于高薪酬水平。公司在输配电及控制设备产品方面拥有核心技术38项，已获得专利共197项，已获得与智能化输配电及控制设备产品相关软件著作权14项，已独立承担完成23个重大科研项目，已参与制定3项国家标准和3项行业标准，属于同行中比较重视科技创新能力的企业。

从业务的竞争壁垒来看，一是需要严格的资质认证和较长时间市场验证(运行业绩要求)的积累，才能证明产品的可靠性进而获得准入资格；二是进入该行业的企业需要具备较强的研发能力、丰富的技术储备、专业的研发团队，存在较高的技术和人才壁垒。总体来看，变压器环节并不属于高壁垒业务。

在信用资质方面，金盘转债和主体评级均为AA，YY评级7，CM评分为3-，对应5年违约率8.3%。2021—2022年及2023年6月末资产负债率分别为54%、61%、63%，有息债务规模增长较快，随着公司未来逐步加大对储能领域的投资，有息债务仍将有所增加，长期偿债能力有所弱化。截至2023年6月末，有息债务主要为银行借款6.55亿元、可转债9.77亿元、票据8.26亿元，短债占比42%。

4. 现金创造能力

2018—2022年来看，累计自由现金流净流量小幅为负，经营性现金流上市以来除2021年之外均为正，2021—2022年经营或取现金能力有所弱化。现金收入比在0.72~0.84范围内偏弱。由于客户集中度较高，应收账款占收入比例也比较高，接近40%，好在客户资质总体较好，回款有一定保障，且坏账计提的比例也比较高。长期现金创造能力尚可。

(四) 估值与风险

1. 正股估值简评

悲观情况下，假设公司2024年能够实现盈利预测最小值，为4.9亿元。公司历史极低估值水平为20倍市盈率，对应底价市值98亿元，下行空间41%。历史底部PB为2.4倍，以此测算对应下行空间57%。

乐观情况下，假设公司2025年可以实现一致预期净利润11亿元，按历史中性估值30倍，给予其目标市值330亿元，对应上行空间100%。简单测算来看，盈亏比较尚可。

市场对金盘科技2024年的主流盈利预测为7.2亿~7.6亿元，卖方一致预期8.2亿元属于较为乐观的预期。虽然公司储能业务占比尚低，但市场有热度的时候可能会按储能公司估值，而不是按传统电力设备制造商估值。

2. 转债估值简评

金盘转债是2022年上市个券，转债平价110元附近，属于平衡偏股型转债，考虑到相对较高的正股关注度和AA评级，当前15%左右的溢价率水平并不算高，转债隐含波动率只有17%，显著低于正股历史波动率(60%以上)，略有低估。正股的机构持股占比达到74%，转债持仓较多的机构有易方达、嘉实、广发、华夏、信达澳亚等基金公司。

3. 潜在的风险点

潜在的风险点如下：①存货及应收账款占比较大，对资金形成较大占用，可能持续削弱其现金创造能力；②受原材料涨价等因素影响，毛利率下滑趋势尚未见到拐点。

(五) 其他信息补充

关于电力设备出海，金盘科技相对竞争者的独特优势还体现在其海外市场发力早，有一定的资格认证。而没有这方面积累的厂商只能通过贴牌生产的方式切入，利润率会更低。

三、转债研究笔记：芳源转债

(一) 主营业务介绍

芳源转债对应的正股芳源股份(688148.SH)是专注于高镍三元材料尤其是NCA材料的前驱体加工商。公司掌握高镍NCA前驱体核心技术，其中NCA87和NCA91是核心产品，依托公司在高镍前驱体方面的技术积累，主要服务于松下、特斯拉等高端产品供应链。公司生产的锂电池三元正极材料前驱体方面和镍电池正极材料(球形氢氧化镍)主要用于锂电池和镍电池的制造，并最终应用于新能源汽车动力电池、电动工具、储能设备及电子产品等领域。

公司的主营业务结构：①NCA三元前驱体，占比65%，毛利率14%；②NCM三元前驱体，占比19%，毛利率-3%；③球形氢氧化亚镍，占比1%，毛利率19.6%。公司主要涉及动力电池回收、锂电池、比亚迪、特斯拉等概念。

三元正极材料前驱体上游主要为各类镍、钴等材料及其他辅料供应商。镍钴资源为三元正极材料前驱体生产的主要原料。驱体的直接下游行业为三元正极材料行业，主要应用市场为动力电池市场。

本次可转债募集资金6.42亿元，计划用于年产5万吨高端三元锂电前驱体(NCA、NCM)和1万吨电池氢氧化锂项目。一方面，有望提升在高镍三元前驱体的市场占有率；另一方面，可以从锂电池正极废料中提取电池级氢氧化锂、供下游客户制备三元正极材料。

(二) 中长期投资逻辑

(1) 下游景气度较好，全球动力电池装机量增长较快：在新能源车及其他新能源需求高增背景下，锂电产业链各环节快速发展。2021年，全球动力电池总装机量同比增长112%，其中三元锂电池装机量占比59%。据Frost&Sullivan预测，2022—2030年全球动力电池装机量仍将有25.7%的复合增速。

(2) 三元正极材料及前驱体出货量仍有增长空间：随着全球三元锂电池出货量的增长，加之在部分动力工具、消费电子领域三元锂电池的逐步更替，全球三元前驱体出货量加速增长。据Frost&Sullivan统计，2021年全球三元前驱体材料出货量同比增长61.65%。预计到2025年，市场规模有望达到2400亿元。

(三) 公司质地情况

1. 成长性和盈利水平

芳源股份2020—2022年收入增速为42%、108%、4%，扣非利润增速为0.2%、0.7%、0.6%。作为对比，公司所属特种化工行业2020—2022年收入增速为36%、49%、3%，净利润增速为22%、110%、-22%。相对行业而言，公司的收入增速更快，但利润表现平平，增收不增利。

从资本回报来看，2020—2022年的扣非ROE水平在1%~6%，ROIC区间在1%~6%，毛利率11%~15%，净利率0~6%。作为对比，特种化工行业的ROE水平在6%~11%，ROA在3%~7%。公司的资本回报水平显著低于行业平均。与同类上市公司容百科技(688005)、长远锂科(688779)和中伟股份(300919)相比，芳源股份的毛利率水平基本持平。

2. 稳定性和确定性

公司业绩波动的主要因素有：①为镍豆、氢氧化镍、氢氧化钴、粗制硫酸镍等原材料价格波动对利润率的影响；②原材料供应商和前五大客户集中度较高；③技术路线存在不确定性，三元锂电池和磷酸铁锂电池的竞争；④2022年以来扩产较多，存在产能消化问题。

从历史盈利预测的可靠性来看，所在子行业-特种化工2019—2022年偏差系数(T-1年预测值/T年实际值)分别为7%、−20%、−29%、−16%，预测的胜率属于中等偏下水平；个股2021—2022年预测误差为−93%、−49%，预测的误差率极大。

从行业竞争格局来看，目前国内主要三元前驱体厂商包括格林美、中伟股份、广东邦普、华友钴业、芳源股份等。整体来看，国内三元前驱体企业竞争格局整体较为稳定，2020年国内三元前驱体(包括NCM和NCA前驱体)出货量排名中，中伟股份排名第一、广东邦普排名第二。芳源股份位于行业第二梯队。

从客户集中度来看，前五大客户占比为92%左右，其中第一大客户占比45%，近年呈现小幅上升态势；前五大供应商占比82%，基本上也处于持续提升的态势。

3. 经营的可持续性

从公司ESG评价的角度看，Wind评级为BBB，综合得分6.15，公司治理得分6.24，在化工行业排名165/480。嘉实ESG评分67.53，全市场排名1111/5332。

从研发投入来看，2020—2022年平均研发费用投入占收入比例在4.5%~5%，在业内属于中等偏高的水平。截至2022年，公司已取得专利62项，其中发明专利14项。

从业务的竞争壁垒和优势来看，进入行业的主要壁垒包括资源综合利用体系、三元正极材料前驱体的工艺技术、优质客户的合作关系、资金实力和生产规模效应；公司的竞争优势主要体现在技术创新和研发体系、产品质量控制、高镍产品的先发优势等方面。

在信用资质方面，芳源转债和主体评级均为A+，YY评级8+，CM评分为4，对应5年违约率26.5%。公司对外部融资依赖较大，近年来债务增长快，长期和短期偿债压力都比较大。

4. 现金创造能力

2018—2022年来看，累计自由现金流净流量为负，且上市以来每年FCF均为负。经营性现金流整体为负，仅2020年和2021年为正，经营获现能力偏弱。现金收入比在0.95~1.25范围内，同时应收账款占收入的比例在15%~18%为行业内正常水平。总体来看，公司属于现金创造能力较差的企业。

(四) 估值与风险

1. 正股估值简评

悲观情况下，假设公司2024年应该能够实现其业绩预告的下限，即-4.8亿元，但在亏损状态下市盈率估值失效，无法测算市值。历史底部PB为1.6倍，以此测算对应下行空间5%。

乐观情况下，假设公司2024年可以实现2021年的净利润0.6亿元，按历史中性估值25倍，给予其目标市值15亿元，对应上行空间-29%。简单测算来看，盈亏比较差。

2. 转债估值简评

芳源转债作为2022年上市的次新券，转债平价22元附近，属于深度偏债型转债，转股溢价率330%左右，属于较高水平；债底溢价率6.4%，到期收益率6.3%，有一定的纯债替代价值；转债隐含波动率69%，高于正股历史波动率的58%，转债估值偏高。正股的机构持股占比为46%，持仓较多的机构有万家基金、大成基金，转债持仓较多的机构有信达澳亚基金、易方达基金、广发基金。

3. 潜在的风险点

潜在的风险点如下：①加工费定价模式，公司成本压力较大且无法传导，上下游合作厂商集中度都过高，产业链地位低；②当前公司景气度处于周期底部，尚无法看到扭转亏损的经营拐点；③公司主打高镍NCA前驱体产品，但随着技术优势慢慢被追平，其单吨毛利呈下降趋势。

(五) 其他情况补充

近年来，头部前驱体公司都在加速产能扩张，芳源股份在2022年实现5万吨产能投产，预计到2024年仍有2.5万吨高镍前驱体产能布局。

四、转债研究笔记：冠宇转债

冠宇转债对应的正股珠海冠宇为全球领先的消费锂电(聚合物理锂电子)龙头企业。根据使用场景不同，锂电池可分为消费类(应用于笔电、手机、可穿戴设备、消费无人机)和动力类(新能源汽车)，公司目前的主营业务以消费类为主(收入占比超90%，毛利率25%，其中笔记本电脑电池为60%，手机电池为25%)，动力类电池也在积极布局(收入占比2.4%，当前亏损)，但收入贡献还比较低。据公司公告，2021年其笔记本电脑及平板锂电池全球市占率27%，排名第二；智能手机锂电池市占率7%，排名第五。目前公司已进入苹果、三星等品牌的供应链体系，并与惠普、小米、荣耀建立了稳定的合作关系。

本次可转债的募投资金用于投资建设聚合物锂电池叠片生产线、锂电池试验与测试中心，并对原有生产线升级改造，达产后预计将新增叠片锂电池年产能3600万只(2021年公司产能利用率约为80%)，而叠片电池在能量密度、内阻、安全性方面比传统卷绕电池有优势，将助力公司向更高端的消费电池领域渗透。

长期来看，公司的主要投资逻辑如下。

(1) 消费电池份额提升：珠海冠宇在电芯和电池PACK上的技术水平及产品的核心性能参数已经基本达到了全球头部公司的相同水平，比肩该领域的全球龙头ATL。随着叠片工艺的突破，切入苹果和三星供应链后有望进一步提升市场份额。

(2) 动力电池第二增长曲线：该业务当前尚处于起步期(亏损状态)，但其下游新能源汽车与已经步入成熟期的消费电子相比景气度更高，且公司在客户开拓方面已经与上汽、通用、中华汽车等厂商合作，已有产能2.5GWh，规划产能10GWh。另外，公司还有储能类电池规划产能15GWh。

(3) 消费应用场景拓展：虽然全球智能手机(2021年同比增长7%)和平板电脑的出货量增速下滑，但可穿戴设备(2024—2025年预期增速20%左右)和无人机(2024—2025年预期增速12%左右)仍有较大的增长空间。

(一) 公司基本面评估

1. 成长性和盈利水平

公司2019—2021年收入增速为12%、31%、48%，2024—2026年预期增速16%、19%、19%；2019—2022年扣非利润增速84%、45%、7%，2024—2026年预期增速114%、50%、37%。由于公司业务基本盘对应下游客户收入(笔记本平板、智能手机)未来增速在10%附近，一致预期可能已经隐含了份额或单价提升的预期。所在Wind行业电子设备和仪器指数2019—2021年的收入和利润增速分别是13%、−3%、22%和−8%、11%、6%。

从盈利能力来看，2019—2021年的扣非ROE水平在13%~24%(行业ROE在12%~13%)，ROIC区间在15%~23%(行业ROA在7%~8%)；毛利率区间在25%~31%，净利率在8%~12%。

2. 稳定性和确定性

下游客户的经营有一定的周期性(智能手机换机周期)，同时公司的利润率存在一定波动。原材料(主要为钴酸锂)的成本占比在70%左右，根据公司测算，原材料价格每增加5%则拖累毛利率2%~3%。公司的境外业务收入占比65%，汇率波动同样会对利润产生影响(外币每贬值1%约对应利润下降1%)。

另外，公司新布局的动力电池业务为重资产、资本密集型科技制造行业，前期资产及研发投入需求较大，建成、投产也需要时间，而研发成果转化及市场开拓也都存在较大的不确定性。

从历史盈利预测的可靠性来看，所在子行业电子设备和仪器2018—2021年偏差系数(T−1年预测值/T年实际值)分别为87%、83%、76%、80%，属于预测可靠性较高的行业；个股2021年的预测误差率为−19%，仅有2021年预测数据。

从行业竞争格局来看，笔记本电脑电池领域外资企业ATL份额最高近40%，珠海冠宇排第二为27%，2019—2021年两家的份额都在增长，行业集中度持续提升；手机电池领域仍是ATL份额最高，为40%市占率，冠宇排第五，但第2~5名的市占率差别不大，都在7%~11%。(ATL为日本上市公司TDK集团下属子公司，总部设在中国香港。)

从客户集中度来看，前五大客户占比为68%，近年来维持在高位。

3. 经营的可持续性

从公司ESG评价的角度看，Wind评级为BBB，综合得分6.14，公司治理得分6.9，在电子设备元器件行业排名146/351，嘉实ESG评分69.98，全市场排名815/4828。

从研发投入来看，公司的相关开支力度较大，2019—2021年研发费用占收入比例在6%~7%，高于同类可比公司。公司有研发人员2000余人，是国家企业技术中心和国家级高新技术企业，锂离子电池技术项目曾获国家科学技术进步奖。

从业务的护城河来看，主要表现为技术壁垒(核心材料研究、复杂的生产工艺)、认证壁垒(客户一般需要两年的考察审核期才有订单)、品牌壁垒和规模壁垒等。

在信用资质方面，冠宇转债评级为AA，YY等级为6档。近年来，公司债务规模增速较快(资产负债率从58%增长至65%)，短期债务占比77%，现金短债比仅为0.51，到期压力较大。

4. 现金创造能力

公司2018—2022年自由现金流为负，仅有2020年度为正。拆分来看，公司的经营获现能力尚可，但2021年因原材料价格上涨导致采购现金支出上升，经营净流入下滑。而扩建产能导致的资本开支无法被经营流入覆盖，依赖外部融资。下游客户强势导致公司的应收账款占收入比例偏高(30%)。总体来看，现金创造能力较弱。

(二) 估值与风险情况

1. 正股估值简评

悲观情况下，公司2024年盈利预测最小值为11.5亿元，历史极低估值约为16倍市盈率，以此测算底价市值为184亿元，下行空间约为23%；历史极低市净率为3.4倍，以此测算下行空间约为12%。在持续经营的前提假设下，如果公司未来获得上游平均的复合增速(假设10%)，按PEG=1计算，其中性市盈率可给到10倍左右。

乐观情况下，公司2024年一致预期盈利为17亿元，历史中性估值在26倍市盈率左右，以此测算目标市值为442亿元，上行空间约为86%；如果以PEG估值计算，按照一致预期2023—2024年PEG为0.06、0.45，相对较低。正股盈亏比较好。

公司下游需求处于景气度相对高点，后期增速放缓甚至下滑的可能性较大。

2. 转债估值简评

冠宇转债平价89元附近，属于平衡偏债型转债，正股波动率较高(66%)，同时机构持仓占比高(公募基金持股近30%，持仓排名：信达澳银、招商证券、上投摩根、华夏基金、博时基金、中信证券)。预计溢价率可能会给到40%左右。

总体来看，正股向下的空间有限，有一定概念题材加持，主营业务也比较纯粹，估值合理时是比较理想的转债资产。

3. 潜在的风险点

下游市场增速可能放缓，目前智能手机和笔记本电脑电池在公司收入占比偏高，两块业务都存在增速放缓甚至下滑的可能性。

公司采取成本加成的定价策略，但下游客户集中度不低，议价能力偏弱(与部分客户所签合同包含价格不利条款)，可能难以转嫁成本端的波动。此外，公司还涉及控股股东和一致行动人的大额借款(3.6亿元)、非核心技术的知识产权诉讼、"新宁火灾案"赔偿义务(已计提8千万元)。

(三) 其他信息补充

锂离子电池行业的上游主要是正负极材料、隔膜和电解液生产制造企业。国内的消费电池45%为钴酸锂电池，而2020年全球的钴酸锂产量为9.1万吨，预计到2025年增长到15.6万吨，对于珠海冠宇而言，原材料的供需格局可能持续改善。

第五节 光伏和机械设备行业：高测股份、双良节能、拓斯达、华锐精密

光伏和机械设备行业的基本情况已做过介绍，这里不再重复。本节将重点介绍与光伏和机械设备行业相关的高测股份、双良节能、拓斯达和华锐精密企业的转债产品。

一、转债研究笔记：高测转债

(一) 主营业务介绍

高测转债对应的正股高测股份(688556.SH)专业从事高硬脆材料切割设备和切割耗材的研发，公司深耕光伏切割环节，融合切割设备、切割耗材、切割工艺，延伸至硅片及切割加工业务，服务于光伏行业上游的硅片制造厂商，近年来积极在半导体、蓝宝石及磁材等创新业务领域扩展业务。

公司的主营业务包括：①硅片切割加工服务，占比33%，毛利率33%；②光伏切割设备，占比32%，毛利率45%；③光伏切割耗材，占比27%，毛利率43%。公司主要涉及光伏、第三代半导体、硅片切割等概念。

产品主要应用于光伏硅材料、半导体硅材料、蓝宝石材料、磁性材料等下游行业，其中光伏行业的应用比例达到90%，客户覆盖了全球光伏硅片产量前十名的公司。本次可转债募集资金规模4.8亿元，拟投入乐山12GW机加及配套项目、乐山6GW光伏大硅片及配套项目。

(二) 中长期投资逻辑

(1) 下游景气度较好，光伏新增装机和硅片产量持续增长：根据国际能源署报告，2022年全球新增光伏装机同比增长37.1%，2019—2022年复合增速为23.3%；根据国家能源局统计的数据，2022年中国新增光伏装机同比增长59.3%，2019—2022年复合增速为18.5%；同时根据CPIA发布的数据，全球硅片产量同比和复合增速也都超过30%。目前主流卖方预测的光伏切割设备和硅片切割金刚线市场2023—2025年复合增速分别为8%和29.6%。

(2) 切片代工业务有望开辟第二增长曲线：作为公司近年来持续拓展、延伸的领域，代工业务也是本次转债募投的主要方向。在薄片化、细线化、高速化趋势下，硅片切割难度持续加大，切片产能加速迭代，专业化代工是双赢模式，既能为客户创造经济效益、降低投资风险，又能为代工企业贡献业绩增量、构建技术闭环。目前，切片代工的渗透率为5%左右，根据西部证券预测，高测股份代工业务2022—2025年的利润复合增速可能超过30%。

(三) 公司质地情况

1. 成长性和盈利水平

高测股份2020—2022年收入增速为127%、109%、5%，扣非利润增速为333%、302%、49%。作为对比，公司所属工业机械行业2020—2022年收入增速为11%、24%、8%，净利润增速为20%、27%、72%。相对行业而言，公司的收入利润增速都非常快，在同行业内属于非常优秀的水准，也超过了下游光伏厂商的增速。

从资本回报来看，2020—2022年的扣非ROE水平在15%~27%，ROIC区间在15%~32%，毛利率33%~46%，净利率11%~27%。作为对比，工业机械行业的ROE水平在6%~8%，ROA在3%~4%。公司的资本回报水平显著高于行业平均。与同类上市公司上机数控(603185)、连城数控(835368)和宇晶股份(002943)相比，高测股份的毛利率水平更高(得益于其技术优势和成本控制能力)，但负债水平也高于同类平均，属于高利润率、低周转率、高负债率的经营模式。

2. 稳定性和确定性

公司业绩波动的主要因素有：①光伏行业的周期性波动，包括部分环节受产能过剩的影响较大，以及硅片价格的波动；②公司产能释放节奏和主营产品的价格波动，据统计，切片机和耗材的售价波动率较高，在8%~19%；③成本端原材料的价格扰动，主要是坩埚和金刚线。

从历史盈利预测的可靠性来看，所在子行业工业机械2019—2022年偏差系数(T-1年预测值/T年实际值)分别为-12%、-6%、-34%、18%，预测的胜率属于中等偏低水平；个股2021—2022年预测误差为12%、7.4%，历史上盈利预期的样本量较少，因此参考性一般。

从行业竞争格局来看，2016年以前光伏切割设备领域占主导地位的是以瑞士梅耶博格、日本小松NTC为代表的国际设备厂商。近年来，中国光伏切割设备制造企业的技术和产品不断迭代升级，多线切割机等高端品类已有连城数控、高测股份、上机数控等国内企业能够提供，并在逐步提升市场份额，基本实现国产替代。2021年，高测股份在硅片切割设备领域排名国内厂商第二，切割线耗材也排在前三(美畅股份第一)。

从客户集中度来看，前五大客户占比为53%左右，近年呈现下降态势，晶澳和晶科长期是主要大客户；前五大供应商占比30%，基本上长期维持在这一水平。

3. 经营的可持续性

从公司ESG评价的角度看，Wind评级为BBB，综合得分6.4，公司治理得分6.2，在机械行业排名127/511；嘉实ESG评分90.57，全市场排名78/5332。

从研发投入来看，2020—2022年平均研发费用投入占收入比例在6%~11%，在业内属于比较高的水平，但有逐年下滑的态势。技术人员在员工中占比为14%，其中本科及以上学历员工占比为25%，均属于行业平均水平。公司近期在研发端突破了$60\mu m$薄片化的技术壁垒(主流应用在$100~120\mu m$)，加快推进超薄硅片的产业化应用。此外，公司的金刚线业务在成本消耗和断线率上均比同行有一定技术优势。

从业务的竞争壁垒和优势来看，硅片切片环节现阶段处于技术快速进步阶段，行业的技术壁垒快速提升，可以通过主要玩家的研发开支体现。另外，客户资源和成本控制方面也存在一定壁垒。但总体来看，光伏切割行业并不属于较高门槛的业务，高测股份更多地靠自身的经营能力来构筑护城河。

在信用资质方面，高测转债和主体评级均为A+，YY评级7+，CM评分为3，对应5年违约率6%。公司2021年、2022年及2023年6月资产负债率分别为64%、63%、55%，有息债务规模保持增长，股票增发使资本实力增强、负债率下降。2023年6月末，有息债务主要是可转债4.83亿元、票据12.26亿元，银行借款融资较少，短债占比75%，现金短债比1.05，短期偿债压力较低，长期偿债能力较好。

4. 现金创造能力

2018—2022年来看，累计自由现金流净流量小幅为正，经营性现金流连续五年为正，经营获现能力尚可。但现金收入较低，在0.6~0.8范围内，同时应收账款占收入的比例超过30%，这与其较高的客户集中度有关。长期来看，所在行业很难有较好的盈利现金质量，但高测股份的现金创造能力或许会优于同行。

(四) 估值与风险

1. 正股估值简评

悲观情况下，假设公司2024年能够实现盈利预测最小值，为13亿元。公司历史极低估值水平为6倍市盈率，对应底价市值78亿元，下行空间27%。历史底部PB为2.7倍，以此测算对应下行空间10%。

乐观情况下，假设公司2024年可以实现一致预期净利润18亿元，按历史中性估值15倍，给予其目标市值270亿元，对应上行空间152%。简单测算来看，盈亏比较尚可。不过根据同业交流情况，2024年和2025年随着光伏行业产能出清，硅片转为现金成本定价，公司盈利大概率会持续下滑(同行甚至会亏损)，因此一致预期的可靠性存疑。

2. 转债估值简评

作为2022年上市的准次新券，高测转债平价50元附近，属于深度偏债型转债，转股溢价率90%+，属于正常水平；债底溢价率28%，但发行人的信用资质实际好于外评A+的中枢水平，大股东也无股权质押的情况，债底存在被低估的可能性，隐含波动率70%也因此失真。正股的机构持股占比为42%，关注度较高，持仓较多的机构有广发基金、国联基金，转债持仓较多的机构有金鹰基金、广发基金、东方基金、博时基金。

3. 潜在的风险点

潜在的风险点如下：①切片代工和金刚线等业务的价格区间波动较大，对利润率的影响较大；②切片业务面临较大的竞争压力，且主要客户均为二、三线的电池厂，客户的生存和回款压力也较大；③在建及拟建项目投资规模较大，未来产能释放及盈利实现情况存在不确定性。

(五) 其他信息补充

根据公司调研交流，其切片代工业务的盈利能力在200w/GW到1000w/GW之间，受硅片价格影响较大。目前代工业务的可实现产能为38GW，产能利用率在80%左右。高测股份在2021年推出了碳化硅金刚线切片机新业务，2023年已形成量产，获取了批量订单能力，收入贡献2亿元，未来实现30%~50%的增速可期。

二、转债研究笔记：双良转债

(一) 主营业务介绍

双良转债对应的正股双良节能(600481.SH)早期以节能节水设备起家，2021年起布局光伏硅片及组件业务。公司是多晶硅还原炉龙头(市占率连续7年保持国内第一)，有望持续受益于后续硅料产能扩张及存量设备替换需求。公司光伏新能源行业业务占比87%，节能节水行业业务占比13%。

公司的主营业务包括：①单晶硅片，占比59%，毛利率8%；②多晶硅还原炉及其他，占比20%，毛利率35%；③空冷器，占比8%，毛利率16%；④溴冷机，占比7%，毛利率28%；⑤换热器，占比4%，毛利率30%。公司主要涉及硅能源、光伏、光热发电、超超临界发电、氢能源等概念。

多晶还原炉设备行业的上游主要是钢铁行业、有色金属行业(铜、铝等)等，下游则主要是多晶硅料生产商。单晶硅棒、硅片业务的上游主要是多晶硅料生产销售企业，下游主要是光伏电池及组件厂商。节能节水的上游主要是钢铁行业(不锈钢和碳钢)、有色金属行业(铜、铝等)、电器部件行业(电机、泵、控制系统等)等。节能节水行业下游主要包括电力、煤化工、炼化、多晶硅等具备一定周期属性的高能耗行业。

本次可转债募集资金26亿元，主要用于40GW单晶硅二期项目投资18.6亿元，以及补充流动资金7.4亿元。

(二) 中长期投资逻辑

(1) 硅料新增产能落地，带动还原炉市场增长：预计2023—2025年国内新增硅料产能分别达到74、101.8、99.8万吨，分别对应56.2、73.3、69.8亿元新增多晶硅还原炉系统市场空间。此外，多晶硅还原炉需要进行替代更新，按照5%的存量替代比例计算，还有更多增量。

(2) 单晶硅片逐步替代多晶硅片成为技术主流：早期多晶技术由于成本优势一直占据行业主导地位，随着金刚线切割、连续投料等一系列新工艺和新技术的推广与应用，单晶产品成本快速下降，效率优势充分体现，2015年以来开始加速取代多晶市场份额，单晶市场份额(P型+N型单晶)已由2015年的18%左右快速上升至2022年的97.5%，成为市场主流技术路线，且占比仍在提升。

(3) 电解槽业务有望带来新增长点：公司依托设备业务制造优势，提前卡位电解槽优质赛道，2022年9月公司首套电解制氢系统下线，年产300台电解槽产线已于2023年上半年投产。据统计，2022年中国电解槽出货量同比增长125%。2023年上半年国内电解槽招标量至少980MW，已经超过2022年总和，电解槽高增长态势明确。

(三) 公司质地情况

1. 成长性和盈利水平

双良节能2020—2022年收入增速为278%、85%、−18%，扣非利润增速为277%、135%、−43%。作为对比，公司所属工业机械行业2020—2022年收入增速为11%、24%、8%，净利润增速为20%、27%、72%。相对行业而言，公司的收入和利润增速更快，主要与其下游相对高景气度有关。

从资本回报来看，2020—2022年的扣非ROE水平在5%~13%，ROIC区间在5%~15%，毛利率16%~27%，净利率6%~9%。作为对比，工业机械行业的ROE水平在6%~8%，ROA在3%~4%。公司的资本回报水平显著高于行业平均。与同类上市公司隆基绿能(601012)、TCL中环(002129)和弘元绿能(603185)相比，双良节能的硅片业务毛利率水平偏低，且资产负债率更高，属于低利润率、高周转率、高负债率的经营模式。

2. 稳定性和确定性

双良节能所处的节能节水行业和光伏新能源行业与国内经济的景气程度和"碳中和"宏观经济主题有很强的关联性。若未来下游客户不能保持稳定增长和持续在节能减排、新能源投资/替代中支出，以及因光伏单一环节投资和投产节奏不匹配而导致光伏产业链出现短周期供需波动，均将对公司发展产生影响。除此之外，公司业绩波动的因素还有：①硅片的主要成本是硅料，2021年上游硅料大幅涨价、硅片产线初期成本较高，公司硅片业务出现亏损，未来硅料价格仍将影响毛利率；②供应商集中度偏高，短期可能会放大成本管理的压力。

从历史盈利预测的可靠性来看，所在子行业工业机械2019—2022年偏差系数(T-1年预测值/T年实际值)分别为-12%、-6%、-34%、18%，预测的胜率属于中等偏低水平；个股2019—2022年预测误差为-14%、7.5%、4.9%、-27%，预测的误差率属于中等偏高水平，预测最小值有一定的参考性。

从行业竞争格局来看，节能节水行业的集中度较高，CR5市占率超过80%，双良节能在溴冷机领域是排名国内前三的龙头企业。硅片行业集中度也较高，2021年前五大硅片企业产能占比达到76%。单晶硅片市场形成了以隆基绿能和中环股份为首的双寡头垄断竞争格局，双良节能作为新进入者位于行业竞争的第二梯队，但在建产能全部投产后将成为仅次于隆基绿能和中环股份的第三大硅片企业。双良节能在多晶硅还原炉领域则位于行业第一，长期领先。

从客户集中度来看，前五大客户占比为30%左右，近年基本维持这一水平，主要大客户包括天合光能、通威、国家能源投资等；前五大供应商占比40%，呈现小幅提升的态势。

3. 经营的可持续性

从公司ESG评价的角度看，Wind评级为BBB，综合得分7.12，公司治理得分7.09，在机械行业排名36/510；嘉实ESG评分85.24，全市场排名203/5332。

从研发投入来看，2020—2022年平均研发费用投入占收入比例在2%~4%，在业内属于中等偏下的水平。研发费用率偏低的部分原因是公司2022年和2023年营业收入实现大幅度增长，对研发费用率具有一定的稀释作用。

业务的竞争壁垒和优势：①产品质量和性能壁垒。单晶硅片是制造太阳能电池的核心材料，单晶硅片的少子寿命、含氧量、电阻率等性能指标对下游客户的产品性能和生产效率产生重大影响。②技术壁垒。无论是节能节水产品还是光伏新能源产品，每个环节和相关工艺都涉及企业长期积累的技术水平和操作工艺，但整体来看壁垒并不够高，新进入者存在弯道超车的机会。③业务协同优势。公司不同节能节水设备产品下游均涉及高能耗工业领域，且原材料和制造工艺相似，有助于公司在采购和制造过程中获得规模和共享优势，产品线之间亦可以共享客户资源。

在信用资质方面，双良转债和主体评级均为AA，YY评级6，CM评分为4+，对应5年违约率18%。2020—2022年资产负债率在70%附近，有息债务规模随转债发行而快速增长。整体债务压力可控，但短期偿债压力较大。

4. 现金创造能力

2018—2022年来看，累计自由现金流净流量显著为正，其中2019—2022年均为自由现金流净流入。经营性现金流累计为正，但2022年为大幅净流出(受产能投放和材料支出影响)。现金收入比在0.5~0.9范围内波动,同时应收账款占收入的比例在6%~28%,为行业内正常水平。总体上看,公司现金创造能力尚可,但短期趋势有所恶化。

(四) 估值与风险

1. 正股估值简评

悲观情况下,假设公司2024年能够实现盈利预测最小值,为18亿元。公司历史极低估值水平为6倍市盈率,对应底价市值108亿元,下行空间10%。历史底部PB为1.8倍,以此测算对应下行空间2%。

乐观情况下,假设公司2024年可以实现盈利预期最小值24亿元,按历史中性估值10倍,给予其目标市值240亿元,对应上行空间99%。简单测算来看,盈亏比较好。

2. 转债估值简评

作为2023年上市的次新券,双良转债平价50元附近,属于深度偏债型转债,转股溢价率83%左右,属于合理偏高水平;债底溢价率3%,到期收益率2.8%,有较好的纯债替代属性;转债隐含波动率23%,低于正股历史波动率的49%,转债的期权估值有一定性价比。大股东无股权质押,正股的机构持股占比为59%,关注度不低,持仓较多的机构有南华基金、广发基金、浙商基金,转债持仓较多的机构有摩根基金、长信基金、江信基金。

3. 潜在的风险点

潜在的风险点如下:①硅片行业产能过剩+极度内卷,且硅料供应存在缺口,利润率可能会进一步恶化;②还原炉(硅料设备)业务也在下行周期,未来收入和利润增长乏力;③近年来资本开支和产能投放偏激进,进而导致债务增长较快和产能消化问题。

(五) 其他情况补充

2022年8月,公司发布《2022年员工持股计划》,持股计划份额不超过5384.7万份,授予价格为5.58元/股。本次参加持股计划的总人数不超过167人,主要参与对象为双良硅材料与新能科技核心技术、业务、管理人员,合计占持股计划的比例约为93.5%。

三、转债研究笔记:拓斯转债

拓斯转债对应的正股拓斯达(300607.SZ)是工业机器人的智能生产环境整体解决方案提供商,作为国家高新技术企业和广东省机器人骨干企业,在工业机器人领域具有一定的技术实力。公司以注塑机辅机起家,深度研发控制器、伺服驱动、视觉系统三大底层技术,致力于打造以工业机器人、注塑机、数控机床三大产品驱动的智能硬件平台。

截至2023年第二季度,拓斯达主要的业务包括智能能源及环境管理(占比62%,毛利率13%)、工业机器人及自动化应用系统(占比21%,毛利率34%)、注塑机配套设备及自动供料系统(占比8%,毛利率35%)、数控机床(占比7%,毛利率31%)。其中数控机床(子公司埃弗米数控机床负责)由于技术壁垒高、价值量大,是公司近年来重点发力的领域,占比持续提升。

上游行业主要为零部件供应商，包括控制系统、伺服电机、减速器、驱动器、传感器、金属铸件，以及其他非核心部件制造企业等，原材料占比最高的是定制件(24%)和线缆(2%~5%)。下游行业覆盖3C产品、新能源、家用电器、汽车、食品工业等行业。公司自2019年开始推行大客户战略，通过定制化模式挖掘头部客户个性化需求，立讯精密、伯恩光学、宁德时代等均为其下游客户。本次可转债募集6.7亿元，募投项目包括对机器人核心系统的底层技术的研发，以及对智能制造整体解决方案的设计与研发。

中长期来看，公司的核心投资逻辑如下。

(1) 五轴数控机床领域有较大的增长空间：五轴联动数控机床广泛应用于航空航天、军工、新能源汽车零部件等领域。根据QYResearch发布的数据，国内五轴数控机床市场的长期增速超过10%，且目前这一领域主要被外资和跨国企业垄断，国产化率很低(目前国产化率20%)，具有广阔的国产替代空间。子公司埃弗米未来还有扩产和国家大基金注入的预期。

(2) 工业机器人对人工的替代趋势明确：根据中国电子学会和IFR统计的数据测算，全球工业机器人市场规模在2022—2024年将保持10%以上的复合增速。中国工业机器人市场预期增速接近20%(国产化率40%)，在全球工业机器人市场的占有率预计将从45%进一步提升至52%。此外，与韩国、日本等东亚发达国家相比，中国工业机器人的密度提升空间较大(韩国为1000台/万人，日本为399台/万人，中国为322台/万人)。

(3) 注塑机业务基本盘维持自然增长：2022年全球注塑机市场规模约为655亿元，从国内市场来看，2016—2021年注塑机行业市场规模从211亿元增至262亿元，CAGR达到4.3%。虽然整体预期增速偏低，但在新能源汽车轻量化等细分领域仍有望获得更高的品类成长性。此外，设备升级、更换的需要也会释放部分新增市场需求。

(一) 公司基本面简评

1. 成长性和盈利水平

拓斯达2020—2022年收入增速为51%、19%、65%，扣非利润增速为37%、-94%、171%。作为对比，公司所属工业机械行业2020—2022年收入增速为11%、24%、8%，净利润增速为20%、27%、72%。相对行业而言，公司的收入与利润波动更大，这可能与拓斯达自身业务结构的波动有关，2023年第三季度公司工业机器人收入同比下滑32%。

从资本回报来看，2020—2022年的扣非ROE水平在1%~6%，ROIC区间在2%~5.5%，毛利率18%~25%，净利率2%~4%。作为对比，工业机械行业的ROE水平在6%~8%，ROA在3%~4%。公司的资本回报水平基本和行业平均相似。与同类上市公司机器人(300024)、克来机电(603960)和智云股份(300097)相比，拓斯达的毛利率水平更高，净利润率偏低，其他财务指标接近，属于低利润率、低周转率、高负债率的经营模式。

2. 稳定性和确定性

公司主要产品及服务包括工业机器人及自动化应用系统、注塑机及其配套设备、自动供料系统、智能能源及环境管理系统，产品广泛应用于3C、新能源、汽车零部件制造、5G、光电、家用电器等领域，制造业的发展与国家宏观经济运行趋势的关联较为紧密，因此，公司的生产经营将受到宏观经济波动及下游行业周期性变化的影响。从下游结构来看，受汽车和光伏景气度的影响最大。2022年受下游需求放缓及行业竞争加剧影响，工业机器人、注塑机销量同比有所下滑，产能利用率由2021年的67.55%降至49.71%。

从历史盈利预测的可靠性来看，所在子行业工业机械2019—2022年偏差系数(T-1年预测值/T年实际值)分别为-12%、-6%、-34%、18%，预测的胜率属于中等偏低水平；个股2019—2022年预测误差为-7%、-71%、-11%、-9%，历史上盈利预期的可靠性低，预测最小值也难以托底。

从行业竞争格局来看，我国数控机床行业呈现"三分天下"，目前，高端机床市场基本被进口品牌占据，国内企业则主要集中于中低端市场。工业机器人方面，带来国产替代窗口期，国产化率持续提升，国内龙头为埃斯顿和汇川技术(2022年市场份额仅为5.9%和5.2%)。国内注塑机行业呈现"一超多强"的局面，海天国际市占率达到44%。遗憾的是，拓斯达在这几个领域都没能跻身一线厂商(即使是起家的注塑机领域)。

从客户集中度来看，前五大客户占比为45%左右，近年呈现上升态势；前五大供应商占比8%，呈现出逐年下滑的态势。

3. 经营的可持续性

从公司ESG评价的角度看，Wind评级为BBB，综合得分6.43，公司治理得分6.76，在机械行业商排名122/512；嘉实ESG评分40.42，全市场排名3467/5333。

从研发投入来看，2020—2022年平均研发费用投入占收入比例在3%~6%，但有逐年下滑态势，在行业内属于较低的水平，其他几家基本都在10%以上(智云股份甚至达到20%)，这与公司低附加值业务占比偏高有关。不过，拓斯达在工业机器人及自动化领域自主研发并掌握了控制器、伺服系统、机器视觉等核心零部件的底层技术。

从业务的竞争壁垒来看，注塑机和智慧能源环境管理等业务的门槛并不太高，国内市场也是以境内企业为主。而数控机床和工业机器人仍然是外资主导，有较强的技术和人才壁垒，同时在产业链内品牌认知和客户资源的积累也需要较长时间。不过在后两者上，拓斯达的收入占比只有四分之一，尚处于产品结构转型期。

在信用资质方面，拓斯转债和主体评级均为AA，YY评级8+，CM评分为3，对应5年违约率6.4%。公司的资产负债率偏高(65%左右)，主营业务收现能力较弱，应收账款大幅增长，未来需要关注相关款项回收风险。期限结构上，短债占比较高，为64.56%，现金短期债务比58.38%，短期偿债能力较弱。2020—2022年，总债务/EBITDA分别为0.84、15.40、8.67，长期偿债能力在恶化后稍有好转，整体债务压力仍大。截至2023年第一季度，获得银行授信额度为37亿元，剩余可使用额度为26亿元，备用资金流动性尚可。

4. 现金创造能力

2018—2022年来看，累计自由现金流净流量小幅为正，经营性现金流小幅为负(主要受2021年拖累较大)，现金收入比波动较大，在0.69~1.21范围内。高客户集中度的业务模式导致了持续提高的应收账款率(从2020年的25%到2022年的40%)。

(二) 估值与风险情况

1. 正股估值简评

悲观情况下，假设公司2024年能够实现盈利预测最小值，为1.8亿元。公司历史极低估值水平为12倍市盈率，对应底价市值22亿元，下行空间72%。历史底部PB为1.7倍，以此测算对应下行空间29%。

乐观情况下，假设公司2025年可以实现一致预期净利润3.6亿元，按历史中性估值25倍，给予其目标市值90亿元，对应上行空间58%。简单测算来看，盈亏比较一般。现在的估值水平并不算低。

2. 转债估值简评

拓斯转债平价50元附近，属于偏债型转债，因转债评级较高，当前交易价格已接近债底，防御属性较强。笔者倾向于认为转债的配置价值好于正股。正股的机构持股占比为13%，持仓较多的机构有南方基金、建信基金，主要涉及新型工业化、工业母机、机器视觉等概念，但公司属于以上赛道里的二线标的，可能弹性有限。转债的主要价值还是在于纯债替代，另外转债短期不下修，缺少条款博弈的机会。

3. 潜在的风险点

注塑机和自动化业务与下游经济情况相关，目前来看，注塑机也面临价格战风险，自动化基本面不赚钱，规模会缩减；国内工业机器人竞争格局在恶化，国内能做的企业比较多，价格有下降的风险，市场上蹭概念的公司很多，可持续性不强；行业中对其子公司埃弗米的产品认同度一般，且控制权存在一定的不确定性。

另外，公司在2020—2022年采用控制、伺服驱动、超声波焊接等技术，在短时间内研发出口罩机并进行技术迭代，形成稳定出货能力。口罩机及相关设备的收入占比较高，在后疫情时代面临这部分需求无法持续的问题。

(三) 其他信息补充

2022年拓斯达的股权激励力度尚可，全公司一共2000多名员工，股权激励覆盖率接近三分之一。上市以来多次的股权激励，使员工分享到企业成长带来的收益，因此其团队很有凝聚力，核心成员流失率也比较低。

四、转债研究笔记：华锐转债

华锐转债对应的正股华锐精密主营业务比较纯粹，99%的营业收入来源于数控刀具(车削、铣削和钻削系列刀具，2022年上半年毛利率为49%)，下游的主要应用领域包括模具、汽车、通用机械等(我国比较依赖进口的刀具产品集中在航空航天、军工和汽车发动机领域)。公司入选工业和信息化部专精特新小巨人企业名单。

长期来看，公司的核心投资逻辑如下。

(1) **市场成长空间较大**：根据中国机床工业协会的数据，2021年国内刀具消费额在470亿元左右，市场预期2025年达到600亿~700亿元，对应10%左右的CAGR。此外，硬质合金刀具目前占下游应用53%，参照全球市场63%的占比，渗透率也有提升空间。

(2) **国产替代逻辑**：硬质合金刀片国产化率40%，近年来进口占比持续下行，且党的二十大报告中强调的制造供应链的安全需求(高端刀具为"卡脖子"的关键技术之一)给优秀的国产品牌带来发展机遇。

(3) **刀片天然的消费属性**：作为生产易耗品，刀片的使用频率较高，对机床而言，刀具费用仅占总成本的3%~4%，但其质量直接影响机床的效率和精度(类似车灯之于汽车)。

(4) **成本端相对优势**：中国是全球金属钨最大的储备国、开采国和出口国，地缘冲突抬升了国际钨价，国内企业相对欧、美、日、韩厂商成本优势增加。

(一) 公司基本面评估

1. 成长性和盈利水平

华锐精密2020—2022年收入增速21%、20%、55%，2023—2025年预期增速25%、42%、38%；2020—2022年扣非利润增速26%、29%、72%，2023—2025年预期增速10%、48%、40%。可以看出历史增速和预期增速都快于行业平均(2021年刀具消费额增速13%)，且略快于同业上市公司(欧科亿、中钨高新、沃尔德等)。

从盈利能力来看，2020—2022年的扣非ROE水平在17%~21%，ROIC连续四年高于20%(相当于立讯精密、拓普集团的历史最高水平，接近贵州茅台的历史下限)，这在传统制造业企业中是比较稀缺的(估计是公司的"大单品+大客户"业务模式带来了较高的毛利率，同时节约了销售费用)。毛利率和净利率中枢分别在50%和30%，均为业内领先水平，且近年来趋势比较稳定，可以看出产品具有较高的附加值。

2. 稳定性和确定性

经营周期性显著弱于传统制造业企业，这源于硬质合金刀具作为机床耗材的消费属性(高使用频率，低单价，单价为10元左右)。

从历史盈利预测的可靠性来看，所在子行业工业机械2019—2022年偏差系数(T-1年预测值/T年实际值)分别为115%、97%、61%、27%，个股历史预测数据较少，2021年的误差率为2%。

从行业竞争格局来看，硬质合金数控刀片领域仍由欧、美、日、韩主导(体现为市场份额、单品价值量和应用场景技术含量方面的相对优势)，国内刀具企业按份额排序分别是株洲钻石(销量1.1亿片)、华锐精密(销量8千万片+)、欧科亿(销量7千万片+)，三家公司均位于湖南株洲，其中株洲钻石未上市。

从客户集中度来看，前五大客户占比超过40%，显著高于同行，且近年来呈现持续提升的态势，需要关注潜在客户流失对订单稳定性的影响。

3. 经营的可持续性

从公司ESG评价的角度看，Wind评级为BBB，综合得分6.31，公司治理得分6.97，在机械行业排名175/439，略高于同业可比公司。嘉实ESG评分65.58，全市场排名1135/4828。

从研发投入来看，公司的研发开支占比在5%附近，属于同业中等水平(高于欧科亿，低于沃尔德)。

从业务的竞争壁垒来看，包括技术壁垒和资金壁垒。数控刀片的基础技术(如基体材料、槽型设计、精密成型和涂层)有一定技术难度，需要持续强度的研发投入；而一条完整的数控刀片产线需要设备投资1亿元左右，有一定的资金门槛。

在信用资质方面，华锐转债评级为A+，CM五年违约率为2.5%，资本结构和偿债能力表现尚可。

4. 现金创造能力

公司连续四年自由现金流为负，弱于同业可比公司，主要被高强度的投资活动现金流拖累，如果只看经营性现金流则表现尚可(高于营业利润)；回款情况较好，应收账款周转率高于可比公司，对外销售账期较短。但2022年受疫情影响，应收账款占收入比例大幅提升(同业类似趋势)。现金收入比表现较差，中枢在70%左右，与同业持平。

(二) 估值与风险情况

1. 正股估值简评

悲观情况下，公司2024年盈利预测最小值为2.3亿元，历史极低估值约为18倍市盈率，以此测算底价市值为41.4亿元，下行空间约为29%；历史极低市净率为3.8倍，以此测算下行空间约为38%。在持续经营的前提假设下，如果公司未来仅获得行业平均的10%复合增速，按PEG=1计算，其市盈率底部为10倍。

乐观情况下，公司2024年一致预期盈利为3.7亿元，历史中性估值在30倍市盈率左右，以此测算目标市值为111亿元，上行空间约为91%；如果以PEG估值计算，按照一致预期，2023—2024年PEG为0.45、0.39，显著低于1。

由于公司在可预期范围内仍将有高比例的资本开支，难以预期持续的净现金流入，故难以使用绝对估值法测算。

2. 转债估值简评

华锐转债平价100元附近，属于典型的平衡型转债，转股溢价率33%，高于全市场平均水平，反映了投资者对其资质的认可；隐含波动率65%，正股近半年历史波动率约44%，期权价值有一定高估。但考虑到次新属性转债尚未进入转股期，高估值也有其合理性。债底溢价率76%，由于评级较低，来自纯债部分的保护较弱。

总体来看，如果对正股的预期回报和下行空间的测算可靠，考虑股债溢价率的情况后，转债的盈亏比尚可。

3. 潜在的风险点

华锐精密的"大单品+大客户"战略在某种意义上有高风险押注的倾向，这对管理层的经营能力要求较高(与之相反的是，欧科亿采取"百花齐放"的产品策略)。

与竞争对手相比，收入体量较小，研发支出的比例不低但绝对水平弱于同业，需要观察竞争力的持续性。

竞争格局尚不够清晰，国内龙头企业差距很小，且部分上游钨原材料供给商也开始转型进入刀具领域，而国际领先的行业龙头也存在通过品类下沉或降价等方式蚕食份额的可能性。

根据历史情况来看，公司业绩对新建产能投放的依赖度较高，疫情背景下可能对产能利用率造成一定扰动，数控刀具本身具有的周期属性可能会被放大。

(三) 其他信息补充

市场讨论中，经常将华锐精密和欧科亿进行对比。从营收机构来看，欧科亿的实际经营范围更广，欧科亿的数控刀具产品和硬质合金制品各占一半，后者的毛利率显著更低，这块传统业务拉低了欧科亿整体的盈利能力。欧科亿的刀具业务比不过华锐精密，硬质合金业务又比不过中钨、厦钨等传统原材料制造商，而市场似乎更偏好"业务更纯粹"的公司，两者的估值差异也反映了这一点。

从人员结构来看，华锐精密的技术人员占比较高，达到16%(欧科亿13%，中钨14%，沃尔德15%)。根据招股书信息，华锐精密的技术水平与日、韩刀具企业类似，在稳定性、精度、寿命上都领先国内企业。

2022年第三季度业绩低于市场预期，三季度制造业景气度整体偏弱，需求淡季和产能释放节奏也有一定影响。此外，转债新增了利息费用，政府补助也同比减少。公司正在扩大直销团队，以提升对大客户的服务能力，已开发的重要客户包括中国商飞、中国航发、上海大众等。

第六节 金属及化工材料行业：博威合金、回天新材

化工领域常用的材料种类繁多，主要包括金属材料、非金属材料和纳米材料三大类，其中金属材料主要是合金产品。本节主要介绍金属及化工材料行业企业博威合金和回天新材发行的两只转债。

一、转债研究笔记：博威转债

(一) 主营业务介绍

博威转债对应的正股博威合金(601137.SH)主要从事高性能、高精度有色合金材料的研发、生产和销售，太阳能电池、组件的研发、生产和销售，以及太阳能电站的

运营。公司主要涉及光伏、比亚迪、新能源汽车、5G、富士康等概念。公司主营产品包括铜合金材料(占比73%，毛利率12%)、光伏组件和电站(占比24%，毛利率17%)。

公司是国内有色合金头部企业，近年来深度受益于新能源汽车、智能终端设备、光伏等下游产业的快速发展，下游产业的高景气度叠加公司扩产项目陆续投放，提振公司整体盈利能力。公司有色合金产品广泛应用于5G通信、半导体芯片、汽车电子等领域。行业上游则是各类有色金属原材料产业，包括电解铜、电解锌、银、镍、锡、铝、镁等有色金属。

本次可转债募集资金总额17亿元，扣除发行费用后，拟将10.7亿元用于3万吨特殊合金电子材料带材扩产项目，3.99亿元用于2万吨特殊合金电子材料线材扩产项目，2.31亿元用于1GW电池片扩产项目。本次募投项目助力公司"新材料为主+新能源为辅"的发展战略。

(二) 中长期投资逻辑

(1) 高端铜材维持增速及较大的国产替代空间：受益于《中国制造2025》战略规划、"一带一路"倡议和《"十四五"规划》等相关政策，以及中国工业全球化布局的实现，我国铜合金材料市场需求潜力和发展空间较大。近年来，铜合金市场的需求增速在5%左右，且作为最大的需求来源国，我国高端铜材仍大量依赖进口，还存在较大的国产替代空间。

(2) 汽车连接器升级+放量或将带动铜合金量价齐升：随着新能源汽车智能化加速，以及终端对电车续航、快充的要求逐步提高，车用连接器向更高电压、更大电流方向发展，连接器需要使用更多的铜合金以获取更好的导电性能；同时，由于电车的安全标准不断提高，技术与工艺水平提升带动铜合金价值量提升。2013—2021年，我国连接器市场复合增长率达到7.61%，目前新能源汽车和连接器均为全球最大需求国。

(3) 半导体封测和工业机器人带来的增量：2019—2021年，全球半导体市场三年来复合增长率达到8.8%，同时全球封装行业同比增速在4%左右，在半导体封测的引线框架市场，最主要的原材料便是铜带(占比46%)。同时，公司的精密细丝产品也是工业机器人(2022—2025年预期增速21%)的重要制作工具，有望持续放量。

(4) 美国本土组件产能缺口利好光伏组件业务：2022—2023年第三季度，美国进口的组件中近80%来自东南亚四国，光伏产能建设高度依赖海外市场供给。同时，由于实现光伏主产业链各环节制造本土化耗时较长，且目前美国大多数新增光伏产能集中在组件环节，电池等上游环节产能扩充较少，因此美国本土产能缺口较大，现有产能仅占2022年全美装机需求的30%。

(三) 公司质地评估

1. 成长性和盈利水平

博威合金2020—2022年收入增速为34%、32%、−1%，扣非利润增速为122%、−38%、

2%。作为对比，公司所属有色金属行业2020—2022年收入增速为18%、41%、17%，净利润增速为73%、214%、64%。博威合金的经营业绩节奏与行业有明显背离，主要是由稀有金属细分类别较多、周期不重叠的因素导致。

从资本回报来看，2020—2022年的扣非ROE水平在4%~11%，ROIC区间在5%~7.5%，毛利率为12%~17%，净利率为3%~6%，属于低利润率、低周转率、高杠杆率的经营模式。作为对比，有色金属行业的ROE水平在4%~18%，ROA在2%~9%。可以看出公司的资本回报水平在细分行业中属于中等水平。与同类上市公司鑫科材料(600255)和海亮股份(002203)相比，博威合金的新材料毛利率水平更高，而新能源业务与天合光能(688599)较为接近。

2. 稳定性和确定性

公司的收入和利润受到较多外部影响因素：①铜行业作为高能耗产业之一，开工和供给释放的节奏受到双碳政策的影响较大；②光伏行业近年来持续扩张带来了一定的产能过剩，影响利润水平；③博威合金境外销售占比高，受到汇率波动和贸易环境变化的影响。总体来看，不属于稳定收益类标的。2021年受海运费用大幅增长、硅料等原材料价格高企及美国对双面板实施关税政策等的综合影响，公司新能源(光伏业务)板块收入与毛利率均出现大幅下降。而2022年以来受益于海运费用下降、关税取消及新增24个月太阳能组件关税豁免，公司新能源收入又大幅回升，2023年利润贡献显著超过了新材料业务。

从历史盈利预测的可靠性来看，所在子行业金属非金属2019—2022年偏差系数(T-1年预测值/T年实际值)分别为-4.5%、-6%、-12%、1%，预测的胜率属于中等水平；个股2019—2022年的预测误差为-8%、-16%、-13%、1.2%，误差规律与行业方向类似，但预测最小值经常不及预期，参考性较差。

从行业竞争格局来看，由于高端铜合金对铜加工企业的工艺、设备水平要求较高，因此国内高端铜合金品种和牌号较少，铜合金产品平均性能较进口产品存在一定差距，加之下游客户对铜合金产品质量稳定性要求较高，客户黏性良好，工艺+客户双壁垒导致新玩家难以进入高端铜合金市场。目前，国内仅博威合金、中铝洛铜和万隆真空等少数企业可供给高端铜材，行业竞争格局相对稳定。

从客户集中度来看，前五大客户占比为24%左右，近年来呈现小幅抬升的态势，但第一大客户的集中度不高，在2%左右；前五大供应商占比24%，近年来波动较大。

3. 经营的可持续性

从公司ESG评价的角度看，Wind评级为BB，综合得分5.19，公司治理得分5.79，在有色金属和采矿行业排名249/288。嘉实ESG评分59.97，全市场排名1701/5333。

从研发投入来看，2020—2022年平均研发费用投入占收入比例在2.5%~3.1%，在行业内属于中等水平，研发人员占比在10%左右，现有超百项发明专利。公司是国家级博士后工作站、国家认定企业技术中心和国家认可实验室，也是国家级重点高新技术企业，同时是国际铜加工协会(IWCC)的董事单位及技术委员会委员。

从业务的竞争壁垒来看：①高端铜材属于技术密集型行业，研发周期长，在材料研发和生产技术环节都有一定的技术壁垒；②作为制造业企业，天然因其资金密集型属性具有资金壁垒；③在高端客户中有综合解决方案和销售能力方面的壁垒。

在信用资质方面，博威转债和主体评级均为AA，YY评级7-，CM评分为3-，对应5年违约率9.1%。2021年至2023年第三季度，资产负债率分别为54%、58%和57%，有息债务规模持续增长，主要由银行借款和应付票据构成，短债占比67%，债务结构有待改善。现金对短债的覆盖度为38.51%，缺口较大，短期偿债压力较大。2020—2022年，总负债/EBITDA分别为3.38、6.03和4.95，债务负担先降后升。

4. 现金创造能力

博威合金自上市以来自由现金流均为负，主要受持续的产能投放和资本开支，以及存货和应收账款对营运资金的占用影响，公司不断通过资本市场再融资补充缺口；经营性现金均为正，经营获现能力较好；现金收入比长期在1.1左右，应收账款占收入比例10%出头。总体来看，现金创造能力尚可。

(四) 估值与风险

1. 正股估值简评

悲观情况下，假设公司2024年能够实现盈利预测最小值，为9.3亿元。公司历史极低估值水平为10倍市盈率，对应底价市值93亿元，下行空间23%。历史底部PB为1.3倍，以此测算对应下行空间28%。

乐观情况下，假设公司2025年可以实现一致预期净利润14亿元，按历史中性估值15倍，给予其目标市值360亿元，对应上行空间75%。简单测算来看，盈亏比尚可。

也可考虑对其新材料和新能源业务采取分部估值，按2023年情况来看，新材料利润贡献在3亿元给15倍，新能源贡献8亿元给20倍，则对应短期目标市值205亿元。

2. 转债估值简评

作为新上市个券，博威转债平价100元附近，属于平衡型转债，溢价率水平在20%，较为合理，转债隐含波动率为26%，略低于其正股历史波动率(32%)。第一大股东的质押比率为17.7%。正股的机构持股占比为55%，转债持仓较多的机构有国寿安保基金、宝盈基金、交易施罗德基金、信达澳亚基金等。

由于公司历史上发过多期转债，市场对其转债的关注度可能更高，容易造成阶段性的高溢价情况。从策略上看，博威转债在其平衡型区间可作为参与新能源反弹的资产。

3. 潜在的风险点

公司新能源业务受到多方面因素影响，盈利水平波动较大。2019—2021年，新能源板块收入持续下降，年均复合下降32.35%，毛利率波动下降。另外，光伏业务的高盈利期的可持续性如何，市场也存在一定分歧。

(五) 其他信息补充

消费电子也是博威合金产品重要的应用领域，如Type-C接口、手机连接线等。目前，公司已经与华为进行项目合作，并给Mate 60供应相关铜材，未来也有上量的可能性。

二、转债新券研究笔记：回天转债

回天转债对应的正股回天新材(300041.SZ)主要从事胶粘剂(深耕该领域45年，工程胶粘剂规模最大的内资企业)等新材料的研发、生产和销售，主要产品包括有机硅胶(产能13万吨，收入占比52%，毛利率23%)、聚氨酯胶(产能3.5万吨，收入占比13%，毛利率23%)及非胶类产品(收入占比27%，毛利率19%，其中太阳能背膜产能8000万平方米)，下游的主要应用场景包括太阳能电池、5G基站、新能源汽车等。

有机硅胶因其优异的耐候性和抗老化属性，在应用于使用年限较长或长时间暴露于室外环境的产品时具备明显优势(如光伏、幕墙)，按主要用途可分为光伏胶、动力电池胶和电子胶。

本次可转债募投项目包括广州回天通信电子新材料扩建项目(现有电子胶产能年产能1.7万吨，达产后增至3.9万吨)和年产5.1万吨锂电池电机胶粘剂项目。以上两个细分领域均被海外厂商所垄断，国产替代的空间较大。

长期来看，公司的核心投资逻辑如下。

(1) 光伏行业高景气：在"双碳"目标指引下，能源结构调整，光伏新增装机量持续高增(近10年复合增速超过30%，到2025年预计CAGR为18%~20%)。据民生证券测算，2021年全球光伏胶市场规模41亿~64亿元，2025年有望达到113亿元，其中回天新材在光伏硅胶领域市占率45%，光伏背板(2021年行业增速40%)也在行业第一梯队。

(2) 新能源车放量：公司的锂电负极胶应用于新能源汽车电池领域，近年来我国新能源车的渗透率迅速提升(从2020年的6%增长至2022年上半年的22%)，带动相关的粘胶剂量需求陡增。据浙商证券测算，2025年汽车用胶量96万吨，负极材料需求239万吨，市场空间在80亿元左右。

(3) 国产替代趋势：过去胶粘剂市场主要依赖国外品牌(锂电池高端胶粘剂被日本企业垄断，电子胶粘剂国产化率低于50%)，但近年来出现了全球化产业转移的趋势，国产粘胶剂的产品质量已经达到进口品牌的水平，且具备高性价比和本土化服务的优势，未来逐步实现国产替代可期。

(一) 公司基本面评估

1. 成长性和盈利水平

回天新材2019—2021年收入增速为8%、15%、36%(所属特种化工行业增速为2%、4%、49%)，2020—2022年预期增速30%、23%、22%；2020—2022年扣非利润增速49%、39%、-3%，2024—2026年预期增速41%、35%、32%。如果回天新材的主营业务能获得光伏和新能源汽车行业的平均增速，2024—2026年实现预期增速的概率还是比较大的。

从盈利能力来看，2020—2022年的扣非ROE水平在8%~10%，ROIC区间在8%~11%(行业中等水平)，毛利率22%~30%，净利率6%~10%。作为对比，特种化工行业的ROE水平在6%~11%，ROA在3%~7%。

2. 稳定性和确定性

根据历史情况来看，经营周期性弱于传统化工企业，收入和归母净利润增长都较为稳定，但扣非利润有一定波动。公司主要收入来源于国内，出口比例低(2.5亿元收入左右)，海外敞口相对较小。作为新能源产业链重要的辅料之一，预计其收入长期保持增长的确定性较强。另外，其成本结构中直接材料占比90%以上(其中硅橡胶占30%)，根据公司披露，原材料采购价格每上涨5%将导致毛利率下降3%，对成本端价格的高敏感性增加了公司经营利润的不确定性。

从历史盈利预测的可靠性来看，所在子行业家用电器2019—2022年偏差系数(T-1年预测值/T年实际值)分别为130%、59%、84%、97%，预测的胜率属于中等水平；个股2018—2022年的预测误差率为-20%、-8%、-9%、-26%、-7%，其中四年实际值低于预测最小值，属于预测胜率较低的个股。

从行业竞争格局来看，国内胶粘剂行业集中度非常分散，共有1000多家生产企业，但随着行业原料及劳动成本的增长、环保要求的提高，市场份额有向优势企业集中的趋势。回天新材是光伏胶领域绝对龙头(45%市占率)，其他未上市的竞争者还有北京天山、江苏创景。

从客户集中度来看，前五大客户(天合光能、隆基、晶澳、明纬、阿特斯)占比为32.5%，近年来呈现小幅上升趋势。

3. 经营的可持续性

从公司ESG评价的角度看，Wind评级为A，综合得分7.24，公司治理得分7.27，在化工行业排名10/411。嘉实ESG评分71.76，全市场排名705/4828。

从研发投入来看，2020—2022年平均研发费用投入占收入比例为4.72%，技术人员占比21%，属于全市场中上等水平。公司有4个系列产品列入"国家级火炬计划"，其他认定资质包括"国家技术创新示范企业"、"全国博士后科研工作站"、第二批国家级专精特新小巨人等。

从业务的竞争壁垒来看，对于低端胶粘剂，产品生产设备和加工工艺都比较简单，进入壁垒较低；对于中高端胶粘剂，主要的壁垒在于下游客户端复杂的资质认证流程(动力电池胶认证周期5~6年)、技术研发上的长期积累，以及品牌和销售网络的建设等。

在信用资质方面，回天转债评级为AA-，CM五年预期违约率为12.5%。2020—2021年，公司的负债规模增速较快，偿债能力有所下滑，表现为资产负债率提升，流动和速动比率下滑，应付票据规模增加，需要关注信用风险。

4. 现金创造能力

2018—2022年来看，累计自由现金流净流量小幅为正，其中2022年第三季度净流出较大，需要关注边际变化；现金收入比表现较差，长期在60%~75%。应收账款占收入的比例偏高，2020—2022年为27%~30%，2023年为38%，结合其近10亿元的营运资本占用来看，对下游大客户的议价能力偏弱，也是这类高景气赛道中"打辅助"角色企业的常见情况。

(二) 估值与风险情况

1. 正股估值简评

悲观情况下，公司2024年盈利预测最小值为3.3亿元，历史极低估值约为11倍市盈率，以此测算底价市值为36亿元，下行空间约为52%；历史极低市净率为1.8倍，以此测算下行空间约为40%。但由于公司历史上业绩经常错过盈利预测最小值，盈利预测的可靠性存疑，按市净率估算底价市值可能更稳妥。

乐观情况下，公司2024年一致预期盈利为5.7亿元，历史中性估值在25倍市盈率左右，以此测算目标市值为143亿元，上行空间约为85%；如果以PEG估值计算，按照一致预期，2023—2024年PEG为0.51、0.41，处于合理范围内偏低。

2. 转债估值简评

回天转债平价88元附近，属于平衡偏债型转债，上市首日转股溢价率40%，纯债溢价率48%，考虑到正股历史波动率超过60%且涉及的概念、题材较多，高估值隐含的预期有一定合理性。根据对正股的测算，转债回撤空间可按PB理论底部打6折测算，对应24%的下行空间；向上按目标市值打7折测算，对应59%的上行空间，盈亏比较好。

3. 潜在的风险点

虽然公司在内资胶粘剂企业中有显著的竞争优势，但世界知名品牌也竞相在国内建立合资企业或生产基地，如果外资企业在有技术优势的前提下实现了成本控制，那么回天新材所面临的竞争可能越发激烈。

除回天新材外，涉及光伏胶粘剂的上市公司还有硅宝科技(2017—2021年光伏胶收入CAGR达到80%)、集泰股份(2022年上半年光伏胶产品实现收入0.3亿元，同比增长6倍)。两家光伏企业业务体量较小，但增速较快，是行业的潜在竞争者。

下游厂商的集中度较高(如动力电池CR10占比90%)，这也意味着公司对客户的议价能力可能持续偏弱，商业模式难以改善。

(三) 其他信息补充

公司大客户战略推进较快，目前在新能源汽车领域的主要合作客户包括宁德时代、比亚迪、亿纬锂能，以及蔚来、理想、小鹏等造车新势力。2021年，新能源汽车业务实现销售收入0.45亿元。电子胶业务的大客户包括华为、中兴、小米、闻泰、海尔、格力、美的等，2021年实现收入4.6亿元，同比增长42%；2022年上半年收入2.9亿元，同比增长37%。

2022年4月，公司推出第三期员工持股计划，参加对象包括高级管理人员、核心技术人员、核心业务人员、骨干员工和关键岗位员工，持股计划规模占总股本的3.34%。

政策持续推动胶粘剂产业升级，通过市场调控和行政干预并举的方式，淘汰落后产能和有毒物质排放量超标的企业，让不能达到安全标准的胶粘剂企业逐步退出市场。除以上列举的应用场景外，胶粘剂还应用于软包装、高端医疗器械、防护用品、轨道交通、工业机械等行业。

第七节　耐用消费品行业：家联科技、莱克电气、佳禾智能、盛泰集团

耐用消费品一般指使用寿命较长，可以多次使用的消费品，例如家用电器和家具家居。由于单价相对快消品来说更高，居民的购买决策更为审慎，利润率相对低一些，同时行业有周期性特征，随居民可支配收入的变化而产生需求端的波动。本节主要介绍4只耐用消费品行业企业家联科技、莱克电气、佳禾智能、盛泰集团发行的转债产品。

一、转债研究笔记：家联转债

(一) 主营业务介绍

家联转债对应的正股家联科技(301193.SZ)主要从事塑料制品及生物全降解制品的研发、生产和销售，也是全球塑料餐饮具制造行业的领先者。公司主要涉及可降解塑料、人民币贬值受益、外贸受益等概念，主营产品包括塑料制品(占比75%，毛利率18%)、生物全降解制品(占比15%，毛利率16%)、纸制品及其他(占比10%，毛利率17%)。近年来，传统塑料制品的占比呈现下降趋势，而可降解塑料制品的占比提升。公司外销业务占比达70%，以北美区域为主，主要客户包括亚马逊、宜家、沃尔玛、肯德基等，国内客户包括奈雪、古茗、蜜雪冰城等。

从产业链的情况来看，家联科技的上游主要为化工行业、制糖制浆行业及机械制造业，如塑胶原材料供应商、蔗渣浆供应商，以及注塑、吹塑机等设备供应商。下游主要为餐饮、连锁商超等行业，还可应用于家居、快消、餐饮、航空等领域。此外，各国监管措施的出台、人们环保意识的增强，以及对身体健康、食品安全的日益关注，对各行业餐饮具的选用提出了新的需求，倒逼行业加速以可降解制品为主的安全、环保产品的研发和产业化应用。

本次可转债募集资金总额不超过7.5亿元，扣除发行费用，其他用于年产10万吨甘蔗渣可降解环保材料制品项目。

(二) 中长期投资逻辑

(1) 限塑令背景下，可降解塑料替代空间较大：全球多地于2020年前后陆续推出限制

塑料政策，受此影响，传统塑料制品的规模增速下滑，而可降解塑料作为替代品，其市场份额迅速提升，2018—2022年的复合增速在40%左右，未来也能保持5%~10%的长期增速。另外，国内可降解塑料制品的渗透率不足1%，潜在的提升空间十分广阔。

(2) 生产自动化对运营效率的提升和成本的节约：作为劳动密集型行业，人工成本占比为8%~10%，长期以来行业的生产自动化水平很低。家联科技较早地进行了设备升级和自动化改造，并引进工业机器人和自动包装机提升效能，这也使得家联科技在人工成本控制上相对同行有一定优势。

(3) 下游客户景气度提升带来的机会：一方面，公司海外收入占比较高，受国内经济景气度影响较低，主要的订单来自北美地区，其终端消费活动仍然比较活跃；另一方面，国内的客户结构较好，以现制茶饮、咖啡和外卖餐饮为主，中期来看也有比较好的需求增长。2024年，预计现制茶饮市场的规模超过2500亿元，预计2024—2028年CAGR约为18%。

(三) 公司质地评估

1. 成长性和盈利水平

家联科技2020—2022年收入增速为60%、20%、0.6%，扣非利润增速为200%、-42%、33%。作为对比，公司所属家用器具与特殊消费品行业2020—2022年收入增速为10%、25%、3%，净利润增速为18%、-47%、-14%。

从资本回报来看，2020—2022年的扣非ROE水平在4%~19%，ROIC区间在6%~18%，毛利率18%~26%，净利率5.7%~11%，属于低利润率、低周转率、高杠杆率的经营模式。作为对比，家用器具与特殊消费品行业的ROE水平在4.8%~8.4%，ROA在2.5%~5%。可以看出公司的资本回报水平在细分行业中属于中等偏上水平。与同类上市公司茶花股份(603612)和富岭股份(A22486)相比，家联科技的毛利率水平略微偏低，其他财务指标比较相近。

2. 稳定性和确定性

由于原材料成本占比较高(75%左右)，公司利润表现明显受原材料价格变动影响，呈现周期性波动特征。2018年，PP/PS等原材料均价上涨，利润出现下滑。2019—2020年，PP/PS等大宗商品均价下降，公司利润上涨明显。2021年，受原材料价格上涨和海外疫情影响导致运费上涨，利润增长受到拖累。

从历史盈利预测的可靠性来看，所在子行业技术产品经销商2019—2022年偏差系数(T-1年预测值/T年实际值)分别为-0.2%、-0.9%、-13%、-67%，预测的胜率属于偏低水平，但2021—2022年的误差较小；个股2022年的预测误差为-4%，缺少更长时间维度的数据。

从行业竞争格局来看，传统塑料制品领域集中度较低，参与生产的企业超过2万家，家庭作坊和自动化生产企业并存，家联科技虽是领导企业，但市占率仍不足1%。随着市场总体规模增长放缓和行业政策限制，预计会出现持续的产能出清，进而提升集中度。

可降解塑料制造领域，国内厂商起步较晚，在水平技术上落后于海外，国内的玩家主要有家联科技、永新股份、茶花股份、富岭股份、恒鑫生活等。

从客户集中度来看，前五大客户占比为42%左右，近年来呈现小幅下滑的态势，第一大客户的占比也持续下降；前五大供应商占比35%，2018—2022年基本维持这一水平。总体来看，供应商和客户都比较集中。

3. 经营的可持续性

从公司ESG评价的角度看，Wind评级为BBB，综合得分6.44，公司治理得分7.28，在家庭耐用消费品行业排名72/185。嘉实ESG评分59.77，全市场排名1718/5333。

从研发投入来看，2020—2022年平均研发费用投入占收入比例都在3%以上，在行业内属于较高的水平，公司先后获得百余项海内外专利，现为国家高新技术企业、国家知识产权示范企业、国家知识产权优势企业。相对同行，公司有一定领先优势。

从业务的竞争壁垒来看，首先是产品认证壁垒，因其作为终端产品与居民日常饮食、生活健康和人身安全相关，主要下游客户均有着严格的质量认证体系；其次是技术和生产壁垒，例如降成本和品类替代都需要一定的技术研发能力。但总体来说，这些对新进入者来说并非无法突破，门槛并不太高。

在信用资质方面，家联转债和主体评级均为AA-，YY评级8+，CM评分为3-，对应5年违约率9.3%。2020年至2023年第三季度，公司资产负债率分别为59%、34%、42%和42%，维持在较低水平，2020—2022年公司债务规模分别为4.3亿元、4.9亿元和8.1亿元，其中短债占比在80%以上，期限结构不佳，品种主要为银行借款，不过在转债发行结束后，直融比例也大幅上升。短期偿债存在一定压力，2020—2022年，每年末总债务/EBITDA分别为2倍、2.96倍、2.61倍，长期偿债压力尚可控。

4. 现金创造能力

2018—2022年来看，累计自由现金流净流量小幅为正，经营性现金流连续五年为正，现金收入比长期在0.99~1.04，表现尚可。应收账款占收入比例不高，在10%出头，反映其下游客户资质较好。公司具有相对强势的行业地位。总体来看，其经营获现能力较好。

(四) 估值与风险

1. 正股估值简评

悲观情况下，假设公司2024年能够实现盈利预测最小值，为0.76亿元。公司历史极低估值水平为16倍市盈率，对应底价市值120亿元，下行空间69%。历史底部PB为1.9倍，以此测算对应下行空间25%。

乐观情况下，假设公司2024年可以实现一致预期净利润1.9亿元，按历史中性估值30倍，给予其目标市值57亿元，对应上行空间46%。简单测算来看，盈亏比较差。

2. 转债估值简评

家联转债平价100元附近，属于平衡型转债，15%左右的转股溢价率算是合理偏低，隐含波动率32%，略低于正股实际历史波动率。正股的机构持股占比为14%，市场关注度不高。转债持仓较多的机构有招商证券资管、宏利基金等。

3. 潜在的风险点

潜在的风险点如下：①植物纤维制品在建和拟建产能合计10万吨，较2020年末产能扩张了14倍，未来仍需要关注产能消化问题。同时在建产能存在延期问题，考虑到公司产能利用率和成本原材料价格的波动都比较大，可能会对其业绩释放持续造成扰动。②中美贸易摩擦和汇率波动对公司的影响大。

(五) 其他信息补充

根据调研交流，公司2023年内销增长非常快，增速在50%以上，2024年预计能翻倍。重点客户2023年收入贡献预估：喜茶1.5亿元，茶百道0.5亿元，蜜雪冰城2亿元，瑞幸咖啡0.9亿元。

家联科技2022年收购了浙江家得宝，加速对可降解塑料及植物纤维制品的布局，并在收购后2个月使其原亏损业务扭亏，能看出公司运营能力不错。

二、转债研究笔记：莱克转债

莱克转债对应的正股莱克电气是一家以高速电机为核心技术，从事环境清洁与健康生活小家电的研发、制造和销售，主营品类包括环境清洁电器(吸尘器、空气净化器、净水机，收入占比61%，毛利率24%)、园林工具(割草机、打草机、吸吹机，收入占比13%，毛利率16%)、电机(高速数码电机，收入占比12%，毛利率15%)、厨房电器(烹饪机、萃取机，收入占比3%，毛利率19%)。公司是做ODM代工起家(全球最大的吸尘器制造商，2021年行业销售额-8%时，公司销售额逆势增长60%)，近年来逐渐由制造商向品牌商转型，目前为ODM/OEM(2021年占比67%)、核心零部件(2021年占比15%)和自主品牌(2021年占比16%)的混合经营模式。

长期来看，公司的核心投资逻辑如下。

(1) 制造商转品牌商：虽然目前公司仍然以ODM为基本盘，但已经在家居环境电器、互联网电器、健康净水饮水器、高端厨房烹饪电器等细分领域创建了自主品牌，而这一转型势必会带来商业模式的升级，并提升盈利能力。

(2) 传统主业延伸：传统家电技术与新能源汽零业务本身存在一定交集(参考三花、美的)，公司收购了上海帕捷，实现了铝合金精密零部件(汽车轻量化趋势)业务的量产，对应下游新能源汽车景气度较高(国金预测5年CAGR32%)，在建产能约4000万件/年。

(3) 成本端或有改善：作为ODM代工企业，2022年受到大宗原材料上涨、海运、汇率等因素扰动，利润率承压，若以上因素消退，利润有望迎来恢复性反弹。

(4) 小家电渗透率提升：疫情催化下的"宅经济"或将带动清洁电器和厨房小家电渗透率大幅提升(以吸尘器为例，美国每百户保有量150台，中国不到20台，渗透率不到

20%)，出现了新兴品类(如洗地机、智能烹饪机等)。同时，新的渠道与营销方式(跨境、直播电商)也将成为自主消费品牌景气度的"催化剂"。

(一) 公司基本面评估

1. 成长性和盈利水平

莱克电气2019—2021年收入增速为-3%、10%、26%，扣非利润增速为8%、-0.5%、-8%，可以看出2020—2021年公司经历了业绩的低迷期，与行业龙头相比，抵抗周期下行的能力明显更弱。

从盈利能力来看，2019—2021年的扣非ROE水平在13%~16%，ROIC区间在9%~15%(行业中等水平)。毛利率和净利率中枢分别在25%和6%，均为行业内较低水平，原因是其低毛利的代工业务占比较大，难以与石头、科沃斯等品牌商相比。但2022年第三季度净利润率提升较大(从6%提升到12%)，值得关注。

公司两大业务基本盘对应吸尘器和园林工具，根据行业第三方数据，2024—2025年的预计预期增速在13%~16%，或许可以期待莱克电气实现类似的收入增速和略高的利润增速。

2. 稳定性和确定性

根据历史情况来看，经营周期性弱于传统制造业企业，表现为较为稳定的收入增长，但扣非利润有一定波动。考虑到其70%的境外收入来源，加上来自成本端较多的扰动项(主要原材料及占比：塑料粒子13%、铜材3%、钢片3%、电子元器件9%)，预计其利润仍可能表现出一定的周期性波动。

从历史盈利预测的可靠性来看，所在子行业家用电器2018—2021年偏差系数(T-1年预测值/T年实际值)分别为104%、96%、89%、89%，属于预测可靠性极高的行业；个股2017—2021年的预测误差率为-19%、-39%、0.4%、-14%、-24%，其中四年实际值低于预测最小值。

从行业竞争格局来看，在无线吸尘器领域为CR5，第一大厂商戴森市占率达到53%；洗地机领域未进入前五，第一大厂商为科沃斯旗下添可品牌(占比67%)；铝合金压铸件领域格局则比较分散，前五为广东鸿图(4%)、爱柯迪(3%)、文灿股份(1.6%)、派生科技(1.5%)、旭升股份(1.3%)，莱克电气或有弯道超车的机会。

从客户集中度来看，前五大客户占比为37%，近年来呈现下降趋势(与公司转型态势一致，供应商CR5也呈现下降趋势)。

3. 经营的可持续性

从公司ESG评价的角度看，Wind评级为B，综合得分5.19，公司治理得分6.8，在家庭耐用消费品行业排名103/119。嘉实ESG评分55.23，全市场排名1949/4828。

从研发投入来看，公司的研发开支占比在5%附近(低于石头，与科沃斯接近)。据财报披露，公司的设计、研发工程师近900人，截至2022年第三季度获得授权专利1785项，

70%以上的研发资源投入自主品牌与核心零部件领域。公司在高速整流子电机、高速数码电机、离心风机和过滤技术等领域有相对显著的领先性。

从业务的竞争壁垒来看，铝合金压铸技术的壁垒较低(玩家有1.2万，因此格局分散)，小家电业务在技术和产品力上有一定优势，但渠道、品牌方面则没有足够的护城河。

在信用资质方面，莱克转债评级为AA，YY等级为7档，对应隐含违约率为7.5%，近年来债务压力有上升趋势(资产负债率2019—2021年由40%增长到60%)，短债占比偏高(82%)。

4. 现金创造能力

公司2018—2022年自由现金流高于扣非净利润，优于同业可比公司，在全市场也属于优秀水平，但2022年经营承压小幅转负。经营获现能力有下滑趋势，2021年经营现金流已不能覆盖投资，因此近年来筹资流入较多。应收账款占收入的比例偏高，长期中枢在20%而2022年上升到76%，需要关注账期风险。现金收入比表现尚可，在100%附近。

(二) 估值与风险情况

1. 正股估值简评

悲观情况下，公司2024年盈利预测最小值为9.4亿元，历史极低估值约为12倍市盈率，以此测算底价市值为113亿元，下行空间约为40%；历史极低市净率为2.5倍，以此测算下行空间约为54%。在持续经营的前提假设下，如果公司未来获得行业平均的复合增速(天风预测清洁电器2020—2025年CAGR为27.6%)的一半，按PEG=1计算，其中性市盈率可给到14倍左右。

乐观情况下，公司2024年一致预期盈利为12亿元，历史中性估值在19倍市盈率左右，以此测算目标市值为230亿元，上行空间约为21%；如果以PEG估值计算，按照一致预期2023—2024年PEG为1.17、1.16，合理偏高。如果拆分公司业务按照分部估值法测算(参照同行)，自主品牌可给到30倍以上，汽车零部件业务给到20倍，ODM给15倍。

公司历史上业绩经常错过盈利预测最小值，可靠性存疑。

2. 转债估值简评

莱克转债平价97元附近，属于典型的平衡型转债，按照当前市场对次新标的给出的高估值，对应转股溢价率30%左右问题不大(参考小熊转债)。正股历史波动率49%，属于弹性较大的品种。不涉及股权质押风险。

总体来看，如果对正股的预期回报和下行空间的测算可靠，考虑股债溢价率的情况后，转债的盈亏比不足，但考虑到正股偏高的波动率，期权价值被低估时更值得关注。

3. 潜在的风险点

自主品牌端存在一定的经营风险，长期来看，家电品牌的集中度呈现持续提升的态势，与代工生产相比，品牌运营还涉及渠道管理、终端客户关系管理、产业链资源整合等深层次的企业竞争力，对莱克电气是一个挑战。

洗地机赛道(莱克电气子品牌吉米)虽然景气度较高，但是否能形成差异化的竞争优势，需要审慎观察。

成本结构扰动因素太多，难以把握，包括原材料成本、国际运力和贸易摩擦等。

(三) 其他信息补充

产能分布上，莱克电气在苏州有4个工业园的生产基地，其中吸尘器及小家电年产能1800万台，电机年产能3500万台，注塑2.5万吨，精密模具2500套，精密压铸1200万件。海外生产基地有两个：越南和泰国各一个。

根据奥维云网发布的数据，2019—2021年，莱克品牌清洁电器线下均价从2400元提升到2900元(高端化)，吉米品牌线上清洁电器均价从625元下降到517元(客户群体年轻化)，而线上和线下的市占率则呈现相反的变动方向。净饮机品牌碧云泉线上均价2200~2700元，市占率逐年提升，但目前市场容量还很小(10亿元)。

上海帕捷为福特、大众、戴勒姆、通用、宝马等汽车品牌的一级供应商。莱克电气收购上海帕捷后，2022年前三季度收入增长700%，归母核心零部件增速100%。

为了配合自主品牌的推广，莱克电气签约了迪丽热巴作为公司清洁电器形象代言人，直播电商方面也多次与流量网红合作。

三、转债研究笔记：佳禾转债

(一) 主营业务介绍

佳禾转债对应的正股佳禾智能(300793.SZ)主要从事消费电子产品的研发、制造和销售，以耳机和音箱等音频产品为主导，延伸到周边消费电子类产品。2023年上半年，公司规划开展储能业务，对子公司进行了名称、经营范围等的变更，正进行厂房改造和设备的筹备，但暂时没有储能业务收入。佳禾智能与全球一线的电声/智能穿戴品牌商、智能终端品牌商、互联网品牌商保持长期合作，采用OEM(代工生产)模式与ODM(代工生产＋研发设计)模式开展经营，目前是华为耳机第一大代工和手表唯一代工；主要产品包括TWS耳机、骨传导耳机、智能音箱等；智能穿戴产品包括智能手表、智能眼镜等，其中智能眼镜包括音频眼镜、骨传导眼镜、VR/AR等。可以看出佳禾智能的业务与立讯精密、歌尔股份类似，但市场份额尚有差距。

公司的主营业务包括：①耳机业务，占比81%，毛利率19%；②音箱业务，占比17%，毛利率12%；③耳机配件及其他业务，占比1.3%，毛利率未披露(应该是配套服务业务)。公司主要涉及智能音箱、无线耳机、智能穿戴、储能、华为等概念。

电声产品的主要原材料是各类硬件、结构件等，包括蓝牙/WiFi方案、喇叭、电池、塑胶件、五金件等。下游则是智能电子产品和可穿戴设备的品牌商及终端消费电子的用户。

本次可转债募集资金规模10.035亿元，其中2.41亿元用于年产500万台骨传导耳机项目，2.13亿元用于年产900万台智能手表项目，2.495亿元用于年产450万台智能眼镜项目，3亿元用于补充流动资金项目。三个扩产项目均在江西生产基地，人工成本较低。笔者认为随着江西基地产能的逐步释放，有利于公司压降成本，提升盈利能力，同时进一步扩大公司智能穿戴设备产能，丰富公司产品矩阵。

(二) 中长期投资逻辑

(1) 全球耳机业务的市场前景较好，空间可期：根据Grand View Research预测，全球耳机和头戴式耳机市场预计2027年将超过1267亿美元，与2020年市场规模相比，年复合增产率约20.3%。另外，根据QYResearch预测，2022—2028年全球骨传导耳机市场规模有望以23.5%的复合增速增长。

(2) 智能音箱市场将维持较高增长速度：根据调研机构Acumen Researchand Consulting的预测，2021—2028年，全球智能音箱市场规模预计将以19.4%以上的复合年增长率增长，2028年能达到约290.21亿美元的市场规模。

(3) AR眼镜渗透率提升空间较大：目前由于其硬件方案有待优化，应用场景单一，价格门槛较高，消费级AR眼镜仍处于产业初期阶段，尚未实现规模出货，未来随着消费级AR眼镜的行业标准逐渐清晰，有望推动市场由B端用户向C端用户渗透。据IDC预测，2027年全球AR眼镜出货量有望达到641万台，2024—2027年CAGR约为80%。

(三) 公司质地情况

1. 成长性和盈利水平

佳禾智能2020—2022年收入增速为-21%、3%、18%，扣非利润增速为2631%、-78%、-77%。作为对比，公司所属电子元件行业2020—2022年收入增速为2%、32%、14%，净利润增速为-66%、115%、122%。相对行业而言，公司的收入和利润波动幅度都比较大。

从资本回报来看，2020—2022年的扣非ROE水平在0.3%~6.5%，ROIC区间在2.1%~6.2%，毛利率9%~17%，净利率2%~8%。作为对比，电子元件行业的ROE水平在5.5%~11%，ROA在2%~5%。公司的资本回报水平略低于行业平均。与同类上市公司歌尔股份(002241)、立讯精密(002475)和天键股份(301383)相比，佳禾智能的毛利率水平基本持平，属于低利润率、低周转率、中等负债率的经营模式。

2. 稳定性和确定性

公司业绩基本盘受全球及国内的宏观经济形势、居民收入水平、消费者消费偏好、国际大厂商新产品推出周期等因素的影响，历史上来看，利润率和增速的波动都比较大。公司业绩波动的主要因素有：①外销规模始终维持在较高水平(70%左右)，美元贬值时会产生较大的汇兑损失；②受下游品牌商机型迭代和产品结构调整等因素影响，部分产品的生命周期较短；③前五大客户及第一大客户集中度占比过高，一旦客户结构出现调整，对产品结构和毛利率的影响都会比较大。

从历史盈利预测的可靠性来看，所在子行业工业机械2019—2022年偏差系数(T-1年预测值/T年实际值)分别为21%、−7%、−38%、21%，预测的胜率属于中等水平；个股2019—2022年预测误差为14%、−52%、−66%、−13%，误差率偏高，且预测最小值历史上看并无参考价值。

从行业竞争格局来看，与同行业上市公司相比，佳禾智能电声产品的销售收入仅次于歌尔股份、立讯精密和国光电器，其中耳机类产品的营业收入在同行业可比公司中仅次于立讯精密和歌尔股份，市场占有率为5%，而在智能音箱和AR眼镜等领域尚未跻身行业一线生产商。

从客户集中度来看，前五大客户占比为78%左右，近年呈现小幅下降态势，第一大客户HarmanInternational(哈曼)占比53%，第二、第三分别是安克、荣耀，其他客户总体上比较分散。前五大供应商占比27%，也呈现小幅下行的态势。

3. 经营的可持续性

从公司ESG评价的角度看，Wind评级为BB，综合得分5.87，公司治理得分6.23，在电子元件行业排名250/462。嘉实ESG评分49.24，全市场排名2675/5332。

从研发投入来看，作为高新技术企业，2020—2022年平均研发费用投入占收入比例在4%~6%附近，在业内属于中等水平。公司共拥有专利技术855项(含国外专利)，其中发明专利90项，掌握了平面振膜HiFi电声技术、主动降噪、生理参数监测技术、3D声场技术、骨传导减震降漏等多项核心技术。

从业务的竞争壁垒和优势来看：①电声和智能穿戴设备在产品技术和生产工艺方面都有一定壁垒，涉及跨学科交互的理论与应用；②下游品牌商大多有一定的准入门槛，较复杂的制作过程与严格的工艺要求同样使得中小厂商较难切入大客户的供应链，因此龙头ODM/OEM厂商往往强者恒强；③作为代工行业准一线龙头，佳禾智能在技术研发、品质管控、客户响应、高效制造方面均有一定优势。

在信用资质方面，佳禾转债和主体评级均为A+，YY评级8+，CM评分为3，对应5年违约率6.8%。2020—2022年末资产负债率保持在30%~34%，有息债务规模逐步下降(主要为短期借款)，定增后资本实力提升，现金类资产对短期债务保障程度较高，债务压力不大。但发行可转债后有息债务迅速攀升，需要关注对偿债能力的影响。

4. 现金创造能力

2018—2022年来看，每年的自由现金流净流量均为负，而累计经营性现金流小幅为正，经营获现能力一般。现金收入比在0.9~1.2范围内，同时应收账款占收入的比例在18%~29%。总体来看，佳禾智能并不属于现金创造能力较好的企业，这也和同业可比公司的情况类似。

(四) 估值与风险

1. 正股估值简评

悲观情况下，假设公司2024年能够实现盈利预测最小值，为1.7亿元，公司历史极低估值水平为25倍市盈率，对应底价市值43亿元，下行空间10%。历史底部PB为1.85倍，以此测算对应下行空间2%。

乐观情况下，假设公司2024年可以实现一致预期净利润2.1亿元，按历史中性估值35倍，给予其目标市值74亿元，对应上行空间56%。简单测算来看，盈亏比尚可。

2. 转债估值简评

作为2024年上市的新券，佳禾转债平价60元附近(近期正股跌幅较大)，属于偏债型转债，转股溢价率60%左右，属于正常水平。债底溢价率37%，到期收益率2.3%，有一定的纯债替代价值。且正股位于历史极低PB区间，转债的理论下行空间非常有限(排除信用风险后)。转债隐含波动率58%，略高于正股48%的历史波动率，考虑到其AR主题热度和小市值特点，似乎也可以接受。大股东无股权质押，正股的机构持股占比为52%，但关注度不高，持仓较多的机构有华夏基金、华安基金；转债持仓较多的机构因新券缘故暂未披露。

3.潜在的风险点

潜在的风险点如下：①受客户结构和产品更新迭代的影响，公司的毛利率波动较大，且当前在历史相对高点，需要关注后续回落的风险；②暂无股权激励计划，与核心员工利益绑定存疑；③哈曼作为第一大客户，集中度过高(超过50%)。

此外，下面引用某大佬对这类企业商业模式局限性的理解："电子产业链公司的地位也是苦逼的。最核心的品牌技术全都在苹果手里，产业链公司只是苹果向现代物理学应用逼近的工具人，一旦你的技术参数达到极限，往往就会引入新的供应商。过去十年，每次苹果出现重大技术变化和进步，都会导致产业链格局的迅速变化。如果用波特五力模型分析，中间供应商在每个方向上都是不友好的，长期来看盈利能力有非常大的不确定性。"

(五) 其他信息补充

佳禾智能在AR智能眼镜领域主要通过产业链参股上游企业实现，公司投资瑞欧威尔(上海)智能科技有限公司，并与其合作开发AR设备等产品，拟应用于Honeywell、西门子、宝马、中国石油、宝钢股份、伊利等工业级客户，未来将逐步延伸至消费领域。

四、转债研究笔记：盛泰转债

盛泰转债对应的正股盛泰集团(605138.SH)是全球领先的纵向一体化针织梭织成衣制造龙头。收入结构按行业拆分：服装行业占比73%，毛利率16%；纺织行业占比19%，毛利率14%。按产品拆分：针织成衣占比44%，毛利率16%；梭织成衣占比36%，毛利率

16%；针织面料占比7%，毛利率11%；梭织面料占比7%，毛利率17%。公司的境外收入占比超过60%，为Uniqlo、RalphLauren、Lacsote、FILA、李宁等品牌的核心供应商(其中三家为一供，占FILA采购额的20%)。

针织与梭织的区别：针织以线圈为基本的单元结构，而梭织以经纬纱交错织造，以组织点为单元结构。针织的面料弹性好、比较松软，而梭织面料更厚实、紧密。针织一般用于卫衣等运动服饰，而梭织用于正装，如衬衣、西服等。

公司现有年产能情况：截至2020年末，拥有近6000万件成衣、18 800吨针织面料、6400万米梭织面料、8400吨纱线产能。本次转债募投的主要项目包括：①年产4.8万吨高档针织面料印染生产线项目(一期)；②越南10万锭纱线建设项目；③嵊州盛泰22MWp分布式光伏电站建设项目。

长期来看，公司的核心投资逻辑如下。

(1) 运动服饰赛道高景气：中国是全球最大的运动鞋服市场(规模超3000亿元)，全民健身热潮和日趋本土化的品牌认知，叠加中高档、时尚运动风潮的需求崛起。与欧美国家相比，国民的人均运动消费提升空间巨大。根据欧睿预测，2024年国内运动鞋服规模将超5000亿元，对应11%的复合增速，这也给运动服装品牌上游的优质纺织制衣企业带来了发展机遇。

(2) 成本结构的优化：公司将劳动密集型工序向低劳动成本国家转移，节省人工开支，同时利用生产体系的智能化改造取代部分人力劳动。另外，公司还具有产业链上下游一体化的布局优势(纺织-面料-成衣，类似申洲国际)，长期来看，利润率有进一步提升的可能性。

(3) 国产替代进程：一方面，下游品牌商(李宁、安踏)的本土份额持续提升中(2021年李宁、安踏、FILA在中国市场上的份额提升至7.7%、7.3%、6.9%，而Nike、Adidas市场份额下滑)；另一方面，本土纺织供应商在国产品牌商中的份额占比仍然较低，有一定的提升空间。

(4) 产成品均价提升：针织成衣2020—2022年均价由58元提升至72元，占公司的收入贡献也提升明显，考虑到公司对材料的研发投入，未来部分高质量产品单价的提升可以期待。另外，从行业发展趋势来看，纺织服装制造商也有逐步转型品牌商的可能。

(一) 公司基本面评估

1. 成长性和盈利水平

2019—2021年收入增速为5%、-16%、10%，扣非利润增速为129%、-4%、-34%，其所属行业服装用纺织品收入增速为-3%、-17%、21%，归母净利润增速为21%、25%、156%。考虑到下游相对高景气度的运动服饰预期增速在10%左右，叠加单价和份额提升的逻辑，盛泰的收入和利润预期并不算离谱。

从盈利能力来看，2019—2021年的扣非ROE水平在8%~19%，ROIC区间在8%~10%(行业ROE在3%~9%，ROA在2%~5%)。毛利率水平在15%~20%，净利率水平在

5%~6%。整体来看，均显著高于行业平均水平，但仍低于行业龙头申洲国际。

2. 稳定性和确定性

近年来，全行业收入和利润呈现出大幅波动的态势，主要还是受新冠疫情影响。根据Euromonitor数据，2020年全球服装市场规模下降18%，2021年恢复性增长18%。此外，面料与成衣生产所用主要原材料纱线、棉花作为大宗商品有一定价格波动，国内劳动力成本增加(进而导致纺织产业向东南亚转移趋势明显)，可能带来成本端的压力。而全球贸易政策的变动对外销占比较高的盛泰也可能存在影响。

从历史盈利预测的可靠性来看，所在子Wind行业服装服饰2018—2021年偏差系数(T-1年预测值/T年实际值)分别为94%、48%、18%、43%，预测的可靠性较差；个股2021年的预测误差率为-4%，属于预测可靠性较高的公司，但上市时间较短，暂无更多历史数据验证。

从行业竞争格局来看，代工服饰行业高度分散，行业龙头申洲国际市占率不到1%，盛泰集团市占率约为0.18%，大概勉强挤进CR5的水平(体量低于申洲、晶苑、溢达，与鲁泰接近)。

从客户集中度来看，2022年第二季度前五大客户占比为56%，略有上升趋势。前五大客户分别是Uniqlo、拉夫劳伦、Lacoste、HUGOBOSS、PVH等。

3. 经营的可持续性

从公司ESG评价的角度看，Wind评级为BB，综合得分5.68，公司治理得分6.72，在汽车零配件行业排名71/112。嘉实ESG评分40.97，全市场排名3194/4828。

从研发投入来看，公司的研发开支占比在1%~1.5%，在同行中属于中等偏低的水平(低于类似体量的鲁泰A)。据募集说明书披露，盛泰集团在高端面料领域有一定的技术优势，产成品面料在抗皱、透气、保暖、轻薄等特性上具有优势。

从竞争的护城河来看，纺织行业具有较高的劳动力密集属性和一定的技术密集属性，但基于此构筑的壁垒不高，更重要的是与下游客户的长期合作关系。特别是Adidas、优衣库等品牌商，核心制造商的准入与考核标准非常严格，新进入者难以切入龙头品牌供应链。

在信用资质方面，盛泰转债评级为AA，YY等级为7-，对应YY预期违约率为7.2%。2021年以来，公司加大了资本开支力度，经营净现金流无法覆盖投资现金流出，资产负债率偏高(65%)，短债占比86%，到期压力较大。

4. 现金创造能力

作为纺织服装制造商/供应商，其商业模式天然弱于下游品牌商，更接近制造业的生意属性。这从盛泰集团较高的固定资产占比(40%左右)和应收账款占收入比例(15%左右)不难看出。

公司2017—2021年自由现金流基本在零值附近，且2020—2021年连续为负，主要受海外疫情影响，其经营获现能力处于阶段性底部。现金收入比表现尚可，均在100%附近，2019—2021年每股经营性现金流约为扣非EPS的2倍，表现较好。

(二) 估值与风险情况

1. 正股估值简评

悲观情况下，公司2024年盈利预测最小值为4.8亿元，历史极低估值约为13倍市盈率(因上市时间较短，这里使用鲁泰历史最低的8倍市盈率)，以此测算底价市值为38.4亿元，下行空间约为48%；参考申洲国际，极低市净率为2.3倍，以此测算下行空间约为10%。在持续经营的前提假设下，如果公司未来能获得行业平均的复合增速(服装用纺织品盈利预测)，按PEG=1估算，大概可以给到10倍市盈率。

乐观情况下，公司2024年一致预期盈利为6.3亿元，历史中性估值在15倍市盈率左右，以此测算目标市值为94.5亿元，上行空间约为52%；如果以PEG估值计算，按照一致预期，2023—2024年PEG为0.45、0.46，属于较低水平。

公司成立时间较短，次新属性可能使其盈利预测偏乐观，需要谨慎对待。

2. 转债估值简评

盛泰转债平价100元附近，属于平衡型转债，近半年正股波动率50%左右，机构持仓占比为4.3%，市场关注度一般，不属于基金重仓股(2022年第三季度公募机构投资者仅有宏利基金)，同时近期债市回调较多，预计上市转股溢价率可能会低于30%。

总体来看，转债发行人虽然是细分领域的龙头，但商业模式和所处的宏观形势(消费)都不算有利，虽然评级较高但实际信用风险不低(2021年IPO，2022年再融资，资金缺口大)，属于市场容易高估的资产。

3. 潜在的风险点

公司的生产季度和销售区域遍布全球，在逆全球化的趋势下管理难度较大(公司2.4万名员工中，有2万名在海外)，且存在各地会计政策差别导致的内控及数据识别问题。

存货和应收账款规模较大，存在一定的计提减值和坏账损失风险，进而可能对经营业绩构成不利影响。

公司2021年10月IPO，加上转债再融资，募投项目比较集中且正赶上新冠肺炎疫情较为严峻的时期，有一定的建设风险，在建工程转固的节奏可能慢于预期。

(三) 其他信息补充

公司董事长、实控人徐磊曾任广东溢达总经理、雅戈尔集团董事、宁波盛泰董事长，对纺织服装产业链的经验较为丰富。公司管理层均有持股，比例在0.3%~1.3%。

近年来，盛泰集团的产能利用率在80%左右，而2019年产能利用率在95%左右。据国信证券预测，若募投项目全部达产，则可贡献收入17亿元，利润1亿元。

盛泰集团进入李宁品牌供应链后，2019年双方在广西宁泰合资建厂，主攻面料产品。

第八节　其他行业：中天火箭、绿茵生态、花园生物

本节收录了笔者对中天火箭、绿茵生态和花园生物所发行的3只不同行业转债的研究笔记，供读者参考。

一、转债研究笔记：天箭转债

天箭转债对应的正股中天火箭(003009.SZ)主要从事小型固体火箭及其延伸产品的研发、生产和销售，为国内小型火箭制造龙头，产品分为民品(占比85%，毛利率25%)和军品(占比15%，毛利率55%，波动较大)两大类，收入全部来源于境内。民品主要包括增雨防雹火箭(占比28%，毛利率40%，国内市占率60%)、炭/炭热场材料(子公司超码负责，占比39%，毛利率30%)、智能计重系统(子公司三沃机电负责，占比10%，毛利率20%)，其中除炭/炭热场材料以外其余业务下游客户为军工企业或者政府部门。军品主要包括小型固体火箭(探空和制导，收入占比9%)、固体火箭发动机耐烧蚀组件(收入占比5%)。由于收入中将近60%为国企与G端客户，应收款规模较大，但也因此现金流整体较为稳定，上市后净利率保持在10%以上，ROE保持在10%左右。

本次可转债募集4.95亿元，扣除发行费用后，2.63亿元用于大尺寸热场材料生产线产能提升建设项目(二期)，1.29亿元用于军品生产能力条件补充建设项目，剩余1.03亿元用于补充流动资金。

长期来看，公司的核心投资逻辑如下。

(1) 光伏带动上游炭复合材料增长：相较于传统的石墨材料，炭/炭热场材料具备更优质的力学性能和抗侵蚀能力，且可塑性较高，能实现无余料浪费，目前广泛应用于光伏晶体生长设备中(已准入隆基绿能、中环股份)。其需求主要来源于光伏晶体硅厂家日常设备购买、维护和更新。在双碳政策背景下，下游光伏行业的政策红利利好上游炭/炭复合材料。

(2) 民用防雹火箭前景广阔：根据国家气候中心监测，2022年6月以来中国出现的罕见高温天气是1961年有完整气象记录以来程度最强的一次。同时，全球变暖、持续高温及水资源分布的地区差异性逐步扩大给民用增雨防雹火箭带来了较大需求。受极端气候影响，未来民用增雨防雹火箭市场有望进一步扩大，公司可凭借其渠道和产品优势实现增长。

(二) 公司基本面评估

1. 成长性和盈利水平

中天火箭2019—2021年收入增速为19%、8%、18%，扣非利润增速为16%、10%、7%，根据2022年第三季度的情况来看，公司收入延续了稳定增长(同比16%)，扣非净利润保持微增(同比0.1%)。作为对比，公司所属航天装备行业2019—2021年收入增速

为-13%、3%、8%，净利润增速为-294%、61%、-10%。

从盈利能力来看，2019—2021年的扣非ROE水平在7%~13%，ROIC区间在8%~11%，毛利率28%~32%，净利率10%~12%。作为对比，航天装备行业的ROE水平在2%~4%，ROA在1%~2%。可以看出公司的盈利能力在细分行业中属于非常优秀的水平，但与直接竞争对手新余国科(300722.SZ)相比，则比较逊色。

2. 稳定性和确定性

根据历史情况来看，公司收入和利润的增长态势和稳定性都显著好于行业。横向比较其他行业来看，小型固体火箭业务虽然也受政策影响较大，但对宏观经济的波动相对不敏感。需要关注的是，公司民品业务营收占比较高，且占比呈增长趋势。目前公司尚未就小型固体火箭产品在人工影响天气以外的民用领域转化为形成规模的现实收入，产品力上与竞争对手相比并无明显优势，利润率能否持续保持稳定需要再观察。

从历史盈利预测的可靠性来看，所在子行业家用电器2018—2021年偏差系数(T-1年预测值/T年实际值)分别为83%、57%、32%、78%，预测的胜率属于较低水平；个股2021年的预测误差率为-16%，由于暂无证券研究机构覆盖，历史盈利预测数据较少。

从行业竞争格局来看，国内增雨防雹火箭领域主要的竞争对手包括新余国科、北方保安民爆，中天火箭为行业第一(市占率60%)；炭热场材料领域主要竞争对手为博云新材、金博股份(2021年产量1553吨)、天宜上佳(2021年产量233吨)，中天火箭子公司超码产量490吨。

从客户集中度来看，前五大客户(天津环睿、航天科技、维吾尔天气办公室、晶澳科技、晶科能源)占比为49%，前五大供应商占比39%，近年来呈现小幅上升趋势。

3. 经营的可持续性

从公司ESG评价的角度看，Wind评级为BBB，综合得分6.9，公司治理得分7.05，在航空航天与国防行业排名31/73。嘉实ESG评分59.63，全市场排名1620/4828。

从研发投入来看，2019—2021年平均研发费用投入占收入比例为5%~6%，在行业内属于偏低的水平(新余国科10%，博云新材20%~40%，金博8%~10%，天宜7%~10%)，且收入体量并不领先，需要关注技术被迭代的风险。公司设有国家唯一的省级民用火箭工程中心。

从业务的竞争壁垒来看，小型固体火箭核心技术往往集中在少数大型军工集团内部，因此行业技术壁垒高。针对增雨防雹火箭，除技术壁垒之外，还存在许可证壁垒和客户资源壁垒。针对军用小型火箭，出于安全和保密需求，供应商一旦确定，下游客户一般不会轻易更换。

在信用资质方面，天箭转债评级为AA+，主体评级AA，中证指数的隐含评级为AA+。资产负债率2022年第三季度大幅高增(29%~46%，受转债发行影响)，流动和速动比率都超过2倍，短债占比60%，总体偿债能力较好。

4. 现金创造能力

2017—2021年来看，累计自由现金流净流量总体为正，其中2018—2021年连续为正，2022年第三季度净流出较大，主要与经营性现金流净流出相关(应收账款大幅上升至65%，营运资本占用同期上升至36%)。由于公司的民品业务占比高，有一定的消费属性，因此其生意模式和现金创造能力好于传统军工企业。

(二) 估值与风险情况

1. 正股估值简评

悲观情况下，假设公司2024年利润与2021年持平，为1.2亿元。公司历史极低估值水平为26倍市盈率，对应底价市值52亿元，下行空间55%。历史底部PB为2.4倍，以此测算对应下行空间49%。

乐观情况下，假设公司可以实现15%的年化复合增速，对应2024年净利润1.9亿元，按历史中性估值40倍，给予其目标市值76亿元，对应上行空间12%。

需要注意的是，军工类企业市场给予的估值区间似乎非常大，中天火箭2018—2022年PE波动区间在26~100倍，PB波动区间2.4~10倍，猜测市场主要按照概念题材的短期景气度给予估值，可能难以按照底价/目标市值的方式应对。

2. 转债估值简评

天箭转债平价82元附近，属于平衡偏债型转债，纯债溢价率27%，债底保护尚可，可以为正股的下行空间托底；转股溢价率43%，在无卖方覆盖的转债中属于偏贵的估值水平。正股的机构持股占比为16%，持仓较多的公募机构有国泰基金、万家基金、富国基金、广发基金。考虑到绝对价格上有一定的吸引力，正股估值虽贵但概念题材较好，值得持续关注。

3. 潜在的风险点

公司炭/炭热场材料主要应用于光伏行业的晶体生长高温设备中，该行业产品存在更新换代、技术工艺升级和优化的可能。如果出现在成本、质量等方面更具优势的其他替代新材料，或者碳/陶复合产品的制备成本迅速降低、产业化程度迅速提升，在光伏行业中取得应用优势，而发行人未能及时获得碳/陶复合材料批量化生产能力，则可能对公司的技术及产品领先性，以及未来生产经营产生不利影响。

(三) 其他信息补充

公司部分业务经营涉及军品研制、生产和销售，其产品型号、技术参数、销售数量、部分供应商及客户信息，属于涉密业务，具体情况不宜在公开市场披露。因此，日常跟踪中"黑箱"的情况较多。

公司主要生产经营场所位于陕西省蓝田县，地理位置较为偏远，通勤时间较长，在吸引优秀人才方面处于劣势，在开拓业务时也面临较高的时间成本。

二、转债研究笔记：绿茵转债

绿茵转债对应的正股绿茵生态(002887.SZ)为深耕京津冀地区(占比46%)的生态修复和绿化企业，主要业务涉及生态修复、运营养护、林业碳汇及生态文旅运营四大业务板块，目前已形成集规划设计、技术研发、投融资、工程施工、运营维护于一体的生态产业链的全面覆盖。具体工程业务包括盐碱地修复、河道治理、湿地保护、荒山及矿山修复，城市道路绿化、广场公园绿化工程，文化旅游产业等。按产品结构来看，生态修复项目占比81%，毛利率44%；市政绿化项目占比18%，毛利率39%。

转债募投项目：6.8亿元用于补充工程施工业务营运资金，将提高公司工程施工业务的承揽能力和运营能力；4950万元用于生态建设工程机械装备购置项目，随着内蒙古及其他西北部区域业务的开展，园林专用机械、市政公用设备的自有化将改善公司进一步拓展西北部区域所面临的机械设备不足的现状。

长期来看，公司的核心投资逻辑如下。

(1) 环保生态更受重视：我国政府越来越重视生态环境的保护和修复工作，公司也有望受益于"双碳"目标和基建投资加速带来的行业需求提升。2019年，我国生态修复行业规模4000亿元，预计2024年将超过7000亿元，复合增速15%。

(2) 定位转型，盈利改善：公司由传统的工程施工企业向多业态的生态环境综合服务运营商转变，其业务模式除了承接传统景观项目，近年来以PPP、EPC、F+EPC等模式开展的业务比重逐年上升，主打"园林生态"和"生态文旅"定位。

(一) 公司基本面评估

1. 成长性和盈利水平

绿茵生态2019—2021年收入增速为7%、9%、5%(所属行业园林工程收入增速为0、-2%、-9%)，扣非利润增速56%、45%、-44%(行业利润增速为0、105%、-114%)。收入和利润都暂无券商给出未来预测，从历史情况来看，公司的成长性略强于行业平均水平，特别是收入增速比较稳定(应该是与政府较强绑定的关系)。

从盈利能力来看，2019—2021的扣非ROE水平在6%~12%，ROIC区间在4%~10%(园林工程ROE为-9%~1%、ROA为-3%~1%)，毛利率38%~40%，净利率28%~30%。单纯从账面盈利能力来看，显著好于行业平均和一般的建筑工程类企业(优于同业的东方园林、蒙草生态、东珠生态)，但资产周转率极低，拖累了资本回报率。

2. 稳定性和确定性

从经营的周期性来看，公司在市政园林领域的工作主要与地方政府和国有投资建设主体对接，因此公司的业绩受地方政府的财政实力和债务情况的影响较大，因而具有较为明显的周期性，特别需要关注地方政府债务危机(公司为天津企业)对其经营质量的潜在冲击。对于市政园林绿化项目，在经济发展势头良好时，各地政府会加大城市的园林绿化建设投资，行业的市场容量将得到一定的拓展；相反，在经济发展放缓时，各地政府迫于财政压力将缩减园林绿化建设投资，行业需求将会下降。

从历史盈利预测的可靠性来看，所在Wind行业2018—2021年偏差系数(T-1年预测值/T年实际值)分别为117%、117%、103%、111%，预测的胜率属于极高水平；个股2017—2021年的预测误差率为-13%、-33%、3%、1%、-44%，共有三次错过盈利预期最小值。

从行业竞争格局来看，目前我国生态修复行业企业数量超过3000家，行业集中度低。大多数企业业务范围集中在对技术要求不高的平面及土质坡面工程上，在对技术要求较高的生态修复工程(如岩石坡面)上涉足很少。企业在生态修复领域的竞争优势主要体现在工法及工艺、抗性苗木的研发与培育、跨地域复杂环境的施工经验等方面。目前，大多数公司只在某一方面具有一定竞争优势，极少数公司具备生态修复领域全面竞争优势。业内主要的公司有东方园林、蒙草生态、东珠生态等。

从客户集中度来看，前五大客户(丽茵林业、中建设计、山东津阳、卫辉市河道、丰隆文旅)占比为54%，近年来呈现下降趋势。

3. 经营的可持续性

从公司ESG评价的角度看，Wind评级为BB，综合得分5.39，公司治理得分7.1，在建筑与工程行业排名41/119。嘉实ESG评分33.89，全市场排名3731/4828。

从研发投入来看，2019—2021年平均研发费用投入占收入比例为3%~5%，在行业内属于较高水平(高于东方园林、东珠生态、天域生态，略低于蒙草生态)。公司为国家高新技术企业，拥有天津生态环境建设行业的首家市级企业重点实验室，也是天津园林行业地方标准的制定者。

从业务的竞争壁垒来看，我国生态修复行业起步较晚，园林绿化领域同质化竞争较为明显。未来仍可能存在其他企业通过内部研发或购买的方式进入生态修复领域，加剧市场竞争，继而降低行业整体利润水平。

在信用资质方面，绿茵转债评级为AA-，无其他第三方评级。公司各项偿债指标表现一般，资产负债率较高但处于下降趋势(49%)，速动和流动比率显著高于同行，但经营现金流对债务的覆盖显著不足，需要关注公司对政府端应收账款的情况。

4. 现金创造能力

公司2017—2021年累计自由现金流净流量持续净流出，应收账款占收入比例超过100%，营运资本占用也超过了营业收入。经营性现金流显著低于营业利润(约占一半)，现金收入比在80%~100%。总体来看，现金创造能力较弱，与传统建筑工程类企业类似。

(二) 估值与风险情况

1. 正股估值简评

悲观情况下，假设公司2024年能实现持平于2021年的扣非净利润1.5亿元，历史极低估值约为8倍市盈率，以此测算底价市值为12亿元，下行空间约为59%；历史极低市净率为1.1倍，以此测算下行空间约为15%。但可能还需要考虑大额应收账款潜在坏账在悲观情景下对净资产的实际影响。

乐观情况下，假设公司2024年能实现2020年归母净利润的2.8亿元水平，结合历史中性估值在12倍市盈率左右，以此测算目标市值为34亿，上行空间约为16%。因公司的利润率表现较好，如果ROE能回到前期高点(16%~27%)，对应PB修复到2倍，则上行空间为53%。

2. 转债估值简评

绿茵转债平价76元附近，属于平衡偏债型转债，纯债溢价率超过17%，转股溢价率39%，在当前市场环境下属于估值合理偏低的品种。考虑到PB估值距离历史底部较近，转债向下的空间非常有限，同时股性尚可，转债进可攻，退可守的特征较为明显。

3. 其他的风险点

目前，公司所从事市政园林绿化等业务均涉及自然界植物种植、生产、配置、使用和养护，受植物自然生长季节性影响，公司的业务开展呈现较为明显的季节性特征，经营业绩在一定程度上受气候影响。

除应收账款外，公司的PPP项目回款和工程结算款都存在延迟支付的问题，需要重点关注。

(三) 其他信息补充

2021年3月，公司与天津碳排放交易所签订《战略合作框架协议》，共同探索林业汇碳；7月，公司与中国林场签署《合作框架协议》，计划就储备林建设与林业增汇减排方面进行深入合作，共同探索碳汇项目开发与林业碳汇交易，通过市场机制实现林业碳汇的经济价值。笔者认为，目前"碳达峰、碳中和"战略目标明确，2021年7月全国碳交易市场已经开启，碳指标货币化逐步落实，林业碳汇将随着碳指标价格上升，为公司提供新的收入来源和增长方向。

公司于2021年2月公布了配套的股票回购方案，回购价格不超过16.66元/股，回购金额为0.8亿~1.6亿元，在某种程度上彰显了对未来经营发展的信心。

三、转债研究笔记：花园转债

花园转债对应的正股花园生物(300401.SZ)公司为全球知名的维生素D3、胆固醇及羊毛脂系列产品制造商，主营维生素D3上下游系列产品的研发、生产和销售。维生素D3是人和动物体内骨骼正常钙化所必需的营养素，其最基本的功能是促进肠道钙、磷的吸收，提高血液钙和磷的水平，促进骨骼的钙化。此外，目前已有实验证明，维生素D3可促进肠道中Be、Co、Fe、Mg、Sr、Zn及其他元素的吸收，因此维生素D3被广泛用于饲料添加剂、食品添加剂、营养保健品和药品中。

从公司产品的下游应用场景来看，食品制造(54%)和医药制造(45%)各半，除了维生素D3(占比37%，毛利率68%)，还生产相关药品(占比44%，毛利率79%)和羊毛脂及其衍生品(占比17%，毛利率44%)。境外收入占比在40%左右。

本次可转债募集资金主要用于骨化醇类原料药项目、骨化醇类制剂项目、年产6000吨维生素A粉和20000吨维生素E粉项目、年产5000吨维生素B6项目、年产200吨生物素项目、高端仿制药品研发项目。

长期来看，公司的核心投资逻辑如下。

(1) 饲料添加剂行业发展前景较好：一是全球人口增长带来的动物蛋白质需求增加，带动饲料行业增长；二是居民部门饮食结构的升级，人均肉制品消费量上升(国内的提升空间更大)；三是饲料添加剂的渗透率/普及率提升空间大，2011—2021年我国使用饲料添加剂的产品复合增速在3.5%，普及率从53%提高至62%。

(2) 纵向打通维生素全产业链：公司将产品从传统维生素D3拓展至25-羟基维生素D3。25-羟基维生素D3为高技术壁垒、高附加值产品，是维生素D3的有效替代物，目前全球仅帝斯曼与花园生物具备批量生产25-羟基维生素D3的能力(公司和帝斯曼签订长期合作协议，成为其全球主要供应商之一)。

(3) 横向发展布局医药产业：公司2021年收购花园药业，正式进入医药领域。目前共有5个产品进入集采名单，推动医药板块的业绩快速增长，此外还有4个在审品种及6个在研品种。IQVIA预计2024—2026年全球药品支出规模将达到3%~6%的CAGR，而化学药品的预期增速达到13.2%。

(一) 公司基本面评估

1. 成长性和盈利水平

花园生物2020—2022年第三季度收入增速为-14%、69%、40%，扣非利润增速为2%、2%、3%。作为对比，公司所属西药行业2020—2022年收入增速为-1%、12%、6%，净利润增速为17%、-15%、-21%。相对行业而言，公司有一定的Alpha属性。

从盈利能力来看，2020—2022年的扣非ROE水平在7%~12%，ROIC区间在10%~17%，毛利率60%~69%，净利率32%~47%。作为对比，西药行业的ROE水平在5%~8%，ROA在3%~5%。可以看出公司的盈利能力在细分行业中处于非常优秀的水平。与竞争对手新和成(300722.SZ)和金达威(002626.SZ)相比，资本回报率落后而利润率数据领先。

2. 稳定性和确定性

根据历史情况来看，公司收入和利润的增长态势和稳定性都显著好于行业。饲料级维生素D3产品市场呈现一定的周期性，其波峰、波谷出现的时点与持续时间受国内外宏观经济环境及行业自我调整等诸多因素共同影响，这种周期性主要体现为行业产能增减变化及产品价格涨跌。随着环保要求提高，生产成本增大，行业集中度提升，行业周期性会有所减弱。其新发力的医药业务属于典型的弱周期行业，因此公司业绩的稳定性较强。

从历史盈利预测的可靠性来看，所在子行业西药2019—2022年偏差系数(T-1年预测值/T年实际值)分别为65%、100%、85%、82%，预测的胜率属于较高水平；个股2019—2022年的预测误差率为34%、-16%、-3%、2%，考虑到分析师覆盖较少，这一误差至少是可接受的。

从行业竞争格局来看，新国标实施后，低成本、劣质的胆固醇退出市场，有利于维护胆固醇和维生素D3产品的质量安全，同时供应缩减有利于优化胆固醇行业的格局，世界维生素行业的竞争格局经过多轮重组整合，市场集中度已相对较高。在维生素D3领域，目前已形成以花园生物、荷兰帝斯曼等少数企业为代表的寡头竞争格局。

从客户集中度来看，前五大客户占比为30%左右，近年来呈现持续下降的趋势；前五大供应商占比40%，同样持续下降。

3. 经营的可持续性

从公司ESG评价的角度看，Wind评级为BB，综合得分5.66，公司治理得分6.9，在制药排名188/227。嘉实ESG评分82.05，全市场排名231/4925。

从研发投入来看，2020—2022年平均研发费用投入占收入比例为4%~6%，在行业内属于中等的水平(新和成10%，金达威3%，浙江医药6%~9%)，但由于各家产品结构存在差异，研发投入的可比性存疑。

从业务的竞争壁垒来看，维生素生产工艺复杂，各企业对其掌握的工艺诀窍控制力较强，行业外企业没有一定的技术基础，完全复制现有维生素生产企业的生产线存在一定难度，想要掌握生产工艺中最核心的工艺参数更为困难；医药属于技术密集型行业，对新进企业的技术积累和创新能力有很高的要求，另外药品生产企业还需要取得生产许可证等一系列资质准入许可，进而构成较高的行业进入壁垒。

在信用资质方面，花园转债和主体评级均为AA-，CM评级3+，5Y违约率4.1%。公司的资产负债率(36%)尚可，流动和速动比率在及格线附近，短期负债占比超过80%，有一定的流动性压力但总体偿债能力尚可。

4. 现金创造能力

2018—2022年来看，累计自由现金流净流量小幅为负，其中2016—2018年净流出较大，近年来有所改善。应收账款占收入比例(不到10%)不高，净营运资本占用持续下降。公司近年来由生产制造型企业逐步向技术型企业转变，其商业模式的优化有望持续提升现金创造能力。

(二) 估值与风险情况

1. 正股估值简评

悲观情况下，假设公司2024年利润与2021年持平，为4.8亿元。公司历史极低估值水平为12倍市盈率，对应底价市值58亿元，下行空间25%。历史底部PB为2.4倍，以此测算对应下行空间26%。

乐观情况下，假设公司可以实现2024年一致预期净利润8.3亿元，按历史中性估值17

倍，给予其目标市值141亿元，对应上行空间83%。需要注意的是，覆盖花园生物的卖方分析师较少，可能存在潜在的认知风险。

2. 转债估值简评

花园转债平价92元附近，属于平衡偏债型转债，考虑到相对较低的正股关注度，预计上市的溢价率水平在27%附近，正股的机构持股占比为23%，持仓较多的公募机构有中庚基金、汇添富基金、长城基金、广发基金。考虑到正股测算的盈亏比较为合意，且公司的布局合理，转型趋势清晰，不失为适合埋伏的弹性资产。

3. 潜在的风险点

公司作为医药行业的新进入者，需要面临较大的竞争压力，包括较长的研发周期，经验、技术和人员储备的不足，以及集采政策对药品价格的影响等。募投产能的规模较大，如果市场需求出现超预期下滑，则可能出现短期产能无法消化的问题。此外，公司的外销占比不低，受国际贸易环境和政策的影响较大。

第六章

转债投资案例回顾

俗话说"光说不练假把式"，转债的研究工作最终还是要为投资实战服务。笔者本人于2019年开始实盘管理转债投资组合，至今收获虽然不多，积累的经验、教训和交给市场的"学费"却不少。本章对2019—2023年笔者实盘投资的部分转债进行整理，并对其隐含的普适性投资规律进行总结，供读者借鉴。

第一节　2019年投资案例回顾

一、金能转债

金能科技是一家资源综合利用型、经济循环式的综合性化工企业，主要产品有对甲酚、山梨酸(钾)、炭黑、白炭黑、甲醇、焦炭、丙烯、聚丙烯等，应用于医药、食品、钢铁、汽车、塑料、化纤等多个领域。2019年，焦炭、炭黑和精细化工产品营收占比依次为58%、20%和16%。公司在甲基苯酚细分领域是全国最大的生产商，其循环经济模式具有一定的成本优势，表现为焦炭副产品原材料自给从而节约了生产成本，区位优势包括具有最佳销售半径从而节约了运输费用和PDH业务的成本优势等。金能转债的募投项目为青岛90万吨/年丙烷脱氢项目和8×6万吨/年绿色炭黑循环利用项目。

同时需要关注的是，金能科技在煤化工产业链中靠近上游，从历史经营情况来看，公司业绩有一定的周期性，原材料价格上涨或下游汽车生产商产能投放及销量的季节性变化，都会对公司收入和利润产生影响。

2019年11月，上市初期的金能转债(见图6-1)尚处于平衡型价格区间，估值合理偏低。纯债溢价率和转股溢价率均低于20%，到期收益率接近2%。根据当时的测算，其正股金能科技的年化波动率在40%左右，但金能转债的隐含波动率水平仅有21%，从期权角度来看存在被大幅度低估的可能性。此外，金能科技当时的市净率水平仅为1.2倍，位于历史最低区间；同时2020年的盈利预测显示，其每股收益EPS的最小值为1.6元，考虑到公司当时正处于周期性的底部区间，若以历史中枢偏低的9倍市盈率PE水平进行估值，对应正股价格为14.4元，而二级市场交易价格在17元左右，再考虑到纯债价值的债底保护，转债实际的理论下行空间在10%左右。综合权衡后决定逐步买入。

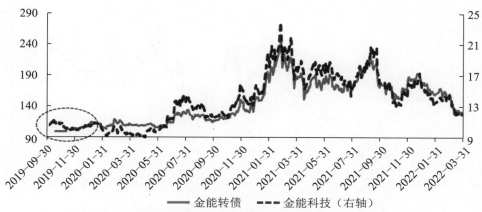

图6-1　金能转债及正股价格相对走势（标注投资时点，单位：元）

（资料来源：Wind数据库）

从第一年持有周期来看，金能转债的绝对回报只能算中规中矩，勉强超越同期短久期信用债水平。但低价转债毕竟是"输时间但不输钱"，2020年随着公司的新增产能陆续投放，战略规划上从焦化进军烯烃并积极布局PDH等新领域业务，市场逐渐开始关注并认可正股的成长逻辑，股价开始大幅上涨并带给转债翻倍的盈利。

二、伊力转债

伊力特是疆内白酒龙头，被称为"新疆茅台"，公司主品牌伊力牌系列白酒占据新疆白酒消费主流位置，市场份额为第一位，疆内收入增长相对稳定。公司在省内发展较好，2014—2019年省内营收规模从10.74亿元增长至17.02亿元，历年增速均在5%以上，复合增速9.65%，规模增长稳定。在西部大开发的战略背景下，新疆区域持续人口净流入，2019年净流入27.15万人，这也在一定程度上带动了当地的消费升级，为区域内白酒龙头带来了发展机会。

从转债市场的行业分布来看，伊力转债具有一定的稀缺性。白酒行业作为国内最好的商业模式之一，现金流非常充沛，即使需要额外的资本开支一般也不用进行再融资。而通过可转债这类工具进行融资的白酒企业，恐怕也只有伊力特了，这也从侧面说明了其业务模式和竞争力相对一线高端白酒差异明显。但即使如此，放在全市场转债发行人中可能也是相对较好的选择。

从2019年10月的市场情况来看(见图6-2)，伊力转债转股溢价率和纯债溢价率均位于23%左右，到期收益率不到1%，转换价值90元，交易价格在110元附近，隐含波动率27%。属于典型的平衡型转债，估值谈不上便宜，只能算是基本合理。但考虑到转债组合在行业集中度上需要保持一定的分散度，伊力转债作为全市场唯一的白酒主题资产，可以给组合带来分散行业风险的作用，且当时并无主流研究机构覆盖正股，机构关注度较低。正股对应的市盈率和市净率等估值水平也位于历史中枢一倍标准差以下，正股行业稀缺、正股低估值且转债估值合理，故选择买入。

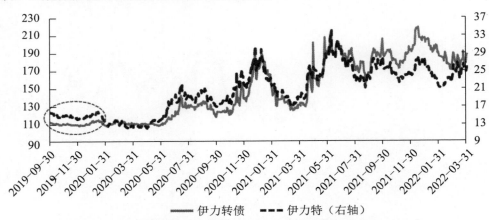

图 6-2　伊力转债及正股价格相对走势（标注投资时点，单位：元）

（资料来源：Wind 数据库）

2019年底到2020年初，虽然正股价格下跌，但转债经历了一波"拔估值"行情，在转股价值下跌的情况下，转股溢价率抬升至50%，隐含波动率走扩至33%。此后，受益于疫情后新疆消费经济持续恢复，公司经营基本面持续改善，同时省外经销商体系的逐步构建打开了新的市场空间，正股逐步吸引了增量资金，从而为转债带来了丰厚的回报。

三、赣锋转债

赣锋锂业为锂资源行业龙头企业，其产品广泛用于众多应用领域，尤其是在电动汽车、化学品及制药方面。赣锋锂业拥有垂直整合的业务模式，业务涵盖相关产业链上游锂提取、中游锂化合物及金属锂加工，以及下游锂电池生产及回收等价值链的各重要环节。

公司最大的看点在于充分绑定了新能源车产业链。行业数据显示，2015年中国新能源汽车销量仅为38万辆，其后连续数年快速增长，2019年实现销量120万辆，从而带动了锂资源需求快速提升。而赣锋锂业先后与特斯拉、大众和宝马等整车品牌商签订供货合同或合作协议，进入全球一线车企和动力电池厂供应链体系。

2019年10月，赣锋转债总体上是估值偏贵的(见图6-3)，转换价值仅有50元出头，属于非常深度的虚值期权，因此转股溢价率接近100%，这也意味着假设正股即使价格翻倍，也无法全部消化转债的溢价率估值，天然导致赣锋转债跟随正股向上的弹性偏弱。从纯债替代的视角来看，1.5%左右的到期收益率和12%的纯债溢价率也是乏善可陈。也就是说，单纯从转债视角出发，赣锋转债并不具备价值吸引力。

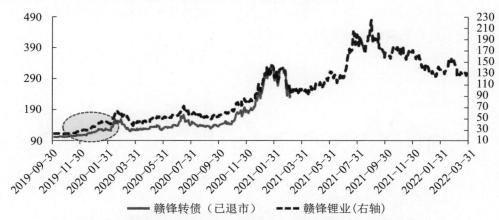

图 6-3　赣锋转债及正股价格相对走势（标注投资时点，单位：元）

（资料来源：Wind 数据库）

有一个偶然的机会，笔者听行业研究员聊起了这家公司，意识到新能源汽车赛道潜在的成长空间巨大，且四季度为新能源汽车传统的销售旺季，存在销量超预期的可能性。而在赣锋主营的正极材料领域，全行业的库存水平较低，存在较明显的供需缺口，锂价尚在底部区间，触底反弹的可能性也较大。另外，正股的估值较低，PB为3倍左右，在历史最低水平。考虑到转债的容错率较高，选择尝试性买入观察。

然而赣锋锂业的催化剂并未随之兑现，从2019年底到2020年上半年，公司的业绩并不理想，锂价也依旧处于底部运行状态。2019年报显示，公司的利润和现金流情况均出现明显下滑。股价在这一时期仍然小幅上涨，遂决定顺势止盈，但也因此错过2020年底的大行情。事实证明，超出自身认知的钱，多数时候是很难赚到的。

四、山鹰转债

山鹰国际(原名山鹰纸业)是安徽最大、国内前三的包装纸生产企业。公司产品以箱板纸、瓦楞原纸等包装用纸为主，此外还纵向拓展废纸回收、纸箱生产及包装物流业务，横向拓展华中、华南市场和防油牛皮纸业务。长期来看，电商业务的发展带动快递业务高速增长，催化包装纸增量需求。同时，环保政策趋严加速落后产能出清，行业集中度持续提升，给造纸龙头企业带来了一定利好。

公司的主营业务竞争力与行业前两名有一定差距，相对优势在于较早地布局了原材料供应渠道，成本控制能力较强。公司历史上存量公开债券发行较多，属于固收投资者比较熟悉的发行人。

2019年11月(见图6-4)，山鹰转债处于平衡型价格区间，转股价值在95元附近，纯债溢价率和转股溢价率都比较低，分别为11%和13%。由于发行时债底价值较高，到期收益率达到2%。正股的估值水平也在历史低位，PB在1倍附近徘徊，以历史最低的PB水平测算正股的理论最大回撤空间不超过20%，属于安全边际相对明确的资产。虽然从长期来看包装纸并不是增速较快的核心赛道，但行业集中度的进一步提升依然可期，故选择在山鹰转债绝对价格和溢价率的"双低"区间买入。

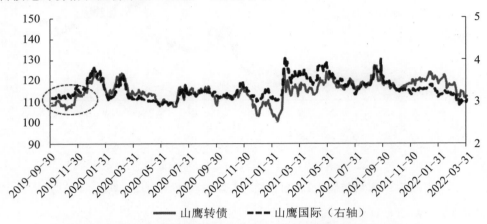

图6-4　山鹰转债及正股价格相对走势（标注投资时点。单位：元）

（资料来源：Wind 数据库）

复盘来看，山鹰转债的表现一直不温不火，股价的弹性也总体偏弱。造纸行业景气度呈现出周期性特征，转债价格长期在100~120元区间震荡，其实是理想的做波段工具，但笔者自认为没有这种把握行业景气度边际变化的能力，故选择放弃，在绝对价格相对高点止盈。

第二节　2020年投资案例回顾

一、海澜转债

海澜之家是我国男装一线品牌，市场占有率为行业第一。公司2014年借壳上市，凭借"大众性价比男装"的定位和创新的连锁经营模式实现了品牌知名度与销售渠道的快速扩张。同时，公司上市以来一直保持较高的现金分红比例，正股的股息率持续保持在5%左右。2018年以来，休闲服装赛道需求持续下滑，街铺流量被购物中心逐步替代，消费场景和偏好有改变，海澜之家收入利润增速下行，公司开始实施渠道、产品、品牌形象等各类改革措施，剥离大众女装等失败业务。

2020年6月，由于股价长期表现低迷，海澜转债持续在偏债型品种的价格区间交易(见图6-5)，到期收益率长期维持在3%以上，纯债溢价率也在3%以内，均处于合理偏低的估值区间。虽然此时转股溢价率接近100%限制了转债向上的弹性，但从纯债替代的视角来看，海澜转债已经具备了一定的配置价值。同时，正股对应2021年最悲观的盈利预测的情况下①，每股收益尚有0.65元，采用历史最低的8倍市盈率计算，股价的底部在5.2元左右，而正股价格为5.8元附近，继续下跌的空间也非常有限。此外，根据笔者当时与公司管理层的交流，了解到海澜之家对可转债促成转股的意愿较强，不排除使用下修方式促成转股。

综合来看，海澜转债相当于在确定性的到期收益率和债底回撤空间保护的前提下，还存在转股价下修和业绩困境反转等潜在利好因素，故选择逐步加仓买入。

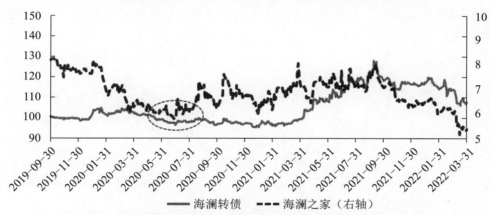

图 6-5　海澜转债及正股价格相对走势（标注投资时点，单位：元）

（资料来源：Wind 数据库）

买入后，正股继续维持了一段时间的低迷态势，但转债价格到债底附近止跌(最低下探至95元)，此后公司基本面逐渐回暖。2020年第三季度扣非净利润增长由负转正，2021年第二季度海澜旗下各品牌全面恢复增长态势，特别是电商和直营模式保持高增长，带动股价持续反弹。同时，转股价下修预期也于2021年4月落地，带动转债逐步恢复弹性，和正股一起重启上升通道。

二、比音转债

比音勒芬与海澜之家同属于男性服装赛道，主要差别在于海澜定位大众男装，比音定位高端时尚运动(高尔夫)服饰。从长期发展趋势来看，中高端服装品牌的增速快于大众品牌，高尔夫文化服饰在中国富裕阶层群体中受众较广，可深挖的文化内涵丰富。2013—2019年，公司收入复合增速22%，净利润增速27%，具备较好的成长性特征。与海澜相比，比音勒芬商业模式的比较优势还体现为更高的利润率水平和资本回报率。

由于正股质地较好，比音转债上市时的定位也较高，几乎没有落入过完全偏债的价格区间。但由于新冠肺炎疫情对其开店节奏的扰动，市场对其盈利增长的确定性一直存在分歧，股价表现不温不火。

---

① 指券商研究机构盈利预测的最小值。

2020年11月，比音转债来到了相对合意的估值区间(见图6-6)，虽然到期收益率为-1%，债底溢价率也达到35%，但其转股溢价率仅有4%，且公司正股对应的PE为18倍左右，显著低于历史均值。即使估值回到历史最低位13倍市盈率，正股也仅有28%的理论回撤空间，考虑到转债的Gamma特征，转债实际的潜在回撤大概率不超过20%。此时的比音转债属于较为理想的正股替代资产：以极低的溢价率保证了向上有充分的弹性，债底和正股估值底的双重保护让安全边际比较明确，何况正股基本面有亮点，成长空间可期。此外，短期还存在一定的催化剂，公司2020年10月底发布的2020年三季报显示，公司收入同比提高28%，毛利率显著提高，已呈现景气底部反转的态势，故作为弹性资产选择买入。

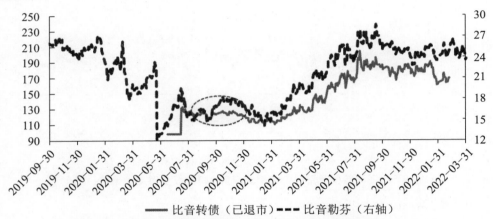

图 6-6　比音转债及正股价格相对走势（标注投资时点，单位：元）

（资料来源：Wind 数据库）

和海澜转债类似，买入后，比音转债继续维持了一段时间的"阴跌"行情，但随着公司景气恢复的趋势持续被验证，股价从2021年初开始反弹。2021年第一季度净利润同比增长超过50%，上半年利润同比增速达到47%，比音转债的价格也一度超过200元，不久便触发了发行人赎回条款，最终成功转股退市。

三、亨通转债

亨通光电主要从事光纤光缆、电线电缆及相关产品的生产，是国内该领域的龙头企业之一，另外两家行业龙头东方电缆和中天科技同一时期亦有转债发行，反映了增量海缆业务对资本开支的较高要求。亨通光电拥有完整的光棒、光纤、光缆、光器件生产线，海上风电场的建设持续利好公司的海缆业务。受新冠肺炎疫情影响，2020年第一季度业绩低于市场预期，净利润同比下滑49%，2020年半年报净利润同比下滑39%，股价在这一时期也呈现持续下跌趋势。

雪上加霜的是，2020年11月永煤违约事件带动整个转债市场的信用风险出现大范围重估。亨通光电的母公司亨通集团此前被多家银行列入信贷观察名单，从而导致市场担忧亨通转债的信用风险，2021年初转债价格甚至跌穿债底，纯债溢价率阶段性为负值(见图6-7)。

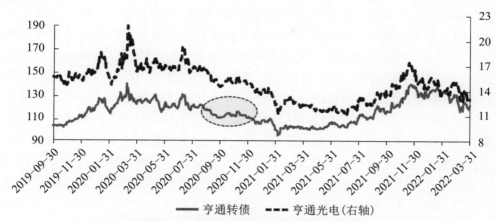

图6-7　亨通转债及正股价格相对走势（标注投资时点，单位：元）

（资料来源：Wind数据库）

2020年12月，亨通转债刚受到信用冲击，其基本估值指标几乎满足所有主流策略的筛选标准。一是符合传统的"双低审美"，15%的转股溢价率和105元左右的绝对价格；二是兼顾弹性和静态收益，转股价值略高于90元，同时到期收益率接近2%；三是隐含波动率持续低于15%，显著低于正股实际的历史波动率；四是纯债溢价率不到10%，理论回撤空间有限。当然，看上去合意的估值状态隐含的是一定的信用风险，特别是公司对下游三大运营商依赖度较高，短期债务占比高。观察当时的正股基本面已经有了触底反弹的态势，2020年第三季度净利润同比下滑幅度收缩至5.7%，毛利率环比开始改善。此时的亨通转债虽然存在或有的信用风险，但如果业绩反弹，转债将切换为股价支撑，因此当时选择买入，押注信用不暴雷或业绩可反转。

事后看，介入时点仍然过早，亨通转债2021年初最低下探至94元，作为偏债型品种回撤幅度达到12%，虽然2021年公司海洋业务板块迎来高增长，但由于公司竞争力(研发实力)弱于东缆、中天等同行，因此业绩和股价相对表现更弱，使得最终的投资回报率也不尽如人意。

这也充分说明在很多情况下，转债投资中对正股相对价值的判断比转债量化指标更关键，需要更深入的基本面研究作为决策依据。

四、桐20转债

桐20转债为桐昆股份发行的第二期公募可转债。桐昆是国内涤纶长丝行业龙头，在长丝行业中市占率排名第一，又被称为"行业的沃尔玛超市"。基于其产品结构和技术装备的优势，吨聚酯盈利能力始终优于同行，同时其产能和产品的持续差异化让公司的竞争优势持续提升。另外，桐昆股份表内还投资了浙江石化20%的股份，不但获取了丰厚的投资回报，还稳定了公司的原料供应。

公司所在行业存在一定的周期性，2020年第一季度，桐昆股份的业绩低于市场预期，净利润同比下滑18%，受境外需求收缩影响，涤纶长丝的产销率同比大幅下滑，而国际油价的大幅下跌拖累了产品价格，导致毛利率同比收窄。2020年第二季度业绩再次低于预期，净利润同比下滑33%，经营性收入显著小于投资收益，参股浙江石化贡献的利润占到了单季度利润的95%，公司股价也一直在相对低位徘徊。

2020年7月初，相对海澜转债、亨通转债而言，桐昆转债谈不上特别"便宜"，只能算"估值合理"(见图6-8)。转股溢价率和纯债溢价率都超过20%，到期收益率基本可以忽略不计，隐含波动率25%，绝对价格超过110元，在当时属于估值合理偏贵的平衡型转债。相对高估值的一个合理解释是，历史上的桐昆首期可转债和2017年发行的可交换债都实实在在让投资者"赚到了钱"，这种认知带来的资产溢价效应在转债市场非常显著，后来的东财转债、隆基转债的定价都存在类似的特点。抛开这点来看正股，当时桐昆股份的PB水平不到1.2，为公司历史最低水平；PE-TTM水平在8.7倍，也显著低于历史均值水平。此时的桐20转债相当于"略贵的期权+景气底部的行业+好公司+极低估值+历史赚钱信仰"，选择买入。

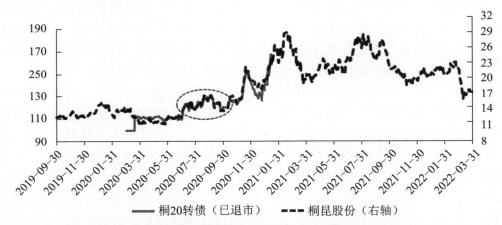

图 6-8　桐 20 转债及正股价格相对走势（标注投资时点，单位：元）

（资料来源：Wind 数据库）

与海澜转债、比音转债、亨通转债不同的是，桐20转债自此之后并没有出现过明显的持续下跌(意味没有在更多的低位价格继续补仓的机会)，而是随行业走出低谷并景气反转一路上涨，也由于实际仓位有限，这部分投资对组合的整体贡献只是中规中矩。

五、大秦转债

大秦铁路为中铁太原局控股公司，拥有大秦、南北同蒲等多条铁路线路，主要承担晋、陕、蒙地区的煤炭运输工作及部分客运服务。公司坐拥西煤东运重要通道大秦铁路，近年来煤炭发运量占全国铁路煤炭发运量20%以上，为西煤东运的中流砥柱。受益于煤炭行业供给侧，煤炭生产向公司发运地三西地区进一步集中，西煤东运的需求在近年来提升明显，同时公路转铁路的货运政策持续推进，铁路货运需求得到较大支撑，对公司的煤炭运输业务形成长期利好。

此外，大秦铁路的现金流充沛，公司在较长年份保持50%左右的分红比例，且承诺2021—2023年每年每股现金分红不低于0.48元，正股股息率常年在6%~8%。

与前几只转债的投资逻辑不同，大秦铁路的正股属于典型的红利低波类股票，公司所处的交运类行业的长期成长空间相对有限，业绩增速也较慢，股价难以有大幅度的上涨，转债长期处于偏债型价格区间(见图6-9)。即使如此，大秦转债依然是比较理想的信用债替代类资产。2021年2月底，大秦转债到期收益率2%，正股6%~8%的股息率，因每次分红后转股价会除权向下调整，进而提升转债的转股价值，以18%左右溢价率来看，3年时间转股溢价率便会归零，相当于剩下5年半确定能拿到纯转债票息11%、3年大秦正股的分红收益率(15%~24%)，以及几乎免费的虚职看涨期权，对应5%~6%的静态预期回报水平，显著好于同时期的高等级信用债。另外，正股PB估值仅为0.8倍左右，位于历史极低水平，安全边际相对明确，故作为纯债替代标的买入。

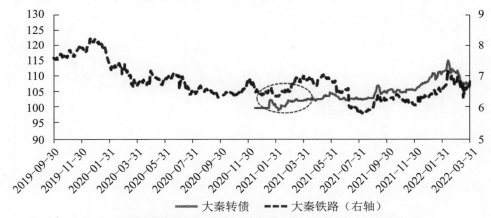

图 6-9 大秦转债及正股价格相对走势(标注投资时点，单位：元)

(资料来源：Wind 数据库)

此后一年时间里，疫情对货运的扰动逐渐消除，2021年2月大秦线日均运量同比高增45.3%至123万吨。进一步剔除春节错期因素，2021年1—2月大秦线日均运量121万吨，较2020年同期日均运量增长32.1%，较2019年同期日均运量增长1.0%，这也意味着其经营基本盘已经完全恢复到了疫情前的水平，而大秦铁路正股持续、稳健的业绩也给转债带来了超过10%的低波动稳健回报。

六、三峡可交债

长江电力作为三峡集团的水电运营平台，是其经营发展的核心发动机，集团也不断将成熟的水电资产注入公司体内。2003年上市前，公司仅拥有一座葛洲坝电站，上市后持续收购成熟的在运水电资产，目前已全资拥有葛洲坝、三峡、溪洛渡、向家坝四座大型水电站。通过收购，公司的装机、电量、营收、利润获得了两次跨越式的增长。作为全球最大的水电上市公司，总装机4559.5万千瓦，权益装机超1000万千瓦。

与大秦铁路的行业性质类似，长江电力也属于典型的红利低波类股票，公司的绝对派息政策带来分红的高度确定性(2016—2020年每股分红不低于0.65元，2021—2025年不低于净利润的70%)，同时公司的经营质量和成长性优于大秦铁路，表现为更显著的ROE和利润率水平。2001—2020年，公司营业收入复合增速达到20.4%，归母净利复合增速21.9%。

2020年6月底，三峡可交债是比较理想的平衡型资产(见图6-10)。转股溢价率在6%~9%，这保证了无论是正股价格上涨还是分红派息都能让转股价值得到提振并迅速消化溢价率；隐含波动率10%~12%显著低于正股历史波动率，到期收益率小幅为正可忽略不计；纯债溢价率11%，考虑到正股经营基本面较强的确定性，其潜在回撤空间预计更小。与大秦转债类似，正股高分红的特性同样带来了有确定性的长期回报驱动力，同时三峡可交债股性更强，选择买入。

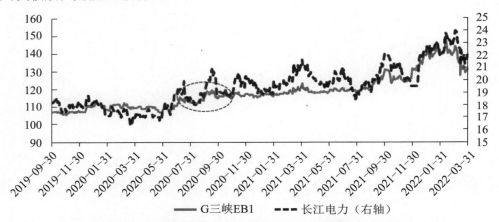

图 6-10　三峡可交债及正股价格相对走势（标注投资时点，单位：元）

（资料来源：Wind 数据库）

事后来看，三峡可交债一年期的持有回报并不理想，只表现出了纯债替代级别的收益率水平，直到2021年下半年发生供给侧能源危机时才赶上一波电力行业整体的板块性行情。

七、贵广转债

贵广网络是贵州广电传媒集团旗下三家大型企业之一，主要从事广播电视网络的建设运营，主要业务包括广播电视节目收视服务、数字电视增值业务的开发与经营、数据业务、有线电视相关工程及安装、节目传输、终端销售等。作为广电运营商，贵广网络处于产业链中游。

公司拥有在贵州省覆盖范围最广、覆盖密度最高的基础信息网络优势，并持续完善城乡广播影视服务体系，拓展业务边界。营业收入从2014年的17.49亿元上升至2019年的34.18亿元，保持稳定增长态势。但在收入增长的背后，其经营质量却在持续下滑，ROE从2017年的25%下降到2019年的4.5%，主要原因为大幅下滑的净利润率和资产周转率。2020年以后，正股再无卖方覆盖，属于"无人问津"的投资标的，贵广转债交易价格也持续下跌(图6-11)。

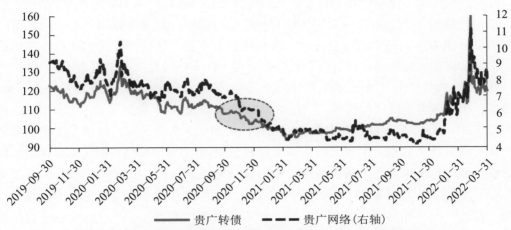

图 6-11　贵广转债及正股价格相对走势（标注投资时点，单位：元）

（资料来源：Wind 数据库）

　　与亨通转债相似的是，贵广转债在2020年底也经历了一波信用危机。2021年1月，其交易价格显著低于纯债价值，作为AA+债券，到期收益率达到4.3%，纯债溢价率为-0.5%，绝对价格刚好为发行时的100元附近，此时的贵广转债具有一定的高收益债替代属性，因和亨通转债相比，公司业务的吸引力和成长性都比较弱，因此进行投资需要解决的问题便是其信用风险。

　　从公司2020年三季报的情况来看，其资产负债率达到70%，已经属于偏高水平，同时已经出现小幅亏损的态势，看上去并不乐观。但观察到贵广网络的负债结构尚可，长期负债占比40%，并没有存量的公募债券(主要公开债务集中在集团母公司)，这也意味着极端情况下不会因遭到二级市场抛售形成闭环的负反馈。同时，公司的现金收入比为63%，绝对水平较低但好于2019年同期，经营性现金流量2.1亿元为2019—2021年最高，这表明收入的现金含量至少没有恶化。即使按照悲观情景测算，其账面资产价值也能够覆盖有息债务，且核心资产脉络清晰，与主业高度相关，不存在盲目多元化的倾向。综合考虑选择控制仓位买入。

　　复盘来看，短期转债价格进一步下探到94元附近，同时2020—2021年的财报显示，公司的经营基本面并没有结束持续恶化的态势。单纯从基本面来看，此前的判断并不靠谱，但"市场先生"似乎非常买账(可能有游资短期炒作的成分)，2021年底贵广转债迎来一波大牛市，充分兑现了"彩票收益"。对于贵广转债的投资，属于典型的错误的判断导致正确的结果，是需要进一步反思的。

八、本钢转债

本钢板材是本钢集团有限公司旗下的国有控股钢铁主业上市公司，是集炼铁、炼钢、轧钢等为一体的特大型钢铁联合企业，拥有东北大容积高炉、世界先进的冷轧生产线，钢铁整体技术装备达到业内先进水平。公司所从事的主要业务有钢铁冶炼、压延加工、发电、煤化工、特钢型材、铁路、进出口贸易、科研、产品销售等。

本钢转债的基本面情况与贵广转债有一定的相似性，都存在较明显的信用瑕疵，但主要的公开债务压力在集团母公司，上市公司的资产相对优质；都受到永煤事件影响，转债交易价格都大幅跌穿债底。但和贵广转债相比，本钢转债的情况更为极致一些。

2020年12月(见图6-12)，本钢转债的交易价格跌至84元附近，纯债溢价率为-18%。但这里存在折现率不准确的问题，当时本钢集团(母公司)的存量公募债券二级市场卖盘报价大概在7%，但并无买盘。考虑到本钢板材为集团旗下优质资产，集团非上市部分经营亏损，利润贡献主要来自上市公司，如果相对乐观，以7%~8%的到期收益率作为本钢转债纯债价值的折现率，其对应的理论价格为84~89元[1]。另外，由于本钢转债的债项评级为AAA，仍属于可质押标的，其融资功能并未受到影响，成了全市场少有的高收益可质押券。此外，公司作为深度纯债型品种，转股溢价率仅有25%，这也意味着一旦信用危机解除，转债向上的弹性非常大。进一步考虑公司作为辽宁省属国企的实际地位和转债市场的"零违约信用信仰"，选择控制仓位买入。

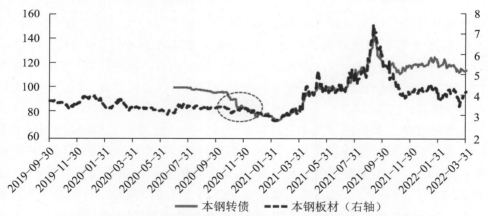

图 6-12　本钢转债及正股价格相对走势（标注投资时点，单位：元）

（资料来源：Wind 数据库）

买入后，市场的信用担忧持续了较长时间，本钢转债最低跌至73元，造成这部分仓位回撤达到14%，直到2021年3月价格才开始反弹。值得注意的是，此时的反弹并不意味着信用危机的解除，更多地源于正股相对强势的表现。本钢转债逐步收复失地的剧情并未结束，到2021年下半年，由于能源供给紧张，大宗商品价格暴涨，带动本钢转债价格上探到140元。这部分盈利属于投资框架外的"惊喜"，即最开始计划赚信用情绪修复的

---

① 根据当时的 B-S 模型测算。

钱，结果最终赚到了周期性行业阶段性产品价格高点的钱。

第三节　2021年投资案例回顾

一、世运转债

世运电路科技股份有限公司始建于1985年，是香港世运集团在江门投资的大型印刷电路板企业。经过多年的发展，世运电路已经成为一家集研发、生产和销售为一体的大型电路板制造企业，主要从事电路板的研发、生产和销售，产品广泛应用于汽车、通信、计算机、消费电子、工业控制等领域。公司在国内外市场上享有一定知名度和美誉度，与全球多家知名汽车配件供应商建立了长期合作关系，如电装(Denso)、万都(Mando)、矢崎(Yazaki)等，其中特斯拉是公司最大的汽车终端客户。随着特斯拉销量的快速增长，公司相关业务也保持了高速成长。此外，世运电路还积极拓展海外市场，产品远销欧美、东南亚等地区。

从2021年公司半年报来看，实现销售收入15亿元，同比增长34%。从下游产品的结构来看，汽车占比43%，消费占比22%，工业占比18%。由于上游原材料大幅涨价，毛利率下滑到16%，距离其2019—2020年25%左右的毛利率有较大差距。作为特斯拉的第一大印刷电路板业务供应商，份额在30%左右。

根据2021年8月转债估值的情况来看，基本属于合理偏贵的偏债型转债，到期收益率略低于2%，绝对价格不到110元，隐含波动率接近40%。不过其正股基本面的看点比较多，一是公司刚刚成为小鹏汽车第一家获正式认证的大陆印刷电路板供应商，后面有产品逐步放量的可能性；二是产能扩张逻辑强，公司计划将400万平方米的产能在3年内扩充到700万平方米；三是作为特斯拉产业链的核心供应商，也是A股当时业务纯度比较高的汽车印刷电路板标的，未来有望受益于国内新能源汽车的高景气度(彼时其海外业务占比达到90%，国内业务还没发力)。另外，世运转债刚上市时间不久，市场尚未完全认知其配置价值，综合评估后，在2021年6—8月陆续买入。

受益于新能源汽车行业的高景气度，世运电路和沪电股份等汽车印刷电路板资产在2021年第四季度的涨幅都达到30%~40%，世运转债也获取了较好的回报。可惜行情持续的时间不长，2022年印刷电路板下游的消费电子和计算机等领域需求急剧下降，好在公司是"含车量"最高的印刷电路板厂商，正股和转债的跌幅略小于同行。

二、温氏转债

温氏股份是民营猪肉养殖龙头，以肉鸡和肉猪养殖为主(占比各一半)，公司创立于1983年，现已发展成一家以畜禽养殖为主业，配套相关业务的跨地区现代农牧企业集团。温氏股份是农业产业化国家重点龙头企业、国家级创新型企业，组建有国家生猪种业工程技术研究中心、国家企业技术中心、博士后科研工作站、农业部重点实验室等重要科研平台。公司虽然有一定的技术和成本优势，但其经营稳定性欠佳，易受猪周期影响，股价的历史波动一直比较大。

2021年2月，温氏股份披露其2020年业绩快报：公司全年营业收入为749亿元，同比增长2.45%；归母净利润为74亿元，同比下滑47%。其中四季度营业收入为195亿元，同比下滑22%；环比持平，归母净利润为-8.3亿元，同比环比均下滑。公司2020年全年业绩下滑的原因主要是肉猪出栏量降幅较大且成本抬升，以及鸡价低迷导致养鸡业务亏损严重。

虽然温氏股份当时处于业绩逆风期甚至是阶段性的景气度底部，但笔者判断其基本面几乎很难更差了：一是四季度公司计提了较多的一次性费用，如果剔除这个因素，其业绩是好于同行的，这也让其能在2021年"轻装上阵"；二是温氏股份在2020年对其生猪养殖业务的硬件和软件都进行了升级，从初期效果来看还是不错的；三是虽然历史上有过战略误判，但总体来看，温氏股份的公司治理和管理水平在行业里属于最领先的，长期经营能力相对可靠。

2021年4月温氏转债上市，笔者在配售阶段便进行了一定配置，主要是基于其业绩高波动的特征与转债的期权结构是相得益彰的，只要能够排除信用风险，很适合在行业底部进行埋伏。虽然2021年6—9月猪价快速跌破成本线，行业进入加速去产能阶段，但市场似乎也逐渐意识到行业龙头公司在周期底部有更强的抗风险能力和更好的现金流状况，温氏股份的股价也提前反映了困境反转预期，温氏转债上市之后的上涨趋势也一直维持到2022年(见图6-13)。

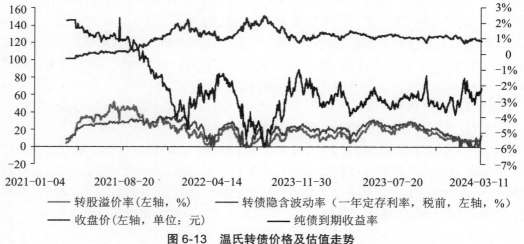

图6-13　温氏转债价格及估值走势

三、杭银转债

杭州银行的展业区域发展水平较高，业务经营整体较为稳定，业务主要分布在浙江省，且以杭州市为主，外部环境较好。区域竞争方面，该行存、贷款在杭州市的市场份额分别为8.11%和5.16%，分别排名第三位和第五位。根据2020年年报披露，其政府债券、政策性金融债、金融债券和同业存单合计占比约51.78%，企业债占比20.22%，信托与资产管理计划合计占比12.92%，需要持续关注底层的非标资产占比。资产质量方面，近年来不良率持续下降；盈利方面，整体稳步增长。

由于银行转债普遍具有高确定性、低弹性的特征，因此并不是主流转债投资者花费主要精力跟踪的资产。之所以能够关注到杭银转债的投资机会，主要是其在2021年8月前后下修转股价的操作。由于银行股在二级市场的交易价格长期低于1倍净资产，很难满足下修条件，但由于其补充资本充足率的诉求很强，从历史上看所有满足下修条件的银行转债基本都下修了转股价，主要案例有中行转债、常熟转债、无锡转债(下修两次)、江银转债(下修两次)、青农转债等。

考虑到银行转债风险相对较低，笔者相对重仓了杭银转债，2021年8月27日杭银转债将转股价从16.73元下修到了12.99元，幅度达到22%，转债也因此获得了不错的短期回报(见图6-14)。

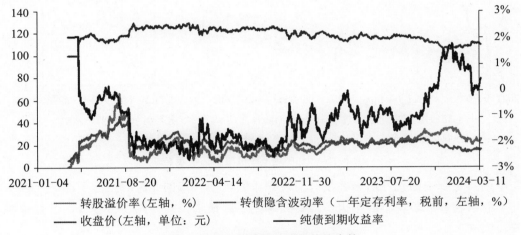

图 6-14　杭银转债价格及估值走势

四、19中电EB

中国软件是中国电子信息产业集团有限公司控股的大型高科技上市企业，是CEC网络安全与信息化板块的核心企业，拥有从操作系统、数据库、中间件、安全产品到应用系统的产品链条，客户覆盖全国税务、党政、交通、知识产权、金融、能源、医卫、安监、信访、应急、工商、公用事业等国民经济重要领域；同时，紧随IT行业发展趋势，着力推动云计算、物联网、移动互联网、大数据等新技术的应用。公司有系统集成、软件开发等众多国内一级行业资质，通过了国际质量管理、服务管理、信息安全管理等体系认证，是首批通过全国软件企业认证的企业，连续多年被评为"国家规划布局内重点软件企业"，并入选国家软件百强企业。公司在国内党政领域操作系统方面具有市场领先性，并有较好的竞争力。

由于2020年业绩不及预期，特别是其信创二期项目录得业绩亏损对市场信心打击较大，到2021年上半年，股价高位回调较多(见图6-15)。与此同时，虽然受2020年疫情影响，但公司在操作系统升级和技术人才储备上仍然有不少经营亮点。公司在2021年3月公告称旗下麒麟软件拟与天津飞腾、金山办公、奇安信等出资成立先进操作系统创新中心(天津)有限公司。考虑到2021年疫情、会计准则变化等影响信创业确认节奏，同时公司加大前期投入，以及重要子公司麒麟软件人员大幅增长等因素，笔者认为其业绩弹性较高，信创概念或许能集中兑现。再结合其转债2%的到期收益率和不到20%的隐含波动率，转股溢价率也只有30%，属于绝对低估值资产，因此选择在2021年2月价格底部买入。

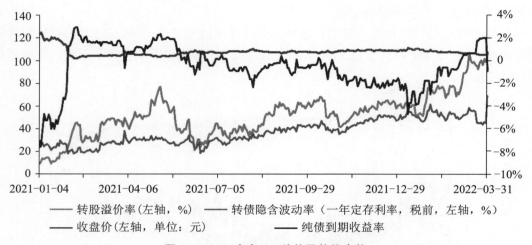

图 6-15　19 中电 EB 价格及估值走势

不过其正股中国软件后来并没有兑现想象的预期，信创业务的招标下滑，其核心产品——麒麟软件的表现不温不火，最终只拿到了纯债收益，虽然没有亏钱，但基本属于无效仓位。

第四节　2022年投资案例回顾

一、烽火转债

烽火通信成立于1999年，前身为武汉邮电科学研究院，于2001年在上交所上市，经过25年的发展，公司已由行业的开拓者成长为国际知名的信息通信网络产品与解决方案提供商，国家科学技术部认定的国内光通信龙头企业、国内光通信设备的领军企业，是中国信科旗下核心通信设备上市平台。公司拥有支撑数字产业化和产业数字化的一整套解决方案，服务于运营商用户、行业/企业用户，主营业务包括通信系统设备、光纤及线缆、数据网络产品三大类。公司直接控股股东为烽火科技集团有限公司，实控人为国资委。

2019年烽火转债上市时的外部评级为AAA，显示出其良好的基本面状况，彼时的烽火通信是国内仅次于华为和中兴通讯的第三大光通信设备商，产品线齐全；全球市占率9%，排名第四。不过事后看，转债发行后其景气度拐点似乎比市场预期的要晚，投资者群体的关注度也持续下滑。2022年初，转债价格跌至110元以下，对应1.8%的到期收益率(见图6-16)，由于评级较高还属于可质押标的，是不错的纯债替代品种。同时，转债正股基本面正在发生一些积极的变化，包括中国移动光缆集采招标带来的收入增量，海外客户需求的增长，以及2021—2022年烽火通信停止扩产后产能逐渐得到消化等。笔者在2022年上半年逐步以纯债替代的思路做了一些低仓位配置，并随着债券市场利率的持续下行增加了力度。2023年，烽火通信的基本面出现了改善迹象，同时叠加其转债到期压力和较强的转股诉求，股价反弹较多。但由于转债前期买入时的溢价率太高，只获得了相对正股"打骨折"的收益率水平。

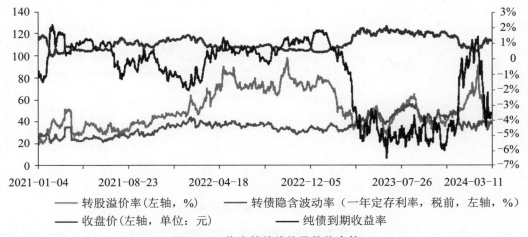

图 6-16 烽火转债价格及估值走势

二、大族转债

大族激光是激光加工设备生产厂商，主要从事激光加工设备的研发、生产和销售。公司承担的主要科研项目被国家科学技术部火炬高新技术产业中心认定为"国家级火炬计划项目"。

激光加工设备方面，公司为我国激光加工设备行业龙头企业，激光设备年产能3万套，2020年以来产能利用率整体保持在80%以上的较高水平，产销率在99%以上。2022年，公司激光及自动化配套设备产销量受下游需求减少影响同比下降。从应用场景看，受经济下行及全球通货膨胀等影响，消费电子设备业务收入下降，新能源设备(动力电池、光伏)业务收入同比增长。从生产成本构成来看，约90%来自原材料，但原材料涉及上万种，占比最大的激光器占生产成本的10%～11%，单一原材料的价格变动对产品生产成本的影响均不大，公司产品抵抗单一原材料价格波动风险较强。2022年，前五大供应商集中度为11.37%，集中度较低。

印刷电路板及自动化设备方面，公司是国内印刷电路板专用设备龙头企业，市场竞争优势显著；2022年受下游需求减少影响，公司印刷电路板及自动化配套设备产能同比下降33.33%至4000套，产量同比下降45.17%，销量同比下降36.64%，产能利用率下滑至80.20%。

笔者在2022年2月开始逐步加仓处于低价格带区间的大族转债，主要基于以下原因：①公司发布的2021年业绩快报表现不错，收入和利润端同比都大幅扭亏，扣非净利润同比增长157%；②旗下最优质的资产——大族数控(利润占比三分之一)分拆上市，或许会带来更多的关注度和估值溢价；③公司持续推进事业部改革和组织激励，效果有望逐步显现。大族转债价格及估值走势如图6-17所示。

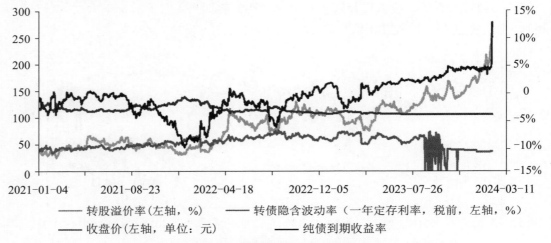

图 6-17　大族转债价格及估值走势

不过大族转债最终并没有兑现这些预期，且相对良好的财务状况导致其并没有任何下修转股价的诉求，最终在2023年还本付息，转债退市。大族转债的命运也是这两年很多转债产品的缩影，由于企业的资本开支意愿下滑，如果手头有多余资金，用来还债似乎比用来投资更稳妥一些。居民部门也是类似的情况。

三、中金转债

作为铅锌行业的领军企业，中金岭南是集铅、锌、铜等多金属国际化全产业链于一体的公司。2022年，公司财务状况整体稳健，实现营业收入554亿元，同比24.6%，归母净利润12亿元，同比3.5%，提质增效成果显著。2018—2022年，公司期间费用逐年降低。公司铅、锌、铜等矿产资源丰富。截至2022年底，公司直接掌控的已探明的铜、铅、锌等有色金属资源总量超千万吨，形成了国内(凡口铅锌矿、广西矿业盘龙铅锌矿)和海外(澳大利亚布罗肯山矿、多米尼加迈蒙矿)立体布局的矿产资源格局。

从资源角度看，相比铜、铝，铅、锌关注度没那么高，可能是因为在新能源产品上应用范围相对不广。但考虑到铅、锌冶炼电力耗费多、污染大、库存低，因此其期货价格走势在基本金属中反而并不逊色。另外，中金岭南也有储备铜冶炼产能(收购、破产重组)、汽车金属压延产品,甚至能和氧化镓扯上联系,这块业务有一定的成长空间。

笔者在2022年下半年开始关注并买入中金转债。该券是当时市场唯一的"双低型"有色转债,12月12日收盘价格115元,转股溢价率24%(见图6-18),考虑到基本金属可能存在短期机会,认为是合适的底仓选择。后续随着中金岭南铅、锌采选和冶炼业务基本盘持续兑现稳定盈利,叠加其进军铜冶炼行业以及可能的铜资产注入所带来的"新增概念",股价带动转债价格获得了一定的超额收益。

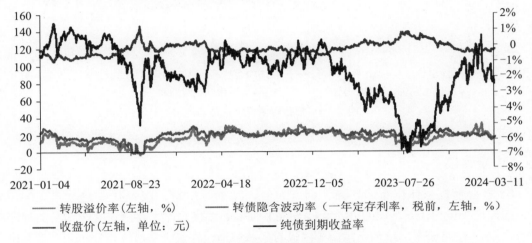

图 6-18 中金转债价格及估值走势

四、招路转债

招商公路布局投资运营、交通科技、智慧交通、招商生态四大业务板块,且公司通过控股、参股两种模式布局全国性优质路产,整合行业优质资源,截至2023年6月末,公司投资经营的总里程达13 060千米,覆盖全国22个省、自治区和直辖市,在经营性高速公路行业中稳居第一。从业绩方面来看,公司归母净利润2016—2022年CAGR为7.6%,2022年归母净利润48.6亿元,2023年第三季度归母净利润为43.63亿元(调整后同比提高19.7%,同比2019年第三季度提高31.4%),归母净利润已修复超2019年常态。

2022年,招路转债是非常稳健的绝对收益品种,主业本身属于稳健的高速公路行业;虽然依靠外延实现持续增长,但管理层治理不错,公司整体谨慎,没有为了规模而做大规模,也没有额外地进行更多融资,有望实现可持续、稳定的利润提升。此外,公司分红比例有望提升至55%~60%,叠加每年10%以上的增长,中长期复合回报率有望在15%~20%,而分红带来的转债下修和除权效应,也能在一定程度上增厚转债的回报。

笔者在2022年下半年逐步定投式买入招路转债,本来预期其正股能够带来稳定的底仓回报,没想到在2022年和2023年先后赶上了"中特估"和"高股息"的风口行情,获得了板块概念加持下的额外回报。招路转债价格及估值走势如图6-19所示。

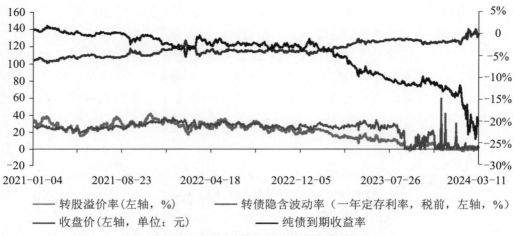

图 6-19　招路转债价格及估值走势

五、鲁泰转债

　　鲁泰是垂直一体化布局厂商，拥有纺纱、漂染、织布、成衣制造完整产业链，与Burberry、CalvinKlein、HuGoBoss、Armani、Gucci、优衣库、海澜之家等知名品牌深度合作。公司在柬埔寨、缅甸、越南等国设有生产基地，在意大利成立设计机构，在美国、日本设立市场服务机构，外销收入占比接近七成，美元结算，受益于人民币兑美元贬值。海外疫情后生产恢复带来2021年以来产能利用率的持续提升。值得一提的是在ESG方面，公司在纺织制造行业排名第二，仅次于伟星股份；连续三年交易所信息披露考评均为A。

　　笔者在2022年初将鲁泰转债作为双低策略重点标的布局，彼时其到期收益率接近2.5%，转股溢价率50%，隐含波动率在20%出头，且作为相对高等级品种债底保护较为理想，各方面的估值指标均处于合理偏低水平(见图6-20)。同时，其经营基本面也有亮点：美元升值使其汇兑敞口持续收益，短期开工率逐步提升带来利润率的改善。不过笔者通过2022年8月份去公司的调研、交流了解到，鲁泰转债的促转股意愿并不强，甚至已经开始回购其存量B股，且当时已经有了一定浮盈，于是开始逐步减仓，落袋为安。

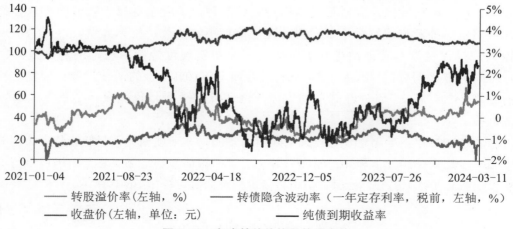

图 6-20　鲁泰转债价格及估值走势

六、三花转债

三花智控以热泵技术和热管理系统产品的研发、应用为核心，从机械部件开发向电子控制集成的系统控制技术解决方案升级，成立至今专注于热管理产品零部件及组件，横向上进行产品品类扩展(阀、泵、散热器、组件等)，纵向上进行行业扩展(家电、商用制冷、汽车、储能等)。基于对产品线的完善和下游应用的拓展，公司收入从2002年的1.34亿元增长至2022年的213.48亿元，年化复合增长率达29%。全球化布局方面，2022年公司国外业务收入占比46.5%，已在美国、波兰、墨西哥、越南、印度等地建立了海外生产基地，具备全球交付能力。

从转债的角度看，三花转债并不是理想的投资标的，由于市场的关注度极高，估值已经处于高位。2022年上半年，绝对价格低点在120元附近，到期收益率一直为负，隐含波动率也超过40%(见图6-21)。不过根据调研情况，公司质地确实很优秀，业务基本盘的家电制冷零部件进入稳定增长阶段，虽然新能源汽车零部件格局存在不确定性，但公司也在培育第三增长曲线的储能热管理业务。综合考虑其风格和概念的稀缺性，笔者配置了一部分观察仓位，遗憾的是没有等到太多定投加仓的机会，转债价格就反弹到130元以上，虽然赚了点小钱但没有获得足够的盈利贡献。

图6-21 三花转债价格及估值走势

第五节 2023年投资案例回顾

一、苏租转债

江苏金租成立于1988年4月，是国内成立的第三家金融租赁公司，于2018年登陆A股市场，成为A股首家也是目前唯一的上市金融租赁公司。2006年至今，公司资产规模与归母净利均快速增长。2014年之前总资产与归母净利复合增速分别达到52%、43%，2014年之后增速放缓，总资产及归母净利的复合增速均为19%。公司上市至今维持了较高的分红率，2018年至今分红率均在47%左右。目前股息率超过5.5%。

作为金融租赁公司，江苏金租可做同业拆借和同业借款，但不能吸收存款。负债结构主要是70%同业借款、15%发行金融债、10%银行授信。95%的公司资产是应收租赁款，能做此配置的原因，一方面是负债来源没有存款，没有刚性流动性需求，资产负债都可以全配置长期限的；另一方面是负债成本高于存款，做金融投资很容易收益倒挂。公司近年来净息差为3.5%~4%(租赁款收益7%~7.5%，负债成本4%~4.5%)，成本收入比在10%以内，信用成本率一般是1%左右，ROA大概在2.5%，远高于商业银行。但公司杠杆倍数只有6~7倍(银行一般14~17倍)，因此ROE只有15%左右，与优质银行差不多。

关注苏租转债主要系其所在行业有一定稀缺性。2022年，机构投资者普遍认为金融租赁行业的商业模式与传统商业银行接近，且资产规模增速显著比一线的城商行和优质股份制银行更慢。由于资产端收益率下降，息差空间也未必好于银行，因此市场关注度较低。转债虽然是当时的次新券但并没有估值溢价，作为平衡型转债，溢价率和隐含波动率都在20%出头。2022年下半年，笔者开始将苏租转债作为部分银行转债的替代仓位进行配置。苏租转债价格及估值走势如图6-22所示。

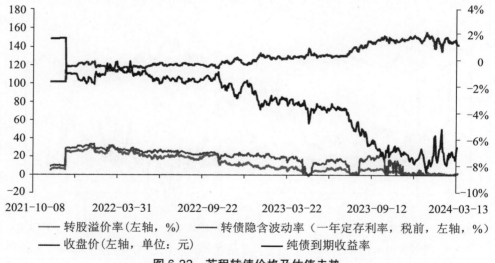

图 6-22　苏租转债价格及估值走势

这样的分散配置在2023年获得了较好效果，主要是分散了金融类转债的房地产行业风险敞口。由于地产行业超预期下行，银行业普遍面临资产质量问题，而江苏金租不涉及地产及城投业务，资产质量的相对优势逐渐被市场认知。同时，伴随净息差的同比改善，基本面趋势向上，叠加其高股息的特点而受到增量资金追捧，转债在2022—2023年均获得了良好的持有期回报，且夏普比率较好，为组合贡献了稳定收益。

二、上银转债、浦发转债

由于上海银行和浦发银行转债的情况类似，因此放在一起讨论。从基本面来看，两家转债发行人在银行板块都不属于"优等生"。浦发银行从2020年开始就出现了息差的明显下降，问题资产开始暴露，直到2023年底仍然处于资产质量持续出清的状态，营业收入和资产规模增速基本都是上市银行垫底水平。上海银行的情况类似，其业绩的负向拖累主要是金融投资业务中交易账户造成的公允价值变动损失和消费贷风险的持续暴露，资产质量比浦发银行略好，但业绩增速一样很慢。上银转债和浦发转债价格及估值走势如图6-23和图6-24所示。

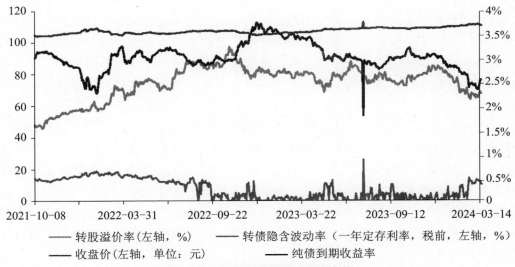

图 6-23　上银转债价格及估值走势

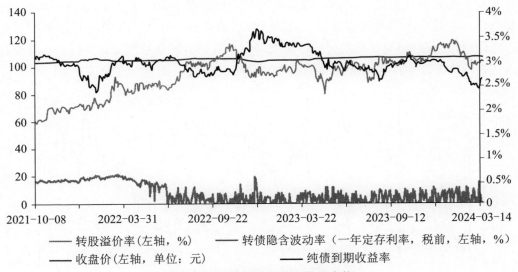

图 6-24　浦发转债价格及估值走势

　　笔者在2022年9月开始关注这两只基本面"乏善可陈"的转债，主要原因是其转债到期收益率显著高于其发行的银行永续债和二级资本债收益率。众所周知，转债在转股前属于优先级债务，其信用风险应该低于同类型发行人的次级债券，清偿顺序也更靠前。因此，虽然作为银行转债横向与其他增速更快的头部城商行对比，上银转债和浦发转债的性价比可能一般，但和自己的次级债券比较，反而比较有估值吸引力。笔者在2022年底和2023年初使用银行转债进行了一部分银行次级债券的替换投资操作。事后来看，这部分替代仓位在历次债券市场调整中的回撤幅度更小，并在2023年获得了高于纯债的收益率水平。

三、绿动转债

绿色动力成立于2000年，最开始是民营企业，2005年成为国有控股企业，2014年在香港上市，2018年在A股上市。控股股东方面，目前北京市国资管理公司持有45%的股权。整体上看，绿色动力是一家优质的垃圾焚烧企业，公司背靠北京国资委，在现在垃圾焚烧新项目越来越下沉的情况下，能在一、二线城市拿到越来越大的项目，有一定的资源优势。

2023年上半年，公司发布2022年年报及2023年一季报：2022年全年实现营收45.67亿元(同比减少9.69%)，归母净利润7.45亿元(同比增加6.73%)；2023年第一季度实现营收10.41亿元(同比减少5.84%)、归母净利润1.71亿元(同比减少5.69%)。2022年收入下滑主要原因是在建项目数量减少及规模减小，建造收入为17.47亿元(同比减少6.80亿元)。剔除会计准则影响后，公司2022年实际经营性现金流达18亿元、实际投资性净流出额达17亿元；伴随投资见顶、在运项目增厚利润及现金流，经营性现金流净流入额首次可覆盖投资性现金流净流出额。

因此，当时笔者认为绿动转债有望受益于潜在的经营拐点和基本面改善逻辑，且转债长期处于低价格带区间，到期收益率也有一定的吸引力(1%~2%)，考虑买入一部分观察仓位。不过事后来看投资效果一般，正股价格在2023年上半年有一轮涨幅但马上回落，转债也持续在105~115元的区间窄幅震荡，只有一定的做波段交易的机会，并没有出现趋势性行情。绿动转债价格及估值走势如图6-25所示。

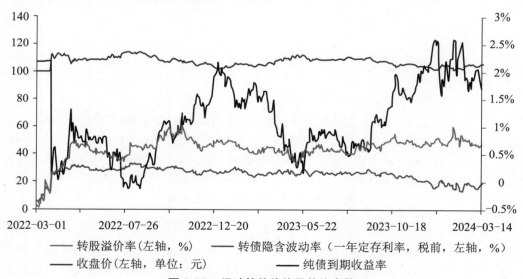

图 6-25　绿动转债价格及估值走势

四、环旭转债

环旭电子公司是SiP微小化技术领导者、EMS/ODM领先企业。公司以ODM/EMS及SiP模组为核心产品,下游应用于无线通信、消费电子、工业电子、医疗、计算机与存储,以及汽车电子等多个领域。环旭电子作为SiP技术全球龙头,产品目前主要涉及WiFi模组、UWB模组、毫米波天线模组、指纹辨识模组、智能穿戴用手表和耳机模组等。除了为穿戴及通信产品提供SiP微小化技术,公司也为存储、工业及车用电子产品提供电子封装制程、高密度SMT制程和EMS+(Electronics Manufacturing Service Plus)的多元制程服务。

环旭转债和立讯转债一样,是苹果产业链的重点标的,但前者的业务弹性更高。作为苹果SiP模组的核心供应商,环旭在iPhone产品上的市占率在70%左右,耳机和AIP份额在50%。因此,笔者在2023年初将其作为押注苹果产业链景气度上行的资产进行配置,同时环旭电子的汽车电子新业务也备受市场关注,可以算是高赔率的第二增长曲线。转债估值虽然偏贵但仍然比立讯转债定位更低,因此从主题投资的角度看,也可以接受(见图6-26)。

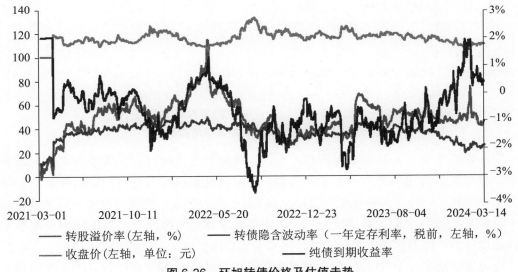

图 6-26 环旭转债价格及估值走势

不过2023年权益市场整体表现较差,虽然基本面并没有明显的边际恶化,但环旭转债全年并没有贡献太多回报,仍然需要等待市场机会。

五、闻泰转债

闻泰科技成立于2006年,最初从事IDH业务,2008年旗下嘉兴制造中心投产,公司成为中国第一家手机ODM厂商,2012年登顶全球手机ODM榜首。同时,公司外延扩张业务版图,2019年完成对全球知名IDM企业——安世半导体的收购,2021年公司收购广州得尔塔,正式进军光学模组领域,形成了半导体、产品集成、光学模组三大业务布局。

2018—2022年，公司营收从173亿元增长至581亿元，CAGR为35%；归母净利从0.61亿元增长至14.6亿元，CAGR为121%。公司实现快速增长的原因在于客户结构优化以及安世半导体公司的并表。

由于闻泰科技的业务结构属于市场比较热捧的概念，转债长期处于高估值区间，虽然绝对价格不算高，但转股溢价率长期在100%附近，隐含波动率高于50%(见图6-27)。2023年初，根据笔者的调研情况，闻泰科技收购的安世半导体公司有望受益于汽车功率器件的需求放量，同时2023年闻泰科技消费电子的基本盘业务不会比2022年更差了，因此在2023年上半年买入了小部分观察仓位。

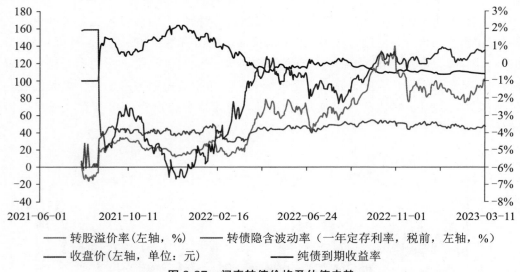

图 6-27　闻泰转债价格及估值走势

全年跟踪下来，关于闻泰科技基本面的市场分歧还是比较大，有投资人认为闻泰科技和安世半导体公司的合并效果不及预期，公司只能依靠安世传统功率器件和二极管等业务实现盈利，而半导体领域更有市场空间的IGB相关产品一直没有技术突破和量产，以至于对闻泰科技的定价逻辑直接简化为"安世半导体值多少钱"。加上2023年权益市场整体表现较差，闻泰转债一直处于低价区间窄幅震荡。

不过展望后市，笔者认为其ODM业务仍有部分转型OEM的可能性，因此能给到更高估值。如果能在半导体产品上有一定的突破，证明其长期竞争力，向上的空间还是比较可观的。因此，从转债角度看虽然这个期权比较贵，但控制仓位介入也无妨，值得保持关注。

六、转债投资案例总结

通过本节的案例不难发现二级市场转债的几种主流的操作思路：

(1) 买入被低估的期权，保持耐心，等待收获"彩票收益"；

(2) 先做好风险控制，买入安全边际明确的资产，并充分分散风险，至于能否赚钱，则由市场决定；

(3) 选择正股有一定亮点或短期催化剂，同时转债估值也比较合理的白马标的，做时间的朋友；

(4) 在正股景气度底部时，将转债作为左侧试错工具，押注困境反转；

(5) 把握发行人促转股的意愿和能力，买入有潜在下修预期的转债；

(6) 把转债作为替代利率债的波段交易工具，赚市场短期波动的钱；

(7) 把转债作为替代高收益债的配置工具，赚信用利差修复的钱；

(8) 把转债作为股票的替代工具，基于对正股基本面的深度认知，赚价值投资的钱。

第七章

对转债市场的复盘与思考

从投资的角度看，最重要的是对未来趋势有大致的预判，同时对市场的变化做好应对。从这个意义上讲，转债历史行情复盘的主要价值在于：①每个阶段的行情背后大多都有可解释、可归纳的主线逻辑，足够长时间的积累可以让我们对资产价格规律有更深入的认识；②转债市场的交易规则、供需格局、投资者结构都在发生明显变化，对其历史脉络进行跟踪和分析无疑对理解当前的微观结构很有帮助；③正如我们之前谈到的，转债同时受多重风险因子影响，对其价格行情的复盘本身也有助于更好地观察股债市场；④行情的演绎并不总是来源于基本面的变化，市场情绪对估值的影响同样不容忽视，特别是市场情绪的反馈机制对进一步理解转债估值具有借鉴意义；⑤历史上的风险场景或"黑天鹅"事件对投资中的风险管理有一定的启示意义。

本章将对2017—2023年的转债行情走势和微观结构变化进行回顾，并对不同策略的表现进行点评，作为投资决策的参考。

第一节　市场扩容的起点——2017年复盘

2017年是转债市场发展的重要里程碑，被誉为转债元年。得益于再融资新规和信用申购等政策的扶持，转债市场的发行规模在这一年实现了前所未有的增长。回顾历史，2017年无疑为当前的转债市场拉开了序幕，标志着这个小众市场开始逐步走进公众视野。

到了2017年底，存续的转债数量达到了57只，存续余额更是高达1198.18亿元。尽管这仅为当前规模的八分之一，但与2016年相比有了跨越式增长。2016年，全年转债发行数量仅为10只左右，合计规模也仅为212.52亿元。这一显著的增长彰显了转债市场的飞速崛起。

随着转债市场的起步，其独特的市场特征也逐渐显现出来。2017年全年，中证转债指数微跌0.16%，报收于282.89点。然而，同期上证指数却上涨了6.56%，而创业板指则下跌了10.67%。这种鲜明的对比反映了市场风格的明显分化。在这一年里，大盘股在业绩和估值方面均表现出显著优势，沪深300和上证50的涨幅均超过20%。相比之下，中证500的波动情况与转债较为相似，全年微跌0.20%，而小盘指数则普遍呈现大幅下跌的趋势。

2017年下半年，转债市场除了供应量的增加，还伴随着较为剧烈的波动。期间，转股溢价率整体呈现下行趋势。尽管市场变化莫测，中证转债指数最终仅勉强保持不亏损的状态，但在这个过程中仍然存在不少结构性的投资机会。本节将深入剖析并总结2017年转债投资的宝贵经验和教训。

一、全年行情复盘

虽然从一年维度来看，转债指数最后微幅下行，但是这一年仍有一些窗口性的机会。2017年，在去杠杆、供给侧改革的大背景下，下调了经济增速预期，当增量市场转为存量市场的时候，集中度提升给龙头企业带来了关键机会，这也是大盘股涨幅领先的核心动因。

2017年的上半年和下半年，权益市场都有明显的快速上下波动，随着金融监管趋严，债券市场整体资金面较为紧张，熊市几乎贯穿全年(见图7-1)。

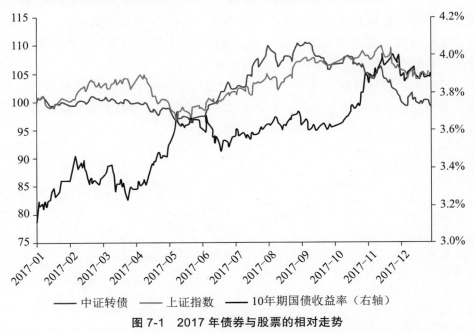

图 7-1 2017 年债券与股票的相对走势

根据驱动因素的不同，可以将2017年全年分为四个阶段：1月至3月经济数据向好，企业利润兑现，雄安新区设立，全面助推指数上行；4月至5月金融监管趋严，在去杠杆催化下，资金面趋紧，10年期国债利率急速上行；6月至9月，PMI走高，大盘股领涨；

10月之后，短暂震荡，11月资管新规出台，流动性再度快速收紧，市场回落。

1. 1月至3月：转债显著落后正股

2017年伊始，MLF利率罕见地上调，货币政策逐渐收紧，导致国债收益率显著攀升。2月，证监会对再融资规则进行了修订，其中包括对《上市公司非公开发行股票实施细则》的调整。这些更为严格的规则导致了再融资规模的减少。值得一提的是，可转债在再融资新规中得到了豁免，这一政策利好直接促使定增规模迅速缩减，而转债的发行则逐渐上升。在整体流动性趋紧的背景下，股债市场的表现均逊于预期，直至春节后才有所转变。

春节过后，上证指数呈现稳健上升的态势，沪深300、上证50和中证500均有了显著的涨幅。权益市场的全面上涨主要得益于业绩的坚实支撑。

一季度的经济数据显示出超预期的强劲表现，工业企业的利润增长迅速，多数企业的营收和净利润均实现了显著增长。从不同指数的表现来看，2017年一季度，无论是大盘股还是小盘股，同比涨幅均相当可观。在业绩的推动下，权益市场在这一阶段涨幅显著，上证指数等多个权益指数均实现了约5%的上涨。

然而，转债在这一阶段并未跟上权益指数的上涨步伐，而是呈现持续震荡的态势。在正股上涨的过程中，转股溢价率不断被压缩至低位。转债无法跟随权益市场上涨的主要原因在于资金相对不足，且此前转股溢价率已处于较高水平。

2. 4月至5月：流动性趋紧压制资产估值

雄安新区的设立虽然带来了短期的市场热度，但4月份严监管落地，一行三会联合推进，对嵌套行为等套利模式重拳出击，要求银行理财必须穿透底层资产，资金池业务被明确禁止，通道产品踩下急刹车，表外业务急剧萎缩。

"三三四"检查影响深远，在此背景下，M2同比出现了明显下行(见图7-2)，随之而来的还有国债收益率的快速上行，在流动性趋紧的情况下，权益市场快速回落。

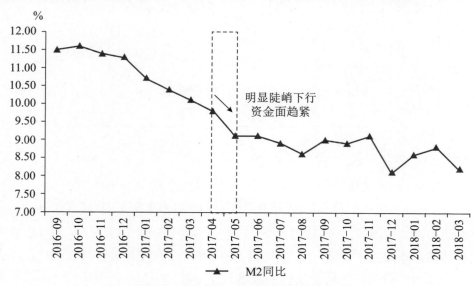

图 7-2　2017 年 4 月 M2 同比陡峭下行

4月至5月，由于严监管和去杠杆政策导致资金面持续紧张，市场经历了一段股债同步下跌的艰难时期。在这一阶段，市场风格出现了明显分化，以上证50和沪深300为代表的大盘指数相对稳健，而小盘指数则遭受了剧烈波动并呈现下行趋势。

在这一特殊的市场环境下，转债表现出了一定的抗跌性，与其他指数相比跌幅较小。其下行趋势主要体现在转股溢价率的变动上，随着权益市场的调整，转股溢价率也回归至年初的高位水平。总结上半年的市场表现，转债价格相对平稳，权益市场的影响主要反映在转股溢价率这一指标上。

回顾2017年前两个阶段的市场走势，可以发现转股溢价率在市场的上行和下行过程中发挥了一定的缓冲垫作用，使得转债价格的波动幅度小于权益市场。

针对彼时转股溢价率较高的情况，需要综合考虑多个因素。一方面，市场情绪高涨可能导致高溢价的出现，这时需要密切关注资金面的变化，以防资金紧张对转债市场造成冲击；另一方面，正股下行时的债底保护也是转股溢价率走高的原因之一，这更凸显了转债作为一种特殊投资工具的特性。在这种情况下，转债价格的变化可能更多地体现在转股溢价率的波动上。因此，在投资决策时，需要充分考虑转股溢价率的变化趋势，以及转股溢价率对转债价格的影响。

3. 6月至9月：权益资产小牛市

随着去杠杆政策的持续推进，市场在经历了前期的剧烈调整和恐慌之后，6月份已逐渐显现出稳定的迹象。在政策力度上，官方释放出相对平和的信号，使得市场情绪得以平复。在这一阶段，市场流动性保持相对宽松，国债利率也逐渐企稳，为市场的稳定奠定了基础。

6月至9月，上证指数累计上涨7.68%，中证转债的涨幅更是达到了9.82%。在这一时期，转股溢价率的走势呈现先下行后抬升的特点。前期的波动下行主要是市场在逐步释放前期正股继续下行所推高的溢价率压力，而随着权益市场向上趋势的确认，转股溢价率的上行则更多地受到市场情绪的拉动。

此外，这一阶段各类指数均呈现全面上行的态势。在供给侧改革的推动下，上游周期品迎来了显著的价格上涨。钢铁行业的去产能政策助推了价格的提振，而煤炭企业的整合也带来了较强的龙头效应，进一步推动了市场的繁荣。

值得一提的是，2017年9月初可转债申购规则的调整也对市场产生了积极的影响。可转债申购由资金申购改为信用申购以来，投资者的打新热情一度攀升，中签率也出现了较为明显的下行，反映了市场对新债的强烈需求。这一改革不仅提高了市场的活跃度，也为可转债市场的发展注入了新的动力。

4. 10月至年底：资金面再收紧

2017年10月之后，权益市场行情持续稳健，而党的十九大在10月末的召开也进一步为市场带来了乐观的政策预期。从基本面来看，该年度企业的业绩表现普遍符合预期，全年增速维持在高水平。

然而，随着11月份资管新规征求意见稿的公布，金融市场的严监管氛围再度升温。这一新规的核心在于打破刚兑，压降非标规模，并禁止规避监管的多层嵌套，对市场的冲击相当显著。即便现在距离资管新规的正式落地已有几年，但当时它对市场造成的巨大震动仍然历历在目。

在这样的金融严监管背景下，市场的风险偏好不断上升，多数小盘股出现了明显的跌幅，而大盘股则凭借优异的业绩和合理的估值实现了"戴维斯双击"，即股价和盈利的同时增长。

与此同时，转债市场却整体陷入了持续下跌的困境。9月30日央行公布的定向降准政策对债市本应是利好，但这一利好尚未兑现，债券市场就迅速转向。10月初，利率出现了超预期的大幅上行，受此影响，转债在权益市场上涨的时期仍然出现了明显的跌幅。

12月份，由于权益市场的表现不及预期，新发行的转债遭到投资者的弃购，部分转债甚至出现了破发的情况，导致转债市场的参与热度大幅下降。同时，转股溢价率的下滑也反映出市场整体情绪的回落。

综合来看，2017年的转债市场并未展现出较高的性价比，这主要是由于供给规模相对较小，行业分布存在局限，且全年市场行情主要集中在龙头标的上。虽然从收益层面来看，转债的表现未能达到预期，但从结构角度来看，其仍有一些值得借鉴的地方。后文将对结构进行深入分析，总结并提炼对当前市场有益的经验。

二、结构和风格表现：大盘相对占优

从股市的大小盘风格来看，2017年，大盘指数全面领涨(见图7-3所示)。自一季度的震荡行情之后，沪深300和上证50指数走出了独立的上涨行情，且全年保持相对稳定的抬升。

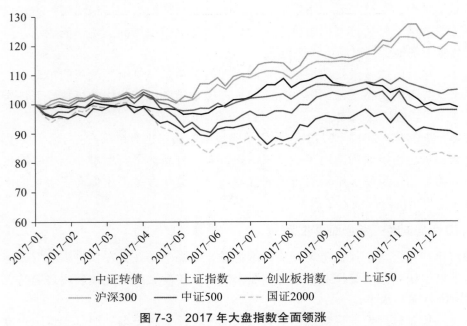

图 7-3　2017 年大盘指数全面领涨

与权益市场的巨大波动相比，转债仍然表现出了一定的抗跌性，但是2017年持续的债券熊市也对转债有相对不利的影响，偏债型转债表现持续低迷，偏股型转债整体表现较好(见图7-4)。

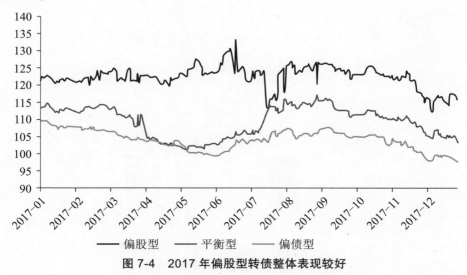

图 7-4　2017 年偏股型转债整体表现较好

2017年转债市场的表现可谓一波三折，尤其在第三阶段和第四阶段呈现截然不同的走势特点。

在第三阶段，随着去杠杆预期的修复和业绩的支撑，权益市场迎来了上行趋势。在这一阶段，转债市场也表现出一定的强势，各类指数普遍上行。然而，偏股型转债却在这一时期表现出了较大的波动，这主要是由于当时偏股型转债的数量相对较少，部分转债(如歌尔转债、白云转债等)因强赎而退市，而广汽转债和汽模转债等也出现了明显的跌幅。尽管如此，存续的偏股型和平衡型转债依然在这一阶段有明显的上行趋势，这也在一定程度上体现了市场的行情变化。

进入第四阶段，市场迎来了全年冲击最大的时点。这一阶段，转债市场的下行幅度甚至超过了权益市场。这主要是两方面的原因：一是利率的上行，对债券市场造成了较大的压力；二是资管新规落地后，市场的风险偏好发生了变化，投资者对风险的厌恶程度上升，导致转债市场进一步下行。此外，市场情绪的恶化也是转债市场下行的一个重要原因，12月份出现了较多的弃购和破发情况，进一步加剧了市场的调整。

从转债平价的分布来看，年初时转债市场尚未全面启动，转债平价多集中在100元以下，高平价转债占比较少。然而，随着权益市场的上行和转债市场的逐步发展，偏股型转债的表现逐渐改善，整体平价呈现上升趋势。尽管如此，由于当时转债供给的限制，平价在120以上的转债仍然是少数。

从行业风格来看，2017年金融和消费板块的涨幅较为突出(见图7-5)。周期板块在第三阶段经历了一波明显的上涨后，后续快速进行了回调。在这一阶段，龙头公司效应得到了较强的体现，核心资产受到了市场的热烈追捧。此外，消费板块的大幅上行也得到了北向资金的强势助力，特别是在金融、家电等板块。

综上所述，2017年转债市场的表现受到了多种因素的影响，包括政策预期、市场情

绪、行业风格等。尽管市场经历了较大的波动和调整，但转债市场依然拥有一定的投资
机会和潜力。对投资者来说，需要密切关注市场动态和政策变化，合理配置资产，以应
对市场的不确定性。

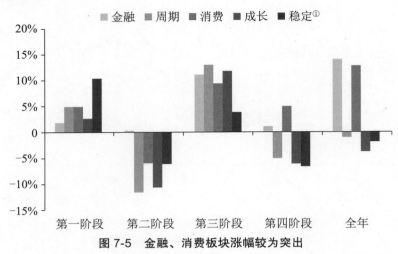

图 7-5　金融、消费板块涨幅较为突出

全年来看，包括食品饮料和家电在内的消费板块有突出的上涨(见图7-6)，煤炭板
块在供给侧改革之下成效显著。根据中国煤炭协会《2017煤炭行业发展年度报告》的数
据，2017年90家大型煤企利润大增4.5倍。2017年交易过的转债有50余只，存续较多的行
业为汽车、化工、电子和计算机等，但最多的行业也仅有6只转债供给。在行业覆盖上，
2017年涨幅突出的食品饮料、有色金属等，转债没有标的供给。

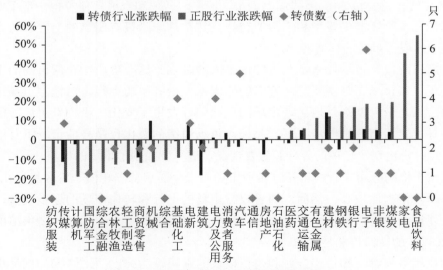

图 7-6　分行业来看，各板块涨跌幅

2017年是转债元年，虽然供给相对较少，但是仍不乏优质标的，年涨幅排名靠前的
歌尔转债、隆基转债、金禾转债和雨虹转债等，正股均是现在的大市值企业。从另一个

①　稳定板块指利润增长速度较低的板块。

角度而言，转债的供给阶段很可能是公司的快速成长区间，发行门槛决定了连续三年盈利的稳定性，相对低成本的融资有助于扩大规模。

三、启示：债市风险的传导

2017年，转债市场虽然并未大放异彩，但无疑是其发展历程中的一个重要转折点。受益于政策利好推动的市场扩容，转债逐渐走进了投资者的视野，尤其在定增需求受到压制的背景下，其替代效应越发明显。

这一年，转债市场经历了债券熊市的考验，同时也伴随着权益市场的剧烈波动。尽管整体供给规模仍然有限，且在年底出现了投资者的弃购现象，但这一年的市场变化为我们提供了宝贵的启示。

首先，发行市场是转债市场的晴雨表。通过观察新券的发行、上市情况，可以有效地判断整体市场的变化趋势。例如，当新券上市首日出现破发、投资者弃购或中签率持续提升时，这些都可能是资金偏好变化的信号。因此，紧密关注发行市场的动态对于把握转债市场的整体走势至关重要。

其次，转债市场正在不断扩大其影响力。随着再融资新规的实施和定增替代效应的显现，转债在融资中的占比逐渐提升。尽管定增政策的放宽可能会对转债市场造成一定的冲击，但转债市场自2017年以来仍保持了存续规模和数量的持续增长。这表明转债作为一种重要的融资工具，其需求随着企业扩张而广泛存在且不断增加。此外，与定增相比，转债在折价、摊薄收益等方面仍具有一定的优势，这也是其能够持续发展的重要原因。

最后，不能忽视债券市场风险对转债市场的传导作用。尽管在流动性较好、交易量大的情况下，转债个券的特征更类似于股票，但其债券属性依然存在。因此，当债券市场出现利率上行、资金配置趋紧等风险时，这些风险也会传导至转债市场。在这种情况下，转债可能不再是债市资金的稳健选择，尤其是在权益市场同时下行的情况下，转债所面临的回调压力会更加严峻。

综上所述，2017年的转债市场虽然波折不断，但其发展势头依然强劲。随着市场的不断成熟和扩大，转债作为一种重要的融资和投资工具，将在未来发挥更加重要的作用。同时，也需要密切关注市场动态和风险因素，以制定合理的投资策略。

第二节　历史级黄金坑——2018年复盘

2018年，中证转债指数以-1.16%的累计跌幅结束，最终报收于279.60点。与上证指数的24.59%跌幅和创业板指的-28.65%下滑相比，转债市场的这一小幅回落几乎可以忽略不计。这一年，股市的表现可谓是一波三折，除了年初的短暂上涨，大部分时间都处于下跌趋势。相比之下，转债市场则显得波澜不惊，虽然受到股市的拖累出现了象征性的下跌，但得益于债市的强大支撑，很快就恢复了稳定。

转债市场以其独特的"退可守"的防御属性而著称，但在这一年里，除了其抗跌性，似乎并没有太多引人注目的投资亮点。回顾历史数据可以发现，无论股市是处于牛市还是处于熊市，转债市场的表现只有跟涨和震荡两种模式。每当市场出现调整，转债都能迅速企稳，展现出其稳健的投资价值。

因此，对投资者来说，转债投资可能相对简单一些。由于转债市场存在底部支撑，投资者无须过于担心会出现大幅回撤的情况。在震荡时期，耐心等待往往是最好的应对策略。投资本身就是一场漫长的等待，只要保持足够的耐心，就能迎来曙光。

2019年一季度，随着股市情绪的逐渐回暖，那些前期已经跌无可跌的低价转债开始上演大逆转。中证转债指数在这一时期为坚守的投资者带来了高达17.48%的惊人回报，再次证明了低价策略的犀利与有效。

一、全年复盘：转债防守能力的证明

2018年，A股市场在经历了年初的短暂上涨后，迅速转入下跌趋势，全年整体表现不佳。海外市场的暴跌、中美贸易战的爆发，以及金融和经济数据的回落等多重利空因素共同作用，导致股市持续低迷。在这一年中，转债市场虽然也受到了影响，但由于其转股溢价率发挥了缓冲带作用，下跌相对较为温和。转股溢价率的四次被动暴力拉升，也显示了转债市场的韧性和抗风险能力。

根据影响市场的主导因素不同，2018年的转债市场行情可以大致分为四个阶段(见图7-7)。在中美贸易战爆发前，市场曾迎来开门红，但随后受到外盘影响出现暴跌。贸易战初期，股市受到扰动，但转债市场显示出了一定的韧性。随着贸易战的升级和经济趋弱，股市大幅下跌，但转债市场仍然表现出抗跌性。到了贸易战后期，经济恶化成为核心矛盾，股市继续下行，而低价转债则因为已经跌无可跌，市场波动相对较小。

整体来看，2018年的A股市场和转债市场都经历了较大的波动和挑战，投资者需要更加谨慎和理性地对待市场变化，合理配置资产，以应对可能的风险。同时，政策层面也需要加强监管和调控，维护市场的稳定和健康发展。

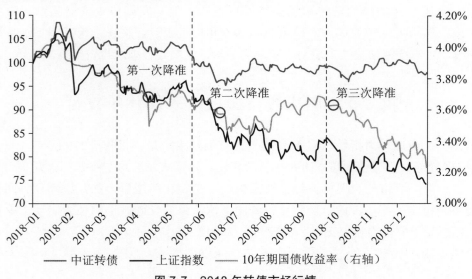

图 7-7 2018 年转债市场行情

1.年初至3月中旬：短暂开门红后股市暴跌，转债显韧性

2017年下半年，权益市场稳健上扬，呈现"慢牛"格局。然而，转债市场却由于前期估值偏高及大盘银行转债的集中发行，面临较大的供给压力。在这一背景下，转债相对于正股表现稍显逊色，转股溢价率也被压缩至历史较低水平。

2018年，市场开局喜人，权益市场迎来开门红。上证指数在1月下旬一度突破3500点大关，市场情绪高涨。中证转债指数也随之上扬，显示出转债市场的良好势头。然而，好景不长，1月底海外市场突发暴跌，引发A股市场的剧烈震荡。上证指数在随后的10个交易日中跌幅高达12.04%，市场信心受到严重打击。

尽管如此，转债市场在此期间仍表现出较强的抗跌性。中证转债指数跌幅仅为7.10%，明显低于上证指数。平均转股溢价率在这一阶段出现了全年第一次被动的快速拉升，这在一定程度上缓冲了市场的下跌压力。随后，随着正股市场的反弹，转债价格也逐渐修复，平均转股溢价率有所回落。

2.3月下旬至5月底：贸易战初期扰动市场，转债仍抗跌

2018年，中美贸易战成为影响全球经济的重大事件。美国宣布对从中国进口的500亿美元的商品加征25%的关税，并限制中国企业对美投资并购，这一举动引发了全球的广泛关注和经济动荡。随后，中方也对美方进行了反制，加剧了贸易战的紧张氛围。

在中美贸易摩擦的背景下，投资者对经济基本面的担忧也随之加剧。4月13日，央行发布的金融经济数据显著下行，进一步加深了市场对经济形势的担忧。同时，信用违约事件的零星爆发也加剧了市场对信用收缩的担心。然而，就在市场陷入恐慌之际，央行于4月17日晚宣布降准，为市场注入了一定的流动性。这一政策调整被视为货币政策开始转向的信号，有助于提升市场的信心。

3月23日到5月29日，从中美贸易战爆发到磋商谈判，双方态度有所缓和，股市在内忧外患交织和利好消息刺激等多重因素影响下经历了恐慌性下跌到情绪修复性反弹，上证指数累计下跌-4.38%，中证转债下跌-2.61%，相比股票，转债仍然很抗跌，两者跌幅的差距体现为转股溢价率的第二次被动大幅拉升。

3.6月至9月：贸易摩擦升级，股市下挫转债横盘

2018年6月至9月，中美贸易摩擦不断升级，给全球经济带来了极大的不确定性。随着美国公布了具体的加征关税商品清单，中方也迅速做出反应，宣布对原产于美国的约500亿美元进口商品加征25%关税，贸易摩擦进一步加剧。

在这一时期，中国经济也面临较大的下行压力。6月份发布的经济增长数据显示，中国经济增速有所放缓，市场恐慌情绪再度蔓延。尽管央行在6月24日再度降准，试图为市场注入流动性，但股票市场仍然未能摆脱下跌趋势。7月份发布的6月经济数据和社融增速依然低迷，反映了中国经济形势的严峻性(见图7-8)。

在这一背景下，政府采取了一系列措施来维护市场稳定、增强投资者信心。然而，由于中美贸易摩擦的反反复复及信用债违约事件的频繁爆发(见图7-9)，股市经历了短暂的反弹后再度拐头向下。尽管8月至9月股市的跌幅较6月的大幅下跌已明显缓解，但整体

而言，市场依然处于下行趋势之中。

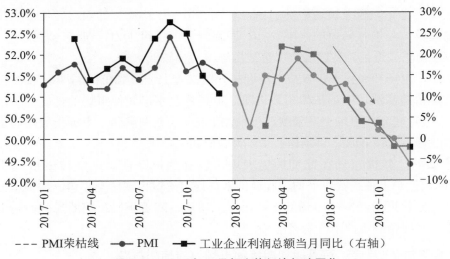

图 7-8　2018 年 6 月起实体经济加速恶化

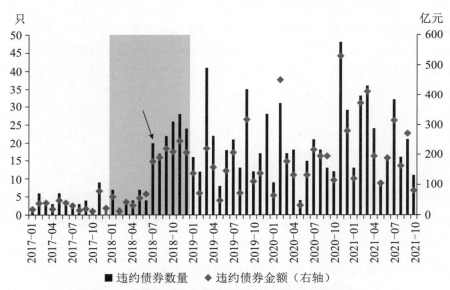

图 7-9　2018 年 7 月起信用违约事件开始频繁爆发

5月30日至7月5日，上证指数累计下挫-12.39%，中证转债仅下跌了-4.15%，转股溢价率经历了年内第三次被动急剧拉升，随后进入高位震荡。

4. 10月至年底：经济恶化成为主导，低价债迎来机会

2018年10月7日，央行再次宣布降准1个百分点，这是年内第三次降准，无疑为市场释放了积极的货币宽松信号。然而，在全球经济下行的大背景下，这一政策效应似乎并未立即显现。国庆长假后，全球股市经历了一场大跌，A股市场也未能幸免，出现了失控性的暴跌。上证指数在短短的10个交易日内下跌了9.60%，而中证转债虽然也受到了影响，但跌幅相对较小，仅为2.38%。这一时期，转股溢价率发生了年内第四次被动急速抬

升，市场剧烈波动。

面对市场的动荡，我国政府及相关部门迅速采取行动。一行两会等领导人对资本市场进行喊话，提振市场信心。同时，各地也陆续开展民企纾困行动，以缓解市场压力。这些利好消息的释放，使得市场在10月底至11月中旬期间出现了弱势反弹。

然而，经济的基本面并未因此得到根本性的改善。11月13日公布的10月社融增速数据依然显著下行，我国经济面临的压力依然较大。同时，从10月开始，我国对美出口金额同比增速开始大幅下滑，关税政策对经济的冲击逐渐显现。11月后，我国PMI开始跌破荣枯线，基本面恶化趋势依然严重。

尽管在12月3日，中美达成了停止加征关税的协议，贸易战形势出现了一定程度的缓和，但由于基本面下行预期成为这一时期的核心认识，股市依然延续下行态势。然而，在这一背景下，低价转债由于其前期已经跟随正股下跌，跌幅较大，此时已经跌无可跌，因此迎来了一定的布局机会。

整体来看，2018年在贸易争端、融资收紧、经济下行等多重利空因素冲击下，权益市场经历了自2015年下半年以来最为煎熬的漫长熊市。在股熊债牛的背景下，转债的表现相对正股好得多，"退可守"的防御属性发挥得淋漓尽致。虽然整体跌幅有限，但不同类型的转债走势有所分化，下面来厘清分化背后的逻辑。

二、结构和风格表现：偏股大跌，低价蓄势

从股市的大小盘风格来看，大盘蓝筹相对抗跌。自1月底蓝筹行情之后，各指数均明显下跌，以上证50和沪深300为代表的大盘蓝筹指数跌幅相对较小，以中证500和国证2000为代表的中小盘指数延续了2016年以来估值下行的趋势，跌幅继续扩大。内忧外患之下，大盘指数跌幅相对较小(见图7-10)。

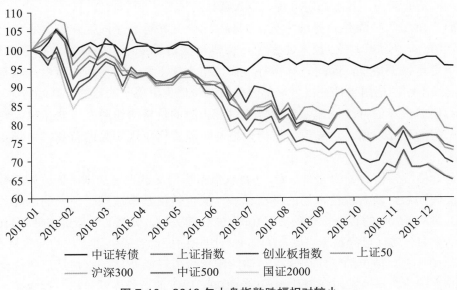

图 7-10　2018 年大盘指数跌幅相对较小

与股市在2018年经历的几轮"暴跌狂潮"相比，转债市场可谓是波澜不惊，淡定自如。在结构层面，偏股型转债所受的冲击堪称最大。年初的短暂繁荣是转债市场在全年中唯一一次真正意义上的狂欢。然而，好景不长，随着1月底至2月初股市的"断崖式下跌"，偏股型转债也被卷入这场风暴，跌幅之大令人咋舌(见图7-11)。

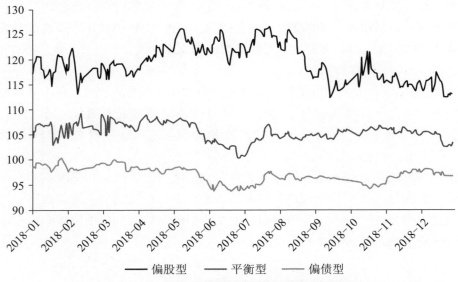

图 7-11　2018 年偏股型转债跟随正股波动剧烈

3月底，中美贸易战正式爆发，股市经历了前所未有的恐慌性下跌。但令人惊讶的是，偏股型转债由于前期已经历过大幅调整，大部分价格已跌至110~120元的历史低位，因此其下跌空间相对有限。与此同时，星源、康泰、万信等偏股型转债却异军突起，表现强势，为整个市场带来了一抹亮色。此外，宁杭、东财等优质新债的上市也为市场注入了新的活力，其涨幅之可观，令人瞩目。

然而，市场的平静并未持续太久。5月底，中美贸易摩擦再度升级，股市再次陷入"暴跌泥潭"，偏股型转债也未能幸免，价格再次遭受重创。光伏行业在"531新政"的冲击下更是损失惨重，隆基、林洋等转债价格大幅下跌，市场信心遭受严重打击。同时，在连续不断的信用事件冲击下，部分偏债型转债也出现了明显的下跌趋势。

随着权益市场的持续低迷，大量转债对应正股的价格纷纷触发下修条款，转债市场出现了密集的下修现象。这导致了转债价格与正股价格出现明显的背离，市场走势越发扑朔迷离。

从各价格段转债数量的分布来看，6月权益市场的暴跌无疑加剧了低价转债数量的攀升。国庆假期后，随着权益市场的再次暴跌，低价转债数量达到了惊人的高峰。特别是10月中下旬，近70%的转债价格跌破了100元的心理关口，90%的转债价格低于110元。这意味着绝大部分转债已经跌无可跌，为那些有胆识的投资者提供了绝佳的配置机会。

随着10月之后债市的逐步回暖，转债的配置价值开始凸显。特别是那些价格低于90元的超低价转债，迅速被市场消化。同时，100元以下的低价转债价格也得到了一定程度的修复。在市场的最后阶段，这些低价转债更是有着令人瞩目的超额收益，为投资者带来了丰厚的回报。

从股市的行业风格来看，2018年无疑是成长板块和周期板块的"黑暗之年"(见图7-12)。消费板块虽然相对抗跌，但在贸易战和经济下行的双重压力下，也未能幸免于难。特别是那些受美国科技战影响较大的电子、通信等科技类行业，以及出口占比较高的机械、基础化工等行业，其跌幅之大令人咋舌(见图7-13)。这也充分说明了全球贸易紧张局势对这些行业的巨大冲击。

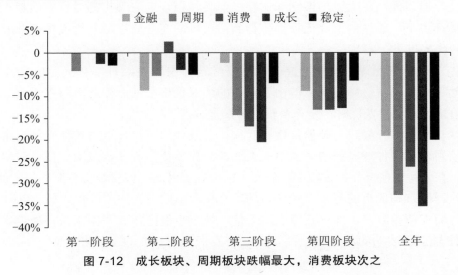

图 7-12 成长板块、周期板块跌幅最大，消费板块次之

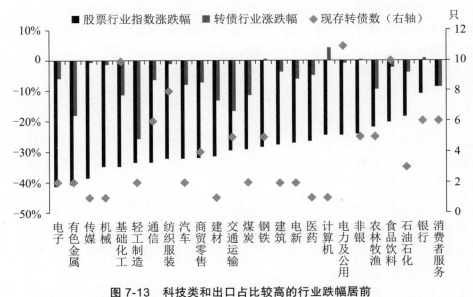

图 7-13 科技类和出口占比较高的行业跌幅居前

2018年交易过的转债有103只，大部分行业的转债数量只有个位数，部分行业没有覆盖，因此转债和股票行业涨跌方向不完全一致。整体来看，除了计算机和银行等个别行业，转债各行业全面下跌，但跌幅远小于对应的股票行业指数跌幅。

计算机行业的转债第一阶段大涨10.27%，归功于万信和宝信这两只转债的优异表现，它们也成为2018年仅有的两只因触发强赎而转股退市的转债。第三阶段，银行股录得正涨幅，银行转债叠加了下修的因素，取得了超额收益。在第四阶段，由于大量转债前期超跌至绝对价格低位，不少行业的转债悉数反弹。

三、启示：防守反击的价值

2018年股市经历了大幅的波动和调整，而转债市场则表现出相对稳健的特点。在这样的市场环境下，转债的债底保护优势得到了市场的充分验证，并为投资者在股票熊市阶段的操作提供了思路。

首先，在转债配置时点的把握上，需要综合考虑转股溢价率和绝对价格。2018年底，虽然平均转股溢价率较高，但由于转债的绝对价格很低，因此风险并不高。这说明在转债价格处于绝对低位时，是一个较好的配置时点。

其次，平价下行导致的转债价格触底往往是最佳的买点，这与转债受到债市流动性冲击和信用违约事件冲击被错杀的情况类似。只要转债没有违约风险，低价策略通常是有效的。在等待转债反弹的过程中，虽然可能会耗费时间，但资金安全能够得到保障。

再次，股市和债市的走势对转债市场具有重要影响。在股牛阶段，转债往往能够跟随上涨；而在债牛阶段，即使正股表现不佳，转债也能因债底坚固而保持稳定。然而，高价转债与正股波动的相关性较高，因此在正股没有确定性上涨机会时，应保持谨慎态度。

最后，下修博弈虽然看似具有吸引力，但实际操作中却存在诸多困难和风险。由于投资者与发行人之间存在信息不对称，对下修难以做到准确预判。因此，在进行下修博弈时，需要谨慎评估风险，并结合个券的实际情况做出决策。

第三节　进攻的号角——2019年复盘

2019年，和当时股票市场相比，转债市场的存续规模相对较小，但涉及的行业已经相当全面。中证转债指数表现不俗，涨幅与中证500基本持平，但略逊于以沪深300和上证50为代表的大盘指数。

全年的主要涨幅集中在一季度，这主要得益于中美关系的转暖及市场情绪的缓解。权益市场的大幅抬升带动了转债市场的量价齐升，成交量在上涨期间显著增加。然而，随着贸易摩擦的再度升温及人民币贬值压力的增大，权益市场在随后的两个季度出现了回调，转债市场也因此进入持续震荡的区间。

直至年末，中美贸易战达成了阶段性协议，同时MSCI扩容吸引了增量北向资金，转债市场才得以突破较长的震荡区间并开始向上。这一过程显示了转债市场与权益市场的紧密关系，以及外部因素对市场走势的重要影响。

在震荡行情下，寻找性价比和确定性更高的转债标的尤为重要。首先，要密切关注权益市场的走势，因为转债市场的表现往往与权益市场密切相关；其次，要关注国内外经济形势和政策变化，这些因素都可能对转债市场产生重要影响；最后，要结合转债本身的特性，如债底保护、转股溢价率、绝对价格等，进行综合考虑和选择。

一、2019年市场复盘

从2019年各类指数的走势来看，当时的转债更具备这一工具的理论属性：大涨跟着涨，下行较为抗跌。同样，转债的涨幅基本不会超过纯权益指数的涨幅，当时转债指数是陡峭上涨，但跟其他指数相比，转债指数的波动更平缓(见图7-14)，在某种程度而言这才是转债应有的正常情况。

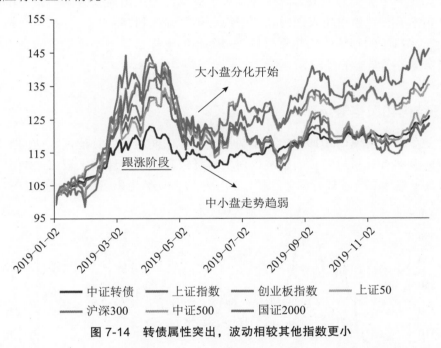

图 7-14　转债属性突出，波动相较其他指数更小

2019年一季度，转债市场的上涨行情主要由普涨的权益市场所驱动。经历了2018年的市场低迷，受到贸易摩擦和去杠杆等多重悲观因素影响，市场情绪一度跌入谷底。然而，随着一季度中美贸易关系的缓和，市场迎来了超预期的上涨行情。这一时期，行业普遍上涨，绝大多数行业都实现了近20%的涨幅。特别是受到2018年非洲猪瘟影响，猪周期发力显著，推动了农林牧渔板块的领涨。与此同时，随着转债指数的攀升，转股溢价率也稳步上升，这在一定程度上反映了资金对转债市场的偏好。在权益市场表现不佳时，转股溢价率往往会出现下行拐点。

然而，2019年5月初，中美贸易摩擦再度升级，市场情绪发生逆转，悲观预期导致市场出现剧烈回调。美国政府宣布对从中国进口的商品加征关税，我国也迅速采取应对措施，提高了对美国商品的关税税率。贸易战成为贯穿2019年市场主线的重要事件，尤其在上半年，主导了权益市场的变化。受其负面影响，转债市场在随后的二、三季度出现了明显的震荡回调。

与此同时，经济面临下行压力，货币政策由全面去杠杆转向边际宽松，流动性得到呵护，逆周期调节力度加大。然而，贸易摩擦并未出现明显缓和迹象，人民币兑美元汇率持续上升，市场情绪持续低迷。贸易摩擦也引发了国家对科技领域的关注，美国对华为等企业的制裁凸显了国产芯片自给自足的重要性。国务院发布了相关政策以推动集成电路产业和软件产业的发展。

此外，2019年10月底，工业和信息化部宣布5G商用正式启动，三大运营商同时发布5G套餐，为科技板块带来了利好。随着贸易摩擦利空的钝化，科技板块在下半年，尤其是四季度，迎来了较好的行情，半导体、电子、计算机等5G相关行业表现突出。

年末，随着中美贸易战取得阶段性结果，市场终于走出震荡区间，转债市场也迎来上行。全年来看，转债市场表现强劲，最终全年涨幅达到25.15%，远超上证指数，这一涨幅即使在2021年的行情中仍然保持领先，其核心支撑在于一季度形成的全市场普涨格局，为全年奠定了坚实的基础。

二、市场结构和风格复盘

通过复盘不难发现，2019年出现了头尾上涨、中间震荡的行情，波动的主线仍然是贸易摩擦。虽然有贸易战的负面影响，对实体经济和市场都造成了较大的冲击，但是宽松的货币政策整体维持了较好的流动性，2019年转债依然走出了牛市行情(见图7-15)。

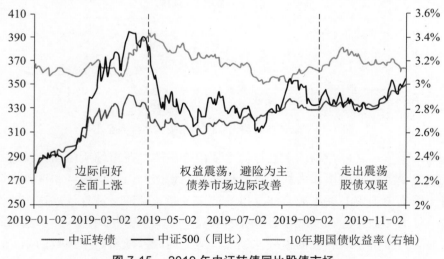

图 7-15 2019 年中证转债同比股债市场

对于当前转债市场的规模和供给而言，2019年只是个小市场，但是站在彼时的节点，转债迎来的却是黄金一年。从转债供给来看，2019年发行规模和数量都创历史新高。2019年强赎的转债数量也超越往年，强赎退市转债数量达20只，规模超600亿元。

从持有端来看，投资机构越发丰富，对转债的关注度增加，公募基金的持仓份额有明显增加，社保、险资和年金在内的长线资金不断进入市场。在资金面上，与2021年机构加仓的结果是类似的，极大地增加了转债市场的流动性，小市场在逐渐扩大。

从平价类型区分来看，偏股型转债在收益上仍长期跑赢，偏债型转债的波动同样较大。年底走出震荡行情之后，偏债型转债的表现相对较差，主要原因在于支撑上涨的消费、科技两大板块的转债大多已经成为偏股型和平衡型的标的。

从评级来看，根据历史年份的复盘，通常发现低评级小盘转债往往表现较好(见图7-16)。从转债属性来看，下行有限、上行弹性的特征确实更有利于小盘转债。

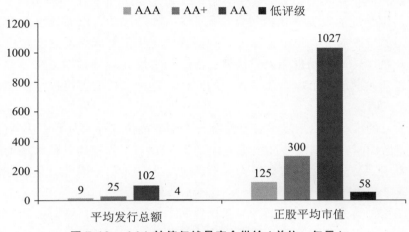

图 7-16　AAA 转债仍然是底仓供给（单位：亿元）

低评级转债在一季度的波动小于高评级的转债，在全面上涨阶段的动力弱于质地更好的标的；在二、三季度的震荡下行区间，低评级转债的波动较为明显，这一阶段风险偏好抬升，往往高评级转债相对稳定；而在年末，市场情绪逐步企稳，部分低评级债券最终向上弹性得以兑现，出现了领跑的收涨。

转债的信用评级在一定程度上而言，并不和信用债在一个话语体系，个券正股走势是更为直接的影响因素。但是评级是较多机构的入库门槛，低评级的主体在发行量和购买量上也会受限。从权益市场来看，2019年确属牛市，转债一季度全线跟涨，跨越震荡之后也有相对独立的强势上行。转债市场近90%的个券基本都有正向涨幅，年涨幅大于30%的个券共有40只，合计占比约为17%。

一季度的全面普涨中，农林牧渔和计算机板块领涨，猪周期带动了整个板块的上行，通威、天马等转债最终强赎退市，彼时的通威股份仍然是以农牧为主，如今光伏已经超过了农牧板块。二季度剧烈回调之下，食品饮料、家电及银行成为避险板块的首选，在全市场下行的情况下取得了超额收益。转债之中，千禾、安井、绝味都有较好表现，银行转债同样表现亮眼，多只转债强赎退市。7—11月的整体震荡行情中，电子、计算机等板块在政策推动下迅猛发展，5G元年的到来也带来了乐观的市场预期，泰晶、蓝思、视源在内的众多转债迅速上行。到了年末，随着贸易战的缓和，市场预期一致转好，大部分行业年末收涨，有色、建材等周期类板块表现超预期。

从债券市场对转债影响的传导来看，2019年的债市波动相对较小，没有特别明确的主线行情，由于外部环境的反复，政策本身也存在动态博弈。从资金面来看，2019年央行三次下调存款准备金率，其中包括定向调整，全年MLF投放量为36 900亿元，总体相对平稳。

综合全年来看，一季度的权益行情支撑了转债的快速上行，由于当时市场规模较小，全年环境相对宽松，债券市场没有在流动性层面带给转债抛压影响，最终转债在两个季度的震荡后再度上行，走出确定的牛市。

四、启示：高位震荡下的选择

2019年，贸易战的反复变化给权益市场带来了N形波动，然而在这一波动中，转债展现出了较强的抗跌属性。年初，随着悲观因素的逐步消解和贸易战的阶段性缓和，市场情绪迅速升温，转债市场也迎来了快速上涨。但过度乐观的预期很快导致了市场的转向，利空消息开始增加，市场出现了猛烈的回调。这种高位的震荡行情在2019年的第二和第三季度尤为明显。

在利好消息的推动下，市场很容易达到一个相对高位，而边际利空因素(如经济数据的不乐观、上游原材料价格的持续上涨等)正在逐步增多，这使得转债市场的震荡难以避免，特别是考虑到当前转债的涨幅压力甚至超过了2019年第一季度，且部分转债相对于正股已经出现了超涨现象。

然而，在这种震荡行情中，仍有一些板块和个券值得关注。例如，2019年的消费和银行板块在震荡中表现相对亮眼。消费板块由于其弱周期的特性，在经济压力增大时相对表现更为稳定。而银行板块除了具有避险属性，还受益于多种成长助力。当前，尽管消费板块表现不佳，相关转债的转股溢价率较高，但考虑到消费复苏尚不明显，转债的债底保护在绝对价格较低时更为有效。同样，银行转债在震荡区间内也展现出了较高的性价比。

此外，周期行情也是转债市场不可忽视的一部分。2019年的农林牧渔板块受益于非洲猪瘟带来的超级猪周期，而当前上游的大规模涨价也为周期品相关的转债标的提供了机会。然而，由于各种政策因素的影响，商品价格可能会出现回调，因此投资者在关注这类标的时需要谨慎。

最后，对于反复出现的利空因素，如贸易摩擦和疫情等，市场已经逐渐形成了预期。这些预期内的利空因素不再是市场的主要担忧，而是被纳入常态化的处置和应对之中。

第四节　波动率推升估值——2020年复盘

经历了2019年转债市场的特殊行情后，2020年转债市场在疫情冲击下展现出不同的面貌。全年中证转债指数虽然累计上涨，但涨幅相对较小，未能跑赢大部分股指。这一年里，转债市场缺乏明显的阶段性整体行情，赚钱效应较弱。

回顾全年，仅有两次整体性的上涨行情较为显著：一是2月份恐慌情绪释放后的快速反弹，二是7月初股市大幅走高推动下的快速攀升。除此之外，转债市场大部分时间走势较为平淡。尤其值得一提的是，在5月份经济复苏预期升温、流动性维持宽松、股市走牛的背景下，转债市场却出现了连跌的极端行情，这显示出了转债市场与股市之间的复杂关系。

此外，2020年投资者普遍预期的低价策略并未奏效，反而是偏股型高价转债走出了独立行情。这一现象表明，在特定的市场环境下，转债的投资逻辑可能发生变化，投资者需要灵活调整策略以适应市场变化。

尽管2020年转债市场没有整体性的大行情，但市场中不乏结构性的机会和亮点。特别是在新冠肺炎疫情反复阶段，转债的隐含波动率迅速走扩，让投资者再一次开始重视这类资产的期权价值。

一、复盘：2020年转债市场的三个阶段

2020年可转债市场走势可以分为三个阶段(见图7-17)：疫情冲击下，股市两次探底，转债凸显韧性；风险偏好回升，股市持续反弹，转债小幅调整；后疫情时代，股市、转债震荡。

转债指数全年走势较为平稳，除了7月跟随正股牛市行情快速拉升，其他时间几乎只有下跌之后的修复性反弹。转股溢价率则在经历了从大幅提升到迅速压缩的大开大合之后走向震荡。

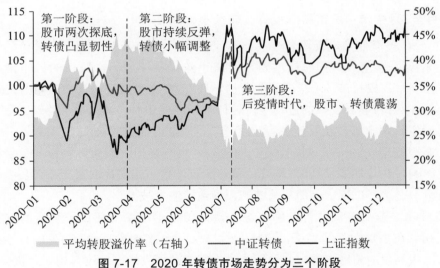

图 7-17　2020 年转债市场走势分为三个阶段

1. 1月至3月：股市两度触底，转债凸显韧性

2020年初，权益市场呈现稳定态势，随着流动性的不断放松，自2019年12月起转债市场估值持续上升。然而，突如其来的疫情打破了市场的平静，上证指数在1月23日大幅下跌2.75%，春节后首个交易日更是暴跌7.72%。不过，随着政策宽松和疫情防控取得阶段性成效，权益市场在2月4日后实现了V形反转。然而，随着新冠疫情在海外全面爆发，全球市场恐慌情绪蔓延，美股在3月多次熔断，北向资金开始撤离A股市场。国内股市在3月23日迎来第二次探底，上证指数跌至全年最低点2660.17点。尽管如此，在正股大幅调整的背景下，转债的跌幅相对有限，其下有底的特性在股市恐慌性下跌时得以体现(见图7-18)。同时，转债的平均转股溢价率在3月底达到历史最高位，一方面来源于债底的支

撑，另一方面也是其隐含波动率走扩带来的期权价值重估。

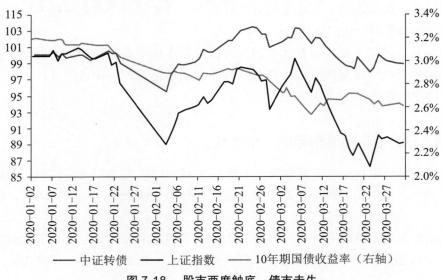

中证转债 —— 上证指数 —— 10年期国债收益率（右轴）

图 7-18　股市两度触底，债市走牛

2. 4月至7月中旬：股市持续反弹，转债小幅调整

3月23日，美联储启动无限量QE，全球股市得以止跌反弹。随着海外流动性不断释放，北上资金加速流入，同时国内财政及货币政策持续加码，股市的风险偏好逐渐回升。从4月到6月，权益市场迎来了慢牛行情，并在7月上半月进一步加速向上突破。

然而，在4月份股市反弹的过程中，转债市场表现相对平淡，横盘整理。这主要是由于前期转股溢价率上涨过快、过高，已经透支了正股上涨的预期。进入5月，随着4月经济数据的亮眼表现，经济基本面修复已成定局，央行货币政策边际收紧的信号也逐渐清晰。受此影响，10年期国债自5月初开始单边上行，债市走熊而股市走牛，资金开始从债市流向股市。在这一过程中，债基被赎回，导致转债先被抛售。

5月6日晚，泰晶转债公告赎回，这一事件带动了前期转债市场积累的过高估值开始集中压缩。在多重因素共振下，转债在5月11日至5月25日出现了罕见的11连跌极端行情。然而，从复盘的角度来看，此轮下跌成为年内转债市场一次难得的买入机会。

7月初，权益市场突然迎来短暂的全面牛市，市场情绪迅速升温。在这一背景下，转债也在正股的带动下快速上攻，转股溢价率急剧压缩至年内最低点。这段时间成为转债年内少有的赚取Beta的良机。

3. 7月下旬至年底：后疫情时代，拉扯中的震荡

进入后疫情时代，国内经济逐步修复，货币政策正常化进程步入下半场。在这一背景下，10年期国债利率持续上行，反映出市场对未来经济复苏的预期及流动性收紧的担忧。在全球经济复苏预期和流动性收紧预期的双重影响下，股市进入长时间的横盘震荡格局。在此期间，转债指数和转股溢价率也呈现震荡态势，市场参与者普遍持谨慎态度(见图7-19)。然而，市场的平静并未持续太久。11月10日，永煤违约事件爆发，引发债市

流动性冲击。这一事件导致债基遭到赎回，流动性较好的转债也再次遭到抛售。市场恐慌情绪迅速蔓延，投资者信心受到严重打击。

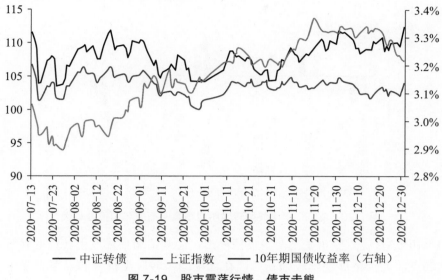

图 7-19 股市震荡行情，债市走熊

面对市场动荡，央行迅速出手呵护资金面，通过一系列措施稳定市场预期。在央行的积极干预下，债市恐慌情绪逐渐得到平复，市场开始回归理性。

不过市场的波动并未就此结束。12月15日，鸿达兴业违约事件再次对转债市场造成冲击。这一事件进一步加剧了市场的担忧情绪，投资者对信用风险的关注度再次提升。幸运的是，12月18日召开的中央经济工作会议为市场带来了积极信号。会议提出货币政策"不急转弯"，流动性收紧预期明显缓解，这一政策定调为权益市场的后续上涨孕育了动能，也为转债市场的稳定提供了有力支撑。

在信用事件冲击和股市上涨预期的催化下，转债市场出现明显分化。偏股优质转债因其较高的收益性和相对稳健的风险性受到投资者的青睐，纷纷走高。而低评级偏债品种则因信用风险较高而大幅下挫，市场呈现明显的优劣分化态势。

整体来看，在2020年股市牛市是基本共识的情况下，转债市场的成绩难言优异。在一季度疫情冲击之下，转债显示出超越股市的韧性，然而在流动性充裕带来股市企稳反弹之际，转债市场却一度阴跌，只有在7月上旬才在正股的推动下完成了年内最大的一波上涨。由于缺乏整体性行情，择券的意义在2020年变得尤为重要，关键在于对市场风格、行业景气度和个券资质的把握。

二、结构和风格：偏股跑赢，行业分化

2020年偏股型转债明显跑赢平衡型和偏债型转债，全年录得接近10%的涨幅，几乎在每个阶段偏股型转债的表现都更为出色(见图7-20)。

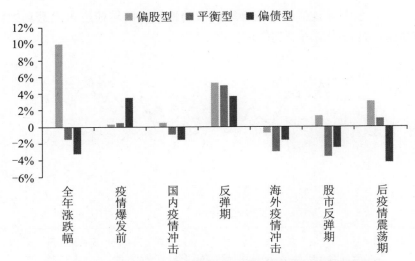

图 7-20　2020 年偏股型转债明显跑赢平衡型和偏债型转债

2020年初至3月底，股市受到两轮疫情冲击，悲观情绪使偏股型转债的转股溢价率降至阶段性低点，但价格展现出较强韧性。在此期间，转股溢价率的显著上涨主要由偏债型转债带动。随着股市在悲观情绪释放后的恢复性上涨，偏股型转债得益于正股和估值的同步提升，实现了大幅反弹。

5月，转债市场经历连续下跌，各类转债估值均受到压缩，偏股型转债因估值已回升至年内高位，估值压缩尤为显著。年末，在信用事件冲击下，恐慌情绪波及偏债型转债，导致其下跌，而信用风险较小的偏股型转债则受到追捧，价格上涨。

全年来看，低评级小盘转债虽波动较大，但整体表现优于高评级大盘转债(见图7-21)。高评级大盘转债多为偏债型，而低评级小盘转债多为偏股型，这与2020年偏股型转债优于偏债型转债的趋势相符。在特定月份，低评级小盘转债涨幅显著，部分受双高个券炒作影响。然而，在10月底至年末的信用事件冲击下，低评级转债遭受大幅杀跌，高评级转债则保持相对稳定。

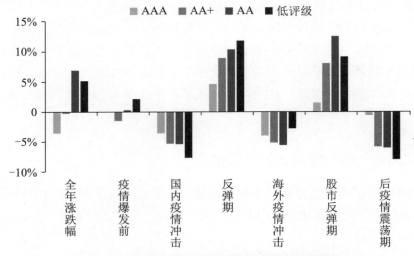

图 7-21　全年来看，低评级转债跑赢高评级转债

转债行业涨跌与正股基本一致，但幅度较小。2020年的权益市场是典型的蓝筹白马行情，市场避险情绪浓厚，大盘蓝筹成为不确定中的抱团主线。

从必选消费到可选消费，再到顺周期板块。食品饮料、生物医药作为必选消费品，具有逆周期性和防御功能，持续获得资金的青睐。后疫情时期，经济复苏成为共识，消费场景有所恢复，休闲服务、汽车、家电等可选消费板块逐渐起势。随着全球经济复苏成为一致预期，全球原材料周期品盈利修复逻辑增强，全球商品供需错配和流动性持续宽松推高了大宗商品的价格。有色、采掘、钢铁、化工等顺周期板块迎来上涨行情。

出口导向型行业先抑后扬。国内疫情好转之时，海外疫情爆发导致中国出口份额锐减。电子、汽车、家电等出口导向型行业在海外疫情冲击带来的第二轮下跌中跌幅居前。随着海外消费端先于生产端恢复，产销缺口带来我国出口的供给替代，电子、汽车和家电行业随后迎来了大幅反弹。

碳中和成为全球共识，光伏和新能源车表现亮眼。电力设备及新能源行业全年涨88.34%，在30个中信一级行业中位列第一，汽车行业也取得了49.95%的涨幅。

由于转债对应的正股缺乏行业一线标的，使得转债跟随行业轮动的择券范围相对有限，涨幅也不及正股。比如2020年表现最好的消费板块中的转债标的十分有限，资质较好的更是稀缺。因此在转债投资中，对个券的要求应有所放宽，对赛道景气度的把握更为重要。

消费行业中的伊力转债、安20转债、希望转债等对应正股虽然不是行业龙头，但在2020年的赛道行情下仍然取得了不错的涨幅。医药行业转债数目众多，虽然大部分不是一线核心品种，但也有受益于疫情的标的(如英科、蓝帆)，医药流通标的益丰转债取得了不错的涨幅。

顺周期板块中转债标的较多，其中不乏赣锋、寒锐这种新能源金属，明泰、紫金等顺周期、高弹性、低估值的铝、铜等有色品种，还有桐20、恒逸这样的石油石化龙头发行的转债标的。出口导向型行业中，消费电子行业的立讯、歌尔、蓝思、景旺，汽车行业的广汽转债，家电行业的奥佳转债均为比较优质的标的。新能源行业中包含许多优质转债标的，包括光伏产业链一体化龙头隆基转债、硅料龙头通威转债、光伏胶膜龙头福特转债、光伏玻璃龙头福莱转债等，均在2020年取得了不错的涨幅，并相继触发强赎退市。

三、启示：对风险的再认识

2020年，疫情这只黑天鹅给股市和债市带来了前所未有的挑战，两者都呈现了独特的"疫情模式"。在疫情不确定性的笼罩之下，市场走势变得难以捉摸，尤其是转债市场，其受股市、债市及估值三重因素影响，波动更加剧烈。尽管如此，回顾这一年，仍能发现一些转债投资的规律。

首先，必须警惕转债市场的高估值风险。尽管2020年股市整体呈现牛市格局，上证指数累计上涨13.87%，但转债市场的表现却不尽如人意，累计涨幅仅为5.25%。这主要是由于年初转债估值已经历了长时间的单边上涨，市场对高估值的警惕心理逐渐增强。一季度，尽管正股经历两次大幅下探，但转债由于前期估值提升，相对正股表现出更强的韧性。然而，高估值也透支了后续的上涨空间，导致二季度在股市强势上行时，转债却受到债市弱势的拖累，估值持续受到压缩。

其次，低价策略并非万无一失。在转债市场整体高估值的背景下，相对低价的偏股型转债确实在一定程度上参与了正股行情，表现优于偏债型转债。然而，在年底信用事件冲击下，市场情绪受到严重影响，偏股型和偏债型转债的分化进一步加大。原本被视为相对安全的低价转债也未能幸免，价格继续走低，这表明市场中没有绝对安全的标的。

再次，债市的流动性冲击可能为转债投资带来机会。2020年，转债市场两次受到债市流动性冲击，虽然市场在短期内出现抛售，但从中长期来看，这些冲击点反而成为较好的买入时机。例如，5月和11月的两次债市流动性冲击都伴随着资金的重新配置和市场的情绪调整，为投资者提供了布局低价转债的机会。

最后，在偏股型转债投资中，行业景气轮动是择券的关键。由于大多数行业的偏股型转债缺乏一线正股标的，且强赎条款导致优质转债提前退出市场，因此转债很难完全匹配正股的涨幅。然而，在正股涨幅较大的行业中，如医药、食品饮料、新能源等，即使是资质较弱的转债品种，也能跟随行业趋势获得不错的收益。因此，在投资偏股型转债时，对个券的要求可以适度放宽，而对行业景气度的把握则更为重要。

第五节 "固收+"的大时代——2021年复盘

2021年中证转债指数累计上涨16.49%，创出历史新高。转债价格中枢整体上移，90元以下的低价转债几乎被消灭。上证指数累计上涨2.61%，与上证指数的"原地踏步"相比，转债指数表现出惊人的向上弹性。

正股是转债价格的基础支撑，可转债大幅跑赢正股的同时，高估值风险也在酝酿。截至2021年11月底，现存可转债的平均转股溢价率为36.75%，达到2017年以来95%分位数以上的高位。

同时，由于2019年和2020年连续两年的牛市行情，"固收+"产品持续扩容，成为转债最重要的机构投资者之一。

一、复盘2021：股市风格分化，转债结构占优

2021年权益市场波动加大，风格极致分化。中证500和国证2000分别累计上涨13.91%和27.58%，对比之下，上证50和沪深300分别以累计下跌13.06%和7.28%收场。

转债指数与上证指数走势整体较为吻合，但在7月和10月中旬至11月底发生了两次明显的背离，转债平均转股溢价率两度快速拉升，同时在每一轮股市下跌时，转债跌幅相对较小，导致转债指数大幅跑赢上证指数(见图7-22)。

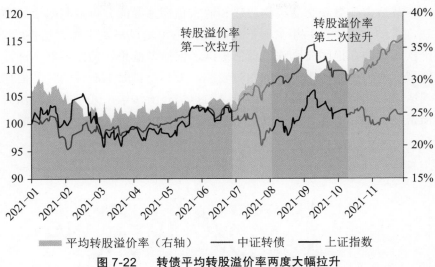

图 7-22　转债平均转股溢价率两度大幅拉升

分阶段来看，2020年12月中央经济工作会议定调货币政策"不急转弯"，股市迎来春季躁动上涨期。2021年1月前三周，A股成为少数股票的牛市，市场延续2020年下半年以来"以大为美"的风格，指数大涨但多数中小市值品种下跌。由于受到11月永煤违约和12月鸿达兴业违约事件的影响，市场开始对转债的信用风险定价，资质较弱的偏债型转债表现弱势，优质的偏股型转债受到追捧，享受到正股和估值的双双提升。

1月底至春节前，受流动性冲击，股市经历了短暂的回调，随后在全球需求复苏预期带动下强势反弹。1月底的流动性冲击对转债造成不小的打击，市场价格中枢整体下移，低价券比例明显增加，创造出低价券全年最佳买点。随后，低价转债价格迅速修复，偏股型转债随正股有所反弹。由于1月初至春节前转债整体表现不及正股，转股溢价率持续压缩，来到全年低点(见图7-23)。

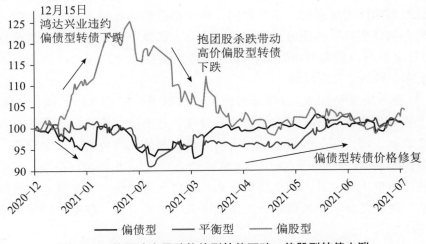

图 7-23　信用冲击导致偏债型转债下跌，偏股型转债上涨

然而，春节后由于微观交易结构恶化和通胀预期主导的分母端利率上行预期，抱团股全面杀跌，带动大盘下跌，小盘股却逆势反弹，市场风格发生暴力切换(见图7-24)。偏股型高价核心标的在抱团股杀跌中受伤最深，偏债型低价转债则逆势上涨，主要原因为：①偏债型低价转债对应正股市值相对较小，受到小盘股上涨带动；②前期信用事件导致的悲观情绪已然释放，对转债信用风险的担忧有所缓解；③春节前后洪涛、开润、景20等转债密集下修，增强了投资者对下修条款保护下低价转债上涨的信心。

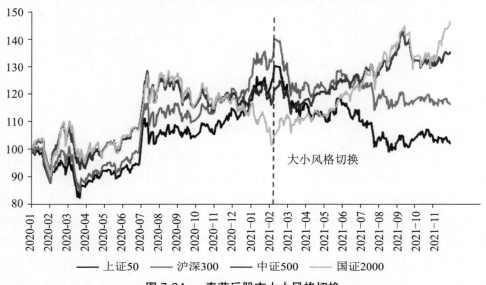

图7-24　春节后股市大小风格切换

　　3月中旬，权益市场逐渐企稳，进入横盘震荡期，核心品种估值风险有所释放，市场由结构性机会主导。在流动性相对充裕的环境下，碳中和相关的主题机会增加。5月中旬，市场风险评价下行，券商股大幅拉升，以新能源、新兴消费为主的成长板块继续上涨，中小盘股票始终表现强势。在此期间，转债指数整体保持上涨态势，估值缓慢震荡回升，结构上偏债型低价转债价格和估值同步向上修复，偏股型高价转债价格和估值震荡企稳。6月上半月，股市有所回调，偏股型转债受股市冲击较大，估值明显压缩。随后，股市反弹，转债亦有所反弹。

　　7月，权益市场波动加大，7月下旬由于对政策不确定性风险的担忧，股市深度回调。风格上依然是小票占优，行业走势明显分化，锂电池、光伏、半导体、有色金属等科技成长赛道和上游资源品强势上涨，医药、消费等传统优势赛道大幅调整。由于转债中强势赛道标的较多，对应正股偏中小市值，加上7月中旬央行全面降准，流动性宽松支持各类型转债估值大幅拉升，创出历史新高，优质新券的集中上市进一步提振了转债市场情绪。这一时期是全年中转债第一次与股市走势明显背离，各类型转债估值集体抬升的阶段(见图7-25)。

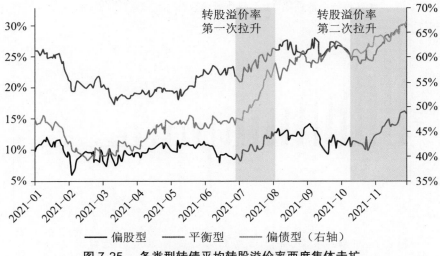

图 7-25 各类型转债平均转股溢价率两度集体走扩

8月，股市延续震荡和分化走势，中小盘股继续跑赢大盘股，大盘股跌幅有所收窄。采掘、有色和钢铁等周期资源板块一骑绝尘，医药、消费继续下跌。转债涨幅不及股市，转股溢价率有所压缩，高估值风险有所释放。9月中旬起，随着稳定煤炭价格、能源保供等政策的密集落地，前期暴涨的煤炭、钢铁等周期资源股持续调整，带动大盘拐头向下。新能源、光伏等科技成长标的维持高位震荡，消费股有所反弹，小盘股明显回调，市场出现风格切换的迹象。转债跟随股市有所回调，估值维持高位震荡。

10月中旬以来，股市再一次进入震荡期，市场缺乏明确的投资主线，各个板块上涨的持续性不强，钢铁、煤炭、化工等周期资源板块和金融板块继续走弱，消费、新能源等科技成长板块均维持震荡。转债在经历了9月份的回调后重新走出超越股市的上行趋势，各类型转债转股溢价率发生了2021年以来第二次集体走扩，中证转债指数创出历史新高，估值也来到2021年以来的最高位。

二、转债走出独立行情的原因

整体来看，2021年转债走出超越股市的独立行情，主要是三方面的原因导致：①转债对应正股在行业分布和大小风格上具有结构性优势；②转债估值在正股预期向好、资金流入和情绪升级三重因素的推动下持续提升；③新券密集发行，不赎回转债增多，特殊情况打破转债估值限制。

正股方面，转债对应的正股整体涨幅大于上证指数。由于转债对应的正股在2021年涨幅较大的新能源、基础化工、汽车等板块分布较广，且市值相对较低，因此转债充分享受到2021年股市周期成长行情、中小市值占优的结构性行情(见图7-26)。

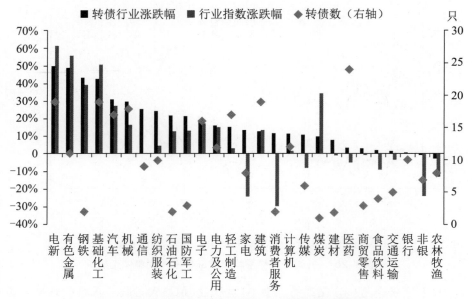

图 7-26　2021年涨幅较大的行业转债数量相对较多

估值方面，首先，转债的转股溢价率主要反映市场对正股未来上涨的预期。截至2021年11月底，估值绝对水平较高且2021年估值提升较大的行业集中在消费者服务、医药、商贸零售和农林牧渔等2021年跌幅较大的传统优势行业，投资者对正股反弹抱有强烈预期，因此估值仍然维持高位。2021年涨幅较大的新能源、有色金属板块转债的转股溢价率较年初有所收敛，而表现较为强势的钢铁、基础化工、汽车、机械等板块转债估值仅有小幅提升，可以说市场对各个板块的估值仍然较为合理。

其次，转债估值的提升还与转债供给放缓和资金的大量涌入有关。2021年由于定增对转债的替代效应及转债减持新规的影响，转债发行较2020年有所放缓，但在需求端转债受到的关注前所未有，供不应求下转债上涨动力十足。

在地方债发行不及预期、信用风险事件频发导致机构拒绝信用下沉、房地产等传统债券的背景下，转债承接了债市的高收益配置需求。我们发现10年期国债利率和转债平均转股溢价率呈现明显的负相关关系，也就是说，以10年期国债利率下行为表现形式的债市流动性宽松时期，可转债的估值往往大幅提升。春节以后，10年期国债利率呈下行趋势，可转债估值持续拉升；7月，央行全面降准，债市流动性大幅宽松时期正好与转债估值第一次集体猛烈拉升时期重叠；10月中旬以来，经济下行压力和房地产政策边际放松导致的宽信用预期下，10年期国债利率再次拐头向下，转债估值也发生了第二次大幅拉升(见图7-27)。

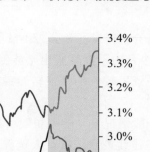

图 7-27　10 年期国债利率和平均转股溢价率负相关

此外，估值还反映了转债市场的情绪。由于基金投资者普遍具有线性思维，转债在1月触底之后价格迅速修复，走出独立于股市的行情，不少业绩领先的转债基金和其他"固收+"基金持续受到追捧，份额明显提升，导致越来越多的资金流入转债市场。基金持有转债规模2021年第二和第三季度分别同比增长13.4%和19.4%(见图7-28)。

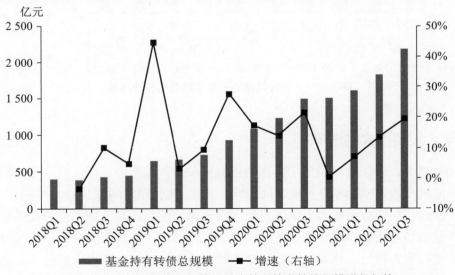

图 7-28　2021 年第二和第三季度基金持有转债规模增长加快

同时，从转债市场日成交额的放大和新券上市热度提升也可以窥探转债市场情绪的升级。2021年二季度以来，转债市场日成交额明显放大，说明资金的涌入推动着转债指数上行。也是在二季度，新券上市首日涨跌幅明显提升，除了新券资质较好的因素，市场对新券的热情不言而喻。

新券密集发行和公告不赎回的转债增多也会推高整体估值。由于新发行的转债在发行后的6个月内不能转股也不能触发强赎条款，因此转债价格常常与平价出现较大的差异，尤其是资质较好的转债转股溢价率往往较高。新发转债增多会拉高转债市场平均转股溢价率。

一般情况下，随着正股价格接近赎回触发价，转债的转股溢价率会逐渐趋近0。当正股触发强赎条款；发行人选择不赎回，尤其是在发行人公告不赎回的期限时，在此期限内由于转债价格的压制因素解除，转债可能出现超出正股的涨幅，转股溢价率可能再次被拉高。2021年6月以来，转债触发赎回和公告不赎回的数量明显提升，对转债市场平均转股溢价率有拉高作用(见图7-29)。

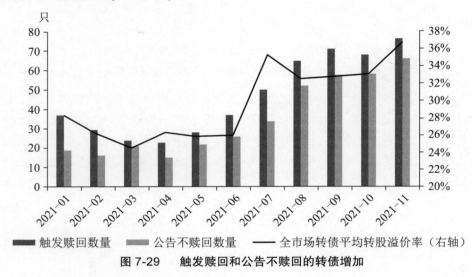

图 7-29　　触发赎回和公告不赎回的转债增加

三、启示：投资模式的选择

2019年以来，转债市场经历了多次估值走扩和集体压缩的过程，反映其受到市场情绪、资金流向及政策预期等多重因素的影响。首先，回顾2018年底至2019年初，权益市场连续下跌后，转债在债底的支撑下表现出较强的韧性，转股溢价率维持在高位。随着2019年权益市场的反弹，转债高估值得以逐步消化，这一过程主要以偏债型低价转债的转股溢价率收窄为特征。然而，随着股市的持续上涨，转债估值再次被拉高，这在一定程度上透支了权益市场的上涨预期。

2020年，国内疫情对金融市场造成了冲击，但在宽松的货币环境下，转债的下跌幅度相对有限，转股溢价率经历了两轮显著拉升，并在3月底达到历史高位。然而，过高的转股溢价率意味着正股上涨的预期已被透支，因此在货币政策边际收紧、股市温和复苏的背景下，资金开始从债市流向股市，转债市场面临抛售压力，前期积累的过高估值开始集中释放。

历史经验表明，当股市下行而转债由于债底支撑下行幅度有限时，转股溢价率的被动拉升并不会积聚过大风险，后续股市的反弹有助于化解这一风险。然而，在乐观情绪和资金推动下，转债涨幅超过正股导致的转股溢价率主动快速拉升则可能蕴含较大风险。这种风险主要来自两方面：一是权益市场的回调可能打破对正股上涨的预期；二是即使股市依然温和上涨，流动性边际收紧也会对转债市场构成压力。

2021年，转债市场还面临高估值和极端敏感性的挑战。虽然高估值是结构性的，并非完全是泡沫，但各行业转债的平均转股溢价率较年初均有所上涨，且部分板块的转债估值处于绝对高位。在这种情况下，转债投资应以防守为先，规避高价格、高转股溢价率的个券，并关注即将进入转股期和已触发赎回的高价格、高估值转债的风险。

在投资策略上，可以选择配置模式和交易模式。配置模式类似于股票的价值投资，选择正股资质好、价格合理甚至低估、转债价格相对较低的标的中长期持有。这种模式虽然可能面临当前转股溢价率较高的问题，但中长期来看，业绩反转和正股反弹的确定性较强，转债最终有可能通过触发强赎后转股退出。而交易模式则需要把握景气度的轮动，根据权益市场的行情主线选择对应赛道的偏股型转债，以博取正股上涨带动高弹性转债跟涨的收益。然而，这种模式的高波动性需要投资者有足够的回撤承受能力。

第六节 预期乐观，现实骨感——2022年复盘

2022年，中证转债指数累计下跌9.16%，最终收报于396.39点。尽管市场表现不尽如人意，但相对于大多数股指，转债仍然表现了独特的优势，尤其是在市场波动中，其"退可守"的特点尤为突出。特别是在4月底至8月中旬的反弹期内，转债市场的表现亦是不俗，累计涨幅达到了12.04%，这一成绩与同期上证指数的14.07%涨幅相比，也是不遑多让。

与2021年转债市场在正股上涨和估值提升的双重推动下呈现单边上涨的态势相比，2022年的转债市场行情曲折多变。一方面，权益市场经历了剧烈的波动，给转债市场带来了不小的挑战；另一方面，转债估值长时间处于高位，使得投资者在把握市场节奏和风格上难度更大。

一、复盘：2022年转债市场的四个阶段

2022年转债市场可以分为四个阶段(见图7-30)：负面事件冲击股市三度探底，估值被动拉升；风险偏好回升，股市转债反弹；悲观情绪演绎，股市二次探底，估值创新高；多重利好共振，股市在犹豫中上涨，转债"杀估值"。

转债指数全年走势较为曲折，先跟随股市剧烈下跌，后大幅反弹，随后再度探底，最后企稳回升。转股溢价率也经历了拉升、压缩、再拉升、再压缩的大开大合。

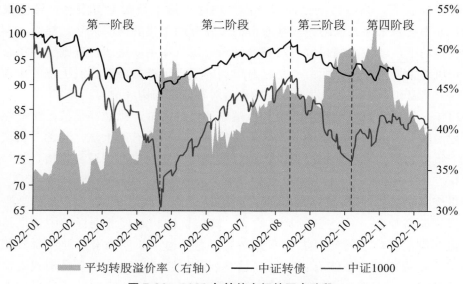

图 7-30 2022 年转债市场的四个阶段

1. 1月至4月下旬：股市三度触底，估值被动拉升

2022年1月下旬，全球股市受美联储加息预期及俄乌冲突预期升温影响，呈现大幅波动。相比之下，国内春节前市场风险偏好较低，基金发行节奏放缓，权益市场出现调整，成长股估值受到一定抑制。在债市方面，央行于1月20日下调LPR，推动10年期国债利率显著下行。尽管市场波动，但转债跌幅相对较小，导致转股溢价率被动上升。

春节后，市场迎来新的变化。2月10日公布的1月社融数据超出市场预期，受"稳增长"政策预期影响，银行、建筑、地产等权重板块受到资金青睐，上证指数表现强势。然而，成长股在这一阶段继续承受压力。与此同时，债市宽信用预期升温，叠加美国通胀数据走高，10年期国债利率上升明显。2月14日，中证转债单日大幅下跌，加权平均转股溢价率有所下降，反映市场出现主动调整。随后，转债随正股企稳反弹，各平价段转债估值得到不同程度的修复。

2月底，国际局势突变，俄乌局势恶化对全球金融市场产生冲击。A股受外围市场拖累出现较大回撤，但转债跌幅相对较小，转股溢价率再次被动上升。与此同时，国内政策层面开始有所动作，3月份多地出台楼市松绑政策，房地产市场回暖带动大盘价值板块反弹。然而，成长股的表现依然疲弱。

3月16日，金稳会发出稳定资本市场的信号，被视为政策层面的重要支持，市场风险偏好有所回暖，权益市场逐渐企稳。但债市对宽信用的预期依然较强，利率波动较窄。随后，转债市场经历短暂反弹后再次探底，估值小幅压缩。然而，随着市场情绪逐渐稳定，转债市场最终企稳反弹，估值有所走扩。

3月底至4月初，上海疫情逐步升级，投资者对宏观经济的悲观情绪进一步上升。同时，国际市场上债券利率攀升，人民币贬值压力加大，国内货币政策空间受到制约，债市承受较大压力。在多重负面因素叠加下，权益市场在4月份进入新一轮调整期，市场情绪在4月下旬达到低谷。尽管如此，转债市场在这一阶段表现出相对韧性，下跌幅度较为克制。然而，这也导致加权平均转股溢价率被动猛烈上升，达到2022年的第一个高点49.65%。

2. 4月底至8月中旬：股市转债反弹，估值先降后升

4月29日，中央政治局会议明确5.5%的GDP目标增速不变，强调要加大宏观政策调节力度，努力实现经济目标，用好各类货币政策工具，全面加强基础设施建设等，"政策底"进一步夯实。此前扰动权益市场的多重负面因素迎来边际改善：上海疫情已有明显好转；央行在4月25日宣布下调金融机构外汇存款准备金率1个百分点，稳汇率的信号明显；政治局会议对经济增长的定调表明后续稳增长政策将进一步落地。市场信心得到提振，权益市场全面反弹，结构上与经济复苏相关度更小、景气度更高的新半军方向占优。受汽车购置税减征政策刺激，汽车板块表现亮眼。

4月底至8月中旬，权益市场经历了一段显著的反弹行情，其过程可分为三个阶段，每个阶段都呈现不同的行业与板块表现特点。

第一阶段，即4月27日至6月15日，市场呈现全线普涨态势。成长板块，特别是以汽车、光伏、锂电池为代表的行业，以及上游资源品(如煤炭、有色、石化基化等)行业成为市场领涨的主力。与此同时，消费与金融板块涨幅相对较小。值得注意的是，小盘股在这一阶段受益于市场增量资金，表现优于大盘股。

第二阶段，即6月16日至6月28日，成长板块继续领跑市场，光伏、新能源车、军工、半导体等行业表现抢眼。与此同时，旅游、航空、白酒等消费行业开始接力上涨，反映了市场对经济复苏的乐观预期。然而，上游资源品受到全球衰退逻辑的拖累，开始出现回调。此阶段，大小盘指数涨幅基本持平。

第三阶段，即6月29日至8月17日，权益市场单边上涨行情告一段落。成长板块内部出现分化，汽车、锂电和光伏等主线赛道出现调整，而新能源板块的新技术领域开始受到市场关注。此外，楼市断贷舆情发酵和国内疫情反复，导致金融消费等大盘权重板块出现调整，小盘风格相对占优。

在债市方面，政策层面的变化对市场产生了显著影响。4月25日央行全面降准，以及5月10日央行表示持续向中央财政上缴结存利润，这些措施向市场投放了大量流动性，推动货币宽松预期再起。10年期国债利率在这一阶段呈现大幅下行态势。随着上海全面推进复工复产和本土疫情的反复，债市利率在震荡中上行，随后又陡峭下行。

4月底至8月中旬，转债市场整体随正股上涨，转股溢价率经历了先压缩后拉升的过程。特别是在6月底到8月中旬，由于债市资金宽松和利率债供给减少，机构面临"资产荒"，转债表现好于正股，转股溢价率回升至接近4月底的高点。

然而，转债市场也面临一些新的挑战。自6月17日转债新规征求意见稿出台以来，市场炒作资金趋势性退出，转债市场的成交额明显下降(见图7-31)。这一变化有助于市场回归理性，减少过度炒作现象。但同时，转债新规也引发了转债强赎概率上升的隐忧。随着权益市场回暖，多只转债触发强赎条款，而转债新规的落地进一步提升了行使赎回权

的概率(见图7-32)，这可能对转债市场的投资者结构和投资策略产生深远影响。

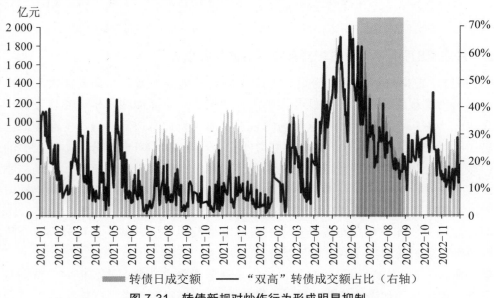

图 7-31 转债新规对炒作行为形成明显抑制

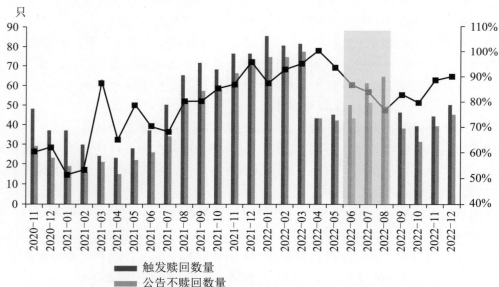

图 7-32 转债新规导致不赎回转债占比明显下降

3. 8月下旬至9月：股市二次探底，估值创出新高

随着8月24日国常会提出19项稳经济接续政策、允许房地产政策"一城一策"，以及"金九银十"消费旺季到来，市场对房地产风险的预期边际收敛。同时由于热门成长赛道前期涨幅较大，交易较为拥挤，市场对负面信息较为敏感，兑现收益情绪较重，因此A股市场进入阶段性的风格再平衡，大盘成长风格相对占优。债市方面，由于8月下旬LPR

非对称降息靴子落地，短期利好出尽，加之国常会加码宽信用政策，利率有所反弹。转债与正股一同调整，估值小幅压缩。

由于美国8月非农就业数据强劲、通胀数据超预期，市场预期美联储未来加息将更加前置且激进，美债利率提升对人民币造成贬值压力，叠加国内经济复苏动能偏弱，9月中下旬权益市场再度陷入调整。美债利率大幅上行、人民币快速贬值对债券市场情绪造成冲击，10年期国债利率进一步上行。转债在股市二次探底过程中较为抗跌，导致加权平均转股溢价率被动拉升到年内新高50.26%。

4. 10月至12月：股市犹豫中上涨，赎回潮下转债杀估值

9月底，房地产松绑政策进一步加码，放宽首套住房商业性个人住房贷款利率下限、下调首套个人住房公积金贷款利率、支持居民换购住房有关个人所得税政策接连落地，加之9月制造业PMI重返扩张区间，市场信心得到提振，节后权益市场短暂反弹。

但由于部分公司业绩不及预期，外资担忧汇率贬值，外资流出导致部分外资重仓的大盘权重板块大幅走低。与此同时，由于重要会议传达出未来中国将围绕推进新型工业化升级和强国建设，医疗器械集采降幅有所缓和，国家设立财政贴息贷款支持医疗设备更新改造，10月军工、信创、医药、半导体等行业表现亮眼。

由于市场对后续经济复苏力度存疑，且9月国内通胀数据低于预期，在市场风险偏好较低的背景下，10年期国债利率震荡下行。10月中下旬，股市调整中，转债相对抗跌，加权平均转股溢价率被动拉升到年内最高点52.61%。

11月初，由于市场对疫情防控政策进一步优化的预期升温，权益市场短暂大幅反弹后回归震荡。11月中上旬，疫情防控优化二十条和金融支持地产十六条先后公布，与此同时，美国10月通胀数据超预期回落，美联储放缓加息预期增强，权益市场迎来强心剂，消费和房地产产业链相关行业大涨。经济复苏预期带动利率迅速上行，引发银行理财赎回潮，踩踏情绪波及转债市场，转债与正股走势出现背离，转股溢价率大幅压缩。

11月中下旬，由于全国多地疫情散发，防疫预期再次边际收紧，权益市场再回窄幅震荡。11月21日至11月底，房地产利好政策频出，地产融资三支箭推进迅速。11月底，广州、重庆、北京、深圳等地进一步优化调整疫情防控政策，疫后复苏势在必行，权益市场再次开启上行趋势。债市方面，11月25日央行宣布全面降准0.25个百分点，但在基本面预期反转的背景下，债市继续承压，10年期国债利率进一步上行。转债涨幅不及正股，加权平均转股溢价率继续压缩。12月7日起，疫情迅速扩散带来经济短期承压的预期，权益市场再度进入调整期。理财赎回压力犹存，债市延续弱势，转债继续遭到抛售，转股溢价率进一步压缩至39%。

二、估值：被动拉升，结构分化

2022年转债市场估值在震荡中一路走高，创出52.48%的历史高点。分类型来看，2022年，不论是偏债型还是偏股型和平衡型转债的估值都整体走高，直到11月才有所回调(见图7-33)。

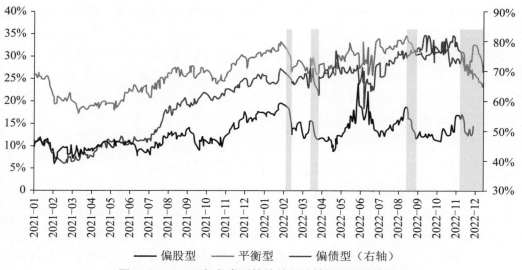

图 7-33　2022 年各类型转债的平均转股溢价率走势

2022年转债的估值走势呈现以下规律。

1. 权益市场走势是影响转债估值走势的最主要因素，宏观流动性对转债估值变化幅度起到助推作用

2022年前四个月，权益市场大幅下跌是转债估值走高的主因，期间利率窄幅震荡，2月14日和3月中下旬各出现一次由于债市流动性收紧预期升温导致的转债主动"杀估值"情形。5月，权益市场大幅反弹，虽然期间债市流动性走向宽松，但股市上涨的作用力更大，转债估值被动压缩。6月底到8月中旬，在权益市场行情出现分化、债市流动性宽松、机构面临"资产荒"的背景下，转债涨幅大于正股，转股溢价率在股市和债市合力下走高。9月中下旬，股市下跌，10年期国债利率上行，转股溢价率被动拉升受正股下行的作用力更大。11月中旬以来，转股溢价率大幅压缩则是正股上涨和债市流动性收紧的共同作用。

2. 市场参与主体的微观行为可能对估值走势和幅度产生阶段性影响

2022年2月14日和3月中下旬，转债市场"杀估值"是市场对于流动性收紧预期升温和前期股市下跌导致的悲观情绪的一次性反映。11月中旬开始的"杀估值"则是由流动性收紧预期下的赎回踩踏导致。8月中下旬，偏股高价转债"杀估值"则是由于金博转债的超预期赎回引发投资者对转债强赎风险的担忧。

3. 转债市场呈现估值高点和估值低点均越来越高，对应的平均价格也越来越高的特点，转债的弹性和抗跌属性均在弱化

三轮估值周期的估值高点分别是41.64%、44.99%和52.48%，对应的转债平均价格分别是100.01元、112.56元和115.76元，估值高点和对应的平均价格在逐渐走高；前两轮估值周期的估值低点分别是12.93%和22.71%，对应的转债平均价格分别是116.18元和119.30元，估值低点和对应的平均价格也在逐渐走高。

在高估值的情况下，转债整体赚钱效应弱于正股，并有可能在流动性超预期收紧时再次发生主动"杀估值"的情况。但根据历史经验，对于正股上涨确定性较强的转债，流动性收紧带来的估值调整反而是较好的布局机会。

三、策略启示：布局双低，借力权益

由于2022年权益市场波动较大，与正股关联紧密的低溢价策略组合波动剧烈，低价策略和双低策略防守性较好。2022年初到12月中旬，低溢价策略、双低策略和低价策略累计涨跌幅分别为-14.75%、11.67%和5.17%，中证转债指数累计下跌8.24%，双低策略表现最好(见图7-34)。

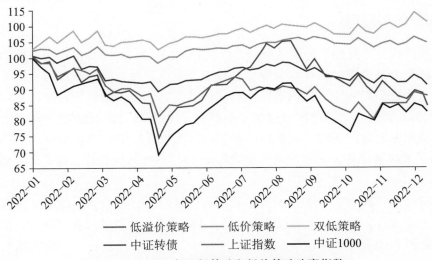

图 7-34　2022 年双低策略和低价策略跑赢指数

分阶段来看，2022年前四个月，低溢价组合随正股大幅下跌，双低和低价组合相对抗跌。4月底到8月中旬，权益市场大幅反弹，低溢价组合在正股带动下大幅反弹，低价组合和双低组合跟随正股上涨的弹性较弱。8月中下旬到9月底，权益市场再次进入调整期，低溢价组合跟随正股调整明显，双低和低价组合小幅下跌。10月，权益市场行情回暖，转债在强赎概率上升和流动性收紧预期升温背景下震荡调整，双低策略明显跑赢中证转债指数。

把时间线拉长来看，2018年起，低溢价策略总收益率高达318.54%，年化收益率33.73%，大幅跑赢双低策略和低溢价策略，但最大回撤高达28.29%，同样是最高的。

在权益市场表现较好的2019—2021年，低溢价策略年收益率分别为51.25%、64.38%和98.84%，远远跑赢双低策略和低溢价策略。但在权益市场表现弱势的2018年和2022年，低溢价策略表现最弱。尤其是2022年，在权益市场波动剧烈、转债整体高估值的环境下，低溢价策略创造了历史最大回撤28.29%。相比之下，双低策略更为稳健，且收益可观，虽然在股市牛市中收益不及低溢价策略，但2018—2022年年化收益率高于低价策略，每年的收益率都高于上证指数，且回撤幅度相对较小，具备"进可攻，退可守"的优势。

第七节　发行暂缓，归于平类——2023年复盘

2023年转债市场表现为先强后弱，内外宏观环境演变与政策博弈仍然是主要影响因素。全年的行情划分为4个阶段，包括复苏强预期的延续与修正；"弱现实"的接受与政策博弈；北向持续施压，稳市场举措效果有限；政策落地、汇金入场，"稳预期"成为三稳首位。

同时由于再融资市场的暂停，2023年转债的发行量不及前两年，市场并未明显扩容，但因为权益市场低迷，转股的转债数量也比较少，反而给了投资者较为充分的择券空间。

一、全年分阶段复盘

第一阶段：复苏强预期的延续与修正(1月3日至3月3日)。1月份，权益市场延续2022年11月经济复苏预期继续上行，复苏交易与主题投资并行。此外，在国内经济复苏强预期和美元指数走弱影响下，国内资产性价比凸显，北向资金延续快速净买入，合力之下加速A股反弹。另外，2022年底理财踩踏的影响逐步消退，转债估值快速修复约4%。2月后，随经济成色验证，国内经济复苏的斜率及持续性开始受到市场质疑，叠加外围市场扰动加大(美元指数走强，北向净流入放缓等)，转债市场跟随正股震荡走弱，估值见顶后小幅压缩。

第二阶段："弱现实"的接受与政策博弈(3月4日至8月4日)。经济"弱现实"逐步得到验证，政策博弈强化，转债抗跌性体现。3月以来，经济高频数据转弱，国内经济基本面弱修复得到验证，市场从逐步接受"弱现实"到对"稳增长""稳市场"政策有所期许的过程，对应的也是权益市场震荡调整的过程，期间经济读数对市场的影响略有弱化，政策预期则成为越发重要的影响因素——7月底，政治局会议表态超市场预期，市场信心修复，股指反弹。此阶段股弱债强，转债估值高位震荡，转债抗跌性体现。8月4日，转债百元溢价率上行至2017年以来的97.50%分位数位置。

第三阶段：北向持续施压，稳市场举措效果有限(8月5日至10月22日)。中美利差走扩，北向持续净流出，稳市场举措效果有限。8月中上旬，在国内经济数据偏弱修复、稳增长政策预期兑现影响下，市场止盈情绪较浓，且中美利差走扩，人民币汇率再次承压，外资转为大幅净流出，权益市场开始持续调整。随后的央行降息再次加剧资金流出，8月5日至25日，北向资金连续三周净流出超770亿元。8月底之后，稳市场政策集中落地，包括印花税减半征收、减持行为规范、阶段性收紧IPO和再融资、降低融资融券保证金比例、汇金入市等，但此时权益市场变化主要针对外资，针对国内资金的举措成效有限，权益市场调整延续。

第四阶段：政策落地、汇金入场，"稳预期"成为三稳首位(10月23日至12月31日)。汇金入市、财政积极表态、北向压力趋缓，但年底转债机构仓位调整压力大。10月23日，中央汇金再次买入多只ETF，信号意义较强；次日，全国人大表决通过了提前下达部分新

增地方政府债务限额的决定。政策及资金的双重呵护下，10月底转债估值触底后反弹，最高触及25.86%。11月2日，美联储再次暂停加息，叠加中美关系阶段性改善信号频现，北向资金的压力也趋向放缓，中央经济工作会议政策目标对推动经济实现质的有效提升和量的合理增长均有诉求。但临近年底，机构在年度考核压力下，赎回和调仓压力持续，对转债的态度相对谨慎，转债估值由10月底的中性位置再度回调，转债估值修复动力偏弱。

二、微观结构总览

2023年转债先强后弱，内外宏观环境演变与政策博弈仍然是主要影响因素，北向资金、汇金入市、再融资限制等资本市场变量也不容忽视。从指数走势上看，转债跟随正股先后呈现较强反弹、震荡走弱、二次反弹、横盘震荡、快速下行、触底企稳的形态。

2023年转债好于正股，但弱于纯债。2023年初至12月29日，中证转债指数跑赢万得全A，但表现不及中证全债。从基金收益看，2023年可转债基金下跌2.92%，跌幅同比缩窄0.43%，为全年各类型基金中同比偏弱品种；从回撤风险看，可转债型基金最大回撤为-12.10%，次于其他债券型基金，好于股票型基金，较2022年回撤幅度减少4.46%。

上半年估值维持高位震荡，四季度受权益拖累有所压缩。1月，债市赎回潮扰动降低，流动性冲击有所缓解，低基数下市场情绪回暖，百元平价转债的转股溢价率回升约4.23%。2月至3月上旬，经济修复斜率弱于预期，转债估值先于权益开始压缩。3月下旬，转债估值在纯债保护和供需偏紧格局下企稳回升，基本回到2023年1月底水平。4月下旬至5月中旬，受信用风险事件冲击和正股回调影响，转股溢价率压缩。5月下旬至6月，前期退市/违约风险影响的低价券价格开始修复，带动百元平价转债溢价率快速修复并创年内新高，而后维持偏高位震荡。7月上旬至9月初，稳增长政策落地，略超市场预期，估值整体延续高位震荡，虽存在止损压力导致的补跌压估值，但在纯债偏强的支撑下，调整幅度相对较小。9月底，权益市场冲高回落叠加债市资金面扰动，受正股持续向下拖累，转债估值继续下探。10月底，在汇金入场购买ETF、增发1万亿元国债等利好因素提振下，转债市场溢价率得到修复，最高触及25.86%，而后转债估值在偏低位反复拉锯，向下触及2022年以来低位后企稳。机构在年度考核压力下，赎回和调仓压力持续，对转债的态度相对谨慎，年底转债估值修复动力偏弱。

价格中枢下行，高价券弹性较大(见图7-35)。截至12月29日，加权平均收盘价113.64元，较2022年末下降0.46%；转债市场价格中位数为118.32元，较2022年末上升1.81%；130元以上高价券占比为22.69%，较2022年末提升4.24个百分点。单四季度而言，转债市场加权平均收盘价较三季度末下降3.53%；转债市场中位数较9月28日下降2.31%，130元以上高价券占比较三季度末下降3.84pct。

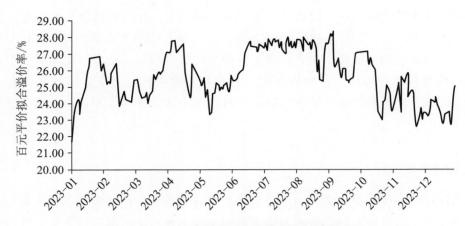

图 7-35　2023 年转债市场估值自高位震荡下行

条款方面，2023年退市的58只转债中，15只为到期赎回，其中光大转债采用引进中国华融战略股东并溢价转股的方式，大幅缩小转债到期偿付金额，为银行转债提供了新的促转股思路。此外，包括2024年初到期的江银转债、无锡转债，以及即将赎回退市的法本转债、大业转债和深科转债，2023年共计133只转债触发强制赎回条款，共计94只公告不强赎，不强赎比例为70.68%；触发赎回数量较2022年同比减少29.63%，不强赎比例则降低3.40个百分点(见图7-36)。

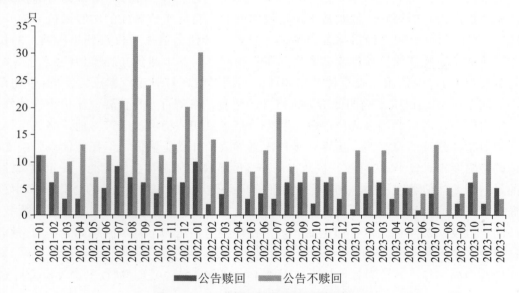

图 7-36　公告赎回和不赎回的转债分布

受正股波动影响，2023年上半年共计278只转债公告触发下修条款，有53只转债公告提议下修共计62次，其中思创转债因违规披露取消下修，正元转02及能辉转债在下修失败后再次触发成功下修；256只转债公告不下修共计465次。四季度转债市场震荡下跌，触发修正条款的转债数量增多，并且公司下修促转股、提振转债价格的意愿增强，10—12月分别有11只、7只、5只转债提议下修，19只成功下修，能辉转债下修失败，蓝盾退债、交建、东风转债尚待股东大会决议(见图7-37)。

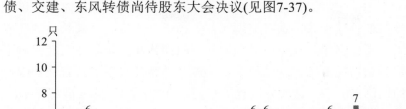

图 7-37　董事会提议下修转债数量

　　转债强制退市拉开序幕，信用风险引发市场审视。*ST蓝盾触及了财务退市，公司股票及蓝盾转债已自4月26日开市起停牌，5月5日，公司收到深交所终止上市事先告知书；搜特转债已于5月23日因收盘价低于面值触发停牌，5月29日深交所拟决定终止*ST搜特股票及可转债上市交易，两只转债打破转债零强制退市和零违约记录。在ST板块信用风险事件冲击下，5月低评级、小规模的转债转股溢价率压缩，最后一周有所修复。深交所网站6月9日发布《关于可转换公司债券退市整理期间交易安排的通知》，明确正股进入退市整理期交易的，可转债同步进入退市整理期交易。

　　全年转债供给偏紧，下半年需求端情绪降温。供给端，全年发行相对较弱，全年总计发行134只转债，发行规模1388.31亿元，规模同比减少36.60%。7月份，转债市场供给集中放量，共计30只转债开启网上发行，共计305.81亿元，同比2022年增长显著，供需双增中，申购中签率环比小幅抬升。

　　在供给端"资产荒"下，新券发行参与度较高，中签率偏低且新券上市定价偏高，尤其是3月份发行规模同比下降而网上有效申购金额同比抬升，导致中签率大幅下降。8月，转债市场供给紧张加剧，需求端情绪有所降温但尚不明显，新券中签率持续低于2022年同期，仅12月同比微弱增加0.001%。

　　从需求端来看，公募基金在1月大幅增持，2月在前期浮亏下，止盈心态较浓，转债有所减持，3—10月连续增持，但同时在7月达到较高的持有比例后呈现为相对平稳趋势，即基金增配转债的趋势也在接近年底时有所放缓。基金的行为变化由其负债端的变化导致，理财、险资、年金及社保基金在年底因各自原因而有降低转债仓位的诉求，基金或有被动减配转债的压力。银行理财及自营在经历2022年底理财踩踏事件后，2023年持续、稳定地减配转债，上半年低风险类理财产品募集资金量仍有增长，但中低风险及中风险类理财产品募集资金量出现明显下滑，银行理财或为了适配其负债端的变化而在2023年持续、审慎地对待"固收+"类资产。险资、年金及社保基金从总量上看第一～第三季度持续增持可转债，第二季度总计增持6.33%，此后7月份年金则迎来年内最后一次增持，随后连续降低转债配置，选择兑现收益。由于三类持有者偏长的调仓周期以及较敏感的止损要求，考虑到年底权益市场预期并不明朗且2023年收益表现相对不佳，年底有较强的降低风险敞口的诉求。从结果看，沪深两市转债投资者持有结构中，险资、年金和社保基金的比例在6—7月达到阶段性高位后，开始小幅下降或震荡持平。

从板块轮动节奏上看，缺少持续性主线，轮动较快。2月中旬前，复苏与主题交易轮动上行，消费板块、先进制造、科技板块轮番表现；2月下旬至4月初，主题交易占优，科技板块围绕ChatGPT相关主题依然大幅领先，远超其余板块。4月中下旬，包括科技板块在内的多数板块开始大幅回调，资金避险下低波红利表现亮眼，大金融板块迎来上涨行情，随后再次下跌。5月底至6月20日，科技板块在龙头业绩超预期的提振下回暖，而后快速回调至5月底水平。7月，政治局会议表态超市场预期，科技板块持续下调，同时金融地产、医药医疗等板块月底快速上涨。8月至10月，各行业则持续承压，受正股市场持续调整影响，各主题表现相对分散，各板块轮动较快。11月份，在AIGC概念再度升温带动下，TMT板块向上动能明显。12月份，游戏监管新规出台，TMT板块加速下行。

第八章

关于转债的随笔漫谈

本章主要收录了笔者从事债券投研工作以来一些不成体系的思考和想法，相对前七章而言，本章的文字内容可能不够严谨，请读者朋友们批评指正。

第一节　漫谈德州扑克与转债投资①

德州扑克是金融从业者，特别是二级市场投研圈比较流行的纸牌游戏，其非完美信息博弈的情景、基于概率与赔率的策略运用，以及贯穿游戏始终的风险和资金管理，与二级市场投资有许多相似之处。

一、德州扑克听牌与转债

众所周知，平价、债底两条价值支撑线是转债最基本的框架(见图8-1)。而通过听牌和大对子博取底池是德州扑克最基本的盈利策略。需要说明的是，德州扑克中，并非所有的起手牌都具有与转债相似的特性。

在实践中，许多小牌和单高张的边缘牌被弃用，而有机会凑成同花或顺子的强听起手牌才具备这样明显的特征。

不妨假设一个情景：本方持有起手牌 9和7且是同样花色，Flop②是 A、6、8，本方变成两头顺听牌，有32%的概率能够提升成顺子，此时我们可以理解为同花色9和7位于它的偏股性区间，波动特征更接近顺子这类强牌(赢的多，输的也多)；而如果 Flop 是2、5、9，本方

_____

① 本文写于 2017 年底，为笔者个人公众号开篇文章。
② Flop 指五张公共翻牌的前三张。

变成 9 顶对，几乎是最好的牌，但很容易被下两条街的翻牌超越，此时可理解为位于同花色9和7的债性区间，波动接近普通对子(赢的多，输的少)。而这手牌的基本价值，正是由这两种最常见的成牌方式实现的。

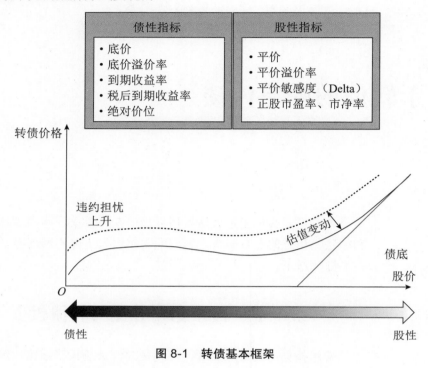

图 8-1　转债基本框架

二、转债票息与通胀

当然，在很多情况下，同花色9和7可能在 Flop 上没有击中任何东西，甚至会在翻牌前的第一轮盲前注被清洗出局，我们可能也会因此损失1～3个大盲注。

在转债投资中，我们也会面对类似的困境：债底虽然是构成价值的重要基石，如果没有正股行情配合，其纯债条款的票息可能低于当期国内实际通胀水平(例如电气转债前五年票息分别为0.2%、0.5%、1%、1.5%、1.5%)，投资者为了这类资产的弹性而愿意承担的机会成本，就像我们大多数情况下听牌失败时交的看牌费。

与此表现相反的是不同色A、K这样的起手牌，翻牌前大概率领先，但进入底池后价值衰减速度非常快，特别是后期提升空间乏善可陈。

而一般意义上A、K被认为是仅次于A、A和K、K的强牌，很多人习惯在翻牌前对不同色A、K这类牌下大赌注，直接逼迫中小起手对子弃牌，以此来获得该类资产翻牌前的强"确定性"价值，相对结构听牌而言，对这类资产更适合从静态视角进行定价和估值。

三、德州扑克听牌的Gamma属性

转债为股债双轮驱动的资产，其价格走势往往具有"越跌，则波动特征越接近纯债；越涨，则波动特征越接近正股"的特点，其原理类似于含权债的凸性增强效果(跌时接近短债，涨时接近长债)。因此，转债看上去估值偏高的原因，一是国内市场缺少做空工具，二是投资者为这种相对优化的风险收益结构所支付的改造费用(稀缺性)。

而德州扑克听牌有时也具备类似的属性，不妨考虑如下案例：玩家翻牌前起手小对子，进入多人底池翻牌后在3张同花面上击中暗三条，因为有同花成牌存在的可能，此时三条并不算坚果牌，假如领先下注，大概率无法隔离同花强听牌。

此时选择将三条看作葫芦听牌可能是更好的选择(一来可以隐藏牌力，二来可以控制底池)。而这种特殊听牌相对传统听牌便具备了某种Gamma特征，因为第四张转牌即使未击中葫芦，也会增加玩家额外的3张Outs[①]的补偿。换言之，在未击中的情形下该类听牌的价值随牌局的进程(类似期权到期日对价格的影响)衰减的速度更缓慢，而在击中的情形下往往具备更强的实际牌力(三带二)。

四、化解风险的制度安排

从历史经验来看，转债相对其正股的超额收益主要源于转股价向下修正，例如2018年权益市场底部震荡，便有较多单一转债证券通过向下修正来规避回售或促转股，而这样的制度安排，也为转债提供了化解系统性风险的途径。类似的规则可参照德州扑克现金桌"All in发两次[②]"惯例来类比。

德州扑克听牌策略中Semi-bluff[③]是比较常见的，对于强听牌而言，All in也是非常高频的玩法，这样做的好处在于可以通过"对手跟注看到最后击中"或"直接逼迫对手弃牌"两个路径获得胜利，而All in可以协商发两次的制度安排将激进听牌策略的风险进一步优化。多发两张牌大幅增加Outs，从而降低了听牌落后者被直接清空的概率。对于领先者而言，虽然可能牺牲一些期望价值，但同样降低了被Bad beat[④]的可能性，有效降低了筹码量大幅波动的概率。

对于有信用风险的转债，下修对发行人而言虽然付出了更多的资本成本，却避免了违约压力，维持了资本市场的形象。

五、债底与回售保护

与正股上涨带来的主要回报驱动力相比，债底和回售条款容易被投资者边缘化，但在某些特定的情况下，尤其是正股弹性和题材相似的情况下，债底和回售的安全边际同

---

① Outs 指使三张特定的牌成为公共牌，将显著提升玩家手中牌的潜在价值。

② "All in 发两次"指两个玩家都选择全部押注，但公共牌还没有全部发出来，此时两人协商达成一致后，可以选择后面的公共牌发两次，如果发两次的结果是两边各有胜负，则底池的筹码平分 (相当于打平手)。

③ Semi-bluff 指的是玩家目前的牌不强，但有提升成强牌的可能性，此时激进押注被称为半诈唬 (介于纯诈唬和价值下注之间的一种形态)。

④ Bad beat 指牌局中牌力落后的一方因为运气好获得了显著提升自己价值的公共牌，因此从落后方成为领先方，从被反超的原领先方来看，是被"Bad beat"了。

样是性价比的重要尺度。类似德州扑克里"踢脚大小"和"同色与否"的概念。

对于一张A带一张未知牌的组合，未知牌所代表的踢脚越大，意味着击中顶对或两对时被同类型牌"统治"的概率越小(信用风险越小)。相对非同色起手牌而言，同色起手牌虽然胜率增强效果有限，但提供了另一种获得回报的路径，类似于条款对投资者更友好的个券。而非同色的起手牌在某种程度上则更接近无回售条款的金融类转债。

六、策略平衡与供给扰动

如果假设自己是非常谨慎的选手，从不计算隐含赔率，只凭借正期望值EV进行决策，就像投资转债并没有波段操作的打算而是打定主意持有到期(或转股)。一旦忽略净值波动，德州扑克听牌和转债似乎又具备了相同的风险收益特征：输的时候付出不多，赢的时候想象空间却很大(向正股要收益弹性)。如果仔细考察转债的定价模型——二叉树法，确定不同情境下的边界条件，便不难发现德州扑克与转债定价数学计算上的共性问题。

除了平价和债底，转债投资者还需要了解发行人促进转股的能力和意愿，这里的条款博弈与德州扑克中领先下注方和落后听牌方的赔率与情绪博弈如出一辙。

同时在转债的研究实践中，供给也是影响估值的重要因子，例如，2010年中行、工行等大盘转债问世，转债进入了持续5年的低位徘徊期。直到2015年，牛市引发转债赎回潮，新券供给跟不上，如果使其变为稀缺的投资标的，估值(隐含波动率)才开始触底反弹。在德州扑克九人桌上，如果7个玩家都拿到了类似同花色9和7、同花色7和8、同花色Q和10这类资产，毫无疑问大家都互相拿走了其他玩家的Outs，在这种情况下自然很难成牌，听牌的估值也会大打折扣。

七、投机与投资的边界

转债作为投资工具，在实践中具有缺乏对冲和做空工具的局限性。传统的期权交易模式更多的是基于波动率的交易，而在转债投资实践中，最基本的操作思路还是依赖正股上涨的盈利模式。德州扑克中，同样缺乏保险制度来规避小概率事件造成的巨大波动，这也增加了游戏的投机属性。

需要说明的是，以上对比只是笔者基于现实情况的联想和猜测，并不具有显著的投资参考价值。虽然牌桌上也会有作弊、场外信息，甚至不规则的牌型组合(某副牌有8张7，另一副牌没有7)等情况，但这些可穷尽的情况下，最优策略永远是有最优解的，而现实世界的投资却复杂得多，追求模糊的正确已是不易。

德州扑克世界如同现实世界，所有取得竞争优势的"系统"都是暂时的。假如投资者决策系统的底层不和学习系统相联结，则很快就会变成"刻舟求剑"。路漫漫其修远兮，与各位读者共勉。

第二节 漫谈转债信用风险重定价的影响

蓝盾转债退市风波受到市场关注，由ST标签主导，各类评级为AA-及以下的转债经历了一波重新定价，部分偏债型品种显著跌破债底价值，因此产生了一大批高YTM的资产。

长期来看，投资者对债券市场细分品类"零违约"的纪录保持者转债的"刚兑信仰"是超过城投的，这也源于转债本身的条款设置具有诸多的信用风险化解特征，以及上市公司身份带来的融资便利性。因此，在定价层面，投资者更重视对其股性基本面和期权特征的研究，而相对忽视其信用资质的研究。

从最早打破转股传统的唐钢(河钢)转债，到第一单违约的私募EB(天马投资)，再到股东违约的鸿达转债(见图8-2)，每一次事件冲击都会导致局部品种的"债底重估"，但随着时间的推移，市场最终还是会回到传统的定价范式上来。

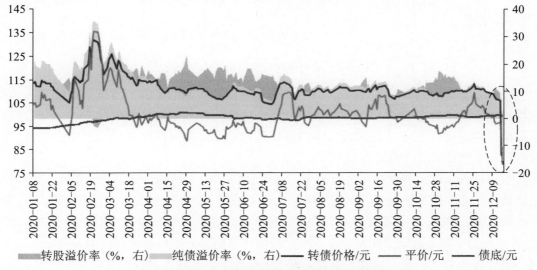

图 8-2 鸿达转债在母公司债务违约后大幅下跌

一、相对弱化信用风险考量的转债定价流派

绝对价格派：该流派的策略存在已久，现在已经被大多数参与转债的散户掌握，虽然简单粗暴，但研究的投入产出比似乎一直是最高的，没有信用风险时基本能保证"先为不可胜"。

正股替代派：该流派的策略主要是长期做A股投资的PM，以参与配售策略为主，基本把转债当成"折扣收益率"的权益资产看待，偶尔也会进行负溢价率套利。

相对收益派：该流派的策略排名压力比较大，淡化转债估值，主要集中于投资弹性大、正股景气度高且概念性强的资产，回撤控制相对松一些。

期权定价派：B-S模型→二叉树模型→蒙特卡罗模拟→AI……最终是算力的无限内卷，相对淡化对正股基本面的主观判断，"寻找定价合理的非对称性"。

二、债底重估对传统定价范式的理论冲击

笔者认为最深远的影响是"波动率不再一直是朋友"。众所周知，持有转债相当于看多正股的波动率，在波动率扩张阶段堪称平衡型转债投资的"甜点区"。但如果信用风险定价的权重上升，信用债本身内嵌的"卖出期权"(CDS)结构会受到波动率扩张的反向影响：根据著名的信用风险定价理论KMV模型(见图8-3)揭示的大致规律，股权价值波动率越高，违约距离越小，违约率越高。

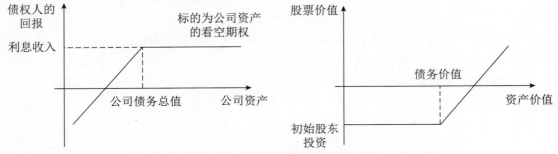

图 8-3　信用风险定价理论 KMV 模型

直观上看很容易理解，不考虑市场因素，股价波动率的来源一般是企业经营的不确定性，如激进的财务政策、多元化倾向、存在"破坏性创新"的技术路线、产品价格的高周期性等特征，基本在信用分析中需要规避的，个股研究时则可以相对中性看待，对应的期权上可能就是"汝之蜜糖"了。

换句话说，对于某家特定上市公司，其股价波动率(不确定性)在某个范围之内时，转债价格是波动性的"朋友"，一旦突破某个临界值(KMV模型中违约率迅速抬升的点，对应违约风险；或现实中隐含评级"向下迁移率"迅速扩大的界限，对应信用利差估值风险)后，波动率则不再是"朋友"，至少对转债价格的影响不再是单方向的。

另外显而易见的是，债底支撑"失真"的情况下，对传统的低价策略冲击较大。

三、转债"退可守"的特征弱化，股性增强

从存量转债评级分布的角度来看，AA+及以上的发行人数量大约只占到四分之一，对AA及以下的转债而言，评级符号对信用资质的区分度是非常低的，考虑到同样隐含AA的信用债利差也能达到50bp以上，再考虑到转债本身相对长的剩余期限，债底重估后势必会出现更多纯债价值不足80元的资产。

可以预见的是，对于低纯债价值的转债，其"理论回撤"范围可能更大，特别是在低价格带上的偏债型品种，当信用利差波动较大时，纯债价值对转债价格的主导性变强；当信用利差相对稳定时，价格波动的主要来源更多的是转股价值(即对于低等级品种，多数时间，转股价值是高于纯债价值的)。

四、转债在债务结构中的相对位置影响定价

在无信用风险的传统预期下，投资者几乎不会考虑"清偿顺序"这类问题，而如果出现实质违约，对于转债信用风险的判断可能还需要进一步考虑其在债券发行人存量债务结构中的地位。

例如对于保险类转债，其清偿顺序较靠后，约等于资本补充工具(次级债)；对于银行类转债，转股前应该是优先于二级资本债但劣后于同业存单的；对于其他非金融企业，极端情况下，转债能否获得优先于私募公司债的兑付？另外，由于回售条款的差异性和出发概率的不同，也直接决定了转债剩余期限的差异，这些问题都可能影响转债纯债价值的定价。

五、条款博弈中，投资者和发行人的行为边界变化

首先，从条款设计来看，不考虑信用风险下所有发行人均设置类似的票息结构和赎回/回售/下修条款(金融类转债除外)，但计入信用风险定价后，或许低等级发行人需要"更高的票息补偿"才能吸引投资者，毕竟从申购/配售到上市的时间差不短，如果债底不扎实很容易造成打新亏损。

其次，条款博弈的边界可能会发生微妙变化。例如发行人主动放弃强赎的比例可能会减少(低等级发行人不再"托大")；更多债底重估的低价格转债让回售条款的制约变得更强；而下修条款也因为债底驱动的权重上升，效果可能会打折扣，甚至出现"越下修，越反映企业信用风险"的负反馈效应。

第三节　红利高股息转债怎么看

近期股债类资产中，短期动量效应最强、表现最好的莫过于高股息红利类股票了。对于高股息行情的主流解释包括：①风险偏好低，避险类资金的风格切换；②中低速增长下，投资者偏好从规模扩张型企业转变为稳健经营型企业；③央企市值考核下的估值范式切换。

下面简单讨论高股息行情的隐含逻辑和对应转债的情况。

一、股票久期论被证伪

2020年初，市场上开始流行"股票久期"的概念，大致意思是成长股由于预期现金流分布偏后端，而价值股增速较慢，远期现金流占比反而较低，因此在利率下行的行情中一般成长股表现更好。而此轮行情中，多数高股息资产都属于稳定经营但低增长的价值股(即相对短久期资产)，但在利率持续创新低的过程中，这类股票反而跑出了显著的超额收益。

笔者认为，股票久期论其实是DCF估值的省略版解释，本身并没有问题，只是没有考虑远期现金流预期的可靠程度和股票的实际剩余期限。即在风险偏好收缩、预期悲观

的情况下，投资者对成长股的预期增速(不断下修的盈利预测)和永续经营假设(转债信用风险重估)产生了怀疑，转而追求确定性和业绩兑现度。因此成长股被认为是久期不够长(不符合永续假设)和确定性不够高(业绩不及预期概率大)的资产，价值股反而被认为是长久期、高确定性资产。

另外，由于市场分割的普遍存在，很多账户并不能同时进行股票和债券的投资，因此只能买股票的投资者自然会把高股息作为债券资产的平替选择(见图8-4)。

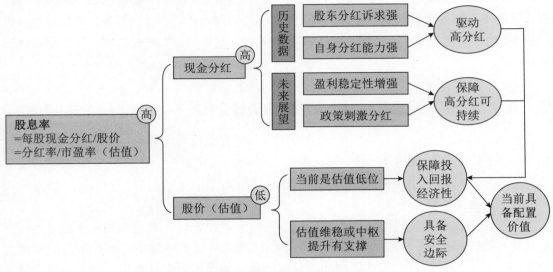

图 8-4　股票和债券的投资

二、股债对冲论被证伪

海外资本市场比较流行股债对冲范式，一般选择利率敏感型股票和超长期利率债来构建投资组合。按照这个标准，境内的利率敏感型股票主要是保险和银行了，前者在利率下行中容易产生"利差损"，面临较大的再投资压力；后者则是负债黏性强于资产黏性(资产端的市场化程度更高)，同时在衰退预期下还伴随资产质量恶化的问题。

然而此轮行情走势显然让以上论断被证伪，2024年以来，银行指数绝对回报10%，保险指数近7%，不但相对沪深300超额明显，甚至银行指数还强于高股息策略指数。笔者倾向于认为，在缺乏基本面主线的情况下，市场标签化定价的倾向非常强，但凡涉及"红利低波""高股息"这类概念，则不管基本面如何都能有所表现，以至于固收分析师都开始推荐高股息转债了。

三、高股息转债是伪命题

随着高股息的关注热度提升，正股符合条件的转债也被市场广泛关注，不过从底层逻辑出发，转债自身的特性和高股息可能并非合适的"策略搭子"，至少从化学反应来看，1+1未必大于2，依据如下。

(1) 正股分红会给转债带来下修和填权效应(派息后选择红利再投资进而推升股价)，但后者在实操中难以预测，且半数以上的转债在正股分红时并没有填权效应；前者则因为溢价率的存在，基本只能获得"打折的股息"收益，考虑到当前全市场低价比例极高(交易价格主要靠债底支撑)，分红带来的小幅下修对转债价格的提升非常有限。

(2) 高股息资产一般同样具有红利低波属性，而正股的低波动属性在一定程度上削弱了转债的期权价值，历史上看，低信用等级和中小盘两种风格表现其实更好。此外，这类转债发行人现金流状况良好，还本付息毫无压力，下修概率较低，基本没法靠条款红利赚钱。

四、高股息的估值案例

从理论上看，DCF估值和利率定价的本质是一致的，核心要素就是期限、折现率、现金流结构，或许还有确定性。

如果考虑长期的风险收益特征，不妨拿A股确定性最强的红利票——长江电力来举例，由于长江电力的承诺分红率在70%，取2023年年报业绩数据，对应190亿元初始现金流，同时假设3%的增长中枢，按照6200亿元市值倒推来看，对应的折现率大概是5.9%，显著低于大家常识下的资本要求回报率。笔者认为，长期来看，高股息最重要的投资价值就来自于此，即随着资本开支持续减少，分红率承诺及公司经营稳定性提升带来"折现率重估"，股票的定价范式逐步趋近于信用债(长江电力存量的10年信用债收益率2.74%，低于股息率50bp，高于10年期国债40bp，见图8-5)。

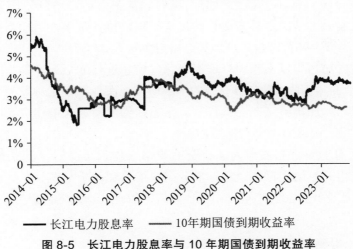

图 8-5　长江电力股息率与 10 年期国债到期收益率

五、保险机构行为的影响

保险是高股息类资产最重要的机构买方，因此其投资交易方向对资产定价有重要影响。总结来看：①资产端，参考海外历史经验，经济体转向低利率时期，保险的资产配置行为趋向于增加权益投资比例，并有一定的拉长久期的操作；②负债端，保险特别是寿险的性质类似于可选消费，保费的变化趋势跟随居民收入和GDP增长，另外随着人口老龄化加速和医疗自付比例的提高，其渗透率还有一定的提升空间；③估值方法上，新金融工具会计准则缓解了波动问题，在FVTOCI分类下，如果股票持有期足够长，可以采取类成本法估值，考虑到目前保险公司平均持股10%，距离监管上限30%还有空间，这个变化对红利高股息有正面影响(见图8-6)。

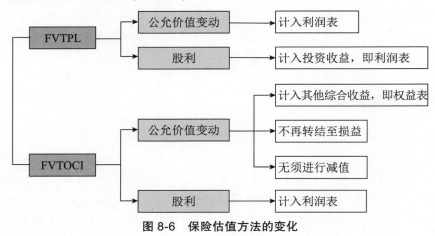

图 8-6　保险估值方法的变化

第四节　作者访谈："固收+"与可转债投资[①]

中国债市电台·对话买方第二十期，我们非常荣幸地邀请到了国泰君安资管的胡宇辰先生。胡宇辰先生是国泰君安资管的投资经理、执行董事，历任嘉实基金债券交易员、建信理财大类资产配置部投资经理和策略组负责人。

胡宇辰先生自2019年以来管理资产组合总规模超过1500亿元，其中主动管理规模逾800亿元，其管理的"固收+"产品于2019年获得《上海证券报》颁发的"金理财"年度创新产品卓越奖，2020年被《亚洲银行家》杂志评为"中国区最佳资管产品"，2021年获得《中国证券报》颁发的"金牛奖"。

胡宇辰先生的主要研究方向为混合资产策略。作为公众号"劈柴胡同"主笔人，胡宇辰先生发表相关原创文章60余篇，部分研究成果刊载于《债券》《中国保险资产管理》《清华金融评论》，2021年被《中国保险资产管理》评选为"最具潜力作者"。

一、"固收+"投资的资产配置思路

"固收+"投资的资产配置思路可以分为两方面：一是大类资产配置，即决定主要风险敞口的比例及调整方式的决策机制；二是所谓的类属资产配置，即具体到某一类细分

---

① 根据 2022 年 10 月 20 日晚上 8 点"中国债市电台·对话买方 | 固收＋策略投资：探寻债券与股票的平衡术"的内容整理。

资产上的投资思路。

第一点，关于整个账户的大类资产配置。很多人提到大类资产配置，最先想到的是如何做股债择时和如何调整仓位等，但我认为更重要的是了解账户的委托人端的目标需求函数，目标需求函数其实就是财富管理端的KYC的信息。国内的财富管理行业目前还不成熟，"固收+"的大发展在某种意义上是长期以来财富管理的缺位，导致终端客户把财富管理的职能变相承包给了基金经理。基金经理不仅承担了资产管理的职能，还承担了财富管理的职能。

认识到这一点就可以知道，做组合的大类资产配置要明确具体的账户和客户需求，要以此为核心开展资产配置。比较常见的客户目标和约束包括投资期限、最大赎回的比例、最大回撤、波动率的要求等。部分客户还会要求如果有回撤，再次达到净值前高的最短时间，以及任意年度、半年度或季度的账户正收益的概率等。这些客户目标和约束恰恰赶上了2017年资管新规发布以来，大量低波动高收益资产在二级市场上逐渐消失，对资产管理人来说，了解客户需求、把握客户目标约束的要求更高了。

因此，大类资产配置首先要明确客户的风险收益特征，基于客户风险收益特征摆布资产，再构建组合。特别是每日可以申赎的开放式基金，客户端的管理更加重要。因为开放式产品的业绩和负债在某种意义上互为因果，产品业绩和负债端的反身性会影响资产管理人的决策。所以，我认为了解客户是大类资产配置最重要的一点，其次才是方法论层面的东西。

关于方法论层面，我认为更多的是基于管理人本身的价值观、信仰或者能力圈，比如现在海外特别流行的大类资产配置的风险评价模型和股债的6040模型等。我认为这两种模型并没有优劣之分，只是目标不同而已。如果管理人追求的是长期的绝对收益，那就要尽可能配置风险溢价较高的资产，6040模型的资产配置方法是更合适的；如果管理人追求的是短期更高的风险调整后收益，风险评价模型则相对更有优势。因为风险评价模型是将管控波动率，特别是均衡不同资产波动率贡献作为最重要的参数的模型，因此在控制波动率上有优势，也就更容易获得更好的夏普比率。这两种大类资产配置方法的本质区别在于管理人的价值观。还有两种大类资产配置方法：一种是美林时钟，国内有很多变种，比如货币信用风火轮；另一种是股债的风险溢价模型，也叫FED模型或ERP模型。这两种资产配置方法其实也取决于管理人的能力圈，如果管理人在宏观形势上或市场环境上有较强的预判和短期应对能力，则更适合采用美林时钟或货币信用风火轮框架；如果管理人对市场审美偏好的变化没有那么敏感，不擅长对变化做出快速应对，则更适合采用FED模型或ERP模型，因为这类模型基于长期的股债性价比。虽然基于这类模型所做的决策可能比较靠左侧，但长期来看估值确实是影响资产回报的一个很重要的因素。

第二点，从类属资产来看，"固收+"组合涉及利率债、信用债、转债、股票等。我认为做"固收+"最基础的是首先把利率策略做好。利率策略从总量角度来说首先要确定一个组合整体的久期敞口，然后确定结构上久期如何分布。久期敞口的确定基于对利率的判断，或者基于资产端和负债端的匹配程度。久期的结构可以是偏子弹型的，也可以是偏哑铃型的，本质上是用确定性的高静态交换反脆弱的高凸性的交易，包括久期分布在利率端对应的提升效应是怎样的。之前很多投资者会做2年左右的政金债，其实2022年的效果是比较好的。同时久期分布还要考虑，比如同样加久期，是把久期加在利率品上、信用品上，还是加在所谓的符合久期成长论的成长股上。久期放在不同的资产上，叠加起来的效果也是不一样的，这都是我们在内部资产配置上需要考虑的问题，也是整个"固收+"组合最基础的东西。

其次是把信用策略做好，我认为实战中信用策略主要有防风险为先和选择高性价比的资产为先两种目标。两种不同的目标对应的信用下沉的边界和尺度不同。如果是以防风险为先，市场上比较主流的方法是做类利率品，可能下沉到金融次级债这类品种，本质上是用资产的流动性换取资产的质押便利性，通过牺牲流动性和质押便利性换取静态收益；如果将选择高性价比的资产作为主要目标，需要在信用资产配置中寻找预期差，寻找我们主观判定的发行人违约率和其实际信用利差的隐含违约率之间的差异，如果有观点的差异，就可能获得资产估值修复的机会。

转债策略相对多一些，因为转债既有信用风险溢价，又有权益风险溢价，同时还受一点利率的影响，转债的风险暴露比较多元，而且是很动态的。市场上比较主流的转债投资思路包括信用债替代和股票替代，但两种方式也不是完全割裂的。因为不同价格区间的转债这两种替代思路都有，只是在不同价格区间，两种方式替代的强度不一样。转债投资人既要有股东的视角，又要有债权人的视角，甚至有时需要在股东和债权人视角之间进行切换。

股票的策略比转债多，具体到"固收+"组合上，比较主流的几种投资思路有：①红利低波，直接买类债券的股票，这种方式非常重视估值保护，有点接近传统股票策略中的深度价值投资，同时对公司的分红比例要求比较高，所以选出来的基本都是处于企业成长周期中成熟期的企业。同时这种方式的好处在于持有的权益资产的基本面变化比较慢，对于"固收+"管理人而言，跟踪的成本较小。②类GRAP策略，选择估值和景气度相对匹配的，同时安全边际或者回撤空间相对可以接受的股票。这种方式虽然具有一定的成长属性，但仍然有一定的估值容忍度。对于某些业绩兑现周期特别长或者盈利预测的关键假设过于复杂的个股，大部分"固收+"产品管理人会规避的。股票策略方面还可以通过定增、大宗等交易方式去做增强。

二、可转债的投研框架

(一) 可转债的投研框架和不同类型转债的择券思路

可转债的投研框架需要自上而下和自下而上相结合。股票策略的中观视角对转债的行业选择有一定的帮助，比如通过行业性价比打分框架、行业收入和利润增速的高频跟踪等方式观测行业景气度。

但传统的股票策略应用于转债投资时也有一些局限性。首先，转债发行人的整体资质弱于A股中的龙头企业，所以如果将自上而下对行业的判断直接映射到转债个券上可能会不准确。另外，转债的行业分布和A股有较大偏离，因为大部分需要再融资的企业是资本密集型或有大量资本开支的生意，主要集中在传统制造业，现金流质量比较好的(如食品饮料行业)转债很少。

自下而上的分析框架是比较主流的方式，也就是基于正股的基本面及转债自身特性，包括期权结构、特殊条款等，综合观察转债的性价比。但如果单纯只做自下而上的分析，整个仓位的配置可能没有行业上的指引。

关于不同类型转债的择券思路，偏债型转债主要衡量与信用债的性价比，如果偏债型转债的票息和信用债相差不多，同时有一个相对比较便宜的虚值期权，就可以做一定的纯债替代。需要说明的是，我认为可以将转债与评级相对高一些的信用债对比，因为转债有下修条款保护，违约的概率更小，同时还有历史上没有违约的信仰存在。因此，偏债型转债投资研究的重点是在防范信用风险的基础上追求或有的进攻性。

平衡型转债"进可攻，退可守"的期权特征是最显著的，因此期权定价和正股都要了解。一般来说，会选择Gamma值比较高、凸性比较强的品种，或者估值合理、隐含波动率比较低的品种。

偏股型转债可以分为两类，一类是有强赎预期的，另一类是暂时没有强赎预期的。对于有强赎预期的转债，比如已经满足13/30，就只能当作短期的投机品种做波段交易，或者做负溢价率套利。对于承诺特定期限内不赎回的转债，其"进可攻，退可守"的特性没有平衡型转债那么强，但如果正股回撤到一定程度，这类转债仍然有一定的安全边际。

我认为可以把近半年不赎回的转债当成同一类资产来看，也就是把平价在130元以下和平价高于130元但是没有赎回预期的转债当成同一类资产。这些转债的区别无非是有些更偏股，有些更偏债，但在没有强赎预期的情况下，这类资产相对于股票都是一种安全边际强化但收益率也会打折扣的资产。所以投资者需要做出决策，愿意以多明确的安全边际换取一个折扣率多高的收益率。偏债性转债的安全边际明确，但收益率的折扣大得惊人。平衡型和偏股型转债的安全边际不是那么明确，同时收益率打折力度没有偏债型转债那么大。

最后，转债投资不能仅仅通过价格和转股溢价率水平进行区分，还要结合正股资质。2021—2022年转债整体的转股溢价率中枢有所抬升，在某种程度上反映了2021年以来转债发行人的整体资质变得更好，新能源、半导体、军工等行业景气度高，资本开支较多，转债发行数量有所增加，整体溢价率维持在较高的水平。很多低估值的转债确实资质比较差，或者正股确实没什么弹性。另外，很多投资者也会在转债上做比较频繁的风格轮动。

(二) 如何看待转债市场的高估值

我认为转债市场短期可能会继续维持相对高估值的状态，不会出现大幅压缩。

第一，当前转债市场的高估值有其合理之处。大量的转债发行人放弃赎回权，所以很多高价转债可以顶着较高的溢价率去交易。比如一只平价为150元的转债，如果发行人承诺最近半年不赎回，市场是可以给它一个溢价率的，因为即使它的正股下跌，转债相对正股跌幅有限，投资者愿意为其安全边际付出一定的溢价率。

第二，"固收+"产品资金的增速较快。当前全市场的"固收+"产品资金有2万多亿元，不包括私募基金和银行理财的资金，银行理财对转债的配置力度也在加大。追求绝对收益、愿意为确定性付出高估值的投资者在增加，散户对转债的关注度也很高。

第三，市场的机会成本较低，正股波动率更高。从期权角度来说，利率更低，期权价值应该更高。2020—2022年，每年的一季度，A股均大幅波动，正股波动率抬升，期权价值也应该更高。很多传统的利率债投资者可能会拿转债做波段，发现转债比利率债的胜率还高。

第四，市场对转债的学习效应较强。过去，转债在某种意义上存在资产红利，因为这个品种比较小众，市场研究并不充分。2017年之后，市场对转债的关注开始慢慢增加，对条款博弈等方面的红利的认知已经非常充分，所以市场的学习效应使得转债的估值偏离了它的历史中枢。

第五，转债市场的高估值也有其不合理之处。一方面，如果将转债当成正股的替代品，其收益率的折扣较大；另一方面，从期权的角度来说，转债的高溢价率对期权特征的伤害较大。转债本来应该"进可攻，退可守"，但溢价率太高，攻守属性都大幅减弱，随着时间的推移，高估值转债期权时间价值的损耗速度会非常快。

总体来看，转债市场的高估值有其合理之处，特别是在中国这种对冲工具相对较少，投资者结构会有一些冲突的市场，但这种高估值势必会削弱转债本身风险收益的不对称性。

未来在两种情况下，转债的估值可能会部分消化：第一是出现公募转债违约。2020年下半年，永煤事件导致很多转债的估值压缩。未来如果有转债违约，市场情绪和转债信用风险评估方法可能会出现系统性的变化，进而可能带来转债估值的系统性调整。第二是投资者对转债的认知有系统性的提升，比如对期权拆解得更细、对正股研究得更细。如果大家意识到，正股的隐含预期被证伪时高估值转债会比正股跌得更多，转债的高估值就可能有所回归。但第二种估值回归的方式是渐进式的，而第一种估值回归的方式可能是一次性的冲击。

(三) 高估值转债的投资价值

从大类资产的角度看，股票的配置价值高于转债。不是说具体的正股好于转债，而是股票作为一种大类资产，可选范围比转债更广，能选的标的和能获得的特定风险收益特征的资产相对转债更多。所以从大类资产的角度来说，股票比转债更值得战略投资。在能买股票的情况下，转债更多的是一种战术性的选择。有些基金经理把转债作为风险管理的工具，也有些基金经理本身就持有正股，通过配售转债获取收益。

对于同一公司的正股和转债，在两种情况下，转债相对正股有一定的性价比：第一，客户对组合的风险收益比有要求，比如一些"固收+"组合要求最大回撤不能超过预期收益的1/2。对于一些转债，即使估值已经比较贵，但它的最大回撤和预期收益大致符合1:2的风险收益比。相比之下，股票在悲观情形下很难满足要求的风险收益比。第二，一些强赎预期不是很明确的转债可能有阶段性的机会。比如一只转债的强赎进度已经满足13/30，平价在130元附近，这个时候它的溢价率大概率比较低。同时，它向下是有底的，因为如果平价回到130元以下上不来的话，理论上这只转债就应该重新切换为没有强赎预期的溢价率。对投资者来说，这只转债短期处于向下有底，同时溢价率也很低的阶段，此时转债的性价比可能强于正股。

在当前的市场状态下，大多数转债的性价比是不如正股的，但如果对市场资金的流向有一定的预测能力，比如预测"固收+"产品的增量资金相对于转债的供给量仍然比较大，或许可以对转债进行阶段性战略配置。

从研究的角度来说，研究股票的投入产出比好于研究转债，原因在于研究股票的成果和精力付出具有复利效应，因为股票大概率会长期存在，而且对某个股的深度研究可以给同行业的其他个股带来一定的示范效应。但研究转债的复利效应并不明显，因为转债的存续期较短，而且发行转债的行业可能也会变化，近几年"新半军"的资本开支较大，新发转债较多，过几年可能又会切换成其他行业。极端情况下，比如2015年转债被消灭的情况也有可能发生。

(四) 如何看待转债的下修博弈策略

转债的下修博弈策略历史上还是比较有效的，但其问题在于：第一，市场的学习效率很强，现在转债条款红利期已过，想捕捉一个市场不知道的下修机会是很难的；第二，现在市场信息很透明，发行人不会轻易透露是否下修。

我认为转债条款博弈策略不能作为一个常规性的策略，不会特意去做条款博弈，而是如果正股质地尚可，但处于景气度的相对底部，同时公司有能力下修，或者下修对其股权摊薄程度不是很大，叠加一个或有的下修可能性，可以在选择时加分。可以在仓位上做一些区分，比如一只转债本来只想给2个点的仓位，但是因为有下修的可能，可以给到2.5个点。

如果单纯做下修博弈是比较难的，但有些机构的研究力量比较强，也可以将一部分精力放在研究下修的可能性上。

三、多资产组合管理实践的心得

(一) 如何进行转债的仓位管理

转债的仓位管理和资产配置有一些相似之处，首先需要根据客户的需求和指引，包括最大回撤的约束，设置一个中枢。比如基于账户最大回撤或风险预算，实际权益暴露是10%，然后投资者框定一个范围5%~15%，15%是最乐观的情况，5%是最悲观的情况。这样资产配置端就有一个锚，大概是乐观或乐观到什么程度，或者主观预测观点的置信度在什么水平下，仓位距离中枢大概偏离多少标准差。这种中枢的仓位管理方式还需要考虑产品的生命周期，比如一个CPPI产品在建仓期、持续运作期和客户退出期的管理方式上存在差异。一般CPPI产品在建仓期的仓位上更谨慎一些。

转债个券的仓位管理一是基于它的权益贝塔，二是基于有没有风险收益比更高的其他资产。

转债的权益贝塔比较不稳定。随着正股上涨，转债和正股的相关性会变强；随着正股下跌，相关性会变弱。所以如果是一个需要频繁做再平衡的组合，那么转债上涨的时候需要减一部分仓位，因为转债只要上涨，整个组合的权益贝塔就会抬升；反过来，如果转债下跌就可能要加一部分仓位。如果组合中既有转债又有股票，合并计算也需要考虑这一点。当然转债和股票还是会分散一些风险的，因为转债有一部分的价值变化来源于纯债市场。

在实际组合管理中，以下几种情况可能需要减仓转债：第一，在平价接近强赎的位置时，转债的风险收益特征就从转债变成一只偏短期的股票。如果对后续正股上涨的把握不大，就需要减一部分仓位。但如果对正股上涨把握较大，也可以直接转换成股票。第二，在转债的仓位上或者转债股票合并计算的仓位上，行业偏离度比较大的时候可能需要调整，这种行为可能会构成减仓；第三，从收益或风险收益比的角度看，如果发现持有转债的隐含回报率或风险收益比降低，可以进行减仓或换仓。

(二) 如何感知转债市场的情绪

转债市场的总成交额、换手率、具体转债的表现和特定价格区间的转债的溢价率水平都是转债市场的主流情绪观测指标。除此之外，还有一些关注度不是很高的指标：第一是转债一级发行的中签率，可以看出市场上打新转债的资金量大概有多少。第二是隐含波动率覆盖倍数，也就是将转债正股的历史波动率和转债期权的隐含波动率相比较，隐含波动率显著大于正股的历史波动率，就可以认为市场情绪是比较好的，大家愿意给期权一个比较高的估值。隐含波动率可能没有溢价率直观，还涉及债底可能估计不准的情况，但相比于溢价率，隐含波动率更加横向可比。第三是剩余期限比较短的转债老券的溢价率，偏债型就观察纯债溢价率，偏股型就观察转股溢价率。因为转债老券临近到期，溢价率会逐渐归零，如果这种剩余期限很短的转债还顶着比较高的溢价率，就可以认为市场情绪比较乐观。

四、2023年权益市场和债券市场展望

权益市场方面，我短期偏谨慎，对于2023年较为乐观。从估值的角度看，当前无论是从股债的相对性价比角度看，还是与历史上悲观时期的估值相比，权益市场都处于绝对的底部。同时，目前投资者的实际仓位较低。公募基金的发行量比较少，私募基金的有效仓位也较低，融资融券接近2022年4月的水平。权益市场的PE估值水平并没有完全反映无风险利率的下行。

除了估值低，2023年有几个方向的看点。一是地产链可能会逐渐走出困境，有望从

政策利空型行业变成政策温和型行业。近期有很多鼓励刚需和改善性需求的地产政策出台，未来或有进一步放松的空间。二是消费复苏。一旦消费复苏，白酒、餐饮等消费板块的弹性会比较大。2022年以来PPI-CPI剪刀差逐步收敛，家电、食品加工、汽车零部件等制造业有望迎来利润修复。三是传统电力企业的估值修复。电价市场化改革对传统的火电企业构成利好，光伏、风电的发电量不足且不稳定，短期内无法取代火电。

还有一些更长期的线索，比如信创、半导体、数控机床，工业机器人等，要么是国产替代的逻辑，要么是龙头市场占有率提升的逻辑。虽然2023年不一定能落地，但可以保持关注。

债券市场方面，我持中性偏乐观的态度。全球通胀、美联储加息和人民币贬值压力确实制约了利率短期内进一步下行的空间，目前大家普遍对债券市场都很悲观。2022年，国债期货出现了好几次隐含回购利率成为负值的状态，历史上基本只有2016年和2019年4月出现过，这说明至少在期货上，投资者看空的预期已经在很大程度上反映在价格里了，因此我反而觉得利率不用看得特别空。

但我对信用端持谨慎态度。信用危机并没有解除，无论是城投还是地产，甚至包括部分金融企业，现在的信用利差并不能反映实际的隐含信用风险。当前利率在历史底部，信用利差基本上也在历史底部，一旦有风吹草动，信用利差可能出现大幅反转。对信用端谨慎也恰恰是我对利率比市场乐观的原因，历史上每当出现有标志性的信用事件，都会伴随一个更宽松的货币环境。

参考文献 REFERENCES

[1] 谢尔登·纳坦恩伯格. 期权波动率与定价[M]. 韩冰洁, 译.北京：机械工业出版社，2014：15-99.

[2] 盖伦·伯格哈特 D. 国债基差交易[M]. 王玮, 译.北京：机械工业出版社，2016：79-92，187.

[3] 安东尼·克里森兹. 债券投资策略[M]. 林东, 译.北京：机械工业出版社，2016：192-243.

[4] 余家鸿，吴鹏，李玥. 探秘资管前沿：风险平价量化投资[M]. 北京：中信出版社，2018：155-215.

[5] 王舟. 妙趣横生的国债期货[M]. 北京：机械工业出版社，2017：65-112.

[6] 戎志平. 国债期货交易实务[M]. 北京：中国财政经济出版社，2017：223-298.

[7] 董德志. 投资交易笔记[M]. 北京：中国财政经济出版社，2011：77-178，202-279.

[8] 李杰. 公司价值分析[M]. 北京：光明日报出版社，2015：223-298.

[9] 李杰. 股市进阶之道[M]. 北京：铁道出版社，2014：25-98.

[10] 王成，韦笑. 策略投资[M]. 北京：地震出版社，2012：123-197.

[11] 申银万国策略团队. 策略投资方法论[M]. 太原：山西人民出版社，2014：124- 217.

[12] 弗兰克·法博齐J. 固定收益证券手册[M]. 北京：中国人民大学出版社，2005：114-225.

[13] 保罗·皮格纳塔罗. 财务模型与估值[M]. 刘振山，张鲁晶，译.北京：机械工业出版社，2014：55-216.

[14] 徐亮. 子弹与哑铃组合的抉择 "躺平" 还是 "出圈"[R]. 北京：德邦证券研究所，2021：2-10.

[15] 尹睿哲. 债市博弈论[R]. 招商证券研究所，2021.

[16] 肖志刚. 投资有规律[M]. 北京：机械工业出版社，2020：22-98.

[17] 周金涛. 涛动周期论[M]. 北京：机械工业出版社，2017：77-88.

[18] 李斌，伍戈. 信用创造、货币供求与经济结构[M]. 北京：中国金融出版社，2014：123-298.

[19] 李斌，伍戈. 货币数量、利率调控与政策转型[M]. 北京：中国金融出版社，2016：23-78.

[20] 孙金钜. 读懂上市公司信息：中小盘研究框架探讨[M]. 北京：经济日报出版社，2018：12-45.

[21] 吴劲草. 吴劲草讲消费行业[M]. 北京：机械工业出版社，2022：12-38.

[22] 王剑. 王剑讲银行业[M]. 北京：机械工业出版社，2021：15-28.

[23] 龙红亮. 债券投资实战[M]. 北京：机械工业出版社，2018：114-128.

[24] 刘婕. 信用债投资分析与实战[M]. 北京：机械工业出版社，2022：14-27.

[25] 华泰固收研究张继强团队. 固收分析框架[R]. 北京：华泰证券研究所，2021：16-72.

[26] 中金固定收益研究团队. 中国债市宝典[R]. 北京：中金公司研究部，2020：15-99.

[27] 刘郁，田乐蒙. 中国可转债投资手册[M]. 北京：中国经济出版社，2021：22-54.

[28] 燕翔，战迪. 追寻价值之路[M]. 北京：经济科学出版社，2021：10-48.

[29] 徐高. 金融经济学二十五讲[M]. 北京：机械工业出版社，2021：15-28.

[30] 吕品. 基于投资视角的信用研究：从评级到策略[M]. 北京：中国金融出版社，2019：35-58.

[31] 高善文. 经济运行的逻辑[M]. 北京：中国人民大学出版社，2013：11-55.

[32] 彭文生. 渐行渐近的金融周期[M]. 北京：中信出版社，2017：35-77.

[33] 保罗·索金 D，保罗·约翰逊. 证券分析师进阶指南[M]. 刘寅龙，刘振山，译.北京：机械工业出版社，2018：16-57.

[34] 詹姆斯·瓦伦丁J. 证券分析师实践指南[M]. 王洋, 译.北京：机械工业出版社，2018：25-58.

[35] 三浦展. 第4消费时代[M]. 北京：东方出版社，2014：24-64.

[36] 李录. 文明、现代化、价值投资与中国[M]. 北京：中信出版社，2020：44-67.

[37] 李利威. 一本书看透股权架构[M]. 北京：机械工业出版社，2019：14-27.

[38] 何华平. 一本书看透信贷[M]. 北京：机械工业出版社，2017：34-57.

[39] 唐朝. 手把手教你读财报[M]. 北京：中国经济出版社，2015：14-27.

[40] 古斯塔夫·勒庞. 乌合之众[M]. 冯克利，译.北京：中央编译出版社，2011：113-134.

[41] 吴军. 浪潮之巅[M]. 北京：人民邮电出版社，2013：144-187.

[42] 爱德华·钱塞勒. 资本回报·穿越资本周期的投资[M]. 陆猛，译.北京：中国金融出版社，2017：244-267.

[43] 尤安·辛克莱. 波动率交易：期权量化交易员指南[M]. 王琦，译.北京：机械工业出版社，2017：34-97.

[44] 王民盛. 华为崛起[M]. 北京：台海出版社，2013：44-67.

[45] 纳西姆·尼古拉斯·塔勒布. 反脆弱[M]. 雨珂，译.北京：中信出版社，2014：55-67.

[46] 安蒂·伊尔曼恩. 预期收益[M]. 钱磊，译.上海：格致出版社，2018：54-117.

[47] 刘世锦. 从反危机到新常态[M]. 北京：中信出版社，2016：44-76.

[48] 阿莫·萨德.利率互换及其衍生品[M]. 梁进，李佳彬，译.上海：上海财经大学出版社，2013：34-59.

[49] 周黎安. 转型中的地方政府[M]. 上海：格致出版社，2017：55-66.

[50] 安东尼·克里森兹. 债券投资策略[M]. 林东，译.北京：机械工业出版社，2014：245-265.

[51] 理查德·格林诺德C，雷诺德·卡恩N. 主动投资组合管理[M]. 李腾，杨柯敏，刘震，译.北京：机械工业出版社，2014：14-36.

[52] 霍华德·马克斯. 投资最重要的事[M]. 孙伊，译.北京：中信出版社，2012：114-164.

[53] 琳达·哥乔斯. 产品经理手册[M]. 戴维依，译.北京：中国财政经济出版社，2007：113-136.

[54] 路德维希·钦塞瑞尼 B，金大焕. 证券组合定量管理[M]. 韩立岩，译.北京：中国财政经济出版社，2011：124-136.

[55] 兰小欢. 置身事内[M]. 上海：上海人民出版社，2021：55-136.

[56] 伊查克·爱迪思. 企业生命周期[M]. 王玥，译.北京：中国人民大学出版社，2017：74-96.

[57] 查尔斯·施瓦布. 投资：嘉信理财持续创新之道[M]. 高源，译.北京：中信出版社，2021：74-86.

[58] 蒂姆·科勒. 价值评估：公司价值的衡量与管理[M]. 高建，译.北京：电子工业出版社，2007：55-86.

[59] 金观涛，刘青峰. 兴盛与危机：论中国社会超稳定结构[M]. 北京：法律出版社，2011：55-76.

[60] 史蒂文·卓布尼. 黄金屋：宏观对冲基金顶尖交易者的金之道[M]. 郑磊，译.北京：机械工业出版社，2013：24-39.

[61] 麦基尔. 漫步华尔街[M]. 骆玉鼎，彭晗，译.北京：机械工业出版社，2008：115-127.

[62] 滋维·博迪，亚历克斯·凯恩，艾伦·马库斯 J.投资学[M]. 朱宝宪，译.北京：机械工业出版社，2018：57-123.

[63] 大卫·史文森F. 机构投资的创新之路[M]. 张磊，译.北京：中国人民大学出版社，2015：105-126.

[64] 渔阳. 乱世华尔街[M]. 北京：中国人民大学出版社，2011：14-236.

[65] 邱国鹭. 投资中最简单的事[M]. 北京：中国人民大学出版社，2014：22-119.

[66] 叶城. 价值投资入门与实战[M]. 北京：金城出版社，2020：74-126.

[67] 乔尔·蒂林哈斯特. 大钱细思：优秀投资者如何思考和决断[M]. 王列敏，朱真卿，郑梓超，等译.北京：机械工业出版社，2020：34-153.

[68] 丹·哈林顿. 哈林顿在现金桌：如何玩好无限注德州扑克[M]. 孙培源，译.成都：成都时代出版社，

2014：14-199.

[1]　迈克尔·刘易斯. 说谎者的扑克牌：华尔街的投资游戏[M]. 孙忠，译.北京：中信出版社，2007：24-126.

[2]　顽石.同业鸦片[M]. 北京：中信出版社，2014：29-89.

[3]　彼得·林奇约翰·罗瑟查尔德. 彼得·林奇的成功投资[M]. 刘建位，徐晓杰，译.北京：机械工业出版社，2007：32-86.

[4]　乔治·索罗斯.金融炼金术[M]. 孙忠，译.海口：海南出版社，2016：34-76.

[5]　沃伦·巴菲特. 巴菲特致股东的信[M]. 杨天南，译.北京：机械工业出版社，2004：44-56.

[6]　本杰明·格雷厄姆. 聪明的投资者[M]. 王中华，黄一义，译.北京：人民邮电出版社，2010：35-127.

[7]　罗伯特·克里切夫S. 高收益债券实务精要[M]. 马海涌，刘振山，译.北京：机械工业出版社，2013：44-67.